# 継続する植民地主義の思想史

中野敏男

青土社

# 継続する植民地主義の思想史　目次

# 第二部　詩人たちの戦時翼賛と戦後詩への継続

## 第五部　植民地主義を超克する民衆の出逢いを求めて

# 凡例

・参照文献については、巻末の文献目録に従って著者名と初出年を示し、コロンで区切って参照ページをつぎのように示した。同年に複数の著作がある場合にはa,bと英小文字を付してそれらを区別した。

［著者名初出年：ページ］（例［中野1983：250］、［有沢1950b：24］）

・ただし、全集あるいは著作集が刊行されている著者については、参照の便宜を考えて全集・著作集の巻号を丸数字で示した上でそこでのページを挙示した。この場合も、年号は初出年である。

［著者名初出年：全集巻号ページ］（例［三木1933：⑩291］）

・その際に、初出と全集・著作集との間にテキストの変更がある場合には、その旨を特別に注記し、変更に特記すべき問題がある場合にはその点について指摘している。

・外国語の文献で日本語訳があるものについては、つぎのようにそれを示している。

［著者名原著初出年：原著ページ＝日本語訳出版年：日本語訳ページ］（例［Dower 2017：3=2017：003］）

# 継続する植民地主義の思想史

# 序章　継続する植民地主義を問題とする視角

## はじめに――植民地主義の継続という問題

かつて植民地主義の侵略戦争をもってアジアに覇権を求めた日本帝国は、アジア太平洋戦争での敗戦によって、一夜にしてすべての植民地を失ったとされている。他の帝国が直面した植民地解放と独立をめざす被植民者たちとの戦争を経ることもなく、帝国間の戦争の結果としてその植民地支配は強制的に終結させられたという認識である。すると、日本帝国にとって植民地の問題は、それですべて終わったということなのか？

この問いに対応しつつオーストラリアの日本研究者、テッサ・モーリス＝スズキは、敗戦による「帝国の突然の消滅」という感覚が「日本の歴史において脱植民地化という問題が長期にわたって軽視された一つの要因」になったとして、それを「帝国の忘却」として論じている[1]。その「記憶喪失のもっとも顕著な例」となったのは、モーリス＝スズキが指摘するように、植民地であった朝鮮と台湾を帝国から切り離す際に採られた「植民地臣民」に対する「国籍の再定義」に関わる政策のことである。(2)日本政府は、帝国日本の植民地支配が植民地の人々の生地での生業を奪い、関係を引き裂いて移動を余儀なくし、あるいは工場や鉱山に動員して労働を強い(性奴隷を強いた歴史もあった!)、さらには戦場にまで連れ出しその生死を左右して、かれらの生活条件に決定的な影響を与え続けてきたにもかかわらず、そうした事情を何ら顧慮することなく(都合よく忘れ)、単独の一方的な決定をもってその「日本国籍」を剥奪したのだった。そして、「まるで植民地帝国など存在しなかったかのよう」に、それ以降、「日本国民ではなくなった」その人々の人権と生活条件への配慮をすっかり拒絶し、日本社会から差別的に排除しようとし続けてきている。モーリス＝スズキが指摘するように、確かにこの政策態度には、解放を求める被植民者としっかり向き合い(他の帝国は時に独立戦争の戦場で強制的に向き合わざるをえなくなったわけだが)、そこで問われる責任に真摯に応答して、その上で脱植民地化への道を歩もうとする志向がそもそも欠如していたと認めなければならない。なるほどここには、「帝国の忘却」が確かにある。

もっとも、そのようなモーリス＝スズキの指摘にも触発されながらさらに考えてみると、アジア太平洋戦争後の日本と植民地主義との関係は、決して過去の歴史の未清算あるいはその残滓という残務問題に留まるのではなく、むしろこの地域の歴史と現在に通底する重大事であることに気づかされるのではないか。植民地主義は継続しているのであり、問われるべき問題はそこになお現存すると考えねばならないはずなのだ。アフリカを主要な研究対象地域としてイギリス帝国史を研究するアメリカの歴史家デイン・ケネディは、第二次世界大戦後の数十年間に世界の各地で複数の植民地帝国の支配が崩壊しそこに「第三世界」として知られる新たな国民国家群が成立した事態を、まずは一八世紀末尾の「新世界」に起こり、つぎに第一次世界大戦後の「旧世界」で起こった、それぞれ新しい諸国家成立への動きに続く「脱植民地化（decolonization）」の第三の波として捉えつつ、その後にも帝国は形式を再構成しつつ継続し、植民地主義の問題が引き続き課題として残ったことを論じている[3]。確かに、「ポスト植民地」と見えたところに現在なお実際に続く紛争や圧政などは植民地問題の未解決を示しており、主として見ている場所は違っていてもそこで論じられている事柄はアジアにも通底している。ケネディに指摘されるまでもなく、それを植民地主義とは無関係の事態と言い立てることなどとうていできないはずなのだ。そこでこちらではもう少し踏み込んで、日本の植民地主義を関心の焦点に据えつつ、歴史の視野をやや広く構えて植民地主義の継続という事実をまず確認し、そこに問われるべき問題を抽出することから始めることにしよう。

## 一　暴力の世紀――「冷戦」という語りが隠したもの

二一世紀になってから、第二次世界大戦以降の時期についてそれを「暴力の世紀（The Violent Century）」と特定して呼んで、そこにある問題をあらためて強く告発しているのは、アメリカの歴史

（1）［モーリス＝スズキ 2006：347-377］
（2）この問題に関しては、［中村 2017］、［鄭 2022］も参照。
（3）［Kennedy 2016：43=2023：70］。ケネディはそれを「新しい帝国的編成」と言う。

| 始年 | 終年 | Type | 強度 | 直接の当事国 | 紛争の性格 | 死者概数 | 戦争・紛争の名称 |
|---|---|---|---|---|---|---|---|
| 1945 | 1954 | IN | 6 | ベトナム | インドシナ独立 | 500000 | 第一次インドシナ戦争 |
| 1946 | 1954 | IW | 2 | フランス | インドシナ独立（外部直接介入 FDI） | 30000 | 第一次インドシナ戦争 |
| 1946 | 1948 | EW | 6 | インド<br>パキスタン | 分離独立運動。ムスリム vs ヒンドゥー/シーク | 1000000 | インド・パキスタン紛争 |
| 1946 | 1950 | CW | 6 | 中国 | 中国内戦 | 1000000 | 中国内戦 |
| 1947 | * | IV | 1 | 中国 | 台湾侵攻 | 1000 | 中国内戦 |
| 1947 | * | CW | 3 | 中国 | 台湾での反対派弾圧 | 20000 | 中国内戦 |
| 1948 | 2019+ | EW | 4 | ミャンマー（ビルマ） | エスニック集団間抗争（カレン、シャン、その他） | 115000 | ビルマ内戦 |
| 1950 | 1951 | CV | 4 | 中国 | 地主などの抑圧 | 1500000 | 三反五反、大躍進？ |
| 1950 | 1953 | CW | 6 | 北朝鮮<br>南朝鮮 | 朝鮮戦争（内戦） | 1500000 | 朝鮮戦争 |
| 1950 | 1953 | IV | 3 | アメリカ | 朝鮮内戦（FDI） | 54000 | 朝鮮戦争 |
| 1950 | 1953 | IV | 4 | 中国 | 朝鮮内戦（FDI） | 100000 | 朝鮮戦争 |
| 1956 | 1972 | EW | 5 | スーダン | エスニック集団間紛争（イスラム vs アフリカン） | 500000 | スーダン内戦 |
| 1958 | 1975 | CW | 7 | 北ベトナム<br>南ベトナム | ベトナム戦争（内戦） | 2000000 | ベトナム戦争 |
| 1965 | 1966 | CW | 5 | インドネシア | 中国人・共産主義者の弾圧 | 500000 | インドネシア大虐殺 |
| 1966 | 1975 | CW | 5 | 中国 | 「文化大革命」 | 500000 | 文化大革命 |
| 1971 | * | EW | 6 | バングラデシュ<br>パキスタン | エスニック紛争（ベンガル独立） | 1000000 | バングラデシュ独立戦争 |
| 1972 | 1997 | CW | 3 | フィリピン | 内戦（新人民軍） | 40000 | フィリピン内戦 |
| 1972 | 2019+ | EW | 3 | フィリピン | エスニック紛争（モロ族） | 60000 | フィリピン内戦 |
| 1974 | 1991 | EW | 6 | エチオピア | エスニック紛争（エリトリアとその他） | 750000 | エチオピア内戦 |
| 1975 | 1978 | CW | 6 | カンボジア | クメール・ルージュによる敵対者の虐殺 | 1500000 | カンボジア大虐殺 |
| 1975 | 2002 | CW | 6 | アンゴラ | 内戦（アンゴラ全面独立民族同盟 UNITA） | 1000000 | アンゴラ内戦 |
| 1975 | 2005 | CV | 1 | アンゴラ | 内戦（カビンダ解放戦線 FLEC） | 3500 | アンゴラ内戦 |
| 1978 | 2000 | CW | 7 | アフガニスタン | 内戦 | 1000000 | アフガン戦争 |
| 1980 | 1988 | IW | 6 | イラン、イラク | 国際紛争 | 500000 | イラン・イラク戦争 |

| | | | | | | | |
|---|---|---|---|---|---|---|---|
| 1981 | 1992 | CW | 6 | モザンビーク | 内戦（モザンビーク民族抵抗運動RENAMO） | 500000 | モザンビーク内戦 |
| 1983 | 2002 | EW | 6 | スーダン | エスニック紛争（イスラムvsアフリカ系） | 1000000 | 第二次スーダン内戦 |
| 1994 | * | EW | 7 | ルワンダ | エスニック集団間暴力（フツ族によるツチ族への暴力）5 | 500000 | ルワンダ虐殺 |
| 1996 | 2019+ | CW | 5 | コンゴ民主共和国（ザイール） | 内戦（モブツ、インテラハムフェ） | 2500000 | コンゴ動乱 |
| 2011 | 2019+ | EW | 6 | シリア | シーア派エスノ集団に基礎をおくアサド独裁政権に対するスンニ派人民と過激派の抵抗 | 560000 | シリア内戦 |

**表1　1946-2019年における主な政治暴力事件**
（全334件中、とくに死者50万名以上の事件を中心にしたまとめ）
（Typeの表示記号）：（C）一国内の内戦型紛争　（E）一国内のエスニックグループ間紛争（I）二ヶ国以上国際的紛争　（V）武器を使用する暴力紛争　（W）明確で排他的なグループ間の戦争　（N）外国の支配を実力で排除することを目的とした独立戦争（FDI）foreign direct interventions　外部直接介入
（the Political Instability Task Force（PITF）「Major Episodes of Political Violence1946-2019」（2020 web page版）より抜粋編集）。網掛けは東アジア、東南アジア地域。

家ジョン・W・ダワーである。そのダワー本人の関心は『アメリカの暴力の世紀（*The Violent American Century*）』(4)（2017）と著作のタイトルに明示されているようにアメリカを特定して焦点に据えたものだが、語られている事柄を日本の「戦後」に留意しながら立ち入って考えていくと、そこに日本の濃密な関わりがあるのもまた明らかである。日米同盟を基礎にした強い連携があって、アメリカに主導性があるのは明らかだが、それへの日本の積極的なコミットメントも決して見逃せない。その点に注意し意識しながら、植民地主義という関心から、まずは極めて簡潔に端的にこの世紀の暴力の問題を提起するダワーの言うところに耳を傾けてみよう。

　ダワーがまず指摘するのは、第二次世界大戦以降の長い戦後に生起した政治暴力事件について、これまで正しく測定・認識されてこなかったという事実である。ここではそれを考える基本的な手がかりとして、ダワー自身も参照している the Political Instability Task Force（ＰＩＴＦ）が作成した「１９４６－２０１９年における主な政治暴力事件」の一覧表（の抜粋編集）をまず引用しておこう（**表1**）。

この表の作成者であるＰＩＴＦという組織は注記を見るとアメリカのＣＩＡが関与している団体で、それゆえここには、とくにアメリカ政府が関係する紛争の評価についてそれなりのバイアスがあるはずだと注意しておかなければならない。とはいえそれでも、ここで抜粋編集して提示しているように「死者五〇万名を超える」といった大まかな指標を立てて概要を見るだけであれば、さすがのＣＩＡが関与し集計した資料でも無視はできない形となってこの時期に大規模な武力紛争が連続して生起していることは確認できる。第一次インドシナ戦争から、中国内戦、朝鮮戦争、ベトナム戦争、そしてインド・パキスタンをめぐる紛争から、インドネシア大虐殺、カンボジア大虐殺へと、ここでその一つ一つに立ち入って内容を精査することはできないが、第二次大戦後の「冷戦期」と言われる時期にとりわけ東アジア・東南アジアが全体としてまさに激しい〈暴力〉の吹き荒れる時代があったことは間違いないのである。そのことをそう確認した上でダワーが強調するのは、それでもなおそのような暴力がこれまではまっとうに「測定（measuring）」されてこなかったという事実である。

ダワーの見るところ、（欧米の）主流派と言える研究者たちは、「暴力過小評価派（declinist）」と名指してよいような形で冷戦時代がそれ以前よりは暴力の少ない時代であったと認定している。それはこの時期が、米ソという二強大国が核兵器をそれぞれ抱えながら敵対してはいても、その両国間には直接の衝突がなかったゆえに、世紀前半の二つの世界大戦の時期よりは暴力の規模が小さいと感じられたし、また先進国間の戦争などは「ほとんど時代遅れ」になったかのように見えていたことにもよる。しかし、この時期を「相対的に平和な時期」と見なすのは「不誠実なこと（disingenuous）」である、とダワーは言う。というのもそれでは、「この時期に実際に起きて、いまも続いている重大な死と苦悩から目を逸らせる」ばかりでなく、それへの「アメリカ合州国の責任の重さを曖昧にしてしまう」からである[5]。

確かにこの時期のアメリカは、実際には、米ソ対立が深まるなかで大量破壊兵器の増強を著しく加速させて自ら主導的に世界を挑発し続けていただけでなく、各地の紛争にも現にさまざまな形で盛んに介入している。しかもそのように米軍が直接介入する場合には、まずは圧倒的に優位に立つ空軍力を飛び道具として前面に出し、また巨額の軍事費を投じつつ残虐な軍事技術を急速に高度化することで自軍兵士の損害を極小化しつつ大規模な戦闘を展開しようと努めているし、また可能な条件があれば、人民抑圧的な現地政府を後方支援したり、当事国家の内部に陰に陽に介入し工作してその不安定化を図ったりするなどの方法で戦争を操作し、活発に戦争を続けながらその被害ができる限り自国に向けて表面化しないよう努力し続けてきている。だから数字に表れた損害を見るだけでは、残酷な戦争の実態、とくにそれへのアメリカの関わりと責任は、ひどく隠蔽されてしまって十分に明らかにはできなくなるというわけである。

しかも、ここでそれ以前に理解しておくべきこととして、この時期の戦争・紛争の被害としてその死亡者の数を確定することが、それ自体、方法的にきわめて困難になっているという問題がある。そ

（4）［Dower 2017=2017］
（5）［Dower 2017：3=2017：003］

もそも武力紛争の混乱状況のなかでは、誰がどうやって死亡者数を数えるのかということはつねに難題である。戦闘員の死者を数えるにしても、自軍兵士の死者数については比較的容易に可能と考えられようが、敵兵士の死者数を正確に記録するのはやはり困難であるし、まして一般市民の戦争関連死亡者数を飢餓や病気による死者まで含めて数えるのはほとんど不可能と言わざるをえない。その上に、とりわけ第二次大戦後のこの時期の戦争・紛争については、植民地支配とその後という問題がそこにかかわる。すなわち、表に見られるように第一次インドシナ戦争から始まってほとんどが植民地後の「独立戦争」や「内戦」の性格を持っているから、そこで戦争被害を数える主体となるはずの「政権」も未確立あるいは不安定であると考えねばならず、死者数算定の基礎になるはずの人口調査も「戸籍」の不確定などあって十分には実現していないだろうということがある。そんな状況のなかであれば、通常の戦闘における戦死者であってもそれを一人ひとり特定していくことに困難が伴うはずだし、まして紛争の当事者双方が政治目的をもって殺害した者たち（テロや虐殺の被害者だ！）の数が客観的正確に数えられることなどありえないと見なければならない。そうした事情があればこそ、ＰＩＴＦの調査も死者数についてはごく大まかな概数を表示するだけに止まっているのである。

そしてもう一つ重要な問題として、死亡者数にのみ焦点を当ててしまうと、実は、この時期の戦争・紛争の人道的被害が抱えるもう一つ重大な側面を覆い隠して、その全容が見えなくなってしまうということがある。というのも、植民地支配とそれに続く「独立戦争」や「内戦」という性格の色濃いこの時期の戦争・紛争では、民族・部族や宗教・信念や居住地域などを異にするグループが分化・対立して、その相互に差別・迫害・暴力などによる人権侵害が際だって過酷になり、それにより定住した平穏な生活が困難になって、避難・移動を余儀なくされる人々を大量に生み出すことになっているからである。これらは直接の殺害とは異なっていてもやはり同じように深刻な被害であると認めねばならないのであって、これにより実際に避難・移動を強いられた人々はそれ以降も引き続き増えており、ダワーも依拠している国連難民高等弁務官事務所のホームページに依れば二〇二四年段階ですでに一億五九〇〇万人（「難民」三七六〇万人および「国内避難民」六八三〇万人）に達しているとされている。

また、「難民」・「避難民」にまではならないとしても、紛争に関連した「経済制裁」などによって生活が追い詰められ、それにより衛生・健康維持体制が崩壊して、当該社会の死亡率とりわけ幼児死亡率が急激に高まったり、深刻な心的ストレスを抱え込む人々が急増したりするということも、この時期以降に特徴的とも言える顕著な戦争・紛争の被害の形である。そしてダワーは触れていないが、植民地支配による民衆の分断被害が継続し、それに社会体制をめぐるイデオロギー対立が重なって統一した独立国家がなお成立せず、旧宗主国である日本も継続して在留する被植民者の生存と人権を責任をもって保障していないために、母国独立後も自立した生の尊厳と生活が脅かされ続けている在日朝鮮人・台湾人のような場合も、この時期の被害の重要な一例である。

ダワーは、彼自身が「アメリカの暴力の世紀」と名指したこの時期のアメリカの責任をさらに追及するために、その暴力がアメリカ合州国内における市民社会や民主主義に及ぼした影響についてさらに考察を進めていく。しかしここでは、第二次大戦後の主な政治暴力としてこの時期の戦争・紛争の形に関心を集中しておくことにしよう。

これまで見てきたように、ダワーがまず最初に苛立ち不当であると指摘しているのは、この時期の「暴力の測定」という問題であった。そして、そこになぜ過小評価が起こっているかというと、米ソの二強大国が核兵器を抱えて敵対していながらその両国間に直接の衝突がなかった故に、それが「相対的に平和な時期」と捉えられたということだ。これを言い換えると、「冷戦期」という時代認識そのものが、実際の暴力（熱戦だ！）の過小評価を生んでいたということである。「冷戦」という状況理解はこの時代のある一面を捉えたもの（著しくヨーロッパ中心的な視点ではないか！）に過ぎないのであって、それが時代全体を覆いつくすとまで拡張して理解されるとき、ひとつのイデオロギーになってしまうと言ってもいい。するとこのイデオロギーは何を隠蔽したのだろうか。

ダワーはアメリカの歴史家としてアメリカ自体の強大な暴力をそこに見出しているのだが、われわれはそれの矛先となったアジアにもっと目を向けなければなるまい。ここでもう一度、PITF作成の政治暴力事件一覧から抜粋引用した表1を見てみよう。この表の前半部で大半を占める網掛けした部分は、そのすべてが東アジア・東南アジアの地域における政治暴力事件であり、しかもこの地域は、日本が「大東亜共栄圏」と称する勢力圏構想を掲げて実際に日本軍を進駐させ戦闘に及んだ地域と重なっている。すなわちこの地域は、かつてイギリス・フランス・オランダ・アメリカがそれぞれの植民地を作り、そこに日本が「南進政策」をもって割り込んで諸帝国主義との間に植民地の獲得・拡張の激しい抗争を繰り広げた場であり、それゆえまたここは、それらの帝国主義に対抗し、またその相互の抗争と交錯しそれを利用もしつつ、自ら植民地解放・独立を求めて奮闘したアジアの人々の闘争の場でもあったのである。

であれば、その当の地域で第二次大戦の後にさらに戦争・紛争が起こっているというのは、まさにここで大戦終結とともに植民地時代に集積した矛盾が爆発し、植民地支配からの解放・独立をかけた戦争がいよいよ激しく続発しているか、あるいは、植民地時代に形成され対立してもいた領域内の諸集団、諸勢力が独立後の権力をめぐって争い、その対立・葛藤が武力抗争として噴出しているか、という事態にほかなるまい。ここでは植民地主義の暴力の歴史が武力紛争の形で継続しているのであって、「冷戦」という言説によって隠蔽されてきているのは、まさにこの〈コロニアル―ポストコロニアル〉な事態なのだった。ダワーによる怒りの告発に触発されながらわれわれがここで見ているのは、この継続する植民地主義の歴史が、これまで普通に考えられてきているよりはるかに激しく深刻な暴力の形で後に続き、第二次大戦後の時代を規定し続けてきているということである。

アメリカの歴史研究者であるダワーはそれに介入するアメリカの暴力に怒っているのであるが、東アジアに生きるわれわれは、この継続する植民地主義の暴力の歴史そのものになお解決・清算されていない日本と東アジアの政治的・倫理的・思想史的課題を認めよう。それはいまの課題なのだ。すると、その観点から目を凝らすと、そこに何が見えてくるか？

## 二 「戦後」に継続する植民地主義――日本の暴力の世紀

見てきたように、ダワーが「アメリカの暴力の世紀」と呼んで論じているのは、主に第二次世界大戦後すなわち二〇世紀後半の事態についてであった。それを踏まえて、この「暴力の世紀」という視野を世紀前半まで含む二〇世紀の全体に広げ、とくにその時の東アジア・東南アジアを見通すなら、そこには日本の侵略戦争と植民地主義がその暴力を展開した「日本の暴力の世紀」が広く視界に入ってくる。そしてここまで見通して、そこに展開した諸帝国主義の支配の抗争と植民地解放・独立に向から人々の闘争の継続を捉えていくと、この世紀の植民地主義のこの地域における暴力の全体像が見えてくる。

この暴力の世紀の前半と後半とをつないでみるということだが、その結節点にあった「沖縄戦」（一九四五年）について、それを普通に語られる過酷な戦争から平和な戦後への転換点としてではなく、むしろ暴力の継続・展開として体験した当の被占領者の立場から、その意味の根本的な捉え返しを提起したのは沖縄の歴史家・屋嘉比収である。(6) 一九四五年の日本敗戦をもって帝国日本とその植民地主義は終焉したと見る通例の歴史観においては、沖縄戦は、アジア太平洋戦争末期の地上戦として日本の植民地主義と戦争を終焉に導いた最終戦闘と理解され、それゆえ戦争から平和への転換点として位置づけられてきた。そうした歴史観においては、日本にとっての「戦時」とは帝国日本の帝国主義間戦争の時だけを指しており、前節で見た「戦後」の東アジア・東南アジアにおける紛争や戦争、そこに拡大して続く暴力などは、平和国家となった「戦後日本」の外部を取り巻く環境要因としてのみ考慮される歴史事象と見なされている。屋嘉比はそうした歴史観に異を唱えるのである。

屋嘉比はこう言う。「東アジアの戦後の状況を見てみると、一九四五年の沖縄戦は四七年の台湾二・二八事件、四八年の済州島四・三事件、五〇年から五三年の朝鮮戦争、五〇年代の台湾白色テロルへと、戦後東アジア冷戦体制下での分断と内戦を含む熱戦（戦争）の起点としてとらえることもできるのではないだろうか。(7)」重要なことは、これらの連続をしっかり捉えると「東アジア地域におけるアメリカ軍のプレゼンスを核にして日本、韓国、沖縄、台湾の相互連関性が明白となる」ということであって、確かにそれらの熱戦の背後には、朝鮮がアメリカの暴力が猛威を振るう「戦場」となり、沖縄がアメリカの「占領」により基地を提供させられ、日本はその戦争特需を受注する基地国家となって「復興」に進んでいくという、この相互連関性の存在がはっきり見えている。逆に言えば、「東アジアの戦前と戦後を分離する枠組みと、アメリカと各国との二国関係という視点」、すなわち日本がその現在を「戦後」と呼び続けてきたこの歴史観が、そうした相互連関性を覆い隠してきたというわけである。それに対して、「沖縄戦」を挟む一連の過程を沖縄の位置から連続させて見ると、「アメリカ軍と日本軍との違いはあれ、地上戦を挟んでその前後の沖縄住民は二つの軍隊によって『占領』されていた」のであり、「その視点は、沖縄住民にとって、軍事占領による『継続する植民地主義』という論点をあらためて認識させる」と屋嘉比は強調している。(8)

ここで触れられている朝鮮特需と日本の戦後復興との関係については、その事実そのものは、もちろん普通によく知られている。一九五四年度版の『経済白書』（経済企画庁　一九五四年七月十三日発行）でも、この影響を、「朝鮮事変後の生産、消費水準の上昇は特需のこの需要と供給の両面にわたる作用なしにはかく著しいものであり得なかったであろう」と、特別に強調する。この関係のことがその後の日本ではもっぱら経済問題として語られるようになっていくわけだが、むしろポイントは、「朝鮮特需」というのがもちろん朝鮮戦争の軍需のことであり、ここには「アメリカ軍のプレゼンスを核にして」、「戦場」になった朝鮮と、「占領」により基地がおかれていく沖縄と、そしてその軍需を受注して経済を回転させ「復興」に進んでいる日本とで、事実として政治・軍事・経済的な相互連

（6）〔屋嘉比 2006：23〕
（7）〔屋嘉比 2009：227〕
（8）〔屋嘉比 2009：228〕

関性が成立していたということだ。しかもここにある相互連関性は、対等で水平的な相互関係なのでは決してなく、「戦争」と「占領」と「工業生産力」を持続的な足場にして、その圧力により軍事・政治的な覇権と経済的な垂直的分業の関係形成が進められているわけであるから、これを作る歴史的力とその精神もまたひとつの植民地主義であると認めねばならないだろう。それにより領域支配としての「植民地」が新しく作られているわけではなく、植民地主義と言ってもその実現様態にはもちろん大きな変化があるのだけれど、事実として相互連関する戦争と占領と排除により人々の生活圏は確かに植民地化されていて、その人々にとって日本が関わる植民地主義の問題が日本の敗戦によって直ちに終結しなかったというのは間違いない。

これらのことから、本書が主題とする「植民地主義の継続」という問題が、まずは日本敗戦後の時期について、その問題の構造面から大枠において理解できることになる。前節でわれわれは、「アメリカの暴力の世紀」というダワーの問題提起に学びながら、東アジア・東南アジアという日本がかつて軍事占領と植民地支配をした地域では、植民地主義の暴力の歴史が激烈な武力紛争の形で継続しているということを確認した。ここから考えを進めると、この事実は植民地支配が終わった後の単なる残滓とだけ理解することはできず、そこでは、①その武力紛争や専制支配という非常状況を基盤にして、アメリカの軍事・政治的な覇権や日本の工業生産力に基づく経済的支配力などが介入し、②そこに軍事・政治的な権力支配構造と経済的な垂直分業といった縦の関係が事実として形成され、それにより③住民の生活圏がこれも事実として占領され植民地化されている。そして、この関係の形成に際しては、かつての占領時代、植民地時代から引き継がれてきているそれら住民に対する④レイシスト的蔑視、差別、軽視が強く働いている、と認めなければならない。植民地主義の問題を当事者の意識と行為に焦点を当てたその思想史として考えようという本書の企図からすれば、以上の規定だけではなお形式的な外枠が示されているに過ぎないとも言えようが、それでも基本的にこのような要件をもって見れば、ここに確かに植民地主義の継続を捉える視点は確定できると思う。思想史を追う文脈で必要な考察は追々重ねることにして、ここでは、まずは暫定的にこのような基準をもって植民地主義の継続への問いを始動させることにしよう。

さて、この植民地主義の継続と、それに関わるアメリカと日本との連携についてさらに考えるためには、その枠組みを作る基礎になった、アジア太平洋戦争後にアメリカを中心に実施された日本占領と対日講和について触れなければならない。よく知られているようにこの時の日本占領は、まずは帝国日本の継戦能力を粉砕すべく軍国主義日本の解体と社会の民主主義化を意識して始まったわけだが、やがて米ソの対立、「冷戦」状況の深刻化と共に、むしろ民主化の急進を抑制する方向へと「逆コース」を辿ることになったと言われている。講和についても、中国に共産党政権が成立し朝鮮戦争が勃発して朝鮮の分断が確定的となる情勢を背景に、日本の共産化を防いでむしろ西側の有力な一員に組み込もうと考えたアメリカの主導により、日本にとても有利な条件の講和条約締結に進んだとされている。であれば、ここでとくに東アジア・東南アジアのその後との関係で確認しておきたいのは、サンフランシスコ講和条約にまとめられた講和条件において、日本の戦後賠償がどのように扱われたかである。

この講和条約では賠償条項が第一四条にまとめられているが、その基本前提には日本に過度な経済的負担を強いないようにとの配慮があって、日本の資源が「完全な賠償を行い且つ同時に他の債務を履行するためには現在十分でないことが承認される」と明記されている。その上で、日本軍が占領し

| | 相手国 | 金額 | 協定発効年月 | 相手国長期政権担当者・担当期間 |
|---|---|---|---|---|
| 賠償 | ビルマ | 720億円 | 1955年04月 | ネ・ウィン（58～88年） |
| | フィリピン | 1980億円 | 1956年07月 | マルコス（65～86年） |
| | インドネシア | 803億880万円 | 1958年04月 | スカルノ（59～65年）<br>→スハルト（68～98年） |
| | ヴェトナム | 140億4千万円 | 1960年01月 | ゴ・ディン・ジェム（55～63年） |
| 準賠償 | ラオス | 10億円 | 1959年01月 | ラオス人民革命党（75年～） |
| | カンボジア | 15億円 | 1959年07月 | シアヌーク（55～70年）、ロン・ノル（70～75年）<br>ポルポト（75～79年）、ヘン・サムリン（81～92年） |
| | タイ | 96億円 | 1962年05月 | |
| | ビルマ | 504億円 | 1963年10月 | ネ・ウィン（58～88年） |
| | シンガポール | 29億4千万円 | 1968年05月 | 人民行動党（59年～） |
| | マレーシア | 29億4千万円 | 1968年05月 | マハティール（81～2003年） |
| | ミクロネシア | 18億円 | 1969年07月 | |
| 請求権協定 | 大韓民国 | 無償1080億円<br>有償720億円 | 1965年12月 | 李承晩（48～60年）<br>朴正熙（61～79年） |

**表2　日本の戦後賠償に関する二国間協定と相手国の長期政権**
日本の国家予算一般会計歳出（1955年度9914億5800万円、2023年度114兆3812億円）
外務省HP附表：「日本の戦後賠償・準賠償一覧」・「賠償並びに戦後処理の一環としてなされた経済協力及び支払い等」を参照して作成。

て損害を与えたという事実がない連合国は賠償請求権をすべて放棄し、損害のある連合国その他の国については賠償額が個別二国間交渉に委ねられることになった。そして重要なことは、その賠償の支払いが「日本人の役務」を供することによってと規定されたことである。すなわち日本の賠償は、金銭を支払うのではなく、相手国の「生産」や「沈船引揚げ」その他の作業に「技術・労力」を提供するか、あるいは日本の「生産物」を現物で提供するかの、いずれかの形を採ると取り決められたわけである。そこで**表2**として、この講和条件の下にその後次々に締結されていった二国間協定で決められたそれぞれの金額と時期、そして同時期に相手国がどのような政権状況であったかを推定する手がかりとして、その当時に執権していた長期政権の担当者と担当期間をまとめておくことにする。また協定で決められた金額の同時代での規模感を推定する補助として、一九五五年度と二〇二三年度の日本の国家予算一般会計歳出を付記しておこう。

このように次々と進むことになる戦後賠償の合意と実施が同時代の日本の政治・経済に対して実際にどのような意味を持ったかを考えるために、ここでまずは、これらの二国間協定が順次締結され、賠償の支払いが始まったその時期に注目しておきたい。一九五〇年代中盤ということだが、一九五五年という年は朝鮮特需の影響があって「神武景気」と呼ばれた好景気がつづき、この年にＧＤＰが戦前の水準を上回るに到っている。そして、翌一九五六年度の経済白書には有名な「もはや戦後ではない」という文言が現れて、その後に「高度経済成長」が続くことから、この年は「戦後復興期」から「高度成長期」への転換の年であると一般には理解されてきている。ところが、この経済白書の文言には、見落としてはならない舞台裏があったことにしっかり留意しておきたい。

当時の経済白書は経済企画庁が作成していて、実際の執筆にあたった調査課長・後藤誉之助はその文言の本来の含意についてつぎのように証言している。

（戦後に特別な軍事占領基金と朝鮮特需という特別な需要が終わったので……引用者）今後はいままでのような調子で有効需要は拡大しつづけないだろう、浮揚力は衰えるだろう、という含みを〝もはや戦後ではない〟という言葉で表現したわけです。……世人は、この言葉を、景気がよくなるという賛歌として受け取った。そこに皮肉な食い違いがあったわけです。（座談会「最近三年間の白書にみる日本経済の現状と将来」、『中央公論』一九五八年十月号）

日本経済の実情に通じていた経済官僚である後藤は、当面する好景気の基礎に、戦後の日本占領にあたっていたアメリカが軍事予算から支出した「占領地救済基金（GARIOA（Government Appropriation for Relief in Occupied Area）、EROA Fund（Economic Rehabilitation in Occupied Area Fund））」の効果と「朝鮮特需」という特別な需要の効果がかかわっていることを熟知していた。その後藤が「もはや戦後ではない」と言うのは、そのようなアメリカの援助と軍需を基調とする戦後の特別な需要がなくなるということである。それゆえその文言は、新たに別の形で需要が強く喚起されない限り景気の後退は不可避であるという危機感の表明になっていた。であればこそ、それが「景気がよくなるという賛歌」として受け取られたのは「皮肉な食い違い」だというわけである。

事の真相をそう理解してみると、そのような後藤ら経済官僚の危機感にもかかわらず、実際に日本経済が好景気を維持し、「高度経済成長」にまで進んでいったのはどうしてなのかという問いが生まれる。この時期の経済成長の持続に対して、これまでは一般にその当時進められていた日本の「技術革新」への努力などがその要因として挙げられたりしてきた（「勤勉な日本人」という自己賛美！）。しかし、そのような「努力」というならそれはその時期だけに特別なものとは言えないはずだし、そもそも「技術革新」が需要を創出するという説明は、その需要が「朝鮮特需」に代替するような規模のものについてとなると、それだけではあまりにも説明力が弱いと言わなければならない。そこで、この時期に符合するように現れている「賠償」のことが、たいへん重要だと分かってくる。

すると、敗戦国日本にとっては本来負担となるはずの賠償義務が、実際にはどのように作用したというのか。ここで、その賠償が「日本人の役務」によって支払われるとするサンフランシスコ講和条約の規定が大きな意味を持つことになった。つまり賠償の支払いは、日本の技術や労力や生産物の引き渡しをもってなされるのであるから、日本の産業界にとっては新しい特別な需要として現れるということである。そのような需要が、まずは表2に示されるような時期と額で創出されたわけである。しかもそればかりでなく、賠償としての日本の生産物の引き渡しは、敗戦によってまったく停滞していた日本のアジアとの交易関係を新たに開く突破口としても決定的な役割を果たすことになった。その可能性のことを、それを推進した政治家や官僚たちは熟知していた。そのなかでも、サンフランシスコ講和条約に総理大臣としてかかわった吉田茂その人が、最初になったビルマとの協定締結の際に、その賠償をつぎのように言って事態の意味を端的に教えている。

> さきごろのビルマ賠償は、向こうが投資という名をきらったから、ご希望によって賠償という字を使ったが、こちらからいえば投資なのだ。投資によってビルマが開発され、開発されれば日本の市場になる。（『毎日新聞』一九五五年八月十一日）

要するに、日本政府にとって第二次世界大戦についての賠償は、最初期から東アジア・東南アジアへの経済進出と結びついた積極的政策手段として捉えられていたのである。[9] そして実際に、賠償の支払い実施は日本の企業活動を強く刺激し導いて、彼らが競ってアジアに向かう道を開いている。また、そうであればこそこの一連の賠償の支払いは一つの成功体験となって、つぎに接続する「ＯＤＡ（政府開発援助）」にまで、その意識が積極的に引き継がれていったと見なければならない。

そこでさらに確認しておきたいのは、この「賠償」から「ＯＤＡ（政府開発援助）」へ連続する日本

（9）［平川 2006］

の東アジア・東南アジアへの関わりに際して、その相手国の政治状況・政権状況がどのようであったかという点である。ここであらためて、表1と表2を対照させせながら見直してみよう。そうすると、この「賠償」に始まる「日本の東アジア・東南アジアとの関わり」の同時代が展望できて、それがまさに「アメリカの暴力の世紀」への日本の関わりにほかならなかったことが分かるだろう。すなわちこのとき日本は、賠償をステップとしつつ、東アジア・東南アジアにおける内戦と独裁の時代に介入していると見なければならないのである。

これまで、この時代における日米関係は、とかく「対米従属」という基調で理解され、それが悔恨的かつ自嘲的に語られることが多かった。そして確かに、政治・軍事的にはアメリカが圧倒的な主導権を握り、覇権主義的にそこで振る舞ってきたことはダワーが怒りを込めて語る通りである。とはいえわたしは、賠償からODAへとすすむ同時代の日本の、経済進出という形をとった政治介入の独自な主導性を決して見逃してはならないと考える。そのなかでとりわけ留意しておかなければならないのは、賠償相手国に続いた長期政権に深く関与し、その位置から「賠償」と「ODA（政府開発援助）」を進めることでその政権が遂行した内戦と独裁を実質的に支持して、その暴力を裏から支え続けた日本の役割である。

フィリピンが、戦時に受けた被害の大きさ故に日本の賠償軽減に強く反対し、実際に実現した二国間協定でも最高額の賠償取り決めとなったことは表2の通りである。それに伴って、日本とフィリピンの二国間経済関係は濃密なものとなり、一九六〇年段階で日本の対アジア関係では「まちがいなく対比関係がもっとも重要」と評価されるまでになっている。ところが、あるいはそれゆえに、賠償はその実施の初期から「汚職の温床」となり、六五年に登場したマルコス政権の時期には円借款も開始されて、この賠償と円借款が「マルコス大統領の不正蓄財の原資ともなった」とされている。[10] マルコス政権は執権以来、共産系の新人民軍やイスラム系武装勢力など国内の反政府武装勢力の掃蕩のため精力的な暴力行使に動いていたわけだが、その時に日本の資金は、巨額の不正蓄財の末に「ピープルパワー」により倒されたこの長期独裁政権の暴力を支えていたのである。

またインドネシアでは、独立戦争後に政権を樹立した建国の父＝スカルノに対して、植民地時代にすでに関係を持っていた日本は賠償協定を結んでこの政権を支持し、共産党に融和的であったスカルノに欧米が警戒感を持つようになってもその支持は維持した。ところが、「謎のクーデター事件」と言われる九・三〇事件をきっかけにスカルノの権力が揺らぎ、それに代わってスハルトが実権を握ると、日本はいちはやくこちらに支持を乗り換えて、こんどはこちらに強くコミットするようになる。そして、その関与はスハルト政権が共産党関係者や華僑に対する大虐殺を開始してもなお変わらず、「一〇〇万人とも二〇〇万人ともいわれる虐殺の果てに、戦争賠償に端を発する古い経済関係が清算され、スハルト政権とのまったく新しい経済連携が始まった」と、認定されている。[11] すなわちここには、激烈な暴力を行使する開発独裁に対して日本が大規模な開発援助を供与するという、典型的な暴力と援助と利権の関係が作られているのである。

そして大韓民国については、クーデターの末に権力を握った朴正煕政権との間で交渉は始まり、植民地支配の認識について差があって難航はしたが、ベトナム戦争を背景に抱えたアメリカの圧力も

(10)［津田・横山 1999：9-12］
(11)［倉沢 2020：144］

あって賠償ではないものの請求権協定は成立した。そしてこれが「漢江の奇跡」とも言われる経済成長の一基礎要因にもなるのだが、他方では財閥の形成など富の集中と格差の拡大につながり、そこに生まれる社会不安が南北分断の緊張とともに意識されて、軍・警察の暴力が凶暴に支配する厳しい反共独裁の社会体制が強化されていくことになった。ここでも、日本の関与はその体制の強化に寄与して、その暴力と利権の構造に確かに繋がっているのである。

フィリピン、インドネシア、韓国についてそれぞれ垣間見た暴力と利権の構造への日本の関わりは、総じて直接的な権力行使ではなく間接的な力の作動なので見えにくいが、しかしこれらもまたダワーのいわゆる「暴力の世紀」への日本の繋がりであることは間違いなかろう。しかも、このような繋がりはフィリピン、インドネシア、韓国においてだけのことではなく、日本が「賠償」および「ODA（政府開発援助）」で関わったほとんどの国々との関係において多かれ少なかれ見出される事態と言える（賠償からODAに進む経済外交の問題については後段でもう少し立ち入って論ずることにする⇒第六章）[12]。この意味でこの世紀の暴力は、「アメリカの」であるばかりでなく、「日本も」連携して関わっていると認めなければならない。

しかも、こうした暴力への日本の関わりについては、植民地時代に日本陸軍の陸軍士官学校を経て満洲国軍の将校にまでなった朴正熙が大統領として権力を握った韓国の事例がもっとも顕著に示すように、その多くが日本の植民地支配の時代に淵源を持っているということに特別な注意を払いたいと思う。植民地支配の時代に作られた人的関係を通じて繋がりが作られ、その影響力の下で、植民地時代に考案された当の方法を用いて、当時と同じように無慈悲に容赦なく、暴力が大規模に行使され続けているということだ。「植民地」が「独立国」になっても、関係の構造は引き継がれている。であればここには、植民地主義そのものがなお継続して生きていると認めなければならないだろう。

前節では「冷戦」という言説がイデオロギーとなったことを見てきたが、ここで見ているのは、日本国内で人々がずっと自己の時代を語ってきた「戦後」という言説が、またきわめて内閉的なイデオロギーとして働いていると考えられることだ。屋嘉比は日米二つの権力によって「占領」がずっと続いている沖縄の立場から日本の「戦後」言説に異議を唱えたのだったが、東アジア・東南アジアの多くの民衆の立場から同時代を見るなら、文字通りの「戦後」などひとときも訪れず、戦争と暴力の継続こそがまさに彼らの日常そのものにほかならなかった。そして、その事態に日本は濃密な関わりと責任を持っている。それにもかかわらず日本では、その同時期にずっと「戦後」とその「平和」が主要な時代基調として語られてきたわけである。ここには、植民地主義の継続がそれ自体としてあるばかりでなく、その継続をそれと認識させる思考の欠落がまたあったと認めねばならない。

## 三　植民地主義の様態変化とそれを通した継続——思想史への問い

ここまで「植民地主義の継続」という問題について考えてきた。それによりあらためて見えてきて

(12) 日本が行った「賠償・経済協力—開発援助」が含んでいた問題の全体については、例えば［鷲見 1989］、［毎日新聞社会部ODA取材班 1993］、［津田守・横山正樹 1999］、［村井吉敬編著 1997］、［村井吉敬編著 2006］など参照。

いることは、東アジア・東南アジアの多くの民衆にとって、アジア太平洋戦争が終わっても新しい時代としての「戦後」にはならなかったし、それに続く戦争はあまりにも残虐かつ大規模で決して「冷戦」ではなかったし、しかも、植民地は「独立」してもそれは解放ではなかったということだ。そして、そこになお継続する植民地主義が責任ある形でかかわっているというのであれば、植民地主義の問題を、過去の侵略戦争や植民地支配にかかわる未解決の責任だけに、それゆえ「植民地支配責任」だけに止めることができないのは明らかだろう。その支配責任への問いはもちろん不可欠なのだが、その歴史を含めてさらに、公式には植民地としての支配が終わった後にもなお継続している植民地主義が問われなければならないし、植民地帝国の遺産を引き継ぐ日本という場においてみるなら、そのように植民地主義を継続させてきた政策と思想の責任が問われなければならないのである。とすれば、そのために研究として求められているのは、植民地の研究というよりは、植民地主義を継続させている側の思想の研究だということになるだろう。かくて、「継続する植民地主義の思想史」として、本書で考えたい問題が定まってくる。

　そこでまず、これから植民地主義を継続させる思想を問題化しようという時に、そこで問われるべき「継続」とは、いつからいつへの継続のことなのか考えておくことにしよう。

　前節まで「暴力の世紀」を問題化してきて、そこで主に立ち入って考えたのは、第二次世界大戦後の東アジア・東南アジアにおける植民地主義の継続についてであった。そこでは植民地独立をめぐる戦争と抗争において、そして植民地が独立した後の長期独裁政権においても、それに介入する米日の意志に継続する植民地主義の連携を見たのだった。植民地が国民国家として「独立」の形をとっていくために介入の様態は変化しているのだけれど、しかしそこにはなお植民地主義そのものが継続していると認めなければならないということだ。と理解してみると、この「暴力の世紀」にはもう一つ植民地主義をめぐる大きな転換点があり、そこでも植民地主義がいかに継続しているかが問われていると分かるように思う。それは、第一次世界大戦の前後のことである。

諸帝国主義による植民地の再分割をめぐる初めての世界戦争となったこの第一次世界大戦は、列強が歴史上初めての総力戦として激突した戦争でもあったが故に、激烈に泥沼化した戦闘状況とともに参戦した列強の双方に深刻な打撃を与えて、そのなかで、それぞれの領域内にある諸民族グループの自立への志向を育んだり、植民地でもさまざまな抵抗が顕在化したりするなど、帝国―植民地の支配体制を大きく揺るがせるような動きを各地で生んでいる。そしてそのように過酷な戦争状況が現出したからこそ、その講和に向かう動きのなかには、各国の領土拡張を抑制し諸民族の自決を求めるような志向と提案が含まれることになった。

一九一七年十一月には、一〇月革命を成功させたロシアで革命指導者ウラジミール・レーニンの領導のもと第二回全ロシア・ソビエト大会が開かれ、そこで「無賠償」・「無併合」・「民族自決」に基づく即時講和の提案を含む「平和に対する布告」が発表されて、世界の労働者党のみならず被圧迫諸民族の意識に大きな影響を与えることになった。また、これに対抗する形で、アメリカの大統領ウッドロウ・ウィルソンは一九一八年一月のアメリカ連邦議会で演説し、そこで「十四ヶ条の平和原則」を提案している。こちらは大戦で同じ連合国であった植民地帝国英・仏などへの配慮もあってヨーロッパ中心のごく限定的な内容にはなったのだが、それでも形としてはこれに「民族自決」の容認への志向が含まれていたのは間違いない。また、このような前提があって成立したパリ講和会議では、設立が提案されていた国際連盟の規約に「人種差別撤廃」を盛り込むよう日本が提案し（時は差別ゆえに多くの朝鮮人・中国人の虐殺があった関東大震災の直前である。ひどい日本のダブルスタンダード！）、それが欧米諸国の反対により否決されるということもあった。かくてまとまった講和条約は、なおヨーロッパ中心の限定的な民族自決容認にとどまっていたわけだが（こちらはひどい白人中心主義！）、それでもこれが植民地の自治や独立を求める世界の潮流にとってひとつの基点となったことは明らかである。本章「はじめに」で触れたアメリカの歴史家デイン・ケネディは、この時期に旧諸帝国が政治的に細分化し、旧世界にそこから新しい独立国がいくつも生まれていく流れを、「脱植民地化」の第二波と捉えている。(13)

そしてここで重要なことは、それ以降確かに、植民地を扱う実際の様態にも大きな変化が生まれているということである。日本に関係する事実を見ると、一九一九年六月に調印されたヴェルサイユ講和条約は第一次世界大戦の結果としてドイツの海外植民地をすべて否認したのだが、その旧ドイツ領の内で太平洋にあった赤道以北の群島部分を日本が替わって獲得する際に、日本はそれを国際連盟から委託された「委任統治領」として受け取っている。すなわち事実としては、それは敗戦国ドイツから戦勝国日本への植民地の譲渡にほかならなかったわけだが、形式としては国際連盟を介した日本による「委任統治」としてそれは引き受けられたということである。ここでは明らかに植民地を扱う統治の様態が変化している。

また、一九三一年九月に陰謀により柳条湖で鉄道線路爆破事件を創作した関東軍は、そこから戦線を「満洲」全域に広げ、翌三二年三月にはその軍事占領を基盤にして清朝廃帝溥儀を国家元首に押し立てた「満洲国」の建国を宣言している。すなわちこの「満洲国」も、事実としては日本が軍事占領をもって確保した文字通りの植民地にほかならなかったわけだが、形式としては新たに成立した「独立国」の様態を採ってその存在を国際的に正当化しようとしたということである。これも植民地統治のひとつの様態変化と言える。そしてこの様態変化は、日本が「アジアの盟主」という尊大な自己主張によりつつ「南方」での植民地獲得に動き出し、それを「大東亜共栄圏」構想をもって正当化しようとしたときに、直接統治から傀儡の「独立国」の形成までさまざまな統治形態を使い分けて臨んだことに事実として引き継がれている。

要するに、ダワーにより「暴力の世紀」と呼ばれたこの二〇世紀には、そこに勃発した二つの世界大戦をそれぞれ境に、植民地統治の様態をめぐって重要な転換がそれぞれあったということだ。だから植民地主義が継続すると言っても、その時期によって様態の変化があり、それに応じて、植民地主義を推進する政策や行動の形にも、またそれを正当化する思想にも、それぞれ重要な内容変化が生じているに違いないと考えられるのである。そうだとすればここには、それぞれの時期に即しながらそこに生きた当事者の意識に立ち入って考えねばならない思想変化の問題が、また、そんな思想変化を追跡してこそ見えてくる植民地主義の思想の生きた在り方があると認められよう。すなわち、継続する植民地主義の歴史を追跡していく際には、それの様態変化に対応する思想の内容変化に敏感に感応し、その実質的な政策上の展開の意味を的確に捉える、繊細な思想史への感覚が問われるということである。少なくとも、乱暴な軍国主義を対極において「転向か、非転向か」と二元的に問うような、ありがちな紋切り型の考察では植民地主義の継続の思想は決して解けない、と理解したい。

そこで本書では、戦争政策推進の主導者となった政治家・軍人たちよりはむしろ、日本の植民地主

（13）［Kennedy 2016：14-22=2023：30-40］

義が継続していく渦中にあって、その実務や思想に触れ、それが引き起こす問題に直面して深い葛藤を抱えつつ、結局は事実として自らも深く関与していくことになった人々、とりわけこの時代に特徴的な問題を抱えた思想家や学者、実務官僚、そして文学者たちを主に取り上げ、二つの時期に継続して生きた彼らの思考の歩みにできる限り内在して考えることにより、そこにいかなる問題があったのかを探索していきたいと思う。それゆえここで考えてみたいのは、植民地主義の継続がどのような思想によって支えられてきたのかという問いであり、ここで大切にしたいのは、理解可能な形でその思想の筋道を追跡していくことである。こうした問いによって、植民地主義の時代を生きた人々の実際の思想と行為の選択に沿って、植民地主義が継続するということの思想的意味を明らかにし、またそれを乗り越えていく可能性への手がかりをもつかめれば、と考えている[14]。

　ここで取り上げる思想家・学者・官僚・文学者たちについては、もちろんまずはキーポイントとなる人物に焦点を当てているとわたしは考えるが、この人選だけが唯一無二というわけではなく、別様な視点を加えてみれば別様な人物に光が当たることも可能であろう。それゆえこれは、継続する植民地主義の思想史の一つの試みに過ぎないといってもよい。とはいえここには、植民地主義を乗り越えて時代をつぎに開いていくために避けて通れない思想的営みの、その広がりをずっと透見させる確かに有意味な一歩がある、とわたしは考えている。

（14）「理解」ということの意味については、［中野2020］を参照されたい。適用されている方法の実際はヴェーバーその人のものとかなり異なっているが、「理解」の意味についてはヴェーバーから深く学んでいる。

# 第一部　植民地主義の総力戦体制と合理性／主体性——合理主義と主体形成の隘路

# 第一章　植民地主義の変容と合理主義の行方——合理主義に拠る参与と抵抗の罠

## はじめに——システム合理性への志向と植民地主義の変容

生産及び分配に関する中世時代の家内工業、手工業的経営の伝統を棄てて、工場経営の近代工業の確立したことを産業革命と称するならば、欧州戦争を転機として世界の産業は第二の革命を来しつつあると云っても宜しかろう。(1)

一九三〇年六月、日本政府は産業政策を所管する商工省の外局として「臨時産業合理局」を設置し、これを産業合理化政策推進の特別な所管部局に指定している。ここに示した言葉は、当時の商工省工務局長であり、新たに設置されたその臨時産業合理局で企業統制を担当する第二部長を兼務した吉野信次が、政策推進の前提となる基本認識をまとめた提言書『我国工業の合理化』（同年十一月出版）の冒頭に提示した出発点の時代認識である。本書序章でわたしは第一次世界大戦を前後する植民地主義の様態変化とそれによる継続という問題を提起したが、その植民地主義の様態変化による継続は、ここに示された吉野の認識に従えば世界の産業の「第二の革命」と並行する事態だということになる。近代植民地主義は、歴史的に見れば近代資本主義の随伴現象であり、それは確かにまずは西ヨーロッパにおける産業革命と並行して始動し展開している。その近代植民地主義の様態に生じた変化が、世界の産業の第二の革命に並行しているということだが、そこにはいったいどんな関係があったのだろうか。

問題を理解する鍵は、そこで当面する産業政策の主題となっている「産業合理化」にある。ここで吉野により産業革命に続く「第二の革命」とまで呼ばれてその現状変革的意義が大きく評価されているのは、「第一次世界大戦」とそれに続くこの「産業合理化」のことにほかならない。

世界の諸帝国主義が植民地争奪の末に行き着いた第一次世界大戦は、世界史上初めての「総力戦」として戦われた戦争であった。このとき戦争は、単に個々の戦役における勝敗如何によって決着がつくのではなく、当該国家の補給能力や継戦能力を支える経済力や国民全体を戦争動員しうる戦意の質をふくめた国の総合力が問われる戦いになったのである。であればこそ当事各国は、まずはその軍事

(1) [吉野 1930 : 233] 同じ一九三〇年には、吉野のこの著作よりむしろ先行する六月に有沢広巳と阿部勇が共著により『産業合理化』を書名に掲げた著書を公刊している [有沢・阿部 1930b]。こちらの議論はドイツ留学から帰った有沢のドイツ経験が踏まえられていて、主に産業合理化が労働者階級に与える影響をマルクス主義の立場から批判的に論ずるもので、国策としての産業合理化を考える吉野の議論とは好対照をなしている。この有沢の立場がその後どのように展開するかについては、第六章で主に「戦後」を中心に論じたい。

力を直接に支える工業能力の増進に努めたのだったが、それがまた各国の産業構成を大きく変えて、国家間の通商関係を変容させたばかりでなく自国民の生活状況にも重大な影響を与え、さらには、戦時ゆえの過剰な設備投資などの結果として生産過剰から恐慌を含む深刻な経済危機を容易に招来させるような不安定な経済状況をも生んでいる。それゆえ各国は戦争終結後の一九二〇年代に、それぞれの産業構成そのものを全体として見なおしてその再編成を探るという意味で根本的な経済政策の再検討を迫られた。それがまずは敗戦国ドイツを中心に「産業合理化」の不可欠性として意識されたところの、第一次世界大戦後の各国にあまねく広がる経済の問題状況なのであった。

ところで、ここで産業合理化と言っても、それを一般に労働過程の合理化と捉えてその営みを工夫したり改善したりするということを考えるのなら、そこには協業から分業へとすすむ共同労働の形式の展開とともに歩んだ人間の労働様式の進化の歴史、社会の歴史が広く現れてくると分かる。とはいえ、序章で「暴力の世紀」と見たこの二〇世紀をとりわけ意識して産業の合理化を論ずる場合には、それを二つのレベルの展開として分析的に分けて理解を進めていくとその意味が分かりやすくなって今後の考察に有効であると考えられる。

その第一のレベルは合理化の内容が生産現場での業務管理の合理化ということであって、それについては二〇世紀初頭のアメリカで「科学的管理法」と称されるフレデリック・テイラーの提案があり、それがすでに世界に広く知られていた。これは工場など作業所内の作業工程の合理的改善をめざす新しい科学的生産管理の提案であった。それに対して第二のレベルは第一次世界大戦後のこの時期に新しく意識されるようになっている産業合理化のことで、こちらは、生産方法の改善などを生産性向上をめざす個々の生産者たちの自己努力とそれの自由な競争に委ねるのではなく、各国が国単位で需給バランスを考慮しそれぞれ産業構成全体の観点から合理化を進めるということが意識されており、それをあえて名づけるならば産業システム全体についてのシステム合理性を問うという発想が基底に生まれている。一九三〇年になって日本政府が部内に「臨時産業合理局」を設置したというのも、遅ればせながら日本国家としてそれに対応しようとする志向の表れと言うことができる。

そしてここでさらに注意したいのは、このような各国における産業構成のシステム合理性への関心が、帝国本国の産業構成についてだけでなく植民地を含めた植民地帝国全体の産業システムについてその合理性を問うという方向に、意識を広げていることである。しかも、そうした意識が単に植民地帝国の各国支配層においてだけでなく広く一般国民にも浸透してきているということで、泥沼の総力戦となった世界大戦という国民全体の困難で悲惨な共通体験を経たこの時に、それが各国国民に植民地帝国全体への帰属感情を深く醸成していたのである。吉野信次も同書で、国際間の自由な貿易関係を揺るがすまでに進んでいた各国の現下の状況をつぎのように書いている。

> 如何に自由通商の大義を世界の識者が口を極めて高唱しても、各国政府の現実の政策は全く之に背馳せむとして居る。昭和五年九月の英国の労働組合の大会に於てすら、英本国と殖民地とを包含する所の一大経済領域の自給自足の主義を是認するの決議が通過したと新聞電報は報じている。従来各国の労働組合は経済的国際主義を主張して、帝国主義的の経済政策に対しては非難攻撃を加ふるの態度を持して居った。然るに今や英国の労働組合が伝統の此主張を捨つるに至ったことは一葉落ちて以て天下の秋を知るべきである。(2)(傍点は引用者)

見られるように吉野は、産業合理化政策の実務担当者として日本の先頭に立ったこのときに、確かに植民地を含む植民地帝国全体の自給自足とその産業構成の合理化を視野に入れ、この営みがやがてほかの植民地帝国とのより鋭い緊張関係を生むだろうという自覚に立って事に当たろうと身構えていた。

第一次世界大戦を経過して、吉野が産業革命に続く「第二の革命」と捉えた産業合理化の時代に突入し、植民地についてもそれへのまなざしに重要な変化が起こっているということだ。植民地主義の様態変化というのは、このような植民地帝国全体についてのシステム合理性を求めた産業政策の変化に正確に対応して生起している。序章で触れたディン・ケネディはこの時期を脱植民地化の第二波と呼び、確かにここで旧世界に新しい独立国がいくつも生まれていると指摘するが、それについても、単に民族自決への理解が世界に広がり深まったからというよりは、産業合理化の時代を迎えた各植民地帝国が、植民地についてもより合理的で現実的な統治政策（「非暴力的」という意味ではない！より構造化された暴力に注意）を求め始めた結果でもあると見る必要があるだろう。とすればこのときに植民地主義は、実際にはどのように継続しているのか？またこの時代に生きた人々は、どのような意識をもってそれを引き受けたのだろう？ここでの考察の焦点は、吉野が産業政策の実務を主導した産業合理化の時期から戦時の総力戦体制に向かう時期に到る植民地主義の形と、その変容を導いた合理性への関心の行方にある。

## 一　産業の合理化と植民地経済の計画──「満洲国」という経験

### 産業合理化政策の始動

本章は一九三〇年の「臨時産業合理局」の設置から考察を開始している。ところで、これに続く一九三〇年代から四〇年代の日本については、一般には三一年の満洲事変勃発を起点とする「一五年戦争」の時代と語られ、その戦争態勢として「総力戦体制」の構築編成が論じられるというのが、近年では普通になってきている。またこの戦時体制については、その戦後への連続を見通した「1940年体制」という表現でそれを語る語りにも注目が集まっている。このような研究状況の現在に対し本章で確認したいのは、その総力戦体制構築のさらなる基底にあった第一次世界大戦後の世界に共通する「産業合理化」（産業革命に続く第二の革命）という動向のことであり、それと並行した「植民地主義の様態変化による継続」のことである。それにより産業合理化という観点を加えて総力戦体制と植民地主義の関係を構造的・動態的に理解し、それを支えてきた思想の役割を見定めたいと考えるからである。これまでの戦時体制論、とくに「総力戦体制論」や「1940年体制論」は、その前提となる産業合理化とそこに継続する植民地主義の問題を見逃してきた(3)。

（2）［吉野 1930：270］

（3）総力戦体制論の現在については、［山之内ほか編 1995］［酒井ほか編 1996］［山之内ほか編 2003］［小林 2004］［山之内ほか編 2015］など。また、その思想的意味については［中野 2001a］など参照。「1940年体制論」については、［野口 2010］参照。

そこで、まず吉野信次という人物に注目して産業合理化を考えていこうということだが、一九一七年二月、寺内正毅内閣の時に農商務省内に日本の産業の実態調査を主管する「臨時産業調査局」が新設され、吉野はそれの発足時からの担当事務官となっていて、問題への関わりはここから始まっていると分かる。そして農林、商工分離後の二七年には商工省において、第一次世界大戦後の世界経済の趨勢に応じて日本の「産業政策の根本的立て直し」を図るべく、財界、知識界の中心的人物をメンバーに揃えた「商工審議会」が設置され、吉野はその設置実務の中心を担っていた[4]。三〇年に設置された「臨時産業合理局」の初動は、すなわち日本の産業合理化への重要な第一歩は、この流れに沿いつつ同時期の金解禁により生じた打撃にも対応するものとして、まずは日本産業界の内在的必要から進められたと見ることができる。ここから「総力戦体制」と名指される三〇年代の戦時体制形成への歩みも始まっているわけだが、それは、よく語られるような特別な軍部専制（「軍国主義ファシズム」?）の始動というより、まずは産業政策の展開（重要な展開とはいえ通常の行政業務の一環だった！）としてあったことに、ここでは留意しておきたい。

この吉野信次は、商工省・臨時産業合理局にあって産業合理化政策を立案指揮したのち、革新官僚たちの勢力を背景に政界に進出し、三七年には第一次近衛内閣の商工大臣にまでなっている。この人物の経歴についてなかでも留意しておきたいのは、同時期に商工省にいた官僚で、やがて満洲国国務院に一時出向した後にこれも政界に進出している岸信介（後の首相）が商工省では彼の腹心の部下であったという事実で、その後も二人は強いつながりを持ち続けている。そんな関係も足場にしつつ吉野は商工省から戦後の通産省に続く日本政府の産業行政にずっと大きな影響力を保持していて、戦後日本の経済成長の背景を通産行政の作動から見た著書『通産省と日本の奇跡』（*MITI and The Japanese*

*Miracle*）を書いたチャルマーズ・ジョンソンは、この吉野を「通産省の歴史で最も重要な二、三の人物の内のひとり」(5)と認めている。要するに吉野信次は、産業合理化政策を起点に戦後に続く日本の産業行政の連続を体現する人物なのである。この吉野が大正デモクラシーを代表する思想家・吉野作造の実弟であることを知っておくのも、なにがしかは有用かもしれない。この事実は彼らの思想が同一である証拠になるわけではなかろうが、彼らがともに同時代の合理性を志向する思想的雰囲気に触れていたことを推定する手がかりにはなるはずである。

この吉野によって着手された産業合理化の流れをさらに展開させて植民地支配の実質に接続させた中心人物が、吉野の直系の部下であった岸信介なのである。岸は、一九二〇年に農商務省に入省し、二六年には農林省と分離した商工省からアメリカ独立百五〇年記念世界博覧会に事務官として派遣され、半年後にイギリスとドイツを経由して帰国している。その際に岸は、初めてドイツにおける「Nationalisierung（国家統制化）」という形の産業合理化運動を見聞し、帰国後にその報告書を書いている(6)。そしてさらに三〇年に臨時産業合理局ができると、この時もその事務官であった岸は第二部長の吉野に代わって再び欧米に派遣され、それにより得た知見を足場に、商工省の官僚として日本における産業合理化の中心的推進者の一人となった。

そのため岸は、二回目の欧米視察から帰国した直後から臨時産業合理局の業務の一環として各地で

（4）［吉野 1974：221-2］
（5）［Johnson 1982：56=2018：54］
（6）［岸 1981：12］

産業合理化政策を解説する講演を行い、また「欧州に於ける産業合理化の実際に就いて」(『社会政策時報』一九三二年一月号)、「重要産業統制法解説」(『工業経済研究』第一冊一九三二年四月)、「産業合理化運動に現はれたる経験交換」(『工業経済研究』第二冊一九三二年七月)、「産業合理化より統制経済へ」(『産業合理化』第一二輯一九三四年四月)などの論説を次々に発表して、さながらスポークスマンとして産業合理化政策の広報にも努めている。その基調は、システム合理性の観点に立った統制経済の実現を産業合理化の中味として受け入れるよう説くもので、市場的自由放任を「協調なき対立主義」と言って強く批判し、「要するに、産業合理化と云ふことは結局一の国民経済を経済単位として其の繁栄を期するがために互に協調してやつて行かうとする運動に他ならない(7)」と主張する。このような言説により吉野に岸がつながって、日本における産業合理化運動は、その始動時から統制経済を志向する国家主義の色合いを濃厚に含んで動き出したと認めることができる。

そして、そんな岸の国家主義的な産業合理化への志向は、まずは植民地「満洲」において一つの例示的な具体化を見たと言ってよい。

## 産業合理化時代の植民地主義

すでに序章で少し触れたように「満洲」における日本の植民地支配は、一九三一年に関東軍の陰謀により創作された鉄道線路爆破事件に端を発した「満洲事変」を経て、日本の直接統治ではなく傀儡国家「満洲国」を建国するという様態変化した方式をもって進められている。まずこの満洲国建設への動きが、産業合理化という世界の産業の「第二の革命」が進行するこの時代状況に刺激されつつ駆動されていたと認められるのだが、それはつぎのようなことである(8)。

そもそも関東軍では、はじめは満洲における日本の覇権確立を「独立国家設立」によってではなくむしろ日本の「満洲領有」によって具体化しようとの考えが優勢で、その方向に関東軍を主導していた人物として作戦主任参謀・石原莞爾がいた。そして、この石原を動かした動機において、第一次大戦後の各国を巻き込んだ時代状況がつよく意識されていたのは間違いない。政治思想史家の山室信一によれば[9]、石原が「日本の国運を決する課題」とまで見込んで満洲領有に託した課題とは、第一に「総力戦遂行のための自給自足圏の確立」であり、第二には「朝鮮統治と防共」というソ連対策を意識した「戦略上の拠点の確保」であったという。この石原の問題意識の背景に、吉野信次がイギリスについて指摘しているような、「本国と殖民地とを包含する所の一大経済領域の自給自足の主義」に世界の植民地帝国がことごとく動かされていた第一次大戦後の時代状況があったのは明らかであろう。

もっとも、そんな自給自足圏を確保しようと各国がそれぞれ狙うそのような時代であれば、他方で、それの拡大に動く形の植民地主義については、第一次世界大戦という悲惨な総力戦の経験を経た世界の眼差しがより厳しいものになるのも不可避である。そしてそんな状況の中で、植民地主義に抵抗す

（7）［岸 1932a：35］

（8）本書では、産業合理化という時代に様相を変化させつつ進む植民地主義の形として満洲国建設・支配を捉え、その実務を担った官僚たちの位置からそれの進行を考えていくが、これに対して同じ事態を軍人たちの位置から考察しているのが小林英夫『帝国日本と総力戦体制』（［小林 2004］）である。観点の違いゆえに両者の分析内容に大きな相違が生まれているが、いずれも対象を日本帝国の総力戦体制の一環として捉えているという点では一致しており、内容上で対立しているというわけではない。

（9）［山室 2004：31］

る各地のナショナリズムや自立志向もまた激化している。このような国際情勢を考慮すれば、当時の日本政府が、そして陸軍中央も、満洲政策でより慎重になり、「事変不拡大」を言わざるをえないというのも理解できよう。それをうけ関東軍もまた、やがて石原の主張した「満洲領有」方針から舵を切って、「独立国家」としての満洲国建国に軍事行動の名分を置き換えざるをえなくなっていく。かくて満洲に向かう植民地主義はその様態の変化を強いられるのだが、それもまた簡単に進んだというわけではなかった。

そもそも関東軍が武力で制圧してそこに「満洲国」を捏造し、内外に取り巻く諸勢力の反対を押し切ってそれを成立、安定化させるためには、その存在を正当化する大義名分が示されねばならない。そこで関東軍が持ち出していくのが「王道楽土」の建設という看板であった。それは、西欧帝国主義のような侵略の意図からではなく、かつ資本家の支配する資本主義の弊害にも反対するもので、満洲に「五族協和」を実現する善意の行動なのだ、という宣伝である。それがため関東軍は、「財閥入るべからず」と日本の財閥資本の介入を制限する姿勢を示したりもしたから、資本の方もそれを敬遠して満洲投資を差し控え、かくて満洲では資本調達につねに困難を抱えるという事態が起こっていた(10)。満洲国の初期に経済の不調が続くのは、そのような「王道主義」を表看板とする関東軍支配下での資本調達の不調という要因も無視できない。

そこで、いくら「独立国」の成立を宣伝しても経済不安の続くそれへの反対と抵抗は収まらず、その支配はつねに最大時三〇数万人に及ぶとされる反満抗日運動の鎮圧に追われ続けるという現実があった。それゆえ山室信一によれば、「生産力拡充」は満洲国全期を通じての課題だったのだが、それがようやく三六年頃になって満洲産業開発が政策の中心課題としてクローズアップされるようになり、そこから「三七年から四一年にかけての産業開発重視時代」に入ったと認識されている。[11] 岸信介が東京の商工省を離れて、満洲国実業部に着任したのはまさにその三六年十一月のことであった。するど、そこに何が起こっていたのか?

### 満洲産業開発計画の合理性の行方

岸のこの満洲国着任については、陸軍中央から、そしてかの地の実効支配権を握っていた関東軍からも強い要請があったと言われている。[12] 岸が説く国家主義的な性格の鮮明な産業合理化論はそもそも軍の歓迎するところであったし、「独立国」を標榜して自立した経済運営を目指しても関東軍の専権下ではそれがなかなか軌道に乗らないという満洲国の現実があって、こちらでも実効力のある経済政策とその担い手が切実に求められていたのである。国策研究会の創設者の一人である矢次一夫の証言によれば、同時期には、統制派と言われた陸軍軍務局長の永田鉄山が満洲を視察してその経済顧問に東大経済学部から大内兵衛あるいは有沢広巳を招聘しようと具体的に動き、「永田はアカだ」と言われたことまであったという。[13] それほどまでに、経済統制とそれに向けた経済政策についての専門的知見の必要を軍自体が強く感じ動いていたわけである。

---

(10) 〔田尻 1979:40〕
(11) このあたりの状況認識については〔山室 2004:256〕、〔原 1972:5〕などを参照。
(12) 〔原 1995:55〕
(13) 〔岸・矢次・伊藤 1981:23〕

そんな切迫した事情を熟知する岸は、満洲着任に当たって関東軍参謀長の板垣征四郎と面談し、自らの職務の裁量権を確保すべく二つの点の確認を求めている。その一つは、満洲の産業経済の発展を日満一体の枠で考えるべきこと、もう一つは、満洲について関東軍は統治に専念しその産業経済については岸にすべてを任せるということである。(14) これに対して板垣は、直ちに「産業経済の問題は君に任せる」と応じたという。(15) 岸の強気な主張が通ったわけだが、ここで満洲の産業政策を引き受けるに当たって岸は、関東軍が標榜してきた「王道主義」などの理念より自らの考える経済合理性を優先するという意思を示したのだと言ってよかろう。そしてその合理性とは、産業合理化運動の中で岸が考えてきていた、植民地帝国日本の産業構成全体を統制するという視野に立つ国家主義を志向したシステム合理性であるに違いない。ここに、様態を変えつつ継続する植民地主義の核があった。

この前提に立って、岸がまず手がけたのは、「満洲産業開発五ヵ年計画」の実行であった。経済政策について五ヵ年の計画を立てて遂行するというこの発想は、ソ連が一九二八年から開始した第一次五ヵ年計画に刺激を受けてのものであることは明らかである。とりわけ、産業合理化を意識して始動させているこの時期であってみれば、同時代にその先頭に立ってしかもきわめて大規模に組織的な編成をもって合理化を押し進めるものと見えるソ連の計画は、やはり衝撃的なものであったし、競争相手としてどうしても脅威と感じざるをえないところのものであった。(16) そこで、まずはソ連のような社会主義で一党独裁の強力な国家体制をもって初めて可能になったと見えるそのような五ヵ年計画に対抗して、同様に事実上一国一党の政治体制をもって成立している満洲国から球を打ち返すように、こちら側の五ヵ年計画が生まれたのである。

この計画は、まずは関東軍・満鉄・満洲国政府が連携してその前提になる資源調査・産業開発計画の準備を始め、それを集中した起案会議で産業開発の五ヵ年計画としてまとめている。[17] そのプランの内で、軍需工業の拡充については、三六年九月に「満洲に於ける軍需産業拡充計画」、十一月に「帝国軍需産業拡充計画」として精緻化され、この前者が関東軍の担当者に満洲国政府内の日本人官僚が加わって改訂されて、三七年度からの「満洲産業開発五ヵ年計画」として完成されるにいたった。それに対して岸は、この計画策定段階ではまだ日本にいたから直接の介入は目立たないけれど、すでに強い関心をもって注視しており、商工省から満洲国に派遣されていた下僚から情報を得つつ意見を述べることで、実は早くから計画に自分の意見を反映させていた。[18] それにより計画の実行段階になると、岸はただちにその担い手の中心になりえたのである。

そして、そのように岸が関わって五ヵ年計画が実行される「三七年から四一年にかけての産業開発重視時代」に、満洲はあらためて植民地帝国日本全体の植民地主義と総力戦の体制に強力に統合されていくことになる。そもそもこの五ヵ年計画は、満洲に近代的な重工業を興し、それをもって国防の基礎となる植民地帝国の国力の一翼を形成しようというもので、その総経費は当時の日本国家の一般会計歳出総額を上回るほどの規模にまで膨張して、[19] 関東軍・満鉄・満洲国政府が手を組んだとても大

(14)〔原 1995：58〕
(15)〔岸・矢次・伊藤 1981：29〕
(16)〔岸・矢次・伊藤 1981：17〕
(17)〔原 1995：60〕
(18)〔岸・矢次・伊藤 1981：21〕

がかりな国づくりプランとなっていた。そしてこれは、「北辺振興三ヵ年計画」、「百万戸移住二〇ヵ年計画」など、次々と立てられていく開発計画に続いている。(20)

そのような計画の実行の中で岸が関わった重要な事業のひとつに、日本産業（日産）の満洲への全面移駐、「満洲重工業開発会社」（満業）の創設がある。この取り組みでは、五ヵ年計画のような大規模な経済開発計画には軍人や役人より「一流の財界人」(21)の参加が必要だとの判断があり、それもその資金力というより企業の経営能力が求められたという。そしてそれに応じたのが、金融や商業に勢力を張る三井や三菱などの既成財閥ではなく、重化学工業により力を伸ばしてきた新興財閥である日本産業（日産）の鮎川義介であった。(22)当初この日産に期待されたのは満洲での自動車工業の育成であったが、鮎川はそれに日産全体の満洲移転をもって応じ、これを「満洲重工業開発会社」（満業）とした。それにより「財閥入るべからず」などとしていた「独立」満洲国の経済政策姿勢が実質的に破られ、事実として日満連携した産業編成への編入がより強力に求められるようになっていく。

そして、そうであればこそそれが実際に動き出すと、満洲国という「独立国」を支えたはずの「王道主義」などの理念ははるか後景に退き、植民政策学の矢内原忠雄が現地に出向いて実際に看て取ったように、ここでも「帝国主義時代を示す過程が法則通りに進行して居る」と認定すべき事態となる。(23)すなわち、山室信一も確認するように、「いかに高邁な理想を掲げようとも、植民地は植民地としての法則にしたがって収奪の対象としてしか扱われない」というのが、満洲の現実となったのである。(24)

しかも、ここに立てられた五ヵ年計画は、そもそも見込まれた産業開発規模が巨大なものであったが故に、それを産業発達の未熟な満洲においてそのまま実行すると、実際には満洲市場の手に負えないほどの生産過剰につながってしまうのではないか、あるいは逆に、資金調達の方が実行に追いつかないのではないかといった、両面からの不安を当初よりかかえていた。[25] そうした不安が、皮肉なことに、同時期の三七年から進む日中戦争の本格化により帝国日本の戦争体制に膨大な軍需が生まれることで一挙に「解消」されてしまう。そんな形で満洲は、実際の政治的経済的な政策遂行においては直ちに戦時に突入し、植民地帝国日本の植民地主義と総力戦体制の構造にさらに深く組み込まれて、その軍需への従属が急速に進んだ。かくて続けられた中国侵略の収奪と暴力はさればこそ大規模化し、その無理ゆえに著しく反人道的な残虐を膨大に生み出すことになった。[26] それが、やがて「大東亜共栄圏」構想と共にさらに広くアジアに向かうのである。

そして、「開拓移民」とされた満洲への移民送出も、その産業開発五ヵ年計画に合わせて三六年に「満洲農業移民百万戸移住計画」[27] というひどく傲慢な巨大計画が策定され、それが国策となって戦時動員の仕方で一気に拡大している。満洲国では、傀儡立国により現地在住の中国人などに対する抑圧

(19) 原彬久によれば、この計画の所要資金は当初案では二五億円だったが、やがて四七億円に膨張したという。これは日本政府の三七年度の一般会計歳出額二七億円、三八年度の歳出額三二億円をかなり上回っている。[原 1995：61] また [塩田 1996：99]
(20) [山室 2004：268]
(21) [岸・矢次・伊藤 1981：25]
(22) [ミムラ 2022：41]
(23) [矢内原 1932：113]
(24) [山室 2004：188]
(25) [原 1995：61]
(26) [岡部ほか 2010]

的な植民地支配となっただけでなく、そのように移動を強いた朝鮮と日本の民衆まで戦時の労働力として広く巻き込みながら、合理主義を基調として立てられた大規模な産業開発と農業移民の計画をステップにして急速に戦時動員体制化が進んでいる。産業合理化という産業革命に続く第二の革命を時代背景として、この合理主義と計画への志向が、まずは満洲において植民地主義のより大規模で権力的に構造化された継続の様態を作ったのである。

すると、満洲でのこのような植民地主義の経験は、三〇年代以降の日本の総力戦体制の編成とどのように関係しているだろうか。

## 二　総力戦体制の合理的編成と革新官僚

### 満洲帰りの革新官僚

満洲では、満洲国時代にかの地で力をもって事態を動かしている「満洲の実力者」について、「二キ三スケ」という言い方がなされていた。「二キ」とは、関東軍参謀長になった東條英機と満洲国総務長官になった星野直樹のことであり、「三スケ」とは、総務庁次長になった岸信介と満洲重工業開発会社総裁であった鮎川義介、そして満鉄総裁になった松岡洋右のことである。そしてここで注目したいのは、この五人がその後の日本の戦時体制においてそれぞれより重要な役割を果たすようになっていくという事実である。東條英機は周知の通り日米開戦時の総理大臣であり、星野直樹は第二次近衛内閣の下で企画院総裁になり東條内閣では実務でそれを動かす内閣書記官長を務めている。また岸信介は日米開戦時東條内閣に商工大臣として入閣し、鮎川義介は満業総裁辞任後に東條内閣の顧問となり、松岡洋右は第二次近衛内閣の外務大臣を務めている。まさにここには、アジア太平洋戦争に向かう戦争指導部の中枢の一部が実体として確認できよう。このように動いたトップクラスの人事における満洲と戦時体制日本との直接的つながりは、まずはそれだけでも、植民地帝国日本の総力戦体制における人的構成と政策志向の確かな連続性を明示していると考えることができる。

しかもその連続性は、実はトップの人間たちだけのことなのではなかった。

日本産業の大実験場・満洲

これは、『文藝春秋』一九七六年二月号に掲載された椎名悦三郎インタヴューの表題である。椎名悦三郎といえば、一九二三年に農商務省に入省し分割後の商工省では産業合理局で働いていた官僚で、三三年に岸信介の勧めがあって渡満し、かの地で満洲産業開発五ヵ年計画の策定に関与している。そして彼は、三九年に帰国した後、商工省で物資の統制調達を担当し、緊密に岸と連携しつつ商工次官、軍需次官などを歴任して戦時経済統制の中枢で働いており、さらに戦後には、政界入りして通産大臣や外務大臣などを務めた。その椎名が、満洲での経験と日本の総力戦体制下の産業政策との連続をそのように語っているのである。

（27）［塚瀬 1998：203-213］

そしてここで岸と椎名という二人の人物の名前を確認すると、それに連なって、同じく満洲国への

| | 退官者数 | 帰国後再任官者数 |
|---|---|---|
| 宮内省 | 8 | 1 |
| 内閣 | 4 | |
| 外務省 | 31 | 7 |
| 内務省 | 65 | 14 |
| 大蔵省 | 23 | 4 |
| 陸軍省 | 14 | |
| 海軍省 | | |
| 司法省 | 114 | 16 |
| 文部省 | 20 | |
| 農林省 | 64 | 11 |
| 商工省 | 35 | 11 |
| 逓信省 | 18 | 6 |
| 鉄道省 | 3 | |
| 拓務省 | 4 | 2 |
| 厚生省 | 11 | 3 |
| 会計検査院 | 3 | |
| 計 | 417 | 75 |

**表3　満洲国官吏となる為の退官者**
山室信一『キメラ　増補版』(中公新書、2004年、255頁)をもとに作成。

参与とその後の日本の総力戦体制における顕著な行動で注目される一連の官僚たちのすがたが想起されることになるだろう。満洲国建国から満洲産業開発五ヵ年計画策定、そしてその計画の実行とそれに連関した諸施策および各種制度整備のために、日本から多くの行政官僚たちが渡満してそれに働いたことはよく知られている。山室信一の調べによれば、(28)**表3**のようにその数は多く、満洲国の官吏になるために日本の官職を退いて渡満したものは総計で四一七名に及んでいる。しかも注目したいのはその中に、岸や椎名と同様に、満洲国の官吏として一定の仕事を果たした後に帰国し、その後日本で再任官したものが七五名もいたことである。こうした事実は、満洲国での植民地支配における日本人官吏たちの大きな働きを示しているばかりでなく、その満洲での統治行政経験が戦時日本における行政実務に有用につながったという意味で「好都合」な連続性を確かに示していると考えなければなら

〔28〕〔山室 2004：248-262〕

ない。それが分かれば、そうした官吏たちの中心にいた椎名が語る「日本産業の大実験場・満洲」という言葉は、戦時日本における総力戦体制の形成手法、そこにある植民地主義との関わりを考える上でまことに重要な証言だと認められるだろう。

その点を立ち入って考える時に不可欠な考察対象になると思われるのが、顕著なその言動により特別に「革新官僚」と呼ばれている、美濃部洋次（商工省二六年入省、三三〜三六年渡満、四〇年企画院、四四年軍需省総動員局部長）、奥村喜和男（逓信省二五年入省、三三年満洲電電設立参与、三七年企画院、四一年内閣情報局次長）、毛里英於菟（大蔵省二五年入省、三三〜三七年渡満、四〇年企画院、四三年内閣調査局調査官）、柏原兵太郎（鉄道省二四年入省、三七年渡満、四〇年企画院、四四年大日本産業報国会理事長）、そして迫水久常（大蔵省二五年入省、企画院出向、内閣書記官長）といった一群の人々のことである。彼らの多くは、岸信介の働きかけなどがあって実際に満洲での勤務経験をもち、官吏として世代的にもそのつぎを担う者としてまとまって登場しているのだ。

その彼らは「昭和一〇年代」というまさに総力戦体制の完成期に多くが満洲から帰って企画院などの官庁で要職に就いていて、この時期には、「政党政治」の形が崩れて既成政党が政策形成過程への影響力を喪失していき、経済統制が始まって行政の関与する領域がまたさまざまに広がっていたために、彼らは、職位権限の形式的に見た小ささにもかかわらず、実際の政策立案とその決定と実行に大きな影響力を行使しうる立場に立ったのである。しかも彼らは、実務官吏として戦時統制にかかわるその職務が求めていた専門的な技術と社会科学的な分析能力を備えていたし、またその立場から一般に向けて折に触れ論文や著作などで積極的な発言をすることもできたので、確かに「革新」官僚と名指されうるような振る舞いの目立つことが多くなっていた。

　すると、そこにどのような思想と行動が生まれ、それはどんな意味を持ったのか。

### 奥村喜和男の電力国家管理案

　ここでは、積極的に発表した著作が広く話題となり革新派の中心的イデオローグとも見なされた奥村喜和男に留目して、その思想と行動の意味について考えてみよう。

　奥村喜和男は、一九二五年に逓信省に入省し、広島逓信局、宮崎郵便局長などを経て、二九年から電務局に勤務し、三三年には満洲に数ヶ月出張して関東軍顧問として通信行政に働き、日満合弁の満洲電信電話株式会社の設立に当たっては日本側の設立準備委員として設立実務に携わった。その後、三四年に電務局無線課長、三五年に内閣調査局調査官、三七年に企画庁調査官、同年に企画院交通部、三九年に逓信省大臣官房企画課長、四〇年には兼企画院書記官、四一年に逓信省大臣官房監察課長、同年一〇月情報局次長と、実際に逓信省と満洲と企画院とをつないでその事務官を歴任した逓信官僚であった[29]。そして革新官僚の中でもとくにこの奥村に注目しなければと考える所以は、その主張が革新官僚の平均値を代表するからというのではなく、思想史家の橋川文三がそう強調するように、彼が内閣調査室にいたとき（三五年）に作った電力国家管理案が「戦時下における日本の統制経済方式の先駆をなし、いわゆる自由主義経済体制への最初の打撃を加えるもの」として極めて特別な意味をもって、それにより注目された特別な位置から戦争に向かう発言が続けられたからにほかならない[30]。

　確かに、奥村のこの電力国家管理案は、実務官吏の立場から極めて具体的にそれの国家管理に踏み込み、しかもそれが明らかな統制経済に向かう計画であったが故に、私有財産制と市場経済を基盤としてそれの固守を望む産業界に衝撃を与え、それが最初に革新官僚の存在をこの上なく際立たせたのだった。そうした事情を、奥村自身がつぎのように説明している。

電気事業者だけならばいざ知らず、全産業界と言ってもいゝ程の部面が、これに反対して非常な囂々たるものがあつたのは、全くこの管理案が政府の企てんとする統制経済の先駆であつて、今後産業界が同様な方法で管理せられることを恐れた為である。而も立案者たる吾々の動機は、当時の日本の国際情勢からして、諸般の情勢上国防強化といふことに集中しなければならぬ、その為には平時産業を一朝事有る時は、戦時産業に転換せしめ得るやうに、統制経済の根基を確立して置かねばならぬといふ確信からである。(31)

明らかなように奥村の示した計画は、戦争に向かう国家の形を具体的に告げ知らせ、戦争に向かう実務官僚の仕事を具体的に示して、それが経済人を恐怖させている。

もちろん、「国防強化」という観点に立って、この時期に戦時体制への志向を先頭で主導したのは日本軍、中でも陸軍であった。「たたかひは創造の父、文化の母である」という序文の言葉で有名に

（29）［古川 1990：11］
（30）［橋川 1965：⑤ 172］
（31）［奥村 1939：41］

なり「陸軍パンフレット」と呼ばれた「国防の本義と其強化の提唱」が出されたのは一九三四年十月のことである。とはいえ、そんな軍の先導だけで総力戦体制が完成するというわけではありえない。実際には、戦争体制に向かって直進するこの軍部に統制経済の確立を目指す若手の官僚たちが同調し、新たな統制権力として積極的にそれと結びついて行ったからこそ、戦争体制は社会に実質的な足場を持つ総力戦体制として実現する道が開かれたのである。しかも、それを担った革新官僚たちは、軍部の専制に唯々諾々と従属を余儀なくされたというのではなく、産業合理化が志向された第一次大戦後の時代状況に実務官僚としての意識を育て、植民地満洲を「日本産業の大実験場」としてそこで実務経験を積むことにより、総力戦体制の構築に担い手として自ら進んで登場していたのである。

この革新官僚たちの統制経済に処する基本原理を「私有公営の原理」とまとめて、それを彼らに共通するとされるマルクス主義的思考法から理解すべきと提案し、そこから「天皇制国家の支配原理」そのものを説明していたのは藤田省三だった。藤田はこんな風に言う。「私有共用の原理を使いこなす思想はマルクス主義によって養われた或る一つの思想法以外にはない。少なくともマルクス主義的フンイ気の中で思考した経験を経ていないと、この原理を考えつくことも出来ないだろうし、また現実に適用することも出来ないだろう。そうすると高度国防国家論の中核原理を作ったものは、わが国ではマルクス主義的思考法である、という実に傑作な結論が出てくる。日本思想史の逆立ち性をこれほど象徴的に物語っていることは他にない[32]」と。

このように言うとき藤田の視野に入っていないのは、吉野信次を先頭に一九三〇年から進められていた産業合理化を志向する産業政策の実務の系譜のことである。それゆえ藤田の理解においては、吉野から岸信介を経て革新官僚へとつながる産業合理化から満洲支配へと続く実務経験、そこに継続する植民地主義の意味が後景に退いてしまうのだ。たとえ革新官僚の世代が学生の時期にマルクス主義の思潮に触れる体験をなにがしかもっていたとしても、それが当人たち一人ひとりの産業政策の実務の実際を導いているという説明は飛躍が大きすぎよう。その実務の実際はむしろ植民地主義の実務の系譜の中にあり、それを見失っている藤田の「説明」は、植民地主義認識を欠落させていた「日本の戦後思想」そのものだったのである。

革新官僚が前面に立つここで事態の中心はすでに「思考法」などという抽象レベルにはなく、満洲という植民地での実務経験を踏まえた奥村により作られている電力国家管理案などは、内容上きわめて具体的である。しかも、そもそも電力という営利事業ゆえに大きな利権の絡む領域のことで、それに連なる政・財界の利害関係者は実際に多岐にわたっていたから、その国家管理という案がもつインパクトは甚大だったのだ。であればこそこの法案は政財界に強い反対の嵐を巻き起こし、賛否の議論は延々と続いて、三八年三月になってようやくそれは両院を通過するに至る。とはいえ、そのような法案が政党人の反対を結局は押し切り実際に成立にまで到ったことが、とりもなおさず政党の権力基盤の瓦解を事実上決定的なものにもしている。これについて橋川文三は、「実質的にはすでにこの時、日本の政党政治はその正常な機能を行ないえなくなり、戦争体制の企画・立案は、官僚の中でも、とくに戦時統制のために必要な技術を身につけ[33]、社会科学的分析と総合の能力をもった若手官僚の手によって行なわれるようになった」と認定する。それとほぼ同時に国家総動員法が始動し、それから二

(32)［藤田 1987：① 212-213］
(33)［橋川 1965：⑤ 180］

年後の四〇年に至って、すべての政党が実際に解散させられ大政翼賛会が結成されることになった。電力管理法の制定はいちはやくそれらをリードし、そこから総力戦体制の作動の形が定まっているということである。

革新官僚の植民地主義

日本政府は総力戦に備える国策調査機関として一九三五年五月に内閣総理大臣直属の内閣調査局を設置したが、それが三七年五月には企画庁に再編強化され、さらに日中戦争が本格化した直後の同年一〇月には内閣資源局を統合しつつ企画院に拡大されて、これが重要経済政策と物資動員を一元的に企画する機能を持った強力な実務機関となっている。この企画院の実務については、それに加わっていた美濃部洋次らに関してつぎのような証言が残されている。

この頃、経済の最高国策の立案は企画院の審議室でおこなわれた。室の主は秋永月三陸軍航技大佐である。……その下に美濃部洋次（商工省物価局総務課長）、迫水久常（大蔵省理財局金融課長）、山添利作（農林省蚕糸局糸政課長）、毛里英於兎（興亜院経済部第一課長）、奥村喜和男（逓信省官房企画課長）、村田五郎（内務省地方局地方振興課長）、柏原兵太郎（鉄道省運輸局配車課長）の七人が企画院調査官（兼任）として集まり、国家総力戦を遂行するための国策の立案にあたっていた。いずれも各省よりぬきの少壮官吏で、またそろいも揃って大正十四、五年組であったから、年配からすれば四十そこそこの人ばかりであった。(34)

見られるように、この企画院審議室のトップは陸軍の将校である。つまり、ここの業務は陸軍の管理下で進められている。とはいえその実務は、まさに丸ごと革新官僚の名だたる中心メンバーによって担われていた。この時、確かにその人々が経済の、それゆえ植民地帝国の資源開発と生産管理、総力戦のための物資動員と消費管理などについて、その最高国策を策定していたということである。

すると、それはどんな意識に支えられていたのか。

新体制期に陸軍省軍務局にいた牧達夫の証言によれば、当時「非常に売れ」て革新官僚たちにも「愛読の書」としてよく読まれた本が二つあって、そのひとつは笠信太郎著『日本経済の再編成』（中央公論社刊）だが、もうひとつは奥村喜和男著『日本政治の革新』（育生社刊）だったという。[35]とりわけ奥村の書は、「昭和十三年三月　電力国家管理法案、衆議院を通過したる日」と自らの業績であるその日をわざわざ奥付に記して担当官僚として成果を自讃し、その末尾では「統一と協力、計画性と科学性」という産業合理化の始動する時期から続いてきた自分たち専門官僚が依拠する立場を称揚しつつ、つぎのようにそれが「アジアの盟主」に日本を導くと高らかに宣言していて、その意味が際立って重要である。

> 日本は本来、理想的意味に於ける全体主義の国である。……日本自らが眞に醇化されて、統一と協力、計画性と科学性が総てを支配する時にこそ、天地正大の気は、粋然として我が神州に鍾ま

---

（34）［美濃部 1954：174-175］

（35）［牧 1979：50］

り、日本は眞に極東の、東亜の、否アジアの盟主となるであらう。[36]（傍点は引用者）

これを書く奥村の昂揚した意識状況は明らかだが、ここでさらに注目しておきたいのは、奥村が本書の中で、植民地帝国の角逐が進む同時代を「経済ブロック化時代」と捉え、満洲事変以来進む日本の「発展膨張」を大いに持ち上げて、とりわけ「支那事変」からの事態を「今や事変の進展と南京の陥落とに依って、日本経済の支配勢力は、中支に延び南支に及んで、之等をも包含する一大東亜経済ブロックが極東に現出しやうとしてゐる」[37]と賞賛している点である。一九三〇年の段階で吉野信次と石原莞爾のそれぞれの立場から自給自足圏の分立と見通されていた帝国主義の時代状況の認識は、その後の満洲事変以来の日本の「進展」が肯定的に追加了解されて、後継者である革新官僚によりそのように語られているわけだ。

三八年刊の本書ではまだ「大東亜共栄圏」という言葉自体は出てこないのだが、その代わりに「アジア協同体」という言葉づかいがなされていて、ここではその方向での支配権の拡張まで展望されている。[38]この書を「愛読の書」としていた革新官僚たちにおいて、彼らが実際に関与した満洲支配の経験を踏まえ、植民地主義の継続・拡張への見通しと意思は明らかだったと理解しなければならない。しかも、吉野から岸を経て革新官僚に到るこの系譜の官僚たちは、確固として合理主義に立つ「計画性と科学性」を一貫させて来ているという自負に満ち、またその「実験場」であった満洲での業務経験を成功体験と自認していて、愛読された奥村著に見る限り自ら「アジアの盟主」たりうるとする傲慢な自信に揺らぎはないと見える。その彼らが、企画院に集って「経済の最高国策」を策定していたということである。植民地主義の暴力的な国策を前に進めていたのは軍人たちの暴走だけではなかったのだ。しかもそれは、こちらでは「合理的なこと」と理解されている。

さて、ここまで見てきたように、吉野信次から始まり岸信介を経て革新官僚に到るこの官僚たちの系譜において、自らが最高国策を策定して帝国全体を領導しうる主体であるとの自負を基底で支えていたのは、自分たちの政策思考における「計画性と科学性」という意識であり、それを導く合理主義であった。そしてこの合理主義への志向は、同時代の社会科学の先端で共有されていた意識に重なっている。意識の近代性という観点から見るなら、社会に対する態度としていずれにもこの時代の最先端にあるとの自負があった。すると、その社会科学の先端においては何が生じていたか。

## 三　参与する合理的な社会科学

### 合理的な社会科学への希望

一九二〇年一月十三日、前年には東京帝国大学法科大学から分離独立した経済学部において教授であった高野岩三郎は、退職後のこの日の日記に自らの学問構想をつぎのように書きつけている。(39)

---

(36)［奥村 1938：252-253］
(37)［奥村 1938：191］
(38)［奥村 1938：155］
(39)［大島 1968：183］

目的――最モ合理的ナル社会ノ構成
手段――漸進
場所――真理研究ノ府タル大学
時期――研究未タ積マズ同人少ナキ時、尚早

この簡明な言葉には、大学に新しい形の学問を創生しもって社会の変革（「最も合理的なる社会の構成」！）に寄与したいと願っていた高野のまことに切なる思いが鮮やかに表現されている。もっとも、それがこのように日記に書かれることになった文脈はやや複雑である。

まず、経済学部の独立ということだが、東京帝大の法科大学において経済学関係の講座を政治学科から分離し拡充させることについては、日露戦争後の一九〇八年からその動きは始まっていた。この年に法科大学経済学科が新設され、その翌年には商業学科が新設されて、法科大学は法律、政治、経済、商業の四分科からなる体制に移行したのである。この動きは、日露戦争とともに日本の産業が急速に発展し、経済問題が大きな社会的課題となって、大学教育としてもこの時勢の要求に対応しなければならないと痛切に感じられてきたことに伴っている。政府にも産業界にも、このとき経済的知識を身につけた人材への要請は確かに高まっていた。だが、この動きがさらに進んで、その中心にいた高野岩三郎が望んだような経済学部の学部としての独立をもって実現されるに到るのは、さらに十余年の歳月を経ねばならなかった。

問題は、大学教育において経済的知識が単に重視されるか否かにではなく、経済学を自立した社会

科学として、それゆえ独立の学問領域として認定できるのかにかかっていた。経済学が法科大学の中に取り込まれている限り、それは人民統治の学である国家学の枠組みの下にあると認めなければならない。とりわけ国家官僚を養成するという使命を自他共に認めている国権的保守的学風の東京帝大法科大学であれば、その国家学という枠組みが極めて強固にそこでの学問を締め付けている事実は否めなかった。それゆえ、経済学が自立した社会科学として成立するためには、この国家学の制度的枠組みから抜け出すことが不可欠の前提になると考えられたのである。[40]「人民統治の学としての国家学から、社会科学の真理を客観的に把握しようとする経済学の独立独歩」へ、ここでは学問に取り組む基本姿勢の転換が意識されていた。

東京帝大経済学部は、学問の意味を変えるこのように困難な課題を乗り越えて一九一九年四月に誕生する。高野岩三郎の伝記は、ここに生まれた経済学部を「大正デモクラシーの『申し子』のひとり」であったと性格づけている。[41] 確かにそうなのだ。それは、大正期の民主主義への変化を許容し志向するそんな時代の思想状況なしにありえないことだった。とはいえ、ここにある社会科学の客観性と合理性への志向は、植民地主義と総力戦体制に向かう時代状況の進行とともに、やがてこちらの時代の動きに呼応しそれと同調していくことにもなる。ここでも注意して見ておきたいのは、この時代の合理主義のそんな帰趨のことである。

東京帝大での経済学部独立は、このとき一大学だけに孤立したものだったのではなく、京都帝大に

(40)〔大島 1968：137〕
(41)〔大島 1968：137〕

も同様な改革の動きを誘って、同年にはこちらにも経済学部が設立される。またその同時期に、東京高等商業学校は東京商科大学に昇格し、早稲田や慶應などの私立学校にも商学部や経済学部が設置されて、この動きは時の趨勢となっている。そんな中にあって東京帝大で経済学部設置の中心にいた高野は、新しい学問の中核を担う人材を探し求め、またその養成にも心を使って、高野の周囲には若い学徒の一団が形成されていき、それは「同人会」と称された。そこには森戸辰男、大内兵衛、櫛田民蔵、権田保之助、糸井靖之、細川嘉六、久留間鮫造、河合栄治郎ら気鋭の学者が加わって、そこでは新興科学としての経済学の建設、社会主義、社会運動の理想が語られ、新しい学問への機運はそのまま高まるかに見えていた。そうした矢先に、その前途に陰を落とす事件が起こっている。

新学部成立の一九一九年は、この年に成立したヴェルサイユ講和条約の規定から国際労働会議が開かれることになっていて、この会議への日本代表派遣をめぐる政労の対立に巻き込まれた高野は、それにより東京帝大教授の辞職を余儀なくされている。それは新学部にとっても思いもよらない誤算であった。もっとも、経済学という新しい社会科学のその後により深刻な影響を与えることになったのは、同年に同学部助教授であった森戸辰男が被ったひとつの筆禍事件の方である。

東京帝大経済学部はその出発を記念して機関誌『経済学研究』を創刊し、この創刊号には舞出長五郎、大内兵衛、櫛田民蔵、森戸辰男ら若手スタッフを中心にした寄稿があって、それは新しい学問の出発を飾るに相応しい力のこもった論考・翻訳の集成となっていた。そのなかに、森戸の論考「クロポトキンの社会思想の研究」と、マルクス『共産党宣言』の一節「社会主義及び共産主義文書」の櫛田による翻訳が含まれていた。筆禍事件というのは、クロポトキンの社会思想である無政府共産制を論じたこの森戸の論考が問題となって、創刊号が当局から発売禁止にされた事件である。これにより森戸自身と編集責任者の大内が朝憲紊乱罪で起訴されてともに有罪（森戸は禁錮三ヶ月罰金七〇円、大内は禁錮一ヶ月罰金二〇円（執行猶予二年））となり、森戸は実際に下獄している。

この事件（「森戸事件」と称される）は、日本の「最高学府」である東京帝大に起こり、当時存命の元老の中で最有力者であった山県有朋がそれは「建国ノ大精神ト相反スルノ言動」とする長文の意見書を書いて現職首相の原敬まで動かした重大事件であり(42)、三〇年代から戦時に連続している思想弾圧事件にいちはやく先駆けたものとして、それ以降の思想状況を語る上でまことに重要な歴史的事件となった。これについてここで注目しておきたいのは、そのとき弾圧を受けた側がそれにいかに対応し、それがどのような事態に続いていったのかである。

本節冒頭で引用した高野岩三郎の日記（一九二〇年一月十三日）の言葉、すなわち「目的――最モ合理的ナル社会ノ構成」に始まるその一連のテーゼは、実はこの森戸事件の渦中において、高野が森戸や大内をはじめとする同人会の人々に提示した思考と行動の原則であった。それはその人々の多くの思いに確かに響いていく理念であり、この時代の社会科学の最先端を行く思考でもあったと認められる。ところが、国際労働会議への代表問題で高野が東京帝大を離れた上に、森戸事件によって森戸と大内がまた離職を余儀なくされ、さらに櫛田民蔵、権田保之助、細川嘉六らも相次いでそれに続いて、そこに新設された経済学部は、当初高野らが意図したような新しい社会科学の拠点と言うにはだいぶ性質の異なった国家主義的要素が色濃く残る場に変質してしまう。そして、それに対してその経済学部を離れた人々の多くが、高野が所長となって新しく作られた大原社会問題研究所に集まると、

（42）［大島 1968：180］

それからはむしろこちらの方が「最モ合理的ナル社会ノ構成」を強く意識した社会科学を背負う重要拠点になっていったと言うことができる。

ここに登場する大原社会問題研究所とは、岡山の実業家である大原孫三郎が始めた孤児や貧民の救済事業に端を発し、それが同時期の米騒動などの社会的事件を機により組織的な社会事業の遂行を求める社会問題研究への関心につながって、その大原の関心を高野が受けとめたことにより研究所として具体化し創設に到ったものである。[43] 最初の事務所は大阪市天王寺に設けられた。一九一九年七月に討議決定された「大原社会問題研究所規定」では、その当初の関心を、

一　労働問題、社会事業其の他の社会問題に関する研究及び調査
二　社会問題に関する特殊方面に付き専門家に研究又は調査を嘱託
三　社会問題に関する本邦学者の研究を刊行
四　社会問題に関する海外の著書を翻訳刊行
五　社会問題に関する懸賞論文
六　研究及び調査の援助
七　学術講演会の開催
八　内外図書及び資料の蒐集

といった八項目の目的として掲げている。[44] この規定の下で研究所は、まずは一九一九年中の労働運動、失業問題、農村問題、住宅問題、国際労働問題などを詳細に記録した『日本労働年鑑』を刊行し、

『日本社会事業年鑑』と『日本社会衛生年鑑』をそれに続けた。統計学が専門の高野に率いられた研究所として、この『労働年鑑』の刊行はここから四二〜四八年の戦時の中断を挟んで戦後の六〇年代まで毎年ずっと続き、客観的データに基づく合理的社会科学を目指す研究所のベースを示す成果となっている。

しかも、東京帝大経済学部の新設に託された合理的な社会科学への希望が果たされずに終わって、その結果この研究所に合流することになった多くの人々は、社会問題の現状をそのように記録し報告するだけにとどまらず、こちらの研究所において最も先端的な合理的社会科学をめざすべく一丸となった努力を開始している。それは、世界の社会科学の重要な先進的成果を取り入れて日本においてそれが活かせるように、世界各国の経済社会状況の最新情報とそれに取り組む社会科学の現状を広く探索し報告することであり、そのために必要な社会科学の基本文献を協力して日本語に翻訳する作業であった。そして、この努力は新たに「大原社会問題研究所パンフレット」なる冊子を刊行して公表されており、その創刊号には「資本主義国家の一帰着点……独逸戦後の経済状態」と題された大内兵衛によるドイツ報告が掲載されている。一年にいくつも出されたこのパンフレットには、世界各国の経済社会状況の報告だけでなく外国文献の翻訳がつぎつぎに掲載されていて、その中にはマルクス『剰余価値学説史』のような社会科学の重要な基礎文献の共同翻訳も含まれていた。(45)

(43) 大原社会問題研究所の創設と初期活動については［大島 1968：203ff］、［高橋 2001：15ff］を参照。
(44) ［大原社会問題研究所 1971：14-15］
(45) ［大原社会問題研究所 1971：202-207］

そしてもうひとつ、ここでとくに留意しておきたいのは、当時は世界でも類例が稀だった『マルクス・エンゲルス全集』の日本語訳版が高野を編集主任とし森戸、権田、大内などが編集委員となる事実上の大原社研編で企画されていることで、これは岩波書店、希望閣、同人社、弘文堂、叢文閣という五社聯盟の責任をもって刊行が準備され、一九二八年五月にはそれの新聞発表までなされている。(46) この同時期にはそれとは別に改造社が同様な『マルクス・エンゲルス全集』の企画を発表していて、二つの企画は競合し売り込みのため活発な宣伝合戦まで繰り広げられることになった。

そこでこれら二つの企画を比較してみると、高野岩三郎とモスクワ・マルクス＝エンゲルス研究所長であったD・リャザーノフとの往復書簡などを詳細に検討した大村泉によれば、原著を管理するリャザーノフその人は大原社研の企画を信頼し、まずは五社聯盟版の出版を支持していたと認めることができる。(47) 二つの企画の内で、結果として実際に刊行にまで到ったのは改造社版（一九二八～三五年刊、全二七巻三〇冊、別巻一冊、補巻一冊）の方だったのだが、こちらは雑多な訳者が混在して理解に一貫性を欠き商業主義の企画だという批判があるのに対して、五社聯盟版は実現には到らなかったとはいえ、実力ある研究者の揃った大原社研という一研究所中心の共同作業であって、それを企てた研究所の一致した協力による刊行に向けた積極的で丁寧な活動が評価されており、それに対して、コミンテルン系の左翼がまた国際的信頼を寄せていたと確認できるわけだ。こうした面から見ても、確かにこの研究所は当代の新しい合理的な社会科学の一大拠点であると自他共に認められていたと分かる。

そこで考えねばならないのは、その合理的な社会科学の先端的担い手と自負ししかも確かに活発に現状分析と理論摂取・構築に活動していたこの研究所の人々が、その後の三〇年代から戦時期にどのような思想態度を示すことになったのかである。

### 大原社研・森戸辰男の戦時ナチス研究

一九三九年七月、森戸辰男は『大原社会問題研究所社会問題研究資料第二輯』と題された書物に論考「科学研究所論」を寄稿し、その末尾をつぎのように結んでいる。

国家の危急存亡の秋、社会科学研究所も亦時局に適応し国策の線に沿うてその科学と理論とを以て国家国民に奉仕すべきはいふまでもない。しかしそれは何よりまづ国家国民が謂ゆる百年の大計の上から真実に必要とするところのものを成就すべきで、世人が単に瞬間的感興からのみ喝采するところのものを寄与することに尽きてはならぬのである。(48)

三九年七月と言えば、ちょうどノモンハン事件が勃発した頃で、日中戦争はもはや抜き差しならないところに到り、「国民徴用令」の策定とともに戦争は国民全体にいよいよ切実なものとして迫って、確かにこのとき「国家の危急存亡の秋」と言うべき状況が立ち上がっていた。そんな時節に森戸が書いたこの一文は、大原社会問題研究所を表題に掲げる書物に寄せられており、また後に一九七五年に

(46)〔高橋 2001：102-108〕
(47)〔大村 2010：1-24〕、また〔高橋 2001〕も参照。
(48)〔森戸 1939：30〕

出された『思想の遍歴　下』でも証言されているように「高野所長以下研究所全員の同意と支持のもと」に作成されたと認めてよい文章である。[49] 大原社研は、この戦時の真っ只中において、基本的な研究活動の方向性については所員一同の合意をもって決定し行動していた。すると、それはどこに進んでいるのだろうか。

それを考えるとき第一の手がかりになるのは、その同時期に大原社研の所員一同が協力して進めたナチス研究であるに違いない。この時期に大原社研は、ドイツの社会政策および労働戦線に関わるつぎのような翻訳や論考を連続して出している。[50]

・米国産業協議会著、大原社会問題研究所訳『国民社会党下における独逸の労働及び経済』（昭和一三年七月）、栗田書店
・ドイツ労働戦線本部社会局編、大原社会問題研究所訳編『独逸社会政策と労働戦線』（昭和一四年十月）、栗田書店
・米国産業協議会著、大原社会問題研究所訳『ナチス独逸の経済的発展』（昭和一五年九月）、栗田書店
・権田保之助著『ナチス独逸の労働奉仕制』（昭和一六年二月）、栗田書店
・森戸辰男著『独逸労働戦線と産業報国運動』（昭和一六年五月）、改造社
・権田保之助著『ナチス厚生団（KdF）』（昭和一七年一月）、栗田書店
・森戸辰男訳編『独逸労働の指導精神』（昭和一七年八月）、栗田書店

これらの研究・翻訳の意味については、やはりナチスの動きに日本の現在を重ねながら論じている森戸の著書『独逸労働戦線と産業報国運動』がもっとも端的にそれを語っているとみてよいだろう。それの序はつぎのような引用から始められている。

さきに私が権力を執つたとき、私は私の建設活動の基礎となるべきたつた一つの希望をしか持つてゐなかつた。この唯一の希望といふのは、独逸国民と独逸労働者の技倆・能力であり、吾々の発明家・吾々の技師、吾々の技術家等々の知性であった。吾々の経済のうちに生きてゐるこの力の土臺の上に、私は建設を為して來たのである。

今次の戦争において、金が労働を、資本が国民を、反動が人類の進歩を敵として戦ふとすれば、その場合、労働と国民と進歩とが必ず勝利者たるであらう。(51)

これは、一九四〇年十二月にベルリンの或る大軍需工場で行われた総統ヒトラーの演説からの直接の引用である。これを受けて森戸は、四一年五月刊行の本書で、「もしもかやうな変革的な見解が、単

(49)［森戸 1975：236］
(50)［森戸 1975：254］これらの本のうち、森戸辰男著『独逸労働戦線と産業報国運動』について［森戸 1975：254］では森戸辰男訳編となっているが、実際には森戸の著書である。
(51)［森戸 1941：1-2］

なる場当たり的な空語でないとすれば、それは高度国防国家において産業労働の新秩序に至重の意義を與へるもの」であると認め、「このことは、現在の独逸とほぼ同じい国際及国内情勢下にある我国にたいしてもそのまま妥當する」と応じている。[52] 本書表題にある「産業報国運動」は、三八年七月に民間組織として「産業報国連盟」が成立し、それが四〇年十一月に内務省と厚生省の主導により「大日本産業報国会」に再編されて、この時いよいよ総力戦体制の中核に進み出ているところである。そんな時節であれば、本書刊行の意味はこの冒頭のヒトラーの引用とそれへの評価を見る限り紛れなく明瞭であろう。戦争の勝利に向けて、高度国防国家の基礎となる産業報国運動に挺身し、その際に、労働に基礎をおくナチスの知性に学ぼうということだ。表明されている言葉をそのまま受け取る限り確かにここで森戸は、日本の戦争政策に参与し、ナチスの知性を称揚している。

もっとも、そうだとすれば、新設の東京帝大経済学部で国家学から独立した新興社会科学の確立を目指しながら、森戸事件により揃って官学を離れて、市井の一研究所を拠点に合理的な社会科学の確立を求めて進んできたはずの大原社研の人々が示す時代への態度として、これは不思議にストレートな全体主義への迎合に見える。ブルータスよおまえもかとも感じるこの態度を、どのように理解したらいいのだろうか。

まずこれについては、誰か或る個人（この場合は森戸だが）が権力に屈服して変節したという意味で言われる「思想転向」などの現れとして理解することはできない。すでに見たように、この時大原社研は研究活動の方向性を「所員一同の合意」をもって定めているのだから、所員の共同研究と言えるナチス研究の中で、森戸の研究もその合意に沿って進められていたはずなのだ。だから問題としなければならないのは、大原社研の研究の方向性そのものであるに違いない。

そこで、本節冒頭で引用した三九年の森戸の「科学研究所論」に戻る。「研究所全員の同意と支持のもと」に作成されたその論考の末尾には、研究所がめざすべき研究の方向性について二つのことが書かれている。ひとつは、「時局に適応し国策の線に沿うてその科学と理論とを以て国家国民に奉仕すべき」だということ、もうひとつは、「百年の大計の上から真実に必要とするところのものを成就すべき」だということである。[53]と理解してみると、この「国策の線に沿う」ことと「真実に必要とする」こととは、もちろん場合によって真っ向から対立する要求でもありうるわけだから、政策研究についても一定の方向性が具体的に示される際にはその両面からの説明が必要となろう。すると森戸は、そして大原社研は、森戸の著書『独逸労働戦線と産業報国運動』が明示しているような日本の戦争政策に参与しナチスの知性を称揚するということについてもそんな説明が可能だと考えていたのだろうか。

それについて考える手がかりとなるのは、ドイツでナチスが政権についたつぎの年である三四年に、森戸が『中央公論』という一般誌に書いていた「社会主義思想の進展」という論考である。

この論考で森戸は、ヒトラーが政権につき社会民主党が撃滅されるこの時代、そればかりでなく世界で無産階級運動が停頓するこの時代を、「たしかに反動の時代」であると認めつつ、しかしここでなお「社会主義思想の進展」を説くことが「単なる痴人の夢物語」には留まらないことを力説している。[54]というのも森戸の見るところ、ロシアにおいては、「赤色官僚主義」への転化の危険を孕みつつ

(52) ［森戸 1941：3］
(53) ［森戸 1939：30］

もしかし社会主義的建設が国民大衆の犠牲と負担により進んでいるし、ドイツにおけるヒトラーの勝利は、「民衆の社会主義的志操」を賞賛して彼がその実現を約束したことによっている。すなわち「ファシズムの権力への行進と独裁的地位の維持とは、そのかなり多くの部分において、勤労大衆の本能的な、極めて混沌とした社会主義的要望の上に、そしてこれに聴従するかの如きファシスト指導者の社会主義的言辞と身振りとに負ふところがある」というわけだ。また米国においても、「統制経済は資本主義社会の社会主義に向かっての不可避的な一歩である」と。まさに森戸は、資本主義から社会主義へという社会進化の必然性を展望するこの筋道で、一方で社会主義への転化を実現する主体の現状には困難があると指摘しつつ、他方ではこの時代の「社会主義思想の進展と資本主義的矛盾の増大激化」が資本主義の社会主義への転化の不可避性を高めていると考え、それを主張したのである。この最後の部分は本文に伏せ字が多くて推定を含むが、議論の筋はこれで間違いなかろう。

要するに森戸の見るところ、戦争に進むこの全体主義の時代は同時に「社会主義思想の進展」の時代なのであって、それゆえ社会主義への立場に立つものは、この時代から逃避するのではなく、むしろそれにしっかり内在していくことが正しいことになる。この森戸の戦時の態度決定を丁寧に検討した高橋彦博は、それをドイツのフランクフルト学派が全体主義に対してとった態度である「外への亡命」と対比させて「内なる亡命」と性格づけ、「全体主義との対決ではなく、回避ではなく、忌避でもなく、自己投入による突破であった」と説明している。なるほどそうなのだ。四一年の日本において日本の戦争政策に参与し、ナチスの知性を称揚するというのは、森戸の見るところ「転向」などではなく、まさに「自己投入による突破」なのだと理解されている。それは、確かに「国策の線に沿う」ばかりでなく、その真意においては社会主義をあくまで志向することにつながるという意味で

「百年の大計の上から真実に必要とするところのもの」を求めている態度なのだと認識されていたと言える。(58)

と、ここまで森戸に沿いながら考えてくると、日本の植民地主義侵略戦争がいよいよ苛烈になってきたこの段階で、その戦争政策への参与が社会主義につながる道でもあるとして合理的な社会科学の立場から積極的に正当化されていた理路がとりあえず理解できる。それは、主観的には自己投入による突破を目指したものだったのであって、決して自己防衛のための偽装なのではなかったのだ。しかもこの態度については、この時の大原社研の活動全体をより立ち入って見ていくと、社会理論的にもその正当化の論理がさらに先に進められていたと分かってくる。

(54)〔森戸 1934：5〕
(55)〔森戸 1934：12-14〕
(56)〔森戸 1934：20〕
(57)〔高橋 2001：123〕
(58) 森戸辰男は、敗戦直後である一九四七年五月に成立した片山哲内閣で文部大臣に就任し、その文部大臣の立場からその時成立したばかりの日本国憲法に関説して東京大学で「新憲法と社会主義」という講演を行っている。そこで森戸は、「この度の新憲法は平和主義・民主主義の憲法でありますけれども、社会主義の憲法ではない」としつつ、しかしそれは「社会主義の平和的な実現のために途を備えたものと解することができる」とし、「日本国の根本方針を決定した国民は、この世界の大勢に副いつつ社会主義の芽を植え、且つ育てていくことを重大な任務といたさねばなりません」と呼びかけている。森戸にとっては戦時の主張は戦後のこの論説に繋がっていて、いずれも社会主義に向かう道に沿い一貫したものと自認されているわけだ。〔森戸 1947：323-324〕

## 『決戦下の社会諸科学』の植民地主義——重商主義の解釈替え

一九四四年四月、大原社研は、そのころ研究所の総力を挙げて取り組んでいた「統計学古典選集」（全一二巻）の翻訳刊行のほかに、研究所として分担執筆した論文をまとめた『決戦下の社会諸科学』（栗田書店刊）を刊行している。それは、

Ⅰ　最近時に於る我統計学界の展望　高野岩三郎
Ⅱ　「国民文化」理念の昂揚と文化問題の展進　権田保之助
Ⅲ　古典の探求と重商主義についての新解釈　大内兵衛
Ⅳ　社会的建設をめぐる思惟　森戸辰男

と、所員それぞれの論考を各章とし、それに「大原社会問題研究所所報」と称する研究所の活動報告が付されている論集で、森戸は自著『思想の遍歴　下』（一九七五年）でこれについて、「大原研究所として各自分担のうえ、いわば総力をあげて社会科学の良心を守ろうとして書いた」と証言している。[59]

たしかに、この時期の大原社研は協力して実施されたナチス研究と統計学の古典研究が中心でそれも翻訳作業が多くを占めていたから、所員がそれぞれの独自な課題について主題を定めた論考を揃え、しかもそれを「決戦下の」と時代状況に応える表題をつけて提出しているこの論集は、研究所として、満を持して公表した時代への鮮明な立場表明であったと認めることができよう。例えば権田保之助は、「国民文化」理念と「文化問題の展進」を語る自らの論文を、日米開戦（「大東亜戦争の勃発」）以後の戦局の展開の中に位置づけ、つぎのようにその問題を語り出している。

この時局の一大転機とは、言ふまでもなく大東亜戦争の勃発とそれと同時に挙げられた赫々たる大戦果によつて確立された皇国の世界史的地位に依るものなのである。即ち其拠に大東亜共栄圏の雄渾な構想が打ち建てられるに至つたのであつて、今や我が国民は最早や国内生活体制とし《ママ》の文化の新しき機能を考へてこれに対処するといふ事のみに止まることを許され得ざるに至り、大東亜十億民衆の指導者としての地位にまで高められて、その任務を遂行し得るが為に、国民文化水準の全面的な昂揚を思念せねばならぬこととなつたのである。(60)

「社会科学の良心を守ろう」と言っているにしては、「大東亜十億民衆の指導者」を自認するあまりに声高な調子は明らかである。このような権田論考の問題提起の一節を見るだけで書物全体の基調を語りつくすわけにはいかないとしても、これにより、本書がどんな状況認識の下に編まれているか、その時に研究所の人々がいかなる緊張感（高揚感？）をもってそれに臨んでいるのかは、理解できると思う。

そんな権田論考の次ぎに、資本主義近代の前提となった「重商主義」の再評価を求める大内兵衛の論考が据えられている。大内と言えば、すでに触れた森戸事件（一九二〇年）に連座して高野岩三郎ら同人会グループとともに東京帝大を離れ大原社研に合流した経緯があり、さらに東京帝大復職

（59）［森戸 1975：239］
（60）［権田 1944：35］

（二二年）後の三八年にはいわゆる人民戦線事件の教授グループの一人として検挙されていて、四四年に無罪判決が出ても休職を余儀なくされたために、日本の総力戦体制期には活動が完全に封殺された「良心的知識人」の一人というイメージが出来上がっていて、それ以上問われることが少ない。とはいえ、確かにほかの関係が制約されたこの時期に大内の大原社研との関係は相対的に濃密となっており、[61]ここで行われた共同討議と、その成果として出されている『決戦下の社会諸科学』は重要な戦時の業績として十分な注意が必要である。

大原社研のこの共同作業において大内の分担は経済（学）史である。大内はここで、研究所でのその役割にしたがって「昭和十七年」に日本で出版された「経済学史」に関する主要著書を示しつつ、その全般的評価を「古典学派の復興」と語った後に、議論を表題が示す通り重商主義の問題に絞りこんでいく。焦点は、アダム・スミスの重商主義論である。

大内の見るところスミスは、商業の重要性を正しく認識し、産業の発達が商業の発達と内在的関連をもっていることを理論的にしっかりつかんでいた。とはいえスミスは、一方で、「自由主義が如何にして独占を生むか、自由競争は如何にして恐慌を生むか、産業主義は如何にして社会問題を生むか、そして如何なる範囲においてのみそれを解き得るか」などについて知らなかったし、他方では、その商業制度やそれが生む独占が「産業資本のために必要な高利資本やその蓄積とその半面たる自由労働の蓄積を作り出すことによって如何に産業資本発生のための条件を作ったか」を指摘しなかった、と大内は言う。[62]この明らかにマルクスを踏まえた議論、とりわけ後者のマルクスであれば本源的蓄積論として論じられる歴史過程を持ち出しながら大内が強調するのは、産業の自由を擁護するスミスがそうした蓄積過程の弊害を説くばかりで、それが歴史を形成する現実的な力となったことを見ていないという点だ。大内はそれをつぎのように言っていく。

惟ふにアメリカにおける金銀の発見、その土着民の奴隷化、東インドにおける土人の征服、アフリカにおける黒人の狩猟等は実にヨーロッパ資本主義前期の自由なる活動の世界的表示であり、所謂華々しき商業戦である。これを通じ、スペインにより、ポルトガルにより、オランダによりついでイギリスによつて、世界は商業的に自由になるのであるが、一面、この自由は巨大なる不自由と結びついてゐた。かの植民制度や国債制度や近世租税制度やと《ママ》してまたかの商業制度における保護主義やがこれである。この巨大なる事実についてスミスの述べているところは、その資本蓄積にとつての利ではなくしてその弊であつた。即ち、彼は、植民制度も国債制度も、租税制度もそしてまた保護制度も、それ等が製造業者を製造し、独立労働者を独立化し、国民的の生産機関及び生産資料を資本化し、これ等によつて旧来の生産方法を近代的なそれへ過渡することを強行的に短縮する人為的手段であつた点を十分に展開し得なかつた。(63)

(61) 大内は自伝的インタヴューである『経済学五十年』で、「刑務所から出て来てから終戦のすぐ前まで」、「世の中と全然無関係に暮らし」、「ぼくが家の門を出るのはここ（大原研究所）へ行くためであった」と、その時期の生活の様子を語っている。［大内 1959：293］

(62) ［大内 1944：155=1975：124］

(63) ［大内 1944：156=1975：124］

大内はこれらのことが、自由を要求する史家＝スミスとしてまことにやむをえないところであったとはいえ、「史実の史論としてはむろん誤謬である」と断じている。

みられるように、ここで大内によって論じられているのは、「土着民の奴隷化」、「土人の征服」、「黒人の狩猟」、そして「植民制度」を生み出してきた「資本主義前期の自由なる活動」が、それゆえ重商主義が、それでも近代的生産方法への道を「強行的に短縮する人為的手段」であったことを史実として再評価しようということである。われわれはこの大内の主張が、大原社研がまさに「決戦下の社会諸科学」として満を持して提示した渾身の論集においてなされていることに注意しなければならない。それは日本の「決戦下」に進むべき方向として提示されているのである。

しかも大内は、それから「さらに前進しなくてはならぬ」として言葉を継いでいく。そこに大内が切り出しているのは「吾々がいま日本国民として立つてゐる歴史の地位」のことである。(64)「わが国の志向自体が米英撃滅にある以上」、「吾々の努力の方向も亦欧米の経済学を超えて行く」ことにあるのはもちろんで、重商主義を学び超えなければならないのは、「当時のイギリスといへば、実にこの政策を体することによつてかの大英商業帝国、かの旧植民地制を作り出し、よく世界史の先登を切つた」からである。


いふまでもなく重商主義は多くの他民族と他国民の血と膏とを絞ったことにおいて非人道的な一面をもつてゐた。吾々はこのことを決して忘れるものではない。しかしすべてこれ等にもかかはらず、否、或はそれ故にシーリー(『英国膨張史論』)のいふが如き目的に叶つてゐたといふこともまた事実である。(65)

現下の「歴史の地位」にあってはこれに学ぶ「逞しさ」、「づぶとさ」が必要だ、と大内は言う。「吾々の日本なるものは今や東亜の中心に立つて、ただに東亜のみならず世界の全経済に対して、それの経営者としての問題をもつてゐるのである」。であれば、経済学の領域でも敢闘の精神を以て伝統の経済学に対決し、「モーニングを着ずに、国民服を着け戦闘帽を被ることは、学界における応接にも許されてしかるべき秋」であろう、と大内は言い切っている。(66)

ところで、この論考末尾の箇所は、「昭和十八年九月稿」と日付の記されたこの論考の初出テクストと一九七五年八月に刊行されている著作集収録版とで、重要な変更が認められる部分である。すなわち、初出テクストにあったここの「吾々の日本なるものは今や東亜の中心に立つて、ただに東亜のみならず世界の全経済に対して、それの経営者としての問題をもつてゐるのである」という植民地宗主国を明らかに自認する表現の部分が戦後の著作集では完全に削除され、それに続いて末尾に出てくる「モーニングを着ずに、国民服を着け戦闘帽を被ること」の部分は、「戦闘帽を被ること」が消去されて「モーニングを着ずに、国民服を着用すること」と書き換えられているのである。このような危うい表現の部分が戦後になって変更＝隠蔽されているということは、その箇所が、一九四三年の段階ですでに苛烈となっていた植民地主義侵略戦争に積極参与しようと呼びかけた大内のその時の意図

(64)〔大内 1944：158=1975：126〕
(65)〔大内 1944：160=1975：128〕
(66)〔大内 1944：164-165=1975：133-134〕

をかえって明白に曝しているからにほかなるまい。戦後にはその核心部分が隠蔽されているわけだ。

重要なところで誤解や曲解があってはまずいので、かなり長く引用を重ねつつ大内の言うところを確認してきたが、ここまで来れば表明されている主張は明らかであろう。時の国策に参与して米英に対決する戦争に乗り出し、植民地主義についても、人道上の問題はあるとはいえ近代化と勢力拡張の目的には叶っていて後退すべきではない、ということだ。この大内の主張についての理解で大切なポイントは、それが大原社研での討議と合意に沿ったもので、戦時下の状況に対して現実的かつ合理的な態度だと理解されていたということである。あるいは、森戸についての考察の際に見たように、それは「自己投入による突破」だったのだと認めてもいい。それは、日本の戦争政策に参与しそれを支持することにはなるのだけれど、近代化という「百年の大計」から見るとまったく外れたことではない、と言っているのである。

このように見てくると、この大内と、そして大原社研の全体がまた、日本でもっとも合理的な社会科学を先端的にめざし続けながら、その帰結として、日本の植民地主義と連接し、その継続に思想の場を開いていたと認めなければなるまい。このグループは、暴力的に収監され、あるいは強制的に転向を強いられた日本共産党系の活動家・知識人とはやや違った意味で戦時期に活動が制約されていたから、植民地主義の継続に実際に大きな影響力を振るったとまでは言えないだろう。とはいえ、社会科学的な合理主義の思想をある極限まで押し進めたという意味で、それはこの時代の思想史を語る上で重要である。しかもそれは、「挫折」とか「転向」とかではなかったがゆえに、この時代をそのまま生き延びて「戦後」にまでしっかりつながっている。それについては、章をあらためて第六章で論じよう。(67)

(67) 戦時下の思想弾圧事件である「人民戦線事件」において「教授グループ」として逮捕拘禁された大内兵衛等の人々は戦後に復権し、「大内兵衛グループ」としてさまざまに活発な活動を見せるが、その件については第六章で有沢広巳を中心に論じたい。

# 第二章　植民地帝国の総力戦体制と主体性希求の隘路——三木清の弁証法と主体

## はじめに——植民地主義の総力戦体制と「転向」という思想問題

### 「転向」研究の陥穽

継続する植民地主義を思想史として問うというのは、その時代を人々がどのように受け入れ、そこでいかにそれぞれの生を営んだかを問うことでもある。この思想史的課題を引き受け考察するに際しては、当該課題についてのこれまでの対し方について、一定の反省を行っておく必要がある、とわたしは考えている。植民地主義と戦争への思想的態度という、この観点からとくにアジア太平洋戦争の時期に向かう知識人たちについて考えようとするとき、これまで日本の文脈では、戦争を遂行する軍国主義ファシズムとそれに対する知識人の協力や加担、あるいは非協力や抵抗、そしてさまざまな挫折や転向という個人の態度から問題を捉え、そうした態度決定の形を通してその当人である知識人の「主体性」を問うというのが一般的な議論の形であったと考えていいだろう。それには、しかるべき歴史的背景があると理解しなければならない。

いわゆる戦間期である一九二〇年代から三〇年代という時期は、日本がやがて来るべきアジア太平洋戦争に向けて着々と戦争準備を進めて、「総力戦体制」と呼ばれる一国を挙げての戦争体制を構築していくプロセスであったわけだが、この時期は他方で、日本の知識人たちの間にマルクス主義が大きな影響力を伸ばしたときでもあった。すなわちここでは、戦争体制構築の進捗とそれに抗して社会変革を志す左翼知識人の活動という、かなり明瞭な対立構図が成立していて、それが同時代の人々の精神状況全般を規定する要因にもなっていたのである。そしてこの対立構図が、やがて国家権力の苛烈な思想弾圧を生み、それに伴う左翼知識人たちのなだれうつ「転向」という事態にも結びついたと理解されている。であれば、思想そのものの力が問われたこの事態がのちに反省の主題となり、ここから戦争と知識人との関わりが問われるというのも当然のことであり、それはそれでそれなりの意味を持ってもいたと言うことができる。

とはいえ、かくて成立した「転向」研究という主題設定には、他方で、植民地主義と戦争の体制について問われるべき一定の重要な問題をむしろ隠蔽してしまうような、大きな落とし穴があったのではないか。そしてそのことが、植民地主義の継続という視野を見失わせ、植民地主義の総力戦となった戦時体制を反省する視野を制約し、そして、その戦時から「戦後」への転換、そこにあった断絶と連続の実相を充分には認識できなくする枷ともなってきたのではないのか。ここでまず考えてみたいのは、そのような疑問である。

つぎのように問いを立ててみよう。戦争と知識人という主題を考えようとして、それを「加担か抵抗か」、「転向か非転向か」として問うとき、そこではいったい何が問われているのだろうか。このような問いには何かある暗黙の前提了解があって、それが、別の何かの問題を抑圧してしまっているということはないだろうか。このことを考えるために、転向という問題をもっとも組織的に考察してまとまりある共同研究になっている、思想の科学研究会編の『共同研究　転向』を参照することにしよう。この『共同研究』において、考察対象たる「転向」は、「権力によって強制されたためにおこる思想の変化」[1]と形式的に定義されている。すると、このような意味で転向を問うというのは、どんなことなのか。

なるほど「転向」という現象は、ここまで方法的に絞り込んで精度を増した形式的な定義を採れば、さまざまな立場の人々にさまざまな仕方で起こりうる思想現象として、倫理的な価値評価を先行させない観点からニュートラルに捉えられ、思想史の学問的考察にとっても説得力のある公正な考察対象の設定になると認めることができるように思われる。そして確かに、この『共同研究　転向』はそうした方法的精度ゆえに、単にマルクス主義者や左翼活動家に限定されないきわめて広範な人々を対象にして、決してためにする「行状暴露もの」に陥らない水準で、すぐれた思想史研究の形を示したと評価できるものになっている。だが、そのような方法的洗練は、逆に見れば、当の研究の射程そのものを、つまりその方法的限界を明確にもしてしまうものだ。そう考えてみると、ここでの「転向」の定義には確かに、転向という現象を主対象とする研究にとっておそらく不可避な認識枠組みの限界が、かなり純粋な形で表現されていると理解することができる。

この定義に示されているように、そもそも「転向」を問うというのは、ある個人の思想的態度をそれに強制力を行使する権力との関係で、つまり「(国家)権力」対「個人」という対抗関係において、問うということである。そこでは、個人に対して屹立する強大な「(国家)権力」の自立的な存在が前提にされていて、そうであればこそ、それに対する個人の態度が「抵抗」や「加担」として語りうるものとなっているわけだ。すると、その定義からして、考察の視野からこぼれ落ちてしまうことが少なくともふたつある。ひとつは、(国家)権力と個人とを、単なる対抗関係においてではなく、むしろ権力が諸個人の自発性を育成しまたその諸個人の自発的行為が当の権力の構成要素にもなるという意味で、内的な相互関係において捉える視角であり、もうひとつは、(国家)権力と個人との関係が成立している場(「国民共同体」)そのものをそれのさらに外部との関係から捉える視角である。そして、わたしの見るところこれらは、植民地主義の総力戦体制と称されるべき日本の戦時体制を考える上で、どうしても欠かすことのできない視角であるはずのものなのである。

### 植民地主義の総力戦体制の思想問題

そもそも植民地主義の総力戦体制という、産業革命に続く「第二の革命」とされた「産業合理化」の時代を通して一九三〇年代には近代社会の基底そのものを大きく変容させることにもなった、この戦時社会体制の意味とは何だったのか。問いの仕方を問うているここでは、すでに検討が進んでいるその社会体制の細部にまで立ち入って論ずることはできないが[2]、ただ行論に必要な限りで指摘しておくべき基本的なことがふたつある。第二次世界大戦に向かう過程で、帝国主義戦争に対応すべく社会体制を再編成していった諸国の社会が「総力戦体制」と呼ばれるべき特殊性を持つのは、ひとつには、

(1)［思想の科学研究会 1959：5］
(2) 総力戦体制論については前章註(3)参照。

それが戦争への国民総動員という要請のために社会的・文化的資源をも利用しつくす総動員体制だったということであり、もうひとつは、戦争への植民地資源の動員という要請のために植民地の社会・文化統合という課題を抱えることになる植民地帝国体制だったということである。と考えてみると、「転向」を問うこれまでの戦時思想史研究は、まさに植民地主義の総力戦体制を特徴づけるこのふたつの基本的特質を視野から取り落とすような問いの仕組みになっていると気づかされるだろう。

思えば、「転向」を問うという問題意識は、先に触れたように、戦時国家権力の暴力的な言論支配とそれに抗する左翼知識人たちの抵抗と挫折そして転向という時代経験を基点に出発したのであって、この連関から、その問題構成の内に、強権的支配を行使する国家権力とその強制力に抗する個人という対立構図がすでに組み込まれてしまっていたのだった。そしてこのような問題意識は、戦時社会を「非合理で専制的な軍国主義ファシズムの時代」として特殊化し、戦後社会をそれとは断絶して転換を成し遂げた「平和と民主主義の時代」として捉える、戦後日本の正統的自己了解と結びついている。

これに対して植民地主義の総力戦体制を論ずるというのは、この戦時・戦後についての正統的な自己了解に真っ向から異を唱えるものである。この新しい議論によれば、戦時の総力戦体制は、単に抑圧し強制するだけの権力であるのではなく、むしろ、さまざまな社会組織の戦時変革を通じて人々の生活過程に介入しこれを組織しようとする権力であり、またそれを基盤にして、人々の自発性あるいは主体性を帝国主義と植民地主義に向け育成し動員しようとする権力である。そしてこの社会の編成変えが、戦後になって解体したのではなく、むしろ戦後社会の基礎構造に継続している、と見るのである。「転向」を問う従来の問題構成は、このような見方の可能性に気づいていなかったし、またそれを感受する用意にも欠けていた。

そうだとすれば、今あらためて継続する植民地主義と知識人という主題を考える際には、「転向か非転向か」という観点からではなく、植民地主義の総力戦体制と知識人の自発的参加という内的動機の観点から問題を立て直して考えてみることが必要だろう。これまで「抵抗か加担か」と権力に対して抵抗する個人の意思の堅固さや志操の一貫性という観点から論じられてきたことが、むしろ知識人たち自身の抱く思想そのものからくる内発的な動機に根拠を持っていて、それが構造的に総力戦体制の形成と展開に深く関わり、この総力戦体制の下で発動された帝国主義と植民地主義にとって本質的な構成契機になっていたのではないか、そう問いたいのである。その時代をそれの担い手である人々の思想の根本から見なおすために、単なる当人の節操などに還元しては見失うような、もっと奥行きの深い思想的、政治的な問題を、そこに探ってみようということである。植民地主義の継続という事態を目の当たりにして、そのことに触れないできていることが、戦後における帝国主義と侵略戦争への反省やそれをめぐる責任への問いにも、重要な欠落を生んでしまってきたと痛切に感じるからである。

そこで、継続する植民地主義の思想史を問う本書のこの第一部では、アジア太平洋戦争に向かう時期の知識人たち当人の思想の論理にできる限り内在して、それの理解を通して植民地主義に関わるその意味を考えたいと思っている。とりわけ第二章となるここでは、その意味への問いを先鋭な形で提示すべく同時代の〈思想〉そのものに焦点を定めて、このとき中心にあった思想家である三木清を取り上げ考えることにしたい。

三木清と言えば、一九二〇年代から戦時にいたるこの時期に即して「転向」という問題を考える際には、どうしても欠かせない人物であると認められてきている。三木は、自らは共産党員でなかったけれど、はじめは「マルクス主義哲学者」として華々しく論壇に登場し、全体主義とファシズムに抵抗する立場から多彩な言論活動を展開して多くの読者を獲得しながら、三〇年代の後半になって日中戦争が本格化するようになった時期からは、近衛文麿が後ろ盾になって組織された国策研究集団である「昭和研究会」に積極的に参加し、そこで文化部門の責任者にもなってその共同研究の組織化を担い、とりわけいわゆる「東亜協同体」論の理論的基礎づけに重要な役割を果たした人物である。このような三木清の言論活動の軌跡は、かつてはマルクス主義者であった者が戦時には戦争遂行の政策立案そのものに参加するようになるという意味で、それを現象として見れば絵に描いたようにはっきりした「転向」のコースを辿っていて、それが同時代の青年知識人たちにあたえた影響の深刻さから考えても、「転向」史を語る上でとびきり重要なテーマであると見なされうることは間違いなかろう。

　すると、このような三木清の思想と行動を、あらためて植民地主義の総力戦体制という観点から考え直すというのはどういうことなのだろう。三木の思想の軌跡は、植民地主義の総力戦体制という事態の特質とどのような関係にあるのか。ここで深く追求してみたいのは、植民地主義と総力戦体制のなかにあって思想が何を求めたのか、当の思想家の主観に即して辿り内在的に理解しつつ考え抜くことである。「軍国主義の猛威」とか、「権力の厳しい弾圧」とか、思想にとっていわば外在的な状況による「言い訳」を一切許さない形で、当の思想そのものが求めた志想にひたすら内在して、その思想の歩みを辿ってみたいのである。この意味で、思想の主体性を真っ向から問うことだと言ってもいい。それによってこそ、思想自体に内在する力を知り、その思想にとって植民地主義が持った意味を真に知りうると考えるからである。この第一部第二章では、この事例を手がかりにしながら、植民地主義の総力戦体制の構築と知識人の役割をその基礎から新たに考え直すことにしよう。

## 一　方向転換と知識人の主体性

### 哲学知が渇望される時代

三木清という思想家は、一九二〇年代から戦時期に至るプロセスにおいて、国家権力による言論弾圧の攻勢が強まりマルクス主義者を中心になだれを打つような「転向」が続く思想状況のなかで、基本的に独自な姿勢を維持しながら精力的な論陣を張り、同時代のとりわけ若い知識人たちに絶大な影響を与えつづけた人物である。ここではまず、当時の思想状況において彼が最初に占めたそのようなポジションの意味から考えてゆこう。

三年あまりにおよぶドイツ、フランスへの留学から帰った三木清が、日本の言論界に登場するのは、まずは第一作『パスカルに於ける人間の研究』にまとめられたパスカル研究の諸論文によってのことであった。しかし、三木清という思想家がその存在を広く認められ、論壇の第一線に進出したと言いうるのは、一九二七年に三木が法政大学に職を得て上京し、論考「人間学のマルクス的形態」をはじめとしたマルクス主義に関わる諸論文を発表するようになってからのことである。そして、多くの証言が一致してそれを確認するように、「マルクス主義哲学者」としての三木のこの登場はまことに華々しく、当代の若き知識人たちに広く受け入れられたという。すると、この登場の意味とは何だったのか。

まず、マルクス主義を主題にしたこの時期の三木の諸論文が、その内容や論述の仕方において、一方で正統的なアカデミズム哲学を挑発し、他方では共産党の指導下にあったマルクス主義社会運動に哲学という学問の立場から知的介入を試みるという、当代の言論界にはかなり挑戦的なかたちで現れたということを理解したい。とくにここでは、連続して発表された「人間学のマルクス的形態」と「マルクス主義と唯物論」というふたつの論文が、それぞれ「学問の階級性の理論[3]」や「理論と実践との弁証法的統一[4]」という問題を「原理からもっとも根本的に把握[5]」するものと自己主張され、それが「所謂方向転換が要求される所以[6]」に結びつけてまとめられている点に留意しよう（圏点は原著者）。このことは、「無産階級運動の方向転換」を掲げた山川イズムを批判してその「方向転換論の転換」を主張した福本イズムが支配的な活動理論となっていた当時の共産党とその運動の中心イシューにまさに文字通り正面からぶつかっていて、三木において自覚的なこれらの論文の介入的な企図を明確に示している。

そこで、それをこの時代の思想的コンテクストに照らして考えてみると、「基礎経験」と「アントロポロギー」と「イデオロギー」という三項からなる理論構成をもってマルクス理論の人間学的な解明を行うこの哲学論議が、それ自体、同時代に生きる知識人たちにとって目の覚めるように新鮮な哲学知の形を示したということが重要である。

三木が最初にマルクスに関説したこの二論文を『思想』誌上に発表したのは、一九二七年の六月と八月のことであった。これに対して、山川均の「方向転換」論を批判する福本和夫の議論（福本イズム）が登場して注目を浴び、やがてそれが再建された共産党の指導権を握るようになるのはそれに先行する二五年から二六年のことであり、この福本イズムをさらに批判するコミンテルンのいわゆる「二七年テーゼ」が出されたのはこの年の八月のことであった。そしてこのテーゼによって、今度は福本イズムの方が党の指導権を失うことになる。このようにして共産党自体が路線をめぐって大きく揺れ動き、マルクス主義に関心を抱いた多くの知識人たちの間にもさまざまな動揺が広がるなかで、翌二八年三月には「三・一五事件」と呼ばれている共産党員の大量検挙があり、まずは共産党への大弾圧という形で思想と言論への官憲の介入がいよいよ本格化して、端緒が開かれつつあった侵略と戦争への道が次第に強力に整えられていくというのがこの時期の状況の推移であった。三木の「マルクス主義」は、まずはこのような時代状況のなかに投企されている。

すると、そこに現れた三木の論説の特質とは何であったのか。もちろん、それがいかに状況に介入する企図を持っていたと言っても、そもそも共産党員ではなかった三木の哲学論文は、それをこの党の政治・組織路線という観点から見るなら、何らかの新しい方針や主張をもってその党活動に具体的な方向づけを与えうるものだったと理解することはできない。三木の論説の特質は、そこにはなかった。そうではなくその特質はむしろ、幅広い哲学思想の教養を背景にしながら自前の独自な理論的道具立て(「基礎経験」、「アントロポロギー」、「イデオロギー」という理論構成がそれである)を設え、それを基盤に自在な推論を展開しつつ説得力のある論証を組み上げて、マルクス主義にしっかりとした人間学的あるいは歴史哲学的な基礎づけを与えていくという、その議論の学問的に見ても華やかな装いにあった。「私はこの論文によって、マルクス主義のなかにも哲学があり、哲学をやることはマルクス主義を放棄することではなく、かえってそれと真剣に取り組むことであることを教えられた(7)」と船

(3)〔三木 1927a:③ 38〕三木の著作についての引用はすべて『三木清全集』からなされている。
(4)〔三木 1927b:③ 72〕
(5)〔三木 1927a:③ 38〕
(6)〔三木 1927a:③ 41〕

山信一が証言するように、三木のこの論説は、まずは同時代の左翼知識人たちに新鮮かつ強烈な哲学知への渇望を呼び覚ますものだったのである。

## 知の主体性の希求

このことの思想史的な意味を理解するためには、それを同時代の福本イズムのこれも華々しい登場と急速な没落に対比しながら考えてみるとよい。

そもそも福本イズムという共産党の組織活動路線を導くこの指導理論が、それ自体、社会主義をめざす社会変革の運動のなかでの知識人（インテリゲンチヤ）の積極的な役割を認め、それを強く前面に押し立てて主張する性格を持っていたということをまず理解しておこう。この福本イズムは、それまで指導理論として支配的であった山川イズムが「大衆の中へ」という主張をもって合法主義に向かい、それが官憲の弾圧の前に破綻して解党主義に結びついてしまったことを批判し、「意識の完成されたものの集団」としての前衛党が大衆と結合する以前にまずはきれいに分離し組織されねばならないという、いわゆる「分離・結合論」を掲げて登場した。そしてその際に、分離にとって重要なことは「理論闘争」であるとし、その担い手として「真実に全無産階級的な知識階級」の獲得を強く求めたのである。このような福本イズムは、当時の社会主義をめざす組織と運動の路線的混乱という状況下で、労働組合などの大衆組織に還元されない革命に向けた前衛党固有の任務に期待する人々に強く支持され、共産党再建に向けた大きな駆動力を作り出したばかりでなく、マルクス主義に関心を寄せる広範な左翼知識人たちの前衛党とその革命理論への意識をかつてなく高めたと言うことができる。ここでは前衛党の担い手として知識人が期待されていたのである。もっともこのような知識人への期待は、同時代の左翼運動の状況と福本イズムの具体的な成り立ちを考えれば、当の知識人たちにとってどうにもすっきりは受け入れ難いいくつかの問題点を含んでもいたことは否定できない。

まず、この「分離・結合論」という組織活動路線が、単に党活動において理論闘争の意義を重視し、理論への関心を一般的に高めたというに止まらず、それの実際の実行過程においては、共産党員や共産党に同情を寄せる人々さらにはマルクス主義に関心を抱く多くの知識人たちに対しても、党組織活動とその理論への意識の純粋な集中を要請するものとなったことに注意したい。すなわちそれは、マルクス主義の理論上の論争を一般的に支持し、無産政党の間での理論闘争を肯定したばかりでなく、労働組合や農民組合その他の大衆運動の場面でも政治的暴露による路線闘争をことさらに重視したために、実際には当時の状況下で、さまざまな社会運動のなかでの左翼陣営の分裂と孤立をいたずらに招いてしまう結果をもたらしたのである。このことが、福本イズムがやがて批判を受ける発端となったわけだが、社会主義に同情を寄せる多くの知識人たちにとってさえ、偏狭に見えるその態度はこの党になにがしか疑念を抱かせ、これに身を投じるのをためらわせる要因となっていた。

それに加えて、この福本イズムに関わる共産党の理論闘争と路線論争のやり方が、この党の権威主義と事大主義をくっきり浮き彫りにして、それがまた知識人たちにこの党への不安を生むひとつの淵源にもなったと言うことができる。

福本和夫が、二年半あまりにおよぶヨーロッパ留学から帰って、三〇歳そこそこの若さで日本の論壇に登場するのは経済学批判の方法論をめぐる論文によってであったが、そのとき以来、福本が自ら

（7）［船山 1967：3］

の学問的あるいは政治的主張を正当化するのに最大限利用したのは、マルクスとレーニンのテクストの権威であった(8)。そこで福本は、自らの論点を提示するに当たって、当時の日本では未見であったようなマルクスやレーニンの原テクストをふんだんに持ち出し、要所ではそれらからの引用をほとんど地の文抜きに羅列して文章を構成するという、かなり露骨なテクスト操作の方法を用いている。すなわちそれにより、マルクス主義者を自認する者が福本を批判するならマルクス主義の教典自体を批判しなければならなくなるという意味で、批判を困難にする障壁を組み上げてしまうのである。このような論文作法は、もちろん一方で、マルクス主義の原典への関心を飛躍的に高めるものではあった。だが他方でそれは、そうした原典についての知識なしには議論も批判もできなくしてしまうから、当の原典にアクセスできる者の特権的な地位を強化し、マルクスやレーニンのテクストを「聖典」化するのにも大いに役立つことになる。かくて、そのような論説にリードされた「理論闘争」が、現実の社会状況から遊離し、ある種の神学論争に堕するのは不可避であった。

しかも、このような福本イズムを批判する側も、それを指導理論の座から引き下ろし活動路線を方向転換させるのに利用したのは、コミンテルンという「外部」の権威なのであった。この福本イズムは、いわゆる「二七年テーゼ」によってブハーリン指導下のコミンテルンから批判を受けて、一転して転げ落ちるように指導理論たる地位を失っていくわけだが、これ以降、いかなる理論闘争・路線論争においても、コミンテルンとその影響を受ける日共中央(コミンテルン日本支部)がいかなる方針を採用したのかが論争の帰趨を決定づけるという状況が常態化するようになる。かくてここでは、あらゆる論争は誰がいちばん早く中央指導部の方針を知るかという情報入手の先手争いとなり、そこで論じられる理論内容そのものが次第に形骸化するのは避けられなかった。

そう考えてみると、日本におけるマルクス主義の思想と運動は、それを破壊しようとする戦時国家権力の強制力が介入する以前に、ここで自らの内部に深刻な矛盾を抱え込み、ひとつの内在的な危機に直面していたと認めなければならないだろう。このことはそれ自体、「権力の強制力の介入」を起点に思想の変容を考える「転向」という戦時期思想史研究の認識枠組みに再考を迫るものだ。「大量転向」を生んだ主たる要因は、「権力の強制力」ではないと言う方がより妥当なのである。そこで考えねばならないのは、共産党のマルクス主義がそのような内在的危機に落ち込んでいくその転換点において、それに替わるように三木清の哲学的なマルクス主義論文が知識人たちに広く受け入れられたことの意義と、その帰趨である。

そんな思想の内在的危機であれば、このときそれに出会っている左翼知識人たちが三木に求めたのは、間違いなく信用できるほどしっかりした学問的・自立的思考の基礎に立つマルクス主義であり、「外部」の権威に従属しない知の主体性であった。すなわち、植民地主義と侵略戦争への道に沿ってしだいにファッショ化していく日本社会の現実に対する批判意識を堅持したままで、それゆえマルクス主義への志向を放棄することなしに、しかも独立した思想、学問としてしっかりした理論的基礎を持っていると認められ信頼しうるような、主体的な思考はいかにしたら可能なのか、知に道を求める人々の希求はおのずとそこに向いていったのだ。そしてこのときに三木清が注目されたというのは、三木という思想家が、アカデミズム哲学とマルクス主義思想運動の垣根を取り払う形で、(9)それにひとつの可能性を示したということだろう。先に見た船山信一をはじめ数多の証言が語るとおり、三木の

(8)〔福本 1971, 1972〕

登場は、この意味で同時代の多くの知識人たちに受け入れられたと見ることができる。

すると思想の主体性を希求するこの思考は、やがて訪れるマルクス主義者の「大量転向」の季節に、どのように展開していくことになるのだろうか。三木に即して問題にしなければならないのは、この主体性追求の行方である。

## 二　有機体説批判と主体の弁証法

### 有機体説と弁証法

さて、「転向」を中心テーマとするこれまでの戦時期思想史研究では、一九三三年という年が、時代を画する特別な年と認められている。というのもこの年の六月に、元共産党中央委員長である佐野学と元共産党中央委員である鍋山貞親とが獄中より連名で「共同転向声明」を発表し、これをきっかけに獄中にあった多くの共産党員がなだれを打つように転向の上申書を提出することになって、それにより日本共産党の壊滅への流れは決定的なものとなったと認められるからである。例えば政治思想史家の高畠通敏は、その佐野・鍋山の転向を指して「日本における批判的理性一般の崩壊を象徴する」[10]と言うが、このような見方に立つと、それ以後十年余の戦時期は、一切の批判的理性が圧殺された「暗黒の時代」あるいは「空白の十年」だということになる。

だが、本章の前節で見てきたことは、三木清という人物の登場が、共産党が思想的に動揺し解体に向かうプロセスにあって、批判的な知の主体性を求める左翼知識人たちの希求にとってある種の「受け皿」になったということである。この三木が言論人として本格的に活躍するのは、実はむしろこの後の、一九三〇年代から四〇年代のはじめのことであり、それは植民地主義の総力戦体制が現実のものとなる時期にぴったり重なっている。すると、知の主体性を求めたがゆえに注目されているはずの三木の言説は、この植民地主義の総力戦体制の形成過程、そのただ中においては実際にはどのように働いたということなのか。共産党員たちの転向に即して「批判的理性一般の崩壊」を言ってしまう前に、もう少しこの三木にこだわって考える必要があるだろう。

そのような観点から振り返るとき、マルクス主義をポジティヴに論じはじめている初期の三木については、もうひとつ、いよいよ顕著となっていた全体主義ファシズムの台頭に抗して、それを社会的・思想的基盤から批判するための論理的道具立てが意識的に準備されているということが注目される。三木は、一九二八年十二月、羽仁五郎とともに主宰する理論研究誌『新興科学の旗のもとに』第三号に、弁証法を主題に論じたはじめての論説「有機体説と弁証法」を発表するが、この論説を、同時期の「現代思潮」や「危機における理論的意識」などの論考と合わせ読めば、三木哲学の骨組みを支えることになる弁証法というこの論理に託された当初の意図がよく理解できるのである。

三木はここで、「思想の危機が叫ばれるときにあたつて、唯一つ現実的なる理論的意識は弁証法的

（9）例えば久野収のつぎのような証言を見よ。「(三木清の登場が……引用者) 哲学と社会主義とを、どのように結合するかに、幼稚ながらも、真剣に悩んでいたわれわれ後輩の若い学生たちを、……いかにゆり動かしたかは、恐らく他の時代からは想像のつかないほどであった。」（[久野 1948：175]）

（10）[思想の科学研究会 1959：165]

思惟である」[11]と断固として語っている。なぜなら、思想にとって「危機的（kritisch）」とはすなわち「批判的（kritisch）」ということにほかならず、思想はこの「危機」においてその一面性や制限性を露呈し、それの自己批判を通じて発展するものなのであって、そのように思想の危機である自己内の矛盾を発展の契機とみなすものこそ、弁証法的思惟だと認められるからである。しかも三木の見るところ、弁証法的思惟がそのような真価を発揮するためには、同様に歴史的発展の理論でありながら、しかし弁証法的発展にとってはかえって桎梏となるような歴史認識のある形が批判されていなければならない。それが、ヘーゲル弁証法にも色濃くその痕跡をとどめる「有機体説」にほかならない。

「有機体説」をターゲットにする三木のこの批判的視野に同時代のいかなる社会的、思想的動向がつかまれていたのかは、かなりはっきりしている。やや後に三木は、同時代の全体主義が国家主義や民族主義として登場する所以を、有機体説が批判されなければならない理由と結びつけてつぎのように説明している。

世界は一全体として成立しつつある。然るに何故に全体主義はそのやうな世界の「現実」を度外視して、国家主義もしくは民族主義と結び付くのであらうか。そこには何等かの論理的必然性が存するのであらうか。両者の結合はただ全体主義といはれるものが有機体説であり、そして有機体説がその内的本質においては自然概念を基礎としてゐるといふことによつて理論的必然を与へられるのである。[12]

一九二〇年代のドイツに留学しその社会状況を目の当たりにしていた三木にとって、社会に瀰漫するロマン主義の風潮とそれに乗っていよいよ前面に出てきた全体主義が、有機体説を基盤に民族主義や国家主義という形をとって優勢になっていく事態は、すでに眼前に切迫した現実であった。そしてもちろん、それを批判する三木の念頭に、排外的な日本主義と神秘的な「国体」観念の利用により全体主義的な戦争体制の準備に一気に突き進もうとしている同時代の日本がおかれていたことは間違いない。「有機体説」に「弁証法」を対置して立ち上げられようとしている三木哲学は、このような時代の危機に正面から立ち向かうものとして出発しているのである。

ところで、このような「有機体説 vs 弁証法」という対抗関係から三木哲学の出発の構えを確認することは、三木自身の「転向」という問題を考える上でも重要である。一九三〇年に三木は、共産党に運動資金を提供したという嫌疑で治安維持法違反に問われて逮捕拘留されており、その拘留中に取調べの検事に当てて「手記」なる文章を提出している。そしてそこで三木は、宗教論や自然弁証法などの論点に関してマルクス主義批判を展開しており、発表された著作による限り、それ以後の三木の言説からは、マルクス主義の影が大きく後退する。かくて三木についてもその「転向」が問題にされるわけだが、見てきたように三木の時代への対応が「有機体説 vs 弁証法」という枠組みをもって始まったのであれば、この軸に即して検討することにより、三木自身の態度決定の中身について立ち入って理解することができるだろう。そして実際に、マルクス主義を単に言葉で擁護しているか否かを踏み絵とするのではなく、三木自身が立てているこの軸からあらためて見直すならば、三木の言説

(11) [三木 1929：② 244]
(12) [三木 1935c：⑲ 669]

の三〇年を跨いだ連続の実相が見えてくるのである。その事実は、出所直後の三木が法政大学を退いて書き上げた『歴史哲学』（一九三二年）という著作に明確に示されている。そこで、この『歴史哲学』まで視野に入れて、弁証法という論理に託された三木の意図をまとめて考えてみよう。

### 自由な主体形成の論理

『歴史哲学』という著作は、まずはじめに、「出来事の叙述」としての「ロゴスとしての歴史」と「出来事そのもの」である「存在としての歴史」とを区別し、その上で、この両者に対比させせつつ、その根底でそれらを根拠づけている「事実としての歴史」の次元を際だたせて、この三者の関係を問い論じていくという議論の構成を持っている。[13]

ここで「事実としての歴史」とは「行為のことである」と考えられている。つまり、歴史を作る行為そのものが事実としての歴史なのであって、これに対して「作られた歴史」が「存在としての歴史」である。[14] そしてこの行為は、歴史過程を切断する主体の決断を、それゆえ自由を含んでいる。だから事実としての歴史は、単なる客体の秩序に属するのではなく、主体の自由をもって成立する。とはいえ、この主体は同時に客体であり、「もの」を離れて行為することはできない。さればこそ、この「行為するもの」は「事実（Tat-Sache）」と呼ばれる。このように始まる三木の考察は、まずは存在としての歴史と事実としての歴史の二者関係を焦点化し、つぎのような一般的な概括に進んでいく。

一般に次の如く云はれ得よう。存在としての歴史と事実としての歴史との対立は存在と存在の根拠との対立である。しかも両者は、存在と存在の根拠として互に相まち、対立でありながら統一である。如何なる現実的なものもその現実存在と現実存在の理由とのふたつの契機を含む統一である。かかる対立に於ける統一、統一に於ける対立は弁証法的として規定される。従って一切の現実的なものは弁証法的である。[15]

これが、三木において維持されている弁証法的歴史認識の基礎連関であるわけだが、重要なことは、このようなふたつの歴史の「対立に於ける統一」の関係に、歴史の「発展」が可能になる所以があると理解されていることである。「本来の歴史的発展を考へる論理は弁証法あるのみである。弁証法が歴史の論理である[16]」。そしてここで三木は、この「弁証法的発展」の論理を、有機体説のとる「有機的発展」の論理に対照させて解明している。

歴史の弁証法的発展を強調する三木の論点は、四つある。

ひとつ。有機的発展の思想が、存在としての歴史と事実としての歴史とをただ単に連続的に見るのに対して、弁証法は、両者の間に「内在の関係のみでなく超越の関係がある[17]」と考えるということ。すなわち事実としての行為は、存在に連続しながらも、それを超越してそこに非連続を持ち込むとい

(13)〔三木 1932：⑥ 5,19〕
(14)〔三木 1932：⑥ 26〕
(15)〔三木 1932：⑥ 94〕
(16)〔三木 1932：⑥ 106〕
(17)〔三木 1932：⑥ 138〕

うことである。

ふたつ。有機体説においては、発展は連続的なのだから「発出論的な性格[18]」をとるのに対して、弁証法である行為の論理においては、発展は存在と事実との間の非連続とそこに現れる矛盾によって生ずると考えられる。

みっつ。有機体説においては、事実と存在とを連続的に捉えるから、発展も究極的には直線的なものとなるのに対して、弁証法においては、事実と存在との間に超越を認めるから、未来は現在のなかからのみ生まれるのではなく「寧ろ未来は未来から生まれる[19]」ことを認める。すなわち弁証法においては、存在の根拠たる事実が、主体的なもの行為的なものであって、自己の内に否定の契機を含み、それゆえにこそ存在とは矛盾するようになるということを理解するのである。

よっつ。有機体説においては、全体は既に与えられたものであり、部分はこの所与の全体に連続するものとして部分である。これに対して弁証法においては、全体は与えられたものというよりも課せられたものであり、事実としての歴史の立場から「絶えず新たに作られ、従って作り直される[20]」べきものなのである（強調は三木）。

このように三木が提出する弁証法的発展の論理をまとめてみると、これが自由なる主体の行為の論理として構成されているということが理解できるだろう。この論理は、事実の存在との非連続と超越を出発点にしているわけだが、このように存在に連続しながらしかもそれを超越してそこに非連続を持ち込むものこそ、まさに自由なる主体の行為にほかならないということである。

そしてこの論理のなかで、「全体」が「課せられたもの」であるという観点はとりわけ重要である。というのもこれは、三木がここで構築した主体の弁証法の論理をもって、あるいはその枠組みにおいて、有機体説における全体主義的な全体概念に抗しその全体概念を転倒させるための、理論的な見通しを開いたものとして捉えられるからである。言い換えると、個人の行為が与えられた「全体」に部分として組み込まれてしまうような特殊的な全体主義に立つのではなく、むしろそれに抗して、普遍主義的な観点から課せられたものとしてこの「全体」を作り直していくという、普遍的な課題を受けて立つ自由な主体の形がここに示されていると理解できるからである。そう考えてみると、この『歴史哲学』という著作は、自分自身が逮捕されるという経験をくぐり抜けた三木が、全体主義への対抗をはっきり意識しながら、年来の自分の弁証法的思考をさらに深く展開して組み上げた、主体形成の論理のマニフェストであると見ることもできるだろう。

そのことを理解してみると、「有機体説 vs 弁証法」という対立関係に即して、一九三〇年の逮捕・拘留という事件を前後する三木の思想的連続は明らかだろうと思う。というより、三木において問題は、そもそも「転向か、非転向か」ではないのだ。三木について本当に問われなければならないのは、むしろ、三木の企図においてはじめから維持されているこのファシズムと全体主義への対抗の論理そのものが、三〇年以降に本格化する総力戦体制の形成プロセスで、現実にはどんな意味を持ち、実際にどのような働きをすることになるのかという点である。以下、その点を考えていこう。

(18)［三木 1932：⑥ 139］
(19)［三木 1932：⑥ 142］
(20)［三木 1932：⑥ 143］

## 三　ヒューマニズムから時務の論理へ

### ヒューマニズムの立場

理論もまたひとつの歴史的使命を有する。理論の研究に従ふ者は自己の任務をその歴史的使命に於て把握しなければならぬ。この特定の国、この特定の時代に生を享けたる者は、必ずや特定の使命を有するであらう。歴史的使命の自覚の上に立つてこそ彼の理論は彼の生活に属し、生と学とは離れることなく結合される。抽象的なる永遠性を求める者は却つて永遠性を失ふ者である。(21)

これは、一九二八年の四月から一二月まで岩波講座『世界思潮』に連載された、「現代思潮」という論説の末尾の一節である。ここには、最初期の三木がすでに持っていた「歴史的使命」という意識あるいは自負が、まったく明瞭に示されている。そしてこの使命意識は、「事実としての歴史」を「行為」として捉える三木の、自由なる主体の歴史哲学に直結するものだと考えていいだろう。するとこの歴史的行為への志向は、三〇年代の激動のなかでどのような形をとっていくことになるのだろうか。

そこで考察は一九三三年前後の状況に立ち入ることになる。前段で「転向」という事態をめぐる三三年の状況変化について、それを「批判的理性一般の崩壊」として過度に考えてしまう危険に触れたが、それでもこの時期に、日本の思想状況にひとつの大きな転機が訪れたということ自体は事実として間違いないだろう。そして三木清その人が、彼に独自な「ヒューマニズム」の立場を提唱するようになるのも、まさにこのような状況変化に結び付いている。ここでは、その関係を確認することからはじめよう。

三木が留学した第一次世界大戦後のヨーロッパにおいては、戦争が終わっても解決されずに持続する経済的危機と社会的動揺のなかで、平和や幸福への合理的期待は裏切られて未曾有の精神的危機状況が出来し、この状況を背景にしてその「不安」を表現するような思想や文学上の作品が数多く生み出され求められるようになっていた。ハイデガー哲学やバルト神学、そしてプルーストやジードの文学などがそれであるが、三木は、それらの作品のなかに共通する「理智的なもの、空間的なもの、剛性的なものから離れて、情緒的なもの、時間的なもの、流動的なものへ向かふ感覚乃至趣味」を「客観的なものから主観的なものへの転向」と評しつつ、[22] それをおしなべて「不安の思想」と概括し、この傾向あるいは精神的雰囲気が、満洲事変後の日本にも少し遅れて現れてきているということを指摘している。三木の見るところ、この傾向は、日本では、マルクス主義の退潮と入れ替わるように、というより、それへのリアクションという形でとりわけ青年インテリゲンチャたちの心を捉えるものとなっていた。三木は、佐野・鍋山の転向声明が出されたその同じ三三年六月に「不安の思想とその超克」なる一文を発表し、そこでつぎのように書いている。

日本では昨年あたりまではかやうな不安の思想の影響は局部的であつた。青年の心を圧倒的に支

(21)［三木 1928：④ 322-323］
(22)［三木 1933：⑩ 291］

配したやうに見えたのはマルクス主義であった。到る処旗幟鮮明であり、どこでも威勢が好かった。ともかく「如何に活動すべきか」が問題であった。……しかし反動期が順序としてやって来た。外部に阻まれた青年知識人の心はおのづから内部に引込まれるであらう。社会的不安は精神的不安となり、しかも「内面化」される。(23)

三木が「不安」という概念で捉えているのは、マルクス主義政治運動の退潮後にあって、青年インテリゲンチャたちがともすれば陥ってしまう、精神の内向化であり、主観的なものと客観的なものとの分裂であった。客観的必然性を主張するマルクス主義の政治主義的な活動の形が挫折した後に、その反動として、単なる主観的なものに退行してしまうが故に生ずる人間としての主体性の喪失である。であれば、このような内向化の精神的危機に対しては、主体的な真実性を欠いた「理性」や「客観性」を単純に対置するだけでは充分ではなかろう。そうではなく、問われているのは、理智的・剛性的なロゴス的意識と情緒的・流動的なパトス的意識とを弁証法的に統一し、客体的な現実性と主体的な真実性が相寄り高め合うような、新しい人間のタイプの創出でなければならない。このような意味で、「現代におけるヒューマニズムの根本問題は人間再生の問題である」、と三木は提起する。(24)

ここで注目すべきなのは、三木が、ここで「新しい人間の哲学は何よりも行為の立場に立つことが必要である(25)」と行為の立場を強調し、しかもこのコンテクストで、行為の自由で創造的な面を確保すべく彼に独自な議論である「構想力の論理」に逢着していることである。三木は、三五年の論説「行動的人間について」で、つぎのように書いている。

今日の不安は、このやうに自明なものとして我々の模倣し得る人間のタイプがもはや存在しないところにある。そして同時に不安は、我々が単に客観的に書いて与へられてゐるといふ役割に服して、ただそれを演ずるだけに満足し得ないといふこと、かくて我々が自分を単に役割における人間としてのみ考へることに安んじ得ないといふことに存する。……この問題の解決は人間が創作家として自己の役割を書き得ること、しかもこの創作がリアリティを有することを前提する。現代的不安はかかる創造の問題に面接してゐる。フェルナンデスが「小説的な観点」といふやうに、そこに構想力の論理といふものが考へられなければならぬ。（傍点は原著者）[26]

このようにして三木は、マルクス主義が解体していった後の「不安」という精神的危機状況に切り込みながら、そこにロゴス的意識とパトス的意識を統一する「新しい人間」の創造を「ヒューマニズム」の問題として提起し、そこから三木哲学の理論上の中心課題となる「構想力の論理」にまで到達する。重要なことは、この三木の理論的営みが、マルクス主義解体後の状況のなかにあって全体主義とファシズムに抗しつつそこに自由で主体的な行為を可能にするという、新しい思想の見通しを開こうとするものだったということである。言い換えるとこれは、植民地主義の総力戦体制に向かう状況

（23）［三木 1933：⑩ 290］
（24）［三木 1936：⑬ 276］
（25）［三木 1935b：⑬ 197］
（26）［三木 1935a：⑪ 421-422］

のなかで踏み迷う左翼知識人たちに、なお抵抗の希望を託しうるようなひとつの拠り所を与えるはずのものだったのである。当時クリスチャンの立場からファシズムの到来を危惧していた大塚久雄が「(この時期の)数年間というものは、彼(三木)の著書や論文を片っぱしから読む時期がつづいた」[27]と証言するとおり、この時期の三木の言説がそんな可能性を期待させるだけの力を持っていたことは間違いない。

すると、この「自由で主体的な行為」の立場は、いよいよ総力戦という状況になったときに、実際にはいかなる具体的な形をとって現れるのだろうか。

### 行動的知性と時務の論理

一九三七年七月に蘆溝橋事件が勃発し日中戦争が全面戦争の段階にはいると、この総力戦に向けた体制構築もいよいよ重大な局面を迎えることになる。三七年六月に成立した第一次近衛内閣のもと、まさにこの時期に、企画庁が企画院に拡充されるなど戦時統制のための機構が急速に整備され、また他方では、国民精神総動員運動がやがて国家総動員法の成立にまで進んで、戦時の統制と動員の体制はいよいよ国民生活の深部にまで及ぶようになってくる。戦時のいわゆる「挙国一致体制」がこの時期に急速に固まってゆくわけだが、人々の意識のなかにも、それが文字通り「総力戦体制」として大きな影を落とすようになっている。問題は、この状況のなかにある三木の振る舞いである。

著作年譜を見れば、この三七年から三八年のプロセスにおいて、三木は、集中的にたくさんの教育論、学生青年論、そして知識人論を書いていると分かる。前段で見てきたように、三木の言論活動は、それまでもマルクス主義の苦難と崩壊を前にした青年知識人たちの思想状況に介入するという性格を持ってきたのだったが、この総力戦の本格的な開始のときにあたって三木は、ここでも同時代の青年、知識人たちの現状とあるべきあり方を積極的に論じ、彼らに向かって直接に行動を呼びかける実践的な行動提起者となって現れているのである。もっとも、そのような行動提起の内容を子細に見ると、このプロセスで、実は三木自身の内に、逡巡と熟考、その上での決断と理論的定式化という、曲折した経緯が認められると分かる。丁寧に確認しておきたいのは、この曲折と決断の行方である。

そのはじめの段階で三木が主要に論じているのは、「文化の政治化」とまとめられうる、文化の政治への全面的な従属という傾向についてである。例えば三八年一月の論説「世界文化の現実」では、三木は、カール・シュミットの「敵・味方」を峻別する政治観とそこにおける「決意（Entscheidung）」の無根拠性に触れながら、「絶えず戦争の前に決意すべく立たされてゐるといふことに我々の政治的存在の唯一の可能性を考へるシュミットの政治論」が現代政治を支配し、その政治に文化が従属するという「現代文化の危険」を訴えている。[28] このときに、もしそのような政治を「新しい運命」と見てそのまま受け入れてしまうなら、たとえ「それが理性の要求、われわれの倫理的要求に一致し得るか」と問うても無効となって、「それは一つの神義論としてすでに護教論的立場に立つてゐる」。[29] 戦争の初期段階での三木は、このような「護教論的立場」を受け入れるのではなく、戦争への決意を迫る

（27）［大塚 1966：314］大塚自身のこの時期の思想と行動については、拙著『大塚久雄と丸山眞男』［中野 2001b］を参照。
（28）［三木 1938a：⑭ 16-17］
（29）［三木 1938a：⑭ 21］

政治に従属することのない、文化に独自な批判性を守ろうという立場に立っていた。
ところが、それから半年に満たない三八年六月の論説「現代日本に於ける世界史の意義」では、三木はおそらく熟考の末の決断を込めて、つぎのように言い始めることになる。

現在日本が大陸において行ひつつある行動がどのやうな事情から生じたかについては種々の批判がありうるだろう。しかし時間は不可逆であり、歴史は生じなかつたやうにすることはできぬ。そしてもし出来事が最後まで傍観してゐることのできるやうな程度のものであるならば傍観してゐることも好いであらうが、もしそれがあらゆる傍観者を否応なしに引摺つてゆくやうな重大な帰結を有すべき性質のものである場合、過去の批判にのみ過ごすことは我々には許されない。それがどのやうにして起つたにせよ、現に起つてゐる出来事のうちに我々は「歴史の理性」を探ることに努めなければならぬ(30)。

明らかなように、半年前には政治の運命視そのものに対して文化の独自な批判性を訴えていた三木は、ここでは出来事のうちに理性を探る方向に一歩踏み出している。三木はここで、能動的に主体的行為をなすべきインテリゲンチャの知性という立場に立って、その「運命」に立ち向かうことを訴えるようになっているのである。その観点から三木は、こののち「行動的知性」を一層強調するようになっていく。
今日要求される知性は歴史的知性でなければならない。しかるに歴史的知性は行動的知性でなければならない。歴史といはるべきものは本来行動的現実としての歴史である。……批評的な知性が創造的な知性になるためには行動と結び付かなければならない。しかるに行動には身体的なもの、感情的なもの、パトス的なものが必要である。大いなる歴史的行動の底には或るヒロイズムが、或る浪漫主義が横たはつてゐる。今日のインテリゲンチャに失はれてゐるのはこのパトスであり、このヒロイズムであり、この浪漫主義である(31)。

しかも三木によれば、この「行動的知性」とは、歴史的現実のなかで「国家の理性」の立場に立った政治的行為の論理に従うものであり、すぐれて「技術的」でなければならない。そしてこの「政治的技術は発明的であり、創造的である。それは一般的なものと特殊的なものとの、主観的なものと客観的なものとの、自然的なものと精神的なものとの綜合の能力としての構想力に属してゐる。時務の論理としての実践的悟性は根源的には実証的構想力でなければならぬ(32)」（傍点は引用者）というのである。

戦争が本格化したこの半年ほどの間に、三木のなかに、微妙だがしかし決定的な変化あるいは決断があったことは間違いなかろう。そして、その時に三木の決断を導いたのは、ひとつには確かに、三木自身がずっと追求してきた主体的行為の立場からの思想的・理論的な要請であったと考えられる。

(30)〔三木 1938b：⑭ 143〕
(31)〔三木 1938c：⑭ 196-198〕
(32)〔三木 1939b：⑭ 306〕

その論理構造から判断すれば、政治に対して文化の使命を固守しようとするはじめの立場よりは、もっと行動的なパトスをもって、政治において実践的理性としての構想力を発揮しようという後の立場の方が、三木に本来の主体的行為の論理に沿ったものであると見ることができるからである。かねてより理論研究に従う者の歴史的使命を訴え、また「不安」のなかで内向化する青年知識人に対しては、ロゴスとパトスとの統一する行動的人間たることを呼びかけていたのは、三木そのひとだったのである。だから三木は、ここでも決して「転向」することによってではなく、むしろ、まずはこの本来の能動的な主体的行為の立場にあくまで立ちきろうと決意することで、この時に、はっきり総力戦体制下の「時務の道」に入り込み、そこで自ら構想力の可能性に賭けたのだと考えることができよう。

もっとも、とは言え、戦争のなかに「歴史の理性」を探ろうというこの重大な決断には、たとえそれが三木の本来の主体的行為の立場だとしても、その思想的・理論的な要請を挙げるだけでは、実際に内外に重大な犠牲が予想される植民地主義戦争に向かっていく決断の根拠としてはやはり弱すぎるのではないか。そこには、それに加えて、三木を決断させる何かがあったのだろうか。

## 四　帝国の主体というファンタジー

### 東亜協同体論という世界史構想

最後の問題をつぎのように問うてみよう。確かに三木においては、その主体的行為の立場が能動的に「時務の論理」を要求したのだとしても、しかしそれが直ちに、日本の進める植民地主義の戦争のうちに「歴史の理性」を求めようとすることに結び付いたのはどうしてだろうか。三九年に入ると三木は、「全体と個人」と題する論説を発表して、もっと明確に、「我々は自己を日本民族のうちに自覚しなければならぬ。しかしこの自覚は全体に対する個人の機能的関係の自覚に止まらないで人格的使命的な自覚と結び付かねばならぬ」(33)、とも言うようになる。ここでは、もちろん、有機体説に立った全体と個人の「機能的関係」という観点のみに自覚をとどめることには反対が表明されている。しかし、それにしても、どうして全体たる「日本民族のうちに」その使命を自覚しなければならないのか。そしてそれは、どうして課題でありうるのか。

ここまで問いを進めて、本章の考察は最後に、日本の戦争に「世界史的意義」を見出そうとする三木の、その思想的ポジションの意味に突き当たることになった。

それでは、この時に三木が考える「世界史的課題」とは何だろうか。われわれは前節において、三八年の夏に到る半年ほどの間に、三木の時務の論理に関わる思想態度が決定的に変化したということを見てきた。この変化は、実は、「世界史」に関わる三木の論調の変化とはっきり並行している。まず三木は、三七年十一月に発表された論説「日本の現実」では、津田左右吉の日中異質論に依拠しながら、「アジアは一なり」を言うような東洋の実体的一体論をつぎのように批判していた。

> 今日においては、日本はもはや何等後進国でなく、却つて世界の大強国の一つである。そして支那からは、欧米と同じく日本も帝国主義国と見られてゐる場合、日本が「アジアは一なり」と

(33)〔三木 1939a：⑭ 288〕

いふモットーをもって臨もうとすれば、支那人は如何に受取るであろうか。……日本と支那との間に「東洋の統一」が民族的にも言語的にも存在しないといふ事実を憂ふるに足らない。世界文化の統一においては、日本と支那とがそれぞれの特殊性を発揮するといふことが、いはゆる東洋の統一よりも大切なことである。(34)（傍点は引用者）

ところが、三八年六月の論考「現代日本に於ける世界史の意義」になると、主張はつぎのように変化する。

歴史的に見れば、東洋といふものはこれまで、西洋がギリシア文化とキリスト教以来一つの内面的統一を有する世界を形成してゐるのと同様な意味において一つの内面的統一を有する世界を形成してゐなかった。これは津田左右吉博士の明瞭に論ぜられてゐるところである。かくして、まさにそこから、支那事変の含む世界史的意味は「東洋」の形成であると見ることができるであろう。日支親善といふのは、これまで世界史的な意味においては実現されてゐなかった東洋の統一がこの事変を契機として実現されてゆくといふ意味でなければならぬ。この場合、東洋の統一といふことは東洋における日本の制覇といふが如き帝国主義的観念と混同されないことが大切である。(35)（傍点は引用者）

「日本と支那とがそれぞれの特殊性を発揮する」という構想から「東洋の統一がこの事変を契機として実現されてゆく」という構想へ、見られるように、ここで三木の「世界史」構想がこのように変化しているのは明らかだ。すると三木は、どうしてこの「東洋の統一」を帝国主義とは異なると主張しえたのだろうか。同一論文での三木の考えはこうである。

もし東洋の統一が真に世界史的な課題であるとするならば、それは今日極めて重要な課題を含んでゐる。即ちそれは資本主義の問題の解決である。資本主義の諸矛盾を如何にして克服するかといふことは、今日の段階における世界史の最大の課題である。その課題の解決に対する構想なしには東洋の統一といふことも真に世界史的な意味を実現することができない。東洋の資本主義的統一といふだけならば真に世界史的な意味を有する出来事ではないであらう。[36]

これは、後になって「時間的には資本主義の問題の解決、空間的には東亜の統一の実現」[37]とまとめられる「東亜協同体」の思想にほかならない。三木は、ここで東亜協同体の思想に行き着いているのである。と理解してみると、三木の決断の構造が分かってくる。すなわち、三木の総力戦体制への参与は、一方で、前節で見たように三木自身の主体的行為の立場の貫徹という意味を持ったのだったが、他方では、この時に三木に生まれているこの東亜協同体の思想への転換によって、その道が開かれた

(34) [三木 1937：⑬ 459-463]
(35) [三木 1938b：⑭ 145-146]
(36) [三木 1938b：⑭ 149]
(37) [昭和研究会 1941：⑰ 510]

のだということである。つまり、三木の主体的行為の立場は、東亜協同体論という世界史構想を得ることによって、この総力戦の時代の能動的な参与の思想に展開したのである。

### 東亜協同体論の植民地主義

三木が、官僚やジャーナリストそして経済団体の中心人物などが参加した昭和研究会主催の講演会で、「支那事変の世界史的意義」を主題に講演を行ったのは、一九三八年七月七日、蘆溝橋事件から数えてちょうど一年目のその日のことであった。

さて、すると、このような三木の決断の意味を、いかに考えたらいいのだろうか。

三木の構想するこの東亜協同体の思想が、三木自身の意図において、時下に台頭していた日本主義や日本精神論といった偏狭な民族主義や排外主義に反対し、それらに対抗するべく提出されているということは明らかである。その思想は、三木の弁証法の論理が、有機体説に立つ全体主義やファシズムに反対しこれらに対抗して組み上げられてきたこととロジカルに結び付いている。三木自身そのことをつぎのように認識している。

東亜協同体といふ全体の内部においては、日本もその全体性の立場から行動することを要求されてゐると同時に日本はどこまでも日本としての独自性と自主性とを維持すべきであり、支那に対しても同様にその独自性と自主性とが承認されつつしかもどこまでも全体性の立場に立つことが要求されなければならない。かくして一般的に要求される論理は、個体はどこまでも全体のうちに包まれつつどこまでも独立であるといふ新しい論理であり、この論理は従来の全体主義におけ

る有機体説の論理に対して正しい弁証法の論理と云ふことができるであらう。[38]（強調は引用者）

この関係を見る限り、三木の主体的行為の弁証法的立場が全体主義に抵抗する彼自身の思想的営為の内から紡ぎ出されてきているのと同様に、東亜協同体の思想も偏狭な日本主義に反対する意図を持つ三木にとって決して借り物ではないとよく分かる。

だが、このような思いから出た論理が、実際に、日本の帝国主義や植民地主義の覇権性に対する充分な対抗論理になりえていたかと考えると、それはそうではなかろう。この東亜協同体という思想は、まずはそれの「全体性の立場」の承認を（「支那に対しても同様に」）求めるというそのことにおいて、これ自体がすでに植民地主義の論理構成のなかにあると考えねばならないのである。この直後になされる、三木のつぎの言明を考えてみよう。

> 東亜協同体といつても固よりただ協同的に作られるものではないであらう。その建設に対して日本は現にイニシアチヴを取るべき立場におかれてゐる。このやうに如何なる世界史的な出来事もつねに一定の民族の行動として発足するといふ意味においては今日我が国において民族主義が強調されることも偶然ではない。しかしそれは飽くまで我々の民族の世界史的使命を強調する立場に立たなければならぬ。[39]

（38）［三木 1938d：⑮ 319-320］
（39）［三木 1938d：⑮ 324-325］

「支那事変」の世界史的意義をオープンに語るここで三木は、日本の民族主義者たちに向けては「内向き」にその世界史的使命を高く顕揚し、アジアの人々に対しては日本の民族主義についてイニシアチヴの承認を求めている。それをこれほどあからさまに語っているのに、これが実際にアジアに向けた共同体構想の提案であるというなら、あまりに独善的な主張だと言うほかあるまい。時はすでに日本が始めた戦争のなかにあり、そのことで日本は軍事的に「現にイニシアチヴを取」っている。その日本が持ち出した東亜協同体構想について、(「支那に対しても同様に」)この構想を承認しそれの「全体性の立場」の承認を求めるというのは、ただちに日本の軍事的な覇権を承認し、そこに「全体性の立場」を認めろということになってしまうだろう。そのようにしてこの構想に服する諸国や諸地域は、まずは世界史的使命を担う日本を第一の「主体」と認め、この「主体」によって認知されるという仕方で、はじめてそれぞれ「独立した主体」であると認証されることになるわけだ。そう考えてみると、この提案の構造そのものが、まさに帝国とその属領との関係、植民地主義の論理そのものにほかならないということが分かる。

ここで、ヨーロッパ諸国によって展開された近代の植民地主義においても、単に露骨な暴力や恣な資本主義的搾取のみが横行したのではなく、繰り返し「近代化」とか「文明化」とかの言説をもってその支配の正当化が図られてきたという歴史的事実を、思い起こしておくことは有益である。ヨーロッパ人植民者もまた、暴力をもって「現に」開始したその植民地支配を、「文明化」への「白人の責務」などといった使命観念でつねに合理化しようとしてきたのであった。であれば、「資本主義の問題の解決」とか、「協同」や「共栄」とかのスローガンを押し立てたからといって、それが植民地主義とは違うという証拠にならないことは明らかである。

というより、そもそも植民地支配というのは、現に形成された宗主国と植民地、植民者と被植民者との区別を、例えば「文明と野蛮」など、差別的に構造化された認識図式に序列的に整序し、そこに「開発」と「近代化」、「教育」と「指導」などの言説を持ち込んで正当化を図りながら、強圧的で破壊的な支配と収奪を行うシステムのことなのだ。そのことを理解するなら、戦争によって「現に」生み出されたイニシアチヴをもって日本民族の「世界史的使命」と説くこの三木が、四三年になってフィリピンの調査から帰ってつぎのように言うようになる三木とまっすぐ地続きであり、そこに植民地主義の認識枠組みがずっと貫かれているということを否定することはできない。

> フィリピン人にとつて東亜共栄圏の建設が何を意味するかは明瞭である。この際彼等に必要なことは、従来彼等の家族制度に見られるやうな寄食者的心理を脱却して新しいフィリピンの建設は自分自身の力に頼るべきことを理解するといふこと、また彼等の家族制度が社会的に見ると個人主義であった点を清算して、フィリピンという家族の発達、更に東亜共栄圏といふ家族の平和のために自己犠牲の精神を振ひ起すといふことである。日本人としては親の権威と慈愛、兄の指導と扶助を兼ね備へなければならぬことは言ふまでもないであらう。(40)（強調は引用者）

植民地主義のパターナリズム!! フィリピンに対しこのように対応することで、日本は立派な主体に

（40）［三木 1943：⑮ 518-519］

なれると言っている。

## 植民地帝国の主体形成の論理

さて、ここまで三木の思想の行方を見とどけてくると、三木がずっと求め続けてきた主体的行為の立場が、実はどこかで「転向」したことによってではなく、むしろその展開の同一軌道の延長上で、植民地帝国の主体形成の論理に行き着いているということが理解できる。しかも、見てきたように三木が、まずはマルクス主義社会運動の論争状況に哲学の立場から介入し、マルクス主義崩壊の淵に当たってはその「不安」を基調とする精神状況に切り込んで、左翼知識人たちに自由な主体的行為を維持する理論的・思想的な可能性を示し続けてきたのだとすれば、三木のこのような理論活動の歩みは、結果として、そのような知識人たちを主体として形成し、フィリピンをさらに越えて広く大東亜共栄圏をうたうまでに到っている日本帝国の「世界史」的覇権構想に総動員するという、植民地主義の総力戦体制にとって重要な構成的理論としての働きを実際にしっかり担ってしまっていると分かる。植民地主義の総力戦体制というのは、そこまで抱え込んで自らに仕えさせる、まさに強大なシステムとして成立しており、三木の理論はそれに貢献したのだ。

このような植民地帝国の主体形成の論理が持つ最深の意味は、帝国の中心にいる日本人の位置からではなく、三木がその東亜協同体論においてそれでもまだその「独自性と自主性」を承認している中国人の位置からでもなく、むしろ、もう三木もその独自性の如何をすでに問題と感じなくなっている植民地支配下の朝鮮人の位置から見るときに、ずっとはっきり理解できると考えられよう。植民地帝国の主体形成の論理は、まずは世界史的使命を担うと見なされる宗主国の「日本人」に、自由で能動的な「主体」としての位置を与えようとするものだ。であれば、この見地を受け入れる限り、主体への欲望は、植民地の位置から見ると「日本人になる」という願望として表現されざるをえなくなってくる。そして実際に、植民地の主体形成は「皇民化」の要求として具体化され、朝鮮人の側にもそれに呼応して「日本国民」として主体になろうと主張するものを生んだのである。つぎの引用は、三木清と共に当時『文学界』の同人でもあった李光洙（日本名：香山光郎）の「内鮮一体随想録」なる文章の一節である。

内鮮一体とは朝鮮人の皇民化をいふのであつて双方歩み寄ることを意味するのではない。朝鮮人の方で、どんなことがあつても天皇の臣民にならう、日本人にならうと押掛けて行く気魄によつてこそ、内鮮一体はなるのである。だから内鮮一体の鍵は朝鮮人自身が持つてゐることとなる。……日本人とは日本精神を所有し、且つこれを実践するものを指す。わが帝国は、昔もさうであつたが、今後一層血統国家であつてはならない。たまたま内鮮は血統に於いても、少くとも、全人口の三分の一の混血率を持つてゐるさうで、一体となり一つの国民を形造るのにまことに好都合であることはいふまでもないが、大東亜共栄圏建設のためには、寧ろ血統がじゃまになる場合さへあり得る。況して八紘一宇の大理想を以つて、全人類を包容せんとするに於いてをやである。(41)

この李光洙の言明をどのような感慨で受け止めるかは、読むもののポジションによって大きく分か

（41）［香山（李）1941：113-118］

れよう。だが、一方で、この李光洙が植民地離脱後の韓国で「親日派の中心人物」として糾弾され続け、他方で、三木清が「戦後」の日本で戦時ファシズムへの抵抗の一形態として記憶されているということ、このことに東アジアに継続する植民地主義の状況がしっかり映し出されていることは間違いない。ここで見てきたことは、実は、この「朝鮮人を日本人にしたい李光洙」と「日本人を主体にしたい三木清」が、植民地帝国の主体形成として、まさに植民地主義という同一の軌道の上に階梯状に連なっているということなのだ。植民地主義は、征服への志向を含んでいるわけだが、それは主体を単純に奪うのではなく、むしろそれぞれの主体を形成して階梯状に秩序づける権力なのだと考えねばならない。そうだとすれば、ここで求められているのは、両者をバラバラに非難したり評価したりするのではなく、彼等が共有していた植民地帝国の主体形成という志向そのものをしっかり解体して、脱植民地主義への道を徹底して進むことであろう。ここで思想として問われているのは、「主体」という観念、「主体」への欲望それ自体であるに違いない。

# 第二部　詩人たちの戦時翼賛と戦後詩への継続

継続する植民地主義を思想史として問うというのは、その時代を人々がどのように受け入れ、そこでいかにそれぞれの生を営んだかを問うことでもある。第二章の冒頭で、わたしはこのように書いた。その上で、第二章で考えたのは思想家である三木清の思想の歩みであった。それにより第一部では、吉野信次から岸信介を経て革新官僚に到る官僚たちの合理主義と高野岩三郎から森戸辰男を経て大内兵衛にいたる社会科学者たちの合理主義を問い、そして三木清にその代表を見る形で思想家たちの主体性への希求を問うて、官僚・知識人・思想家の側からそれらの植民地主義の継続との関わりを考察したことになる。それを踏まえて、この第二部は、同時代の民衆の側からの植民地主義、総力戦体制への関わりを考える段となる。

もっとも、この民衆の総力戦体制との関わりについては、わたしはすでに著書『詩歌と戦争　白秋と民衆、総力戦への「道」』（ＮＨＫブックス）を公刊して、その場で詩人・北原白秋の創作活動と関わらせながらかなり立ち入った考察を試みている。そこで本書では、民衆の生活と心情それ自体についての考察は前著に委ね、その心情に深い関わりを持つ詩作の領域で三〇年代から四〇年代の時期に活発な創作活動を続け、そこから同時期の総力戦体制に向かう民衆の心情動員に重要な役割を果たした二人の詩人に特別な関心を寄せ、この二人の生きた歩みに即してそれの植民地主義との関わりを考えたいと思う。ここで二人の詩人とは、高村光太郎と近藤東とである。

# 第三章　近代的主体への欲望と『暗愚な戦争』という記憶——高村光太郎の道程

## はじめに——近代詩人＝高村光太郎の「暗愚」

まず本章で考えたいのは高村光太郎についてである。今日の日本において、高村光太郎という人物は、『道程』や『智恵子抄』といった作品の名とともに、もっともよく知られた詩人の一人であると認められるだろう。とはいえ、その知られかたには、いささか問題が含まれていると考えねばならない。

多くの日本人にとって、高村光太郎との初めての出会いは、おそらく中学か高校の国語の時間においてのことだ。[(1)] その出会いを仲立ちするのは、たいていは『道程』と『智恵子抄』という表題の二つの詩集からとられた作品で、高村という詩人のイメージは、この『道程』（とくに作品「道程」と「冬が来た」）と『智恵子抄』（とくに作品「レモン哀歌」と「樹下の二人」）によって形成されていると考えてもよいほどである。それにより彼は、独立した人格の形成と理想的な男女の愛をモチーフに創作した詩人として、すなわち、人格の自立とヒューマニズムという近代的価値の伝道者として、日本人の「啓蒙」に寄与してきているのである(2)。しかしこのような事態には、ひとつの隠蔽があることを見逃すわけにはいかない。

知る人は知るように、高村という人物は、実は、アジア太平洋戦争の時期に日本の植民地主義の侵略戦争を賛美する戦争協力詩を大量に書いていて、この点で植民地帝国日本の精神史に問われるべき問題を残す人物でもある。人格の自立とヒューマニズムというイメージの陰に隠されてしまうのは、高村のこの「戦争詩人」という側面であり、今日の教育の場で多く語られる近代詩人＝高村の像には、見たいものと見たくないものとを選り分ける意識的・無意識的な機制が働いていると認めねばならない。少し大げさに言えば、このことはそれだけでも、戦後日本の歴史意識の質を示していると見なされよう。

もっとも、戦後日本に形成された高村光太郎をめぐる記憶について本当に考えねばならない問題は、もう少し入り組んでいる。

学校教育の場はともかく、論者たちの議論というレベルで見るならば、もちろん、高村と戦争との関わりが、これまで俎上に載せられなかったというわけでは決してない。それどころか、戦後の一時期に関心が高まった「文学者の戦争責任」という論題の場においては、高村はむしろ論難の主要な標的となった人物であるとさえ言えるのだ。とすると、学校教育の場における高村の記憶の選り分けは、この戦争責任論の場における議論のなされ方と、どうつながっているのだろうか。高村の問題は、学校教育で単純に隠されたというよりは、一定の仕方での議論がその記憶の選り分けを許容し助長してきたのかもしれない。そうだとすれば、問題は戦後日本の精神の内部にもっと深くくい込んでいることなる。

それでは、その戦争責任論の場における高村の論じられ方とは、何だったのか。社会的背景から迫るにせよ個人史に内在するにせよ、論者たちの着眼や強調点は詳細に見ればもちろん論者たちの数だけさまざまである。だが、今の時点から振り返ると、戦争責任について触れたこれまでの高村論には、ある共通した問題関心があったと気づかされる。それは、高村が戦争協力詩へと導かれた事実を、「近代的自我の崩壊」（吉本隆明）とか「内面の放棄」（芹沢俊介）とかによる「日本回帰」、「日本の庶民的意識への屈服」と認定し、そのことの原因を探るという関心である。[3] このような問題関心の共有は、何を意味しているのだろうか。

高村光太郎は、「神仏人像彫刻師」として東京美術学校の教授にまでなった江戸職人の親方である

（1） 高野保夫「国語教科書にみる高村光太郎」（［高野 2011］）によれば、一九八八年版の高校教科書「国語Ⅰ」・「国語Ⅱ」（一三社、一九種類）に採用された詩教材として、高村光太郎からは一五点で取り上げられており、萩原朔太郎の一八点に次いで二位である。その内で、詩集『道程』からは「道程」（二社）と「冬が来た」が、詩集『智恵子抄』からは「レモン哀歌」（三社）と「樹下の二人」（二社）と「鮨」が採用されている。また、二〇〇七年版の高校必修科目「国語総合」（九社、一九種類）では、高村光太郎からは一〇点にあり、中原中也の一三点に次いでここでも二位である。その内で、『道程』からは「道程」（四社）と「冬が来た」が、『智恵子抄』からは「レモン哀歌」、「樹下の二人」、「あどけない話」、「鮨」が採用されている。国語教材としての高村作品の高評価は大きく変わっていないし、その内で『道程』と『智恵子抄』という二つの詩集に焦点が当たるという傾向もあまり変わっていない、と認められる。
（2） 高村の詩作品の成立年や年譜については、［高村 1982］によった。
（3） ［吉本 1957b：⑧ 117］、［芹沢 1982：199］

高村光雲の長男として、一八八三年に東京に生まれた。すなわち、生まれながらに彫刻師という家業の後継者と認定され、父＝家との葛藤を抱えながら成長した高村は、他方で、近代彫刻家としてロダン（Francois Auguste Rodin 1840-1917）に傾倒し、青年期に欧米に留学して近代西洋彫刻を勉強している。ここから高村は、父に象徴される「日本」とロダンに象徴される「近代西洋」との葛藤を、その人格の内面に深く抱えて成長したとされている。この意味で高村は、近代日本の多くの「先進的」知識人になにがしかは共通する精神形成の軌跡を、かなり典型的な形で辿った人物と認められている。

このような高村がやがて歩む戦争協力詩への道を「日本回帰」として捉えるというのは、高村において「目覚めはじめた近代意識」が「日本の遅れた現実」に直面して挫折するという、「挫折と転向」の物語としてそれを解釈するということだ。例えば吉本隆明は、つぎのように認定する。「高村が反抗をうしなって、日本の庶民的な意識へと屈服していったとき、おそらく日本における近代的自我のもっともすぐれた典型がくずれさったのであり、おなじ内部のメカニズムによって日本における人道主義も、共産主義も、崩壊の端緒にたったのである。」(4) そしてこの背景として、「高村の屈服と、現代詩人たちの屈服とが交叉して指すところには、帝国主義段階にまで組織された、半封建的な日本の社会が大きく横たわっていた」(5)、と言う。このように主張するかぎりで、高村の戦争協力を挫折と転向の物語として解こうとする志向には、戦前・戦中の日本を近代化の未成熟と捉え、そこに残る前近代性が日本を野蛮な戦争と敗戦に導いたとする、敗戦認識の標準的な歴史観（＝「戦後啓蒙」と称された志向とともに正統となった歴史観）が、大枠において共有されていたと考えねばならない。

ところで、高村における戦争協力問題のこうした解釈は、実は、高村当人のものでもあった。戦後になって高村は、戦中の自らの詩作（戦争協力詩）について、『暗愚小伝』という連作の詩を発表し、悔恨し反省する態度を表明する。すなわち、戦後の高村の出発点は、日本の「遅れた現実」への屈服が「暗愚であった」という「自己批判」である。そして実はこの「自己批判」が、高村を戦後の日本へと復活させている。すなわち後段で見るように、これをステップにして高村は、「開拓の精神」・「科学と美との生活」・「原子力の解放」などという近代的価値をポジティヴに賛美する、戦後期の新たな創作活動を開始するのである。そして高村におけるこのモダニズムの新展開は、科学技術と産業開発に指向する戦後の日本社会の基調に、ほぼ正確に呼応するものとなっている。

そうしてみると、「日本回帰」によって戦争協力に転向したとされる「暗愚」な高村を追及する戦争責任論と、「理想主義とヒューマニズム」としての高村を賞揚する学校教育とは、実は思想的には表裏をなして結びついているということに気づかされよう。戦中の日本を特殊な「後進性」と捉えそれに屈服し転向した高村を「暗愚」と断罪することが、戦後日本の「近代化」を丸ごと肯定した近代詩人＝高村をそこにポジティヴに位置づける立場と一体的だということである。吉本隆明のように戦後に先鋭に批判論を展開した戦争責任論の論者たちが、実は同じように戦前と戦後の断絶を前提に思考していて、戦争責任が積み残された戦後日本そのものを戦時日本と連続させて問う視角を、それゆえ戦後に継続する植民地主義を問う視角を持ちえていなかったということである。

そこであらためて考えねばならないのは、高村をめぐる戦争責任論のこのようなこれまでの記憶手法と、日本の戦前・戦後を見通す歴史認識との関わりである。戦前・戦中の高村の思想的軌跡が近代

（4）［吉本 1957b：⑧ 117］
（5）［吉本 1957b：⑧ 135］

意識の挫折による「日本回帰」と捉えられるとき、いったい何がそこで見失われてしまうのか。また、その「日本回帰」を「暗愚」と断罪することで再生を図った高村の戦後への展開とは、いかなる意味を持っていたのか。ここではそれを戦前と戦後とをつなぐ継続する意識の一事例と捉え、少し立ち入って考えることにしよう。

## 一 「自然」による救済の原構成——第一の危機と「智恵子」の聖化

秋風起つて白雲は飛ぶが、
今年南に急ぐのはわが同胞の隊伍である。
南に待つのは砲火である。
街上百般の生活は凡て一つにあざなはれ、
涙はむしろ胸を洗ひ
昨日思索の亡羊を嘆いた者、
日日欠食の悩みに蒼ざめた者、
巷に浮浪の夢を余儀なくした者、
今はただ澎湃たる熱気の列と化した。

これは、一九三七年の蘆溝橋事件に端を発した日中戦争の本格化に際して、『都新聞』に発表された作品「秋風辞」の冒頭である。この時期を前後して高村光太郎の詩は、戦争翼賛の色彩を急速に深めてゆく。そして高村は、やがて、この戦争の正当性を「天皇」と「日本」の名をもって語るようにもなってゆく。このような高村が「近代的自我の解体」とか「批判意識の途絶」とか解釈されてきたことは、「戦後平和主義」の立場からそれを「近代詩人＝高村」の戦時の転向としての政治行動と考える限り、決して理解しえないことではない。「日本」という名を掲げた戦争への協力は自立した近代意識とは定義的に対立するという、「戦後平和主義」の認識前提が受け入れられているかぎり、高村の自我にとっても、それは挫折か屈服であったと認めるほかないからである。

ところが、少し視角を変えて高村の生活史に留目すると、この三七年を前後する時期は、彼個人の人生という見地から見てもかなり決定的な危機の時期であったことに気づかされる。かねて「狂気」の兆候を見せはじめていた妻・智恵子は、この時期にいよいよ病状を悪化させ、やがて三八年には死に至ることになる。また、それと前後する三四年には、高村にとって「最もむつかしい、解決に苦しむ関係(6)」と意識され続けた対象である、父・光雲が亡くなっている。このような高村個人をとりまく状況は、それ自体においてすでに、彼の人格そのものをぎりぎりと追いつめる要因になっているのである。

そうした事情を考慮に入れると、高村の戦争協力への急速な邁進は、彼個人にとって果たす働きから見るかぎり、強いられたものというよりはむしろ自ら取り入れていった危機打開策だったのではないかとも考えられる。戦争詩を量産し中央協力会議の議員まで務めて公私ともに活発に活動していた

（6）［高村 1954：⑩ 225］

高村であれば、それを自我崩壊などと見なすことはできず、その時の自我は「立派」に責任能力を保っていると認めなければなるまい。表現者である詩人としてもそれは創作の高揚期と重なっているのだから、その形での戦争協力を外圧に強いられた屈服などとは到底言えず、彼の自我は、むしろそれによってこそ活発に維持されたと言っていいはずである。そうだとすれば、個人的な危機状況をそのような仕方で乗り切っていると見える高村の、この自我のあり方が問題になってくるだろう。

しかもこの高村に訪れた危機とそれへの対処という問題は、それ自体としては個人的な特殊事象のように見えるが、事柄は「日本と西洋」、「伝統と近代」、「家と国家」などに関わっていて、植民地帝国として西洋諸列強と相争うようになった時代状況に深く関与している近代日本の知識人・文化人がなにがしかはみな共通に抱えていた精神的葛藤を、典型的に表示していると考えることもできるのではないか。

とすれば、当面する課題はつぎのこととなる。すなわち、高村に訪れた危機状況への打開策について、その基本構図を分析し、それを採用する彼の自我にそこから迫って考えてみるということである。高村の個人史を通覧すると、彼のアイデンティティに関わるような生活上の危機は、実は三度ほど生じている。智恵子の「狂気」と死に前後するこの時期の危機は、高村にとって第二の危機なのであり、第一の危機は欧米への留学から帰国した時期に、そして、第三の危機は日本の敗戦とともに彼に訪れた、と認められる。これらの危機を、高村は、いったいどのようにして乗り越えようとしたのか。また、そこに、高村のどのような自我意識が示されているのか。ここでは、高村にとっての危機の原点でもある第一の危機から始めて、以下、順次検討していくことにしよう。

欧米留学から帰国直後の高村に第一の危機が訪れていることは、この時期に高村が、日本社会のなかに安定した居場所を見つけることができず、デカダンスの生活を強いられることになったという事実に、まずは端的に証示されている。だが、この危機の意味を本当に理解するためには、留学が高村にどのような問題をもたらしたかを知らねばならない。高村が、三年余りの欧米留学を終えて帰国したのは、一九〇九年六月のことであった。この留学について吉本隆明は、高村は「生涯の内面的なモチーフを、欧米留学によってはじめて背負わされた」[7]と、重要性を指摘する。この認識はその後多くの論者に追認されているようだが、いったいどうしてそう言えるのだろうか。

留学後のこの第一の危機の有り様を観察する限り、高村が欧米への留学体験を通じて抱えることになった問題は、少なくとも二つの側面を持っていると考えられる。

その第一の側面は、彼にとって「最もむつかしい」関係と自覚され続けた父＝家からの成長と離反の意識である[8]。高村は、帰国直後に発表された「出さずにしまつた手紙の一束」と題する一文で、父との関係をめぐる留学中の心境を、手紙という形式に託してつぎのように伝えている。

親と子は実際講和の出来ない戦闘を続けなければならない。親が強ければ子を堕落させて所謂孝子に為てしまふ。子が強ければ鈴虫の様に親を喰ひころしてしまふのだ。……今考へると、僕を外国に寄来したのは親爺の一生の誤りだつた。……僕自身でも取り返しのつかぬ人間に僕はなつ

（7）［吉本 1957b：⑧8］
（8）高村が、その幼年期以来、父や家との関係においてどのような問題を抱えてきたかについては、芹沢前掲書が詳しく分析している。

てしまつたのだよ。僕は今に鈴虫の様な事をやるにきまつてゐる。(9)

高村は後に「私はパリで大人になった(10)」と述べることになるが、ここに証言されているのは、単に父を乗り越えて成長したという自覚のことだけではなかろう。むしろこれは、父の世界とは根本的に異なった原理への覚醒が、父との非和解な対立を生むということの予感である。そして、このような高村の予感の背景には、彫刻師という父の家業に即してみると、その職人芸に対立するものとしての近代芸術への覚醒があっただろうし、父に象徴される日本の庶民世界に対しては、そこからの離反とそれへの根本的な批判意識の形成があったと見られる。高村のこの批判意識は、帰国後たしかに、「茶碗のかけらの様な日本人」と結ばれる詩作品「根付の国」において、ショッキングな日本批判として示されている。

さて、これに対して、留学において高村が抱えた問題のもう一つの側面とは、自分をそのように父の世界から離反させるステップとなった西洋がしかし自分にとって親和的なものにならないという、その西洋との間に再発見される越えがたい隔絶感である。「出さずにしまつた手紙の一束」では、それはつぎのような形で現れてくる。「独りだ。独りだ。僕は何の為に巴里に居るのだらう。巴里の物凄い CRIMSON の笑顔は僕に無限の寂寥を与へる。巴里の市街の歓楽の声は僕を憂鬱の底無し井戸に投げ込まうとしてゐる。(11)」また、「珈琲店より」と題された一文には、行きずりのパリの女性と一夜を共にして気分はすっかりパリジャンとなった翌朝、洗面所の鏡に映ったいかにも東洋人風の自分の姿に、「ああ、僕はやつぱり日本人だ。JAPONAIS だ。MONGOL だ。LE JAUNE だ」と、「しみじみと苦しい思ひ」で実感させられたという体験が記録されている。(12)おそらく明治期以来の多くの留学生たちがそうであっただろうように、ここで高村は、いったんはのめり込み自己を同一化させた西洋からの隔絶感を通じて、あらためて「日本」なるものを意識するのである。

もちろん、ニューヨークからロンドンを経てパリに渡った高村の留学体験の意味を十全に知るには、もう少しいくつかの側面についての考察が必要であろう。だが、帰国直後の高村に訪れている第一の危機の意味を探るという当面の課題にとっては、以上の二側面の確認でとりあえずは足りる。重要なことは、「日本」対「西洋」という二項対立の構図で考えると衝突しあうようにも思えるこれら二つの側面が、高村の欧米留学において同時に体験されていることだ。このことにより高村は、もはや「日本」にも「西洋」にも単純には自己同一化できないという、いわば「境界性＝marginality」の感覚と不安を抱え込んでいるのである。だから彼は、西洋の地にも日本の庶民世界にも、安住できる「たしかな場所」を見つけだすことはできなくなっている。帰国後の高村に噴出する日本批判の意欲は、そのような不安と孤独をいっそう高じさせ、彼のアイデンティティをさらに脅かした。かくて高村には、デカダンスの生活にしか逃げ場がなくなってくる。これが、高村の第一の危機である。

それでは、このような第一の危機を、高村はどのようにして乗り越えていったのか。それの打開への方途を考えてゆこう。多くの論者がすでに指摘しているように、高村のデカダンス（第一の危機）

（9）〔高村 1910b：⑨ 52-53〕
（10）〔高村 1947：③〕
（11）〔高村 1910b：⑨ 57〕
（12）〔高村 1910a：⑨ 39ff〕

からの脱出にとって機縁となったのは、彼に独特な「自然」という思想であった。しかし、この「自然」思想は、作品「道程」から一般にそう誤解されるような、汎ヒューマニズム的な自然観とはかなり異なっている。一九一四年の詩集『道程』の自費出版は、高村の危機からの脱出を社会的に示すものであるはずだが、そこに含まれる作品「道程」には先行して雑誌に発表された初出稿があって、ここには高村の危機からの脱出と自然との関わりがかなり詳細に示されている。その特徴的な部分を、「自然」と「父」という表現に注目しつつ抜き出してみよう。

①「自然」…「ふり返つてみると／自分の道は戦慄に値ひする／…／此のさんたんたる自分の道を見て／僕は自然の広大ないつくしみに涙を流すのだ／あのやくざに見えた道の中から／生命《いのち》の意味をはつきりと見せてくれたのは自然だ」
「彼等も僕も／大きな人類といふものの一部分だ／しかし人類は無駄なものを棄て腐らしても惜しまない／…／自然は人類の為め人間を沢山つくるのだ／腐るものは腐れ／自然に背いたものはみな腐る／僕は今のところ彼等にかまつてゐられない」

②「父」……「さめよ、さめよと叫んだのは自然だ／これこそ厳格な父の愛だ／子供になり切つたありがたさを僕はしみじみと思つた」
「驚いてゐる僕の魂は／いきなり『歩け』といふ声につらぬかれた／僕は武者ぶるひをした／僕は子供の使命を全身に感じた／子供の使命！／僕の肩は重くなつた」

「僕は其の時又父にいのる／父は其の風景の間に僅かながら勇ましく同じ方へ歩いてゆく人間を僕に見せてくれる」

「子供は父のいつくしみに報いたい気をもやしてゐるのだ」

ここで「自然」をもって表現されようとしているのは、明らかにヒューマニズムなどではなく、むしろ自然の人間に対する超越性であろう。この超越的な自然から、「僕」は「さめよ」「歩け」という使命をうけとっているのである。またここで「父」は、現に生きる血縁上の父ではなく、「僕」に倫理的使命をもたらす背後の「自然」と同一視されている。だから、この「自然＝父」という思想は、吉本隆明が断定するような「日本人批判を失っ」た単なる「個人的環境の肯定」(13)と言うことはできず、まずは、自分の倫理的使命（「子供の使命」）の自覚とその正当性の自負を支える背景をなすものと解釈されねばならない。主観的なものではあれ、そのような自己の現在を超える倫理的使命の自覚のみが、高村に危機を突破する力をもたらしえた、と理解できるだろう。

　そして注意すべきは、これが、覚醒せる進歩（「さめよ」、「歩け」）の生産性に自らを委ねようとする点で、ひとつのモダニズムの意識であることだ。もちろんこのモダニズムは、西洋近代に発した特定の生活形式とか何かの理念を「主義」として信奉するという類のものではない。そうではなくこれは、「腐るものは腐れ／自然に背いたものはみな腐る」と喝破し、あらゆる停滞や伝統主義を斥けつつ、あくまで前進することに賭けてゆくという生活態度において、むしろ純粋な行為動機にまでなったモダニズムだと見なければならない。高村の第一の危機は「日本＝血縁上の父」と「西洋」の境界に立つ不安とアイデンティティの危機だったのだが、その自らの危機を彼は、「日本＝血縁上の父」

---

（13）〔吉本 1957b：⑧70〕

にも「西洋」にも自己同一化せずに自分の道を前進し続ける、このモダニズムによって越えようとしたと認めてよいだろう。

しかしそこで問題は、この「自然＝父」という思想が、社会的基盤を欠いて抽象的な覚醒と進歩の指示にとどまる故に、その進むべき方向については、それだけでは不確定で主観的なものにならざるをえないということである。思えばこれは、自己のみを確信し、自分の道をひたすら歩もうとする近代人の孤独と不安を象徴してもいるだろう。そこで、その不安を解消するためには、現に歩みつつある方向に安定した確信を与える何らかの根拠が求められねばならなくなってくる。高村の第一の危機にあっては、そのような「確信の根拠」としての意義を振り当てられることになったのが、まずは妻となる女性、智恵子との出会いにほかならなかった、と考えられる。

智恵子との関係が、もし、単純な「心の支え」であったり「性欲の生理的解放」を意味するだけであったのなら、現実の智恵子の精神や身体と詩のリアリティとがそれほど乖離することはなかったかもしれない。だが、「智恵子」の存在は、「自然」によって与えられる使命に向かう高村の道程に確信を与え、それを浄化するものでなければならなかった。そうであればこそ、高村の第一の危機は乗り越え可能になる。だから「智恵子」は、高村によって、現実の智恵子を超えて聖化されることになった。「道程」と同時期の作品で高村は、智恵子をつぎのように謳っている。

僕はあなたをおもふたびに／一ばんぢかに永遠を感じる／僕等にとつては凡てが絶対だ／そこには世にいふ男女の戦いがない／信仰と経験と恋愛と自由とがある／そして大変な力と権威とがある／人間の一端と他端との融合だ／僕は丁度自然を信じ切る心安さで／僕等のいのちを信じ

てゐる／…／あなたは火だ／…（「僕等」）

このような智恵子の聖化は、一見、理想的な愛の表現のようで美しくも見えるが、そこに大きな無理があることは間違いなかろう。だいいちそれは、現実の智恵子にとっては過重な負担であり、そんな聖性を求め続ける眼差しが維持されるなら、やがて現実の存在を危機に陥れることは明らかだ。智恵子の晩年の「狂気」は、さまざまな身体的・家庭的・社会的な要因に規定されているとしても、高村との二者関係に即するかぎり、高村によりその危機を乗り越えるために聖性を押しつけられてしまった側の運命であるとも考えねばならない。超越する自然からの使命を受容し、智恵子の聖化によって支えられる、このような危機の「乗り越え」が、智恵子の崩壊によって挫折に到るのは不可避であった。

高村の第一の危機への乗り越え策は、かくして、その内的な困難により挫折する。それにより高村は、再び新たな危機状況に追いつめられることになる。これが高村の第二の危機である。それでは高村は、この新しい危機にはどのように対応しているのだろうか。

## 二　神話を要求するモダニティ——第二の危機と「日本」の聖化

一九三八年の智恵子の死を極点とする高村にとっての第二の危機が、日本という国がもうひとつの植民地主義と帝国主義の戦争に向かうその時代のただ中にあり、高村個人の危機が、彼をして時代の動きにコミットする場へと駆り立てる重要な要因となった、という点については、すでに論者たちの指摘するところとなっている。もっとも、ここで、これまでのそうした議論を踏まえて考察を出発させるには、いささか注意が必要である。例えば芹沢俊介は、つぎのように言う。

> 問いただしたいのは、高村が内部の両面性を維持できなくなり、このように時代に直接する場所へと自我をすてて出て行かざるをえなくなった理由である。〈ふたり〉の崩壊、これを答えとして提出できる。いいかえれば、智恵子との関係に象徴される自然の危機状況が、すでに修復可能な事態をとおりこしてしまったこと、つまり高村の自我を支えていた基盤が崩れたこと、がそれである。[14]

明らかなように、芹沢は、智恵子との関係の崩壊が、高村を戦争詩へと駆り立てる決定的な要因になったと考えている。この認識の基本は、この関係の崩壊が高村の危機打開策の内的な困難から生じている点に配慮を怠らないならば、まったく的外れというわけではない。しかしそこから考察を進める上で見えてくる難点は、芹沢の、高村は「自我をすて」たという認識である。ここで問題にしていることが、高村の行動についての歴史的かつ思想的な省察であることを思い起こしたい。しっかり理解しなければならないのは、当人がそこで実際に何を考えていたかという思想的な動機なのだ。そうあるべき考察に、「自我の崩壊」などという心理学的な認定を持ち込んでしまうと、そこで推論の筋道が切断されるわけだから、高村の当事者としての責任能力は見失われ、事柄の思想的な意味も分からなくなってしまうだろう。高村の「転落」や「崩壊」を言い立てる論者は、自らの戦後的な価値観から高村の自我のありようをあらかじめ評価することで、高村についても自ら自身についても、本当に考えるべきことを回避し隠蔽することになっている。

そこで、本書が採用している「理解的方法」の出番である。ここでは、高村の振る舞いを彼の自我を守る危機乗り越え策と捉え、その思想的な道具立てについて解明的な理解をすすめてみたい。

さて、智恵子の精神状況が「狂気」という形をもって現実に破綻をきたす前から、智恵子の聖化に支えられた高村の第一の危機の乗り越え策が、かなり脆弱な基盤に立つものであったのは明らかであろう。この脆弱さは、彫刻家＝高村の精神的安定（＝第一の危機の克服）によって一時期とだえていた詩作の再開において、自覚的なものとなる。そこですでに、智恵子の聖化には安住しきれない高村の、新たな方向への渇望が抑えがたくなっているのである。それを表現するのが、「猛獣」というメタファーであった。一九二三年の「とげとげなエピグラム」において、それはつぎのような形で表現されている。

どうかきめないでくれ、／明るいばかりぢやない／奇麗なばかりぢやない、／暗いもの、きたないもの、／あきれたもの、残忍なもの／さういふ猛獣に満ちてゐる／おれは砂漠だ。／だから奇麗な世界に焦れるのだ。／この猛獣を馴らして／もとの楽園にかへすのが、／そら恐ろしい／おれの大願。

（14）［芹沢 1982：197-198］

高村の第一の危機への対応の「美しさ」と脆弱さに照らしてみると、ここで猛獣が呼び出されている所以は明らかであろう。求められているのは荒々しい強さだ。そこで、「猛獣」と高村自身との関係の取り方に注目してこの時期の連作詩『猛獣篇』を追跡すると、第二の危機を前後して、その関係は次第に、だが大きく変化してゆくことに気づかされる。まず、連作の初期の作品である「白熊」(二五年)を見ると、つぎのようである。

ザラメのやうな雪の残つてゐる/吹きさらしのブロンクスパアクに、/彼は日本人《ジャップ》らしい唖のやうな顔をして/せつかくの日曜を白熊の檻の前に立つてゐる。/…/白熊も黙つて時時彼を見る。/一週間目に初めてオウライの声を聞かず、/彼も沈黙に洗はれて厖大な白熊の前に立ち尽す。

先行する「とげとげなエピグラム」において飼い慣らすべき対象として初登場した猛獣は、ここでは、お互いに見つめ合うかたちで相対する相手となった。それが、三七年の「象」では、猛獣は「おれ」として現れるようになる。

象はゆつくり歩いてゆく。/一度ひつかかつた矢来の罠はもうごめんだ。/…/おれを飼ひ馴らしたつもりでゐる/がまんのならない根性にあきれ返つて/鎖をきつて出て来たのだ。

そしてさらに、三九年の「北冥の魚」になると、この「おれ」である猛獣は、南進する日本軍そのものである「北海のボオト」と化している。

北冥の大魚鯤《こん》は今化して北海のボオトとなる。／ひどく小さくなつたものだが／図南の志はかはらない。／…／機雷原の間を巧みに泳ぎ、／息を殺して目ざす獲物にぐつと近寄り／一発必中の魚雷を放つ。／…／水中のボオト何が故に南を図るか。／何が故と問ふ事をやめよ。／こは人間の知るところでない。／答の奥に又答のある／現実無限のすさまじい物理作用だ。

明らかなように、高村は、『猛獣篇』を連作するプロセスにおいて、自らを次第に猛獣と同一化させることを通じて、だんだんと時代状況に参入していっているのである。しかも、そのコミットメントについて、「何が故と問ふ事をやめよ」と応じつつ、「現実無限のすさまじい物理作用だ」と答えていることに注目しよう。高村は、漸次的な状況へのコミットメントを、ここでもまた「自然」という思想を持ちだして正当化しているのである。この自己正当化の根拠としての「自然」思想の充用は、高村の戦争詩をまとめた詩集『大いなる日に』と『記録』における一連の作品において、より明確に確認することができる。いくつかの表現を抜き出してみよう。

① 「北東の風、雨」（二七年）…「たうたう秋がやつて来たのだ」「ウエルカム、秋」
② 「非欧米的なる」（三二年）……「素朴な燃焼体太陽はただ燃える」
③ 「秋風辞」（三七年）……「今年この国を訪れる秋は／祖先も曾て見たことのない厖大な秋だ。」
④ 「未曾有の時」（三七年）……「未曾有の時は沈黙のうちに迫る。／一切をかけて死んで生きる時だ。／さういふ時がもう其処に来てゐる。」

⑤「その時朝は来る」（三八年）…「嵐はいま世界の東の果てに吹きすさぶ。」
⑥「事変二周年」（三九年）……「二年はおろか幾年でも／国民は必死の肚をきめてゐる。／必然の宇宙理法はとうとうと流れる。」

もちろん、ここで「必然の宇宙理法」として受け入れられている「秋」とは、満洲事変から蘆溝橋事件へと続く日中戦争の全面化という時代状況にほかならない。すなわち、自らを超えるこの状況の大きな変化を「自然」として受容すること、そして、この「自然」が状況へのコミットメントを使命として要請していると認めること、この使命意識によって、高村は当面する危機を乗り越える力を得るのである。これは、第一の危機への対応と同型と言えるだろう。

ところで、このように高村の状況へのコミットメントが再び「自然」によって正当化されるプロセスを辿ってゆくと、その後を追うようにして、高村の詩に「日本」とか「天皇」とかへの言及が現れてくることが注目される。一九三〇年に「僕に特恵国は無い」（「友よ」）と言っていた高村の詩に、日本という「国」が現れるのは「秋風辞」（三七年）のことであるが、それは、つぎのようなかたちで引き継がれてゆく。

来なければならないものなら、／どんなしけでもあれでも来るがいい。／昔から此の島の住民は知つてゐる、／嵐のあとに天がもたらす／あの玉のやうに美しい秋の日和を。／…／あの日本の秋が又来たな、／秋はいいなと思ふのはいい。（「日本の秋」（三八年））

今はどういふ時だ。／天皇はわれらの親《みおや》、／その指したまふところ、／天然の機《とき》おのづから迫り、／むかしに変らぬ久米の子等は海を越えて／今アジアの広漠の地に戦ふ。（「紀元二千六百年にあたりて」（三九年））

これに明らかなように、「日本」や「天皇」は、「秋」とか「天然の機」といった自然の時の流れの中から意識されてきている。しかも「日本」や「天皇」は、その自然の時にわが身を参入させてゆくことに確信を与える根拠である。とすれば、この第二の危機に当たって高村が「日本」や「天皇」に期待しているのは、かつて第一の危機に際して「智恵子」に与えられたのと同じ役割なのだということになろう。「智恵子」を「狂気」と死の彼方に喪失した高村は、今度は、「日本」や「天皇」を聖化することで、新しい確信の根拠を獲得しようとしているのである。ここで「天皇」は「親」として名指されている。しかしこの「天皇＝親」が、血縁上の父＝光雲とも肉体を持った現実の天皇とも異なる、神話的な姿をとっていることに注意しよう。かつて智恵子がそう扱われたように、この第二の危機にあっては、「日本」と「天皇」が、現実のそれらを超えて理念的に聖化されることになったわけだ。

吉本隆明をはじめとして、これまで論者たちは、こうした高村の「日本」と「天皇」の聖化を、「半封建的な庶民意識のうえに狂い咲きした擬アジア的な思想」（吉本）とか「西洋からアジア的共同性への完全な帰還」（芹沢）とか、捉えてきた。しかし、高村による「日本」や「天皇」の聖化を、単なる復古（アジア－日本回帰）と混同してしまうのは大きな誤りではないか。高村の「日本」と「天皇」の聖化は、むしろ、現に進みつつある状況を「自然」なものとして受容し、それに「さめ」

て「歩む」ために要請される、神話の構成された引用にほかならないのだ。この意味で、かつて「智恵子」の神話がそうであったのと全く同様に、「日本」と「天皇」の神話は、必要に応じつつ発明＝創作されている。これは、「アジア的」（？）どころか、植民地主義戦争へと向かう日本近代の歩み自体が要請し、高村の近代意識がそれに応じて新たに生まれたものと考えねばならない。

このように神話的に正当化された日本近代が、その擬「倫理」的駆動力によって、アジアに対しても庶民に対しても、より残忍な暴力性をもって現れていることは明らかだ。蘆溝橋事件から二年経った時点で高村は、この戦争の血みどろの残忍さを十分に認識しつつ、つぎのようにそれを正当化している。

殖民地支那にして置きたい連中の貪慾から／君をほんとの君に救い出すには、／君の頭をなぐるより外ないのではないか。／われらの「道」を彼らの利権に置きかへようと、／今日も国民は命を捧げる。（「事変二周年」（三九年））

ここに植民地主義の意識が明らかな暴力性をもってその路頭を見せているわけだが、自己の進路の正当化がこのようにグロテスクな危険に行き着いているのは、もちろん自我の崩壊ゆえなどではなく、自己のみを確信しひたすら歩み続けようとする、あるいはそれをよしとする近代的な「使命」意識がそこに結びついているからだと考えねばなるまい。

「日本」の聖化をともなう第二の危機のこのような乗り越え策は、やがて、聖化された智恵子の崩壊と同様に、しかし、社会的にはより破局的な事態をともなって破綻に至ることになる。日本の敗戦である。すると、この新たな危機（高村の第三の危機）には、いかなる対処がなされているのだろうか？

## 三　「暗愚」という悔恨とモダニズムの救済――第三の危機と「生命」の聖化

高村は、敗戦直後から、「自己流謫」と称して疎開先の岩手の山村に引きこもり、農耕自炊の生活を始める。そして一九四七年になって、ようやくそこから、自らの生涯を顧みた連作詩『暗愚小伝』を発表している。それ故、高村の戦後の思想的境位を、戦前・戦中のそれと関わらせながら考えるには、まずはこの『暗愚小伝』に注目しなければならない。そこで、それに収録されている「真珠湾の日」という作品を、同じテーマ（日米開戦）を扱った戦中の作品である「十二月八日」と対比して、それらの構造を分析することから考察を進めよう。

戦中の作品（「十二月八日」）（一九四一年）

記憶せよ、十二月八日。／この日世界の歴史あらたまる。／アングロ・サクソンの主権、／この日東亜の陸と海とに否定さる。／否定するものは彼等のジャパン、／眇たる東海の国にして、／また神の国たる日本なり。／そを治《しろ》しめしたまふ明津《あきつ》御神《みかみ》なり。／世界の富を壟断するもの、／強豪米英一族の力、／われらの国に於て否定さる。／われらの否定は義による。／東亜を東亜にかへせといふのみ。／彼等の搾取に隣邦ことごとく痩せたり。／われらまさに其の爪牙《そうが》を摧《くじ》かんとす。／われら自ら力を養ひてひとたび起つ、／老若男女みな兵なり。／大敵非をさとるに至るまでわれらは戦ふ。／世界の歴史を両断する／十二月八日を記憶せよ。

戦後の作品（「真珠湾の日」）（一九四七年）

宣戦布告よりもさきに聞いたのは／ハワイ辺で戦があつたといふことだ。／つひに太平洋で戦ふのだ。／詔勅をきいて身ぶるひした。／この容易ならぬ瞬間に／私の頭脳はランビキにかけられ、／昨日は遠い昔となり、／遠い昔が今となつた。／天皇あやふし。／ただこの一語が／私の一切を決定した。／子供の時のおぢいさんが、／父が母がそこに居た。／少年の日の家の雲霧が／部屋一ぱいに立ちこめた。／私の耳は祖先の声でみたされ、／陛下が、陛下がと／あへぐ意識は眩《めくるめ》いた。／身をすてるほか今はない。／陛下をまもらう。／詩をすてて詩を書かう。／記録を書かう。／同胞の荒廃を出来れば防がう。／私はその夜木星の大きく光る駒込台で／ただしんけんにさう思ひつめた。

このように並べてみると、戦中の作品は、①歴史のあらたまりの宣揚（＝時の流れの自然性）、②神話の引用による「日本」と「天皇」の聖化、③与えられた使命の受容、という順に構成されていて、前節で析出した高村の第二の危機への対応の構図が、そこにも明らかに示されていると理解できる。ところが戦後の作品では、その構図がすっかり見えなくなっていて、代わりに前面に出ているのは、①「昔」と「今」とを混同したという歴史認識の錯誤、②天皇とおぢいさんと父と母が一緒に現れる恩愛の日本、③この日本を守ろうとした思いつめの真剣さ、という構図である。すると、戦中と戦後との間にあるこの構図の落差、その意味をどのように理解したらよいのであろうか。

そこでまず、戦後の作品「真珠湾の日」における高村の自己反省の全体像をつかむために、『暗愚小伝』中の他の作品に視野を広げてみよう。するとそこには、歴史認識における錯誤(=暗愚)に到る自らの歩みが、ひとつのストーリーをもって告白されていることが分かる。作品タイトルごとに、ポイントを抽出してみるとつぎの通りである。

①「彫刻一途」…「日本膨張悲劇の最初の飴、日露戦争に私は疎かった。」

②「パリ」…「私はパリで大人になった。/…/近代はパリで起り、/美はパリで醇熟し萌芽し、/頭脳の新細胞はパリで生まれる。/…/悲しい思で是非もなく、/比べやうもない落差を感じた。/日本の事物国柄の一切を/なつかしみながら否定した。」

③「親不孝」…「私が親不孝になることは/人間の名に於て已むを得ない。/私は一個の人間として生きようとする。/一切が人間をゆるさぬこの国では、/それは反逆に外ならない。」

このように作品を順に並べその上で「真珠湾の日」まで読み進めると、そこに現れてくるのは、「歴史に疎かった自分は、パリ=西洋において先進的な近代を目の当たりにし、いったんは遅れた日本に反逆しようと思いながら、日米戦争が始まると、昔を今と取り違える誤りを犯した」という自己総括である。そして、このような歴史認識における錯誤の原因として、「天皇とおぢいさんと父と母が一緒に現れる恩愛の日本」につまずいた、ということが指示されるわけである。すなわち、高村が提示しているのは、「近代化の進んだ西洋」に対する「恩愛に流され遅れた日本」という対比図式を前提にして、この近代化の絶対的な落差にもかかわらず恩愛に引きずられてそれを見失ったという「暗愚」が、戦争協力と敗戦への道に入り込む元凶であったという歴史解釈である。

このような高村の反省は、確かに、一見すると真摯だし首尾一貫しているようにも見えよう。だが、前節での考察を踏まえ、また戦中の作品「十二月八日」とも比較して考えると、ここに重要なトリックがあることに気づかされる。

まず、戦中の作品で歴史を明晰に見つめていた「われら」が、戦後には歴史を錯誤する暗愚な「私」と言い換えられ、戦中に現実を超えて聖化された「明津御神」は、戦後にはおぢいさんと並列される人間「天皇」となっている点に注意しよう。この言い換えは、何よりもこの両者の、主体的な責任を問い難くしている。「愚かさ」は誰も逃れることのできない問題として許される外はなく、恩愛の共同性に屈服する「弱さ」は、むしろ、いかにも人間的な心情のやさしさと受けとめられねばならないはずだからである。

だが、もっと重要な点は、戦中において「歴史のあらたまり」と捉えられていたことが、戦後においては「昔」の日本への回帰だったと主張されていることである。言い換えると、問題だったのは、醒めて歩んだことではなく、眩惑されて後退したことだ、と主張されている点である。このような主張は、われわれの反省を、近代帝国の植民地主義戦争とそれを遂行した日本にではなく、「遅れた日本」に向けるものだ。そして、「遅れていた」ことへの反省は、「近代化の進んだ西洋」への賛美と表裏をなしている。だからこのような反省は、植民地主義とアジア侵略の戦争を戦ったことについてではなく、欧米より遅れていたがゆえにその戦争に敗れたことについての悔恨と、表見ほど遠くない地点にある。ここから出てくるのは、戦争には負けたがこれからは近代化でもっと頑張ろう、という方針に違いあるまい。
かくして、高村の戦後をスタートするメッセージは、ここでも、流れゆく時の進行を「自然」と受けとめて、歩み続けようということになる。『暗愚小伝』の末尾には「山林」と題される作品がおかれ、つぎのように説かれている。

私はいま山林にゐる。／…／おのれの暗愚をいやほど見たので、／自分の業績のどんな評価をも快く容れ、／自分に鞭する千の非難も素直にきく。／それが社会の約束ならば／よし極刑とても甘受しよう。／詩は自然に生まれるし、／彫刻意慾はいよいよ燃えて／古来の大家と日毎に交はる。／無理なあがきは為ようともせず、／しかし休まずじりじり進んで／歩み尽きたらその日が終わりだ。／決して他の国でない日本の骨格が／山林には厳として在る。／世界に於けるわれらの国の存在理由も／この骨格に基くだらう。／…

高村は、戦争を前後して、本質的には変わっていないのだ。彼は、日本の敗戦という戦争詩人＝高村のこの危機にあっても、かつて第一・第二の危機に対したと同じ仕方でそれを乗り越えようとしている。すなわち、ここでも、あらゆる停滞や伝統主義を斥けて、自然の時の進行と共にあくまで前進することに賭けてゆくという、高村のあのモダニズムは救済されていると見なければならない。
もちろん、山林に引きこもった高村を指してこのように「モダニズム」と規定することは、一見するとやはり奇妙な感じを抱かせることだろう。しかし、『暗愚小伝』以後の高村の詩作において、「天然の理法」(「試金石」)とか「力学の必然」(「偶作」)などの語句がまたにわかに頻出し、これに対して、「開拓の精神」(「開拓に寄す」)や「科学と美の生活」(「明瞭に見よ」)が賞揚されたり、「何があっても前進」(「開拓十周年」)と繰り返し呼びかけられるのを見れば、その規定が決して無理なものでないことは分かるはずである。そればかりか、一九五六年の『読売新聞』元旦号の紙上に日本国民全体へのメッセージとして大きく掲げられ、高村の生涯にとっては最後の詩となった作品「生命の大河」にまで目をやれば、そのモダニズムが、科学技術と産業開発に志向する近代化の道に進んだ戦後日本、それが原子力の開発にまで突き進んだこの戦後日本の基調に、正確に呼応してもいることが理解できるだろう。「生命の大河」は、つぎのように高らかに謳っている。

生命の大河ながれてやまず、／一切の矛盾と逆と悪とを容れて／ごうごうと遠い時間の果つるところへいそぐ。／…／科学は後退をゆるさない。／科学は危険に突入する。／科学は危険をのりこえる。／放射能の故にうしろを向かない。／放射能の克服と／放射能の善用とに／科学は万全をかける。／原子力の解放は／やがて人類の一切を変え／想像しがたい生活図の世紀が来る。／…／学問芸術倫理の如きは／うずまく生命の大河に一度は没して／そういう世紀の要素となるのが／解脱ねはんの大本道だ。

かの「道程」初出稿に現れていた「自然」という思想が、ここまで脈々と流れ続けて、また高村を新たな使命意識に導いている。しかもここで聖化されているのは、もはや智恵子や日本や天皇ではなく、「自然」や「生命」である。そして、そのアドレスの対象である戦後日本が、復興から高度成長へと突き進んで行く際にも、高村が見せているこの科学主義を共有していたことは明らかだろう。「自然」や「生命」をこのように聖化してその「危険」に突入し「解放」に邁進し続けることの本当の危険に人々が気づき始めるのは、「水俣」や「福島」をはじめとする数多くの手痛い傷を負った後のことである。詩作をもって戦争に翼賛した高村は、思想的には間違いなく、第一・第二の危機に対したのと同じモダニズムをもって戦後日本の基調をなす成長路線の始動に翼賛している。

## 小括

丸山眞男によれば、敗戦直後の日本の知識人たちは、戦争という過去への反省に立った新しい出直しを求めようという意識を共有しつつ、ひとつの「悔恨共同体」を形成していたとされる。[15] なるほど、高村が自らの戦争協力を「暗愚」と悔いるとき、彼もまた、この悔恨共同体の一員であったと考えることはできる。と考えてみると、われわれが見てきたことは、この悔恨共同体においてなされた「悔恨」という反省の質をあらためて問い、またその「悔恨」を梃子に実現したとされる戦後への「転換」の意味を考え直させるものであるに違いない。

もちろん、われわれが見てきた高村の経験と思想遍歴は、彼の個人的な資質や生活環境に強く規定されている。だから、この一事例の解釈を不当に拡張して、直ちに一般的な命題を引き出そうとする

(15)［丸山 1982：114］

のは慎まなければならない。とはいえ、欧米留学を通じて高村にもたらされた「境界性＝marginality」の感覚と不安が、まずは文化接触という形で近代を体験する多くの人々に多かれ少なかれ共通するものであり、またさらに言えば、近代という時代そのものが、世界的規模でそのような文化接触を繰り返しながら推移してゆくものであることを顧みるなら、高村の危機への対処策は、この時代に立ち向かう近代人の態度の或る典型を示しているとも考えられよう。その限りで、われわれが「モダニズム」と規定した高村の戦争協力と敗戦への悔恨は、高村に特殊なものとして処理されるのではなく、ひとつの極限的な形を示しているとはいえ、一般的な特徴の少なくとも一側面を明示するものとして検討の俎上に載せられてよいはずである。

　また、そもそも「悔恨」という反省の仕方は、「もともと分かっていたはずのことがどうして出来なかったのか」という推論形式を持つゆえに、その痛切な自己批判的言辞にもかかわらず、悔恨の出発点そのものについては、むしろ問いを封印してしまう可能性を持っている。われわれが高村において見てきたことは、実は、そのような「悔恨」の陥穽に落ちて総括されずに残った、戦中と戦後との連続の一例だったとも考えられよう。

　そうだとすれば、戦後日本の知識人たちの悔恨共同体全体についても、彼等の「反省」そのものが、帝国の植民地主義戦争に至った近代日本のいくつかの核心を戦後へと救い出す橋渡しになっていたのではないか、と考えてみることが必要であろう。それは植民地主義を継続させるのだ。そして、そのような考察においては、「近代的自我の解体」などという論難を先行させて結局は主体の責任を曖昧にしたり、日本社会の前近代性を嘆いて直ちに居丈高な啓蒙主義的批判に走ったりするのではなく、〈近代〉という時代に主体として対処した人々のその仕方が、内在的に、しかも近代世界の同時代性という視野をもって、吟味されるのでなければならないだろう。そうしてこそ、その考察は、戦前から戦後へと連続する日本近代の問題点を照らし出し、さらには〈近代〉という時代そのものへの反省に普遍的な意義を持つ視点を示すはずである。高村に即した考察は、われわれに少なくともそのことを教えている。

# 第四章　戦後文化運動・サークル詩運動に継続する戦時経験——近藤東のモダニズム

## はじめに——継続する詩運動のリーダー近藤東の記憶

本章では、詩人の近藤東を対象に定めて考察を進めることにする。

近藤東という人物は、戦前には春山行夫、佐藤一英らの詩人たちと交友関係を持ちつつ詩誌『詩と詩論』、『新領土』などに拠ってモダニズム詩運動の中心人物として活躍し、総力戦体制期に入ると、『文芸汎論』を主な拠点に詩作品だけでなく詩論を多数発表するなどして詩による戦時翼賛の教導者としても重要な役割を果たしている。しかもそんな彼が戦後になっても、国鉄という職場に拠点を定めた勤労詩運動の強力なリーダーとして活動し、その位置から日本民衆の広い文化活動になったサークル詩運動にも大きな影響を与えつつ、他方では、日本詩人会理事長、日本現代詩人会幹事長、国鉄詩人連盟会長などの要職を歴任して詩界のために精力的に動き続けている。すなわち近藤は、詩作の表現形式は変化させながら戦前・戦中・戦後を通じ日本の詩壇でつねにリーダー的存在であり続けていて、それら異なる時代にしかしそこを通底する精神状況の継続をその活動自体をもって象徴する存在であったと見ることができる。そこで本章では、この詩人近藤東に焦点をあて、近藤の詩想遍歴を辿ることを通して、詩歌の文化運動から植民地主義の継続という問題を考えてみようと思う。

　詩歌の文化運動と言ったが、まずはその周辺から戦時期と戦後期を通して振り返ってみると、そこにはなおさまざまなことが問い残されていると気づかされるはずである。「詩があった!」、自らサークル詩運動の担い手でもあった井之川巨がそう叫び訴えているように[1]、例えばアジア太平洋戦争敗戦直後の時期には、職場や地域にさまざまな詩作のサークルが生まれ、それに多くの人々が参加して数多くの詩が作られていた。戦後社会運動史の狭間で長らく「忘れられて」いたこのサークル詩運動には、敗戦後の混乱のなかで平和を願い生活の確立に向かっていた日本の民衆の切実な息づかいが確かにしっかりと感じられるはずである。なるほどこの敗戦直後の時代には、井之川が言うように埋もれたまま問い尽くされていない詩の事実がなお数多く残されている。

　もっとも、こうした戦後サークル詩運動に関心を向けるとき特別に気をつけたいことは、それが「忘れられ孤立した戦後」という意味でこの時期に思いがけず花開いた特異現象だったというわけではなく、それゆえ、それだけを孤立させ特殊に理想化して語ってはならないという点だろう。とりわけ、こうした「戦後」のサークル詩運動の、「戦中」とのつながりは重要である。わたしは別著『詩歌と戦争　白秋と民衆、総力戦への「道」』で、植民地帝国日本の総力戦体制下において民衆の戦争動員のために詩歌が果たしたきわめて重要な役割を考察した。それを踏まえてみると、そこで見た戦

（1）［井之川 2005］

中の詩歌の形式が、この戦後のサークル詩運動と実質的なつながりを持っているのは明らかなのである。そうであれば、ここにある継続の形には、詩歌を通じて民衆が担った植民地主義の意識の継続という文脈がやはり伏在していると考えられよう。これは問わなければならない問題のひとつの路頭でもありそうだ。近藤東は、戦中から国鉄という職場にいて、すでにそこで詩を書いていた。

ドイツの戦後という文脈で「アウシュヴィッツ以後、詩を書くことは野蛮である」と断じたのは、テオドール・アドルノであった[2]。そこで「詩を書くこと」を問うたアドルノは、文化がやがて野蛮に反転するという「文化と野蛮の弁証法」なる壮大な近代文化批判の論理をもってその思考を進めている。だが、われわれがここで問わねばならないのはもう少し限定的なもので、ひとまずは日本の特定の文脈における詩の叙情と暴力との通底である。すなわち、日本の戦後という文脈で、「植民地主義の総力戦の後に詩を書くことは暴力ではなかったか？」を問うこと。これまでのところ十分には問われずにいるこんな問いを意識しつつ、まずは近藤東に即して、戦中から戦後に継続する詩の営みについて考察を開始しよう。

## 一　戦後詩の場を開示する戦中詩

作家の宮本百合子は、一九四七年の文壇を回顧する文章で、「詩の方面では、国鉄の詩人達が職場の詩人としての成果をしめして、ますます発展しようとしている」と特筆している[3]。一九四五年八月十五日以降をひとまず「戦後」と考えるとき、それから一、二年のこの時期にいち早く集団（サークル）を作り自分たち独自の詩誌をもって最も顕著な活動を始めたのが、国鉄という職場を共にする労働者詩人たちであったことはまず間違いない。[4] 詩誌『国鉄詩人』の創刊は一九四六年二月のことであり、戦後最初期の単行本詩集である『鉄道詩集』の発行は同年八月一〇日であった。[5]「戦後サークル詩」として広く注目されてきている地域でのサークル詩運動が隆盛を迎えるのはそれに遅れた五〇年代前半であり、その背景には、皮肉にもレッドパージが多くの活動家を職場から駆逐して地域へと向かわしめたという事実があったことを思えば、この時期の国鉄における職場詩の成立がいよいよ重要な意味を持つと分かる。サークル詩へと続く日本の戦後詩は、確かにここにひとつの「原型」を持ったのである。

さてそのように考えてみると、これから始まる「戦後詩」という領野には、ひとつのやや奇妙な成立事情が結びついていると分かってくる。ここで「戦後最初期の単行本詩集」と指摘した詩集『鉄道詩集』には、編者・近藤東による「昭和二十年冬」と日付のついた「序」が掲げられている。そしてそのなかで近藤は、収録作品について、「終戦以後の作品が採集できなかつたことを残念に思ふ」と述べているのである。[6] つまり、「戦後詩」の一原型をなしたはずのこの詩集は、作品としては戦中の

（2）［アドルノ 1996：36］
（3）［宮本 1948：⑰ 387］初出は『東京民報』（一九四八年一月一日号）
（4）国鉄では、近藤東、岡亮太郎を中心にして四六年二月にまず「東鉄詩話会」（東京）が作られ、その機関誌として『国鉄詩人』が創刊される。続いて同年二月に新潟（新鉄）に、五月には門司（門鉄）にもそれぞれ詩話会ができ、これらが連繫して六月には「国鉄詩人連盟」が結成されている。
（5）［近藤 1946］

創作物であるわけだ。しかもそんな経緯について同一箇所で近藤は、「同じ職域であしかけ三年の間、これらの詩人たちと詩を語ってきた」と事情を明かし、そうした労働者詩人たちへの「内面誘導」にまで及んだ自らのリーダーシップを語っている。(7) この「内面誘導」という言葉は、戦時期には関東軍の軍官僚や陸軍の情報部などが談話を通じた政策介入や情報統制（つまり直接の暴力的強制までは行使しない統制）を行う際によく使用した言葉（その場面では「内面指導」と言うことが多い）であり、戦後には組合活動に当局が介入する際にも頻繁に使用されている曰わく付きの言葉であった。だから、戦時に労働者詩人たちに詩作を手ほどきする近藤が、その自らの営みを「内面誘導」と言うのはそれ自体がかなり微妙な含意を持ってしまう事柄なのである。そのことも含めて、「戦後詩」の成立が事実として戦中の活動に濃密に関わり、実際にすでにそのように進んでいたというのであれば、その意味を理解するには、まずは近藤のそれに対応する戦中の言説が参照されなければならないことになるだろう。

この近藤東という人物が、漢字・カタカナ表記を選びその活字も明朝体にゴチック書体を混在させる特異な視覚的表現の詩作をもって、一九三〇年を前後する時期に春山行夫を中心にした詩誌『詩と詩論』に参画し、三〇年代後半には村野四郎らと共に詩誌『新領土』に拠って活躍したモダニズム詩人であったことは、文学史上ではそれなりに知られている事柄であるだろうか。その近藤が、一九四一年十二月の日米開戦を機にある「跳躍」を遂げ、いくつもの愛国的な戦争詩をもって時局に積極的に参与したという事実については、そしてその意味についても、近年の研究はすでにその解明を確実に進めてきている。(8)

かたじけなさに頭《かうべ》をたれ
戦はん哉と腕《かひな》を撫し
世紀の　大詔を拝して涙を流した

これは、一九四四年八月に刊行された近藤東の戦時詩集『百万の祖国の兵』の冒頭に置かれた作品「奉読」の第一連である。確かにここには、「宣戦の詔勅＝大詔」を「奉戴」しつつ近藤が果たした戦中への「跳躍」について、とても明瞭な自己表明が読み取れよう。近藤があくまで表現者としてこれを書いている以上、その戦時翼賛は否定できないと思う。すると、このように切れてつながる戦前・戦中の近藤について、ここで「戦後詩」の戦中における成立という関心から考えるとき、そこに何の成立を理解しなければならないのだろうか。その状況と経緯については、近藤東が「跳躍」した当のその時期に主要な言説拠点とした文芸誌『文芸汎論』に、かなり確かなかたちで書き込まれていると読める。

『文芸汎論』という雑誌は、北原白秋に傾倒し日夏耿之介に師事したモダニズム詩人である岩佐東一郎が一九三一年九月に創刊し、城左門らが編集に協力して、四四年二月の終刊まで毎月欠号なく一五〇号に及ぶ雑誌を刊行し続けた、まさにこの一五年戦争の時代の文芸誌と言える存在である。そ

（6）［近藤 1946：序］
（7）［近藤 1946：序］
（8）［坪井 1997］

の間にこの雑誌は、詩作品ばかりでなくエッセイや翻訳そして評論や小説にまで手を広げ、丹羽文雄や石川達三らからも寄稿をうけるなど、かなりの影響力を持つ総合的な文芸誌に発展している。近藤東自身も創刊の翌年（三二年）からこの雑誌に寄稿を始め、遅くとも三〇年代の末あたりからは編集にも協力するようになったようで、詩作品の寄稿だけでなく、エッセイや詩論および小説、さらに詩壇時評や選者講評の類を含めれば、最後の時期にはほぼ毎号と言っていいほどこの雑誌に筆者として登場している。そして、そもそもこの『文芸汎論』が、近藤東その人と同伴するように、日米開戦を機に戦時翼賛に「跳躍」を遂げているのである。

一九四一年十二月の真珠湾の日からほどなく年が明けて、『文芸汎論』は、直ちにその三月号（四二年二月発行）で「総特集　全日本愛国詩集」を組んでいる。この特集号は、保田與重郎の巻頭言を冒頭に配しつつ、村野四郎、竹中郁、近藤東、岩本修蔵、岩佐東一郎、中山省三郎、安藤一郎、長田恒雄、竹内てるよ、中村千尾、江間章子、瀧口武士、町田壽衛男、高祖保、城左門といった既存の詩人たちの作品を揃えたばかりでなく、さらに公募による三二名の無名詩人の作品まで収録する大規模なもので、その表紙には戦闘機（！）を描いた口絵が飾られている。しかも、この総特集に収録された愛国詩作品は直ちにすべて大政翼賛会文化部に献納され、その功により文芸汎論社は「大政翼賛会組織局文化部部長　岸田國士」という署名入りの「禮状」を受けているし、その献納作品からは近藤の「朗読詩　きこえる」がとくに選ばれ、三月一日にラジオで朗読放送されているのである。[9]そしてさらに『文芸汎論』は、続く四月号では「愛国詩指導理論」を、五月号では「愛国文学実践理論」を連続した特集として組み、近藤東もこの四月号に「愛国の立場」という一文を寄稿している。要するに、日米開戦を機とする「跳躍」は、何もひとり近藤に特別な態度決定なのではなく、むしろ彼を取り巻く多くの詩人たちに共通した態度決定だったのであり、しかもそれは誰にでも知られるように公然と高らかに表明された事実なのであった。

すると、ここから疑問がまた膨らんでいく。戦前の日本共産党に関係した活動家に限らず、学者や作家の戦時転向および戦後転向についてなら、これまでも幾度となく論じられてきたことであった。事柄を詩人に限ってみても、高村光太郎や壺井繁治などは、明らかな戦時翼賛とそこからの転向の廉で、戦後の文学論争のなかで厳しい議論と批判の対象となってきている。(10) すると、同様にここまで明らかな近藤東の戦時翼賛が、いったいどうして近年に至るまで批判の対象にはならず、むしろ逆に、その当の近藤がなぜ「戦後詩」の尊敬すべきリーダーと認められ続けてきたのか、という疑問である。(11) それには確かに、ここで問うている「戦後詩の戦中における成立」という秘密が絡んでいるに違いない。

（9）『文芸汎論』四二年三月号、三四頁に掲載された「編輯部より」というコラムから。同コラムに拠れば、それに先立つ同年二月十二日と二十七日の両日、二月号所収の岩佐東一郎作品「新しき天使」がラジオで朗読放送されている。

（10）高村光太郎のことについては第三章参照。拙著『詩歌と戦争』でも論じたが、北原白秋や西条八十などの作詞まで含めると、詩人の戦時翼賛はこれまで考えられてきたよりもずっと広範で根深いものだと、わたしは考えている。

（11）国鉄労働組合は一九九六年に刊行した『国鉄労働組合50年史』に「国労の文化運動」という記事を掲載し、そこでは「戦後の文化運動の指導的役割」を担った「先輩」として真っ先に近藤東の名前を挙げている。

## 二 「勤労詩」という愛国の形

日米開戦を機にした詩人たちの「跳躍」に触れてきたが、しかし少なくとも近藤東その人において、この「跳躍」は開戦に沸騰する一時期の興奮に単純に動かされた突発事件と言うわけにはいかない。近藤は、日中戦争が本格化する以前の一九三七年五月からまずは詩誌『新領土』に、「詩への希望」（三七年五月）を書き、続けて「現代詩に於ける詩の意義」（三八年一月）などの論説を寄稿して、そこで「散文的な時代」における詩のかたちを探り始めている。また、三九年からは主要な言論の舞台を『文芸汎論』に移して、「詩人の反時代性と適応性」（三九年二月）、「戦争詩の実際的課題」（三九年一〇月）、「詩壇時評」（三九年一二月）、「詩と詩人との距離」（四〇年七月）、「詩壇時評」（四一年四月）をつぎつぎに書き、ここでいよいよ本格的に戦争の時代における詩人の進むべき道について考察を深めている。そして、そこから一貫した延長線上に生まれたのが、日米開戦後の「跳躍」を示す論説、「愛国の立場」（四二年四月）、「朗読詩の流行」（四三年四月）、「勤労詩の問題」（四四年二月）、「詩人制服を着る」（四四年二月）にほかならない。このように近藤東の戦争詩への「跳躍」は一貫した熟慮のなかで果たされているのであり、実はそのまさに同じプロセスにおいて「戦後詩」の原型もまた生み出されていると理解しなければならないのである。

すると、ここで近藤東に即して考えなければならないことは、一見する以上に複雑だと分かる。というのも近藤は、戦前から戦中を経て戦後に至るこのプロセスにおいて、基本的には一貫した道を歩んでいると見られて、少なくとも後ろ指をさされねばならないような「転向」などは認められず、しかも事実としてそのまま連続して戦中も戦後も変わりなく尊敬されるべき詩運動のオピニオンリーダーたりえていたわけだからである。もし、常識に添って、戦中から戦後への時代基調の変化を「断絶」や「百八十度の転換」と捉えるなら、そもそもどうしてそんな連続が可能だったのかまさに不可解であろう。これに比して見ると、高村光太郎や壺井繁治におけるような明確な思想転向があれば、むしろことは簡単なのだ。すると、近藤東の言説に、この連続を可能にするどんな秘密があったのか。

　先に見たように、日米開戦を機にした「跳躍」はこの時代の多くの詩人たちに共通の経験である。そのなかで近藤東という人物を特別なものにしているのは、その時に発した「勤労詩」という詩の形の提唱であった。モダニズム詩人であった近藤がこの「勤労詩」に到達するまでには、その議論において順次展開する或るステップが踏まれている。そこでそのステップアップの道筋に少し立ち入って、そこに刻印されている意味を考えてみよう。

　その第一のステップは、時代の要請に応ずる「技術家（テクニシアン）としての作家」という立場への進展である。近藤が、漢字・カタカナ表記を取り入れ明朝体にゴチック書体を混在させる特異な表現様式を駆使する先鋭なモダニズム詩人であったことについては既に触れた。この詩人が、表現者として、あくまで「散文的な時代」である戦争の時代に対応する仕方を深く思考する過程で、先ずたどり着いたのがこの立場であった。この立場を近藤は、三九年二月の『文芸汎論』に寄稿した論考「詩人の反時代性と適応性」で表明している。

　近藤はここで、作家と政治家とを対比させながら考えを進める。作家と政治家とは、機能上では「常に対立的に存在する性格を有」すけれども、しかし目的においては、「どちらも人類の悪徳への医療的願望を持ち、どちらも大衆をその対象としてゐる」点で近接する。[12] するとこの関係において作家に特別なのは何かと言えば、詩作という芸術においてそれをなすことであり、そのために才能と技術を提供することで「社会文化への貢献を実践」するところにあるはずだ。そこから、「技術家としての作家という認識」こそ、作家の同時代への「実践過程的融合点」において重要だという結論が導かれることになる。[13]かくて近藤は、詩集『百万の祖国の兵』に収録された一連の戦争詩を自ら創作し、まずは表現の技術家として戦争の時代に参与していくことになる。「戦争は秩序よりも先づ士気に於てすぐれた者が勝つ、士気を鼓舞するものそれは実に詩なのである。[14]」これは戦争に臨んでいる近藤の言である。その詩を作るために、詩人は才能と技術を提供するというわけだ。

もっとも、ここまででは、実はまだ作家という特別な存在が時代に対して自ら採るべき態度を考察しているに過ぎず、労働者詩人たちの「勤労詩」を指導するという問題意識には至らない。近藤にこれへの「跳躍」を決定的に促したものこそ、まさに日米開戦という事態であった。

この開戦に際して近藤が何よりも始めに強調したのは、この時代に詩人が発揮すべき「公的性なる本質」であり、それ故の「指導性」であった。近藤は開戦後最初に書いた論考「愛国の立場」(『文芸汎論』四二年四月)で、つぎのように呼びかけている。

詩人は更に前進して、社会に対してひとつの指導性を持たねばならぬし、持つことを望まれるであらう。……詩人が指導者として立つ場合には、その言葉の魔術によって国民的意識を興振させるのみならず、その責任に於て指導者人格を具備しなければならぬ。……重大なのは自身の国民としての指導者的実践である。[15]

戦争の時代を引き受けようとする近藤自身の決意は、このように固まった。すると、詩人の指導者的実践とは何か。「いい詩を作る者は、詩人ではなく一般民衆であらねばならぬ。いい詩人とは、いい詩を一般民衆がつくり得る方法を教へるところの、最前線・最先端の、選ばれた専門家であらねばならぬ。」[16]かくて詩人は、単なる表現者ではなくなる。

それでは、日本が「昭和十六年十二月八日」を期して「挙げてひとつの目的に向つて行動を開始した」とき、詩そのものが「公的なものである」とは、どういうことか。近藤が言うのは、詩がもはや「私的な趣味・嗜好・思想・境遇から来る基準では主張できなく」[17]なり、「詩の生命であると思ひ込まれてゐた表現技術や人間的興味から離れてしまった」ということだ。詩は、「作者の個人的機能が如何に公目的に適合されてゐるかの点に独自性の観点が置かれるやうになつた」というのである。[18]このことを近藤は、「詩人も制服を着るときが来た」と表現し、しかもそれは詩の不幸なのではないと言う。「詩は発生の時から既に個人に属するものではな」[19]く、「それが万人に愛されれば愛されるほど、また作者の名が解消すればするほど、本来の目的に近づく」と考えられるからである。

(12) 〔近藤 1939：2〕
(13) 〔近藤 1939：4〕
(14) 〔近藤 1943：6〕
(15) 〔近藤 1942：33〕
(16) 〔近藤 1940：26〕
(17) 〔近藤 1942：32〕
(18) 〔近藤 1944b：137〕
(19) 〔近藤 1944b：138〕

このような思考から出てきた「勤労詩」というコンセプトは、たしかに専門詩人の表現芸術という詩についての既成観念を転換するものであるが、しかしそれは労働一般を単純に賛美するだけのものなのではない。むしろそれは、戦争という時代における国家の公目的に適合的な機能を持つ勤労、その意味で制服を着た勤労を、その機能に即して表現しようとするときに生まれる詩だというのである。ここで勤労は、帝国の産業・流通の動脈を担い侵略のフロンティアを拓く鉄道の労働がそうであるように、総力戦体制のなかで果たされるその機能によって意義が認められ、詩は、このように機能が定まった勤労者の地声として発せられ聞かれるのである。だからこの勤労詩は、ことさら「労働の歓喜」や「国家性へのつながり」などを強調するまでもなく、むしろ率直に勤労の「当然な事実」をうたうだけ（「勤労への常化」）でよいのだとされる。[20]「国民勤労総力ノ最高度ノ発揚」（「緊急国民勤労動員方策要綱」[21]）が求められる総力戦の時代状況において、そのように「真の勤労とはかかる卒直な状態によつて現はれる」[22]と主張する勤労詩こそが、まさに真正な愛国の立場を示すものと理解されたのである。

　このように見てくると近藤東という詩人は、時下の総力戦体制に、一面では表現者として他面では指導者として二重に参与しようとしていると分かる。しかもそこで、表現者の側面は「技術家」として、指導者の側面は「制服を着た専門家」として、いずれも機能主義的に理解されている点などはいかにもモダニストの面目躍如だと言えよう。そして、とりわけ日米開戦後の近藤が指導者として関わった「勤労詩」の意味を考えると、表現としてはやや地味に感じられようとも、機能としては、実は声高に戦意を発揚すべく作られた凡百の戦争詩より、はるかに総力戦の時代の産業報国に適合的な愛国詩の形であると認められるだろう。

そうだとすれば、このような愛国詩の形が、いったいどうしてそのまま「戦後」に受け入れられ、引き継がれたのだろうか。

## 三 「戦後」への詩歌曲翼賛

### 勤労詩における翼賛の機能主義

日本の敗戦後、近藤東はかなり早い時期から動いて、岡亮太郎らと協力しつつ国鉄詩人の組織化に向けた呼びかけを開始し、それが四六年二月の東鉄詩話会（東京）の結成と機関誌『国鉄詩人』の発刊に結びついている。そのプロセスで配布された呼びかけビラには、「戦後」に向かうこの詩人たちのつぎのようなメッセージが書き込まれている。

一 われわれの職場にこそ新しい詩の存在することを強調したい。
一 われわれは詩によって職場の人間的つながりをもちたい。
一 われわれは詩によって職場の文化的意識を高めたい。

（20）［近藤 1944a：11］
（21）一九四四年一月十九日に閣議決定された「緊急国民勤労動員方策要綱」から。
（22）［近藤 1944a：12］

一　われわれは勤労詩観を確立することによって、新しい日本の建設に力を尽くしたい。
一　われわれは無名であるが故に正しい。(23)

このメッセージには、確かに戦後という状況変化が刻印されていて、近藤東が表現者として詩集『百万の祖国の兵』に示したような、熱烈な戦争翼賛詩をもっての参与の姿はもう見えなくなっている。とはいえ他方で、同じ近藤が戦時の指導者として労働者詩人たちを内面誘導したあの「勤労詩」については、ここでも否定されずそのまま活かされようとしていると読めるだろう。なるほどこの意味で近藤は、彼に固有の基本軸では転向などなしに戦時そのまま戦後に立ち上がっていると認められる。

とすれば、同じ「勤労詩」の形が、今度は「戦後」の状況においてどのような意味を持つことになり、いかにして「戦後詩」の一原型にまでなりえたのかを考えなければならない。わたしの見るところ、それを考える手がかりは、敗戦前後の時期について回想する近藤自身のやや後の述懐に見出すことができる。近藤は一九五二年に書いたエッセイ「わが職業を語る」で、つぎのように語っている。

あの終戦の混乱の時にも国鉄だけはひとり健在であつたことは誇りにしてもよい。それほど、いついかなる時にも鉄道は必要である。社会が右になつても左になつても、その重要性に変化はない。これは考えようによつては鉄道の独立的性格ともいえるが、反対に私は娼婦性じやと笑っている。(24)

表題が示すように、これは国鉄職員である近藤が自らの職業について述べた一文である。そしてその内容を見ると、ここにはまた、鉄道という業務の果たす社会的機能が語られていると理解できるだろう。敗戦という状況のなかで社会は混乱しようとも鉄道はしっかり動いている。近藤において、国鉄に働いているという勤労の誇りは、このように鉄道が社会に対して果たしているその機能に支えられていた。と理解してみると、前節で見たように、その認識は戦中の総力戦体制のなかでも実は同じだったのだ。つまりその勤労は、戦中においても戦後においても、言い換えれば「社会が右になつても左になつても」、機能において「重要性に変化はない」というのが近藤の認識である。

このような勤労の機能についての認識と自負が、実のところ「勤労詩」に対する近藤の連続する志しをも支えていた。東鉄詩話会の機関誌『国鉄詩人』が四六年二月に創刊されたことは既に述べたが、その第三号（同年四月号）の「編集後記」に近藤は、「わたしは鉄道人であることを誇りに思う。勤労者であると同時に詩人であることを更に欣びとする」[25]と書いている。この表明を、上に引用した「呼びかけビラ」の「われわれの職場にこそ新しい詩の存在することを強調したい」というメッセージと重ね合わせてみよう。この自負があればこそ、近藤は勤労詩によって「新しい日本の建設に力を尽くしたい」と言いえたのであった。ここで勤労詩は、戦時へのではなく、「戦後」への翼賛の旗印となっている。

（23）［国鉄労働組合文教部 1954：6］
（24）［近藤 1952：486-7］
（25）［国鉄詩人連盟 1984：8］

もっとも、ここまでのことであったら、勤労と詩のこの連関はなお国鉄の内部にとどまっていたかもしれない。というのも、ここで語られる勤労の誇りは、まだ国鉄における勤労のある種特権的な誇り、鉄道の創業当時から戦時を通じて増幅し戦後の国労や勤労の労働運動にまで長く染みついていたあの特権的な自負（「鉄道大家族主義」(26)）を大きく越えるものではなく、それゆえ勤労詩という詩形式を称揚する詩運動もまた、この自負に立つ国鉄の労働者詩人たちに特有な詩運動の域を出なかったかもしれないからである。

### 「町から村から工場から」における戦時反復

ところが「戦後」という状況は、国鉄の内部にあったこの詩運動の種を日本全国に散種し、さまざまな職場や地域にあった詩作や歌唱へ向かう潜勢力を揺り起こしていく重要なきっかけとなる事態を、おそらく今日では想像することすら困難な諸力の連繫を通じて生み出すことになった。その時代のうねりをリードしたのは、近藤自身がいた当時の『国鉄詩人』編集部が自ら作詞した「町から村から工場から」という労働歌にほかならない。

町から村から工場から
働く者の叫びが聞こえる
働く者が　働く者が
新しい世の中を作る
働く者こそ　しあわせになる時だ

われらはわれらは労働者

この歌は、戦後復活した労働組合運動のセンターとなった産別会議と総同盟とが共同して一九四六年に「新労働歌」を公募した際に第一位に入選し、それをNHKがラジオ放送を通じて歌唱指導したため一般にも愛唱されるようになったものである。そして四七年五月一日、東京会場（皇居前広場）だけでも五〇万に及ぶ参加者を数えた第二回復活メーデーの際には、全体プログラムの掉尾を飾り、これの大合唱のうちに集会は締めくくられている。そして、当時東鉄詩話会の中心にいた岡亮太郎がそう証言するように、この歌の出現により、国鉄の詩運動がまた人々に広く知られるようになっていったのである。(27)

敗戦直後の混乱が少し落ち着いた一九四七年、生活と生産の再建を求める人々の意志がようやくまとまりを持った形を示してきて、それがGHQの占領政策とも明確な軋轢を示すようになっていたこの年のことを考えると、その広範な民衆のうねりの中心に「町から村から工場から」という歌があったことは、事態の性格とその後の帰趨を考える上でかなり興味深い事実だと言うことができる。年のはじめには、GHQの横やりによりつぶされたものの、いわゆる「二・一ゼネスト」の計画がいったんは現実味を帯びるまでに至ったし、また六月には「吉田反動内閣打倒」の高まる声が片山哲社会党

(26) 坪井秀人は国鉄の「勤労詩」運動とこの「鉄道大家族主義」との連関を強く示唆し、この筋道で問題を総括しようとしている。〔坪井 1997：282, 325〕

(27) 〔岡 1954：7〕

内閣を成立させている。五月一日のメーデー参加者が東京会場だけで五〇万に及んでいることも、その二日後の五月三日に同じ皇居前広場でこちらは昭和天皇も出席して開催された「日本国憲法施行記念式典」の出席者が約一万と伝えられることを思えば、この時期の人々の意識がどの方向に動いていたかを推し量る重要な指標のひとつであると認められるだろう。[28] その意識の高揚に「町から村から工場から」が一役買っていたことはまず間違いない。

とはいえ、そのなかでこの歌の意味が実に両義的であったのは、ひとつにはそれの成立事情に或る仕掛けが組み込まれていたということによっている。まず、この歌が第一位に入選した「新労働歌」の公募だが、それに産別会議と総同盟とが共同して関わり、その結果を受けてNHKが選出作品のラジオ放送を行ったことについては既に述べた。だが考えてみると、労働戦線のナショナルセンター作りにおいて左派と右派として当時厳しく対立していた両組織が、ここで協力できるのは不思議な感じがするし、しかもそれをNHKがサポートしているというのは、今日ではなかなか信じられないことであろう。しかし不思議はそればかりでなく、この公募には実は文部省も重要な関わりを持っており、また戦中の「日本現代作曲家連盟」の流れを引いて四六年に再発足したばかりの「日本現代音楽協会」が協力し、さらには各新聞社がこぞってそれに協賛したとされている。これらの関わりや協力・協賛の具体的内容については、これまでのところ確定的な調査がなされていないが、占領下に新曲公募―ラジオ発表というあれだけ派手な文化事業を行ったのだから、それにGHQが賛同あるいは承認していたことは間違いなく、そうであればこそその基礎の上で大きな連繋が生み出されえたということは、十分に理解可能であろう

もっとも、この占領期に固有なGHQの関与という点をしばしば括弧に入れてみると、このように大

きな連繋に支えられた新曲公募―ラジオ発表というイベントが、それまでに決してなかったわけではないことが直ちに見えてくるはずだと考えられる。というのも、直前の戦時には、国家情報宣伝部門の一元化を目的に設置された「情報局」の主導の下で、音楽を国策宣伝と国民教化に利用すべく作曲家・演奏家・評論家を網羅して四一年に組織された「日本音楽文化協会」が、主要な活動のひとつとして楽曲募集を活発に行っており、そこから総力戦のための「国民歌」が量産されたという事実があるのである。(29) また各新聞社やNHKもまさに積極的にこれに協力していて、とくにNHKは、三六年に『国民歌謡』というラジオ音楽番組を開始したのち、それを四一年には『われらのうた』に、四二年には『国民合唱』に改称しつつ継続し、この番組枠を中心に戦時の国民教化、動員、意識高揚をねらいとする楽曲を多く放送していた。(30) ほんの少し以前の戦時からきちんと振り返るなら、敗戦直後の歌である「町から村から工場から」も、実は戦時に培った国民教化のこのノウハウに依りながら公募され、審査・選出され、宣伝・歌唱指導されているということが、はっきりと見えてくるはずなのである。

要するに、この時期の日本人にとっては、新曲公募―ラジオ発表という歌とのこの出会いの形が戦

(28) この年のメーデー祭典は、六大都市を中心に全国各地で開かれている。その東京会場の参加人員は［大原社会問題研究所 1949］に、憲法施行記念式典の参加人員は朝日新聞一九四七年五月四日朝刊による。ちなみに朝日新聞の同年五月二日朝刊は、東京のメーデー参加人員を「三十万を越す」と伝えている。

(29) この事情については［戸ノ下 2008：149ff.］。

(30) NHKのこの番組枠は戦後にも引き継がれ、四六年からは『ラジオ歌謡』として、六二年からは『みんなのうた』となって、現在に至っている。［戸ノ下 2008：118］

時にすでに慣れ親しんだものであり、そうした経験の基盤の上でこそ、戦後のこの歌も広く受け入れられえたのだった。すなわちこの意味で戦後歌謡（うたごえ）もまた、戦時にその場がすでに開かれていて、それを反復したものと見なければならないのである。

もっとも、たとえそのように戦時と同じやり方で伝わってくる歌であったにしても、「働く者こそしあわせになる時だ」と謳うその歌に、人々は新しい時代と思想の息吹をやはり感じ取ったということはあるだろう。また、それが謳いあげる勤労という思想に、既に見てきたような戦時の産業報国の基盤である「制服を着た労働」の意味が含まれており、それゆえ「戦後」にも帝国再建への既得権防衛的な参与（「戦後」への翼賛）に回収されてしまう方向が含まれていたとしても、それを乗り越えるなら、抵抗する民衆の新しい協働の形をそこから紡ぎ出していくという可能性が無かったわけではあるまい。ともあれこの歌は、登場したままの形においては、いずれの可能性をも含むという意味で両義的であらざるをえなかった。すると問題は、それがどれほど意識化されて五〇年代に入って以降の「サークル詩」に受けとめられ、そこでどのような反省が始まっているのかであろう。

そのように考えるとき、気になってくるのは、ここで歌われている詩歌曲が持っていた隠蔽の機制である。「戦後」日本人の感情に訴えた詩歌曲の叙情には、やはり暴力と言わざるをえないいくつもの排除／隠蔽があって、それが必要な反省／抗争を遮断していたと見なければならないのである。

## 四　排除／隠蔽されていくもの

### 「民族独立行動隊の歌」の隠蔽

そこで、それを考える取り付き点としてまず手がかりにしたいのは、これも敗戦後の国鉄の労働現場から生まれ、しかも五〇年代のサークル詩が隆盛だった時期には、さまざまな闘争現場で人々に格別に愛唱されていたもうひとつの闘いの歌である。

民族の自由を守れ
決起せよ祖国の労働者
栄えある革命の伝統を守れ

このように歌い始められるその歌は、国鉄大井工場の労働者であった山岸一章がレッドパージ反対闘争の渦中に作った歌で、「民族独立行動隊の歌」と名づけられている。

この歌をかの五〇年代の文脈に即して聞こうとするなら、今日ではもう知る人もいなくなってしまったが、当時はなお生き生きと人々に記憶されていた、ある歴史的事実をここでは想起しなければならない。山岸はこの歌をレッドパージへの抵抗の意思表示として登った煙突の上で作っている。(31) そして、高い煙突の上に登って籠城するというこの抵抗戦術は、一九三〇年ころの世界恐慌の時代に激

(31)［川上 2008］

発した労働争議のなかで、京浜の各地で採用されて一定の効果を収めた「煙突男」戦術を踏まえてのものにほかならなかった。(32) そうであればこそ、山岸はここで「革命の伝統を守れ」と高らかに謳い、それが人々の心に響いたのである。

だが、そのように「伝統」が想起されるとき、そこで既に想起すべき事項を取捨選択する「記憶の政治」が始まっていることに、ここではしっかり留意しなければならない。この歌の二番では「ふるさと南部工業地帯　ふたたび焦土《やけつち》の原と化すな」と歌われていて、舞台は東京南部という空間である。そしてこの南部工業地帯とは、一方でそのように「革命の伝統」が語られうる場所であるとしても、他方ではその前提として、植民地帝国日本の資本主義の心臓部である最大の工業地帯だったところであり、しかも戦時には軍需生産工場の立ち並ぶ日本最大の「兵器廠としての街」でもあったところにほかならない。(33) すると、後者の面がしっかり省察されないまま見過ごされてしまうなら、「ふるさと南部工業地帯」の賛美は、その裏で直ちに産業報国的な翼賛ともつながる危険に道を開くだろう。

しかもこの街にはこんな歴史もある。この街を管轄した警察の活動を記録する『蒲田警察署五十年誌』の年表には、「昭和一九年六月」の欄につぎのような事項が記載されている。

穴守の慰安施設特別認可なる　穴守町七五〇番地付近六、五〇〇坪を産業戦士に対する慰安施設として臨時私娼黙認地域を認可(34)

これは、現在の羽田空港にほど近い穴守稲荷神社界隈に産業戦士用の慰安施設が設けられ、それを警察が認可したという記録である。戦時下の軍需工場は、たしかに植民地や他業種から強制動員された徴用工等にとっては過酷な労働の場であったが、小関智弘が調査報告しているように、そのときに「生産増強」の名目で国庫から補助金を受けることができた工場などには、それをチャンスにむしろ「ほしいままにもうけていた」[35]ところが少なくなかった。しかもそんな工場では、一部の熟練工は「宝物のように優遇され」ていて、「職工成金」という言葉さえ生まれていた。[36]この工場地域に、戦時の最終局面には産業戦士たちの為として日本軍に対するのと同様な慰安婦制度が設けられていたわけである。

他方、この東京南部において、そんな工場主や職工成金たちとはちょうど対極的な地位に位置づけられていたのが、植民地出身朝鮮人居住者の存在である。外村大のまとめによれば、戦時期に急増した日本内地の都市に居住する朝鮮人の数は、東京市が大阪市に次ぐ第二位で、一九三五年には六万五〇〇〇人あまり、四〇年には九万人あまりに達している。[37]その内で、足立、荒川といった東京東部と並んで多かったのが、この南部地域にほかならない。しかも『品川区史』によれば、五反田・品川・大井・中延の四つの職業紹介所だけでも、登録されていた日傭い労働者の内、一九三四年の集計で朝鮮人が一〇六三名中三四六名（三二・五％）を占めており、この時期にこの地域で朝鮮人労働者

(32)［大田区史編さん委員会 1996：436］。
(33)［大田区史編さん委員会 1996：579ff.］
(34)［蒲田警察署 1973：311］、［大田区 1996：501］
(35)［小関 1981：49］
(36)［小関 1981：48-9］
(37)［外村 2004：62］

はすでに「最下層の日傭労働者の一群として位置づけられていた」[38]。植民地支配とともに進行する総力戦体制の形成は東京南部においてこのような社会的現実を生み出していたのであり、この現実から見れば、勤労詩の担い手となった国鉄労働者など「制服を着た労働者」は、職工成金と徴用工や朝鮮人日傭い労働者とに挟まれた位置で、正規職としてそれなりの特権を付与された社会層に構造化されて存在していたと理解しなければならない。

そう思ってさらに考えてみると、この東京南部という地域は、日本近代の植民地主義と植民地出身朝鮮人とに関わってさまざまに因縁の深い地域であったことが想起される。大田区や港区、品川区など、南部地域の区史の類を繙いてみると、あまり多いとは言えない朝鮮人関連の記述のなかで、それでもいずれの区史もがスペースを割いて必ず触れているのが、関東大震災時の「流言飛語」と「朝鮮人虐殺」についてである。例えば『大田区史』は、「関東大震災と地域の変貌」と題する一章のなかで「街の流言」という見出しを立ててとくにそのことを記述し、そのなかで「鮮人襲来」という流言が、「最初の出所が横浜で、高津方面から多摩川をこえて、渋谷、蒲田、大森、品川などを経て帝都に流れ込んだ」とする吉野作造の調査報告を伝えている[39]。この吉野の調査がどれほど正確に実態を捉えていたかは定かではないが、ともあれこのような報告が残されるほどには、この地域が大事件の中心地のひとつであったことは間違いないのである。そしてこの事実の背景を凝視すれば、日本資本主義の進展と共に拡大していた「京浜工業地帯」という地域形成の輪郭と、植民地朝鮮から出郷を余儀なくされ、この地域に職を求めて流入して次第に目立つようになってきていた朝鮮人の存在との関係が、やはりくっきり浮かび上がってくる。

しかもその関係は、大虐殺事件のほんの数年後である一九二九年には、日本の社会運動思想史上に残るつぎのような詩作品が書かれる状況にまで至っている。

辛よ　さようなら／金よ　さようなら／君らは雨の降る品川駅から乗車する／李よ　さようなら／もう一人の李よ　さようなら／君らは君らの父母の国にかえる

これは、よく知られている中野重治の詩「雨の降る品川駅」の冒頭である。この詩は、前年（昭和三年）に行われた昭和天皇の即位式にあたり、朝鮮人の存在をとくに警戒する日本政府の予防的な強制送還措置により強いられた或る「別れ」を綴ったものである。震災時の大虐殺という惨劇の直後にもかかわらず、天皇制とその下での日本帝国主義に対決する闘いにおいて、志しある朝鮮人は抵抗する日本人と行動を共にし、また場合によっては組織を共にして、苦闘の道を手を携え歩んできていた。それの強いられた別れをこの詩は綴っている。しかもこの二八年、二九年という年は、日本共産党への大弾圧である三・一五事件および四・一六事件があった年で、ここから日本の革命運動は厳しい冬の時代を迎えていくことになる。あのときにも、最初にやられたのは「チョーセン」と「アカ」だったのだ。しかもこの弾圧と分断の舞台に、品川駅がある東京南部のこの地域がなっている。

「民族独立行動隊の歌」が想起させるあの「煙突男」が登場し、実際に人々の話題になったのは、翌三〇年のことであった。そしてそのさらに背景には、植民地獲得とともに進展してきたこの「ふる

（38）［品川区 1974：639］
（39）［大田区 1996：383］

さと南部工業地帯」の近代化があり、総力戦に向かう社会変化があり、「革命の伝統」を作るいくつもの事件や人々の苦闘と犠牲があって、それらが折り重なるようにつながっていたのである。

それが、「町から村から工場から」や「民族独立行動隊の歌」といった「戦後」の詩歌曲では、日本という「民族」やそこで「働く者」たちの単一の物語に整序され、人々の記憶が再構成されている。そのようにして作られていく「戦後サークル詩運動」のコンテクストには、やはりかなり危うい排除や隠蔽があったのではないか？　それが、敗戦後の日本に必要な反省／抗争を遮断してはいなかったか？

## 「怒れ、高浜」の植民地主義

このように考えてくると、五〇年代の「戦後サークル詩運動」の真っ直中で、しかもそのもっとも先鋭な思想と行動を示した先端的グループが引き起こしたある事件は、決して偶然で特異な出来事とは済ませられない深刻な意味を持っていると分かる。

「事件」とは、朝鮮戦争という状況下で「民族解放」を叫ぶ政治闘争が激化し、それと共にサークル詩運動にとっても大きな高揚と転換の年となった一九五二年に、先鋭な非合法ビラ誌として発刊された『石ツブテ』という詩誌が引き起こした、ある種の歴史改ざん事件のことである。『石ツブテ』は、この年一〇月に発行した七号（終刊号）の全誌面を、多くの人々の共同制作による長詩「怒れ、高浜」に当てている。この詩は、品川駅にほど近い高浜町地区で実際に起こった黒人米兵による四才の朝鮮人少女への強姦事件をモチーフとして、それへの民衆の怒りを訴えるはずのものであった。ところが、集団朗読のために多くの人々が関与して共同制作され実際に『石ツブテ』に掲載された作品では、加害者が黒人米兵であり被害者が朝鮮人少女であった事実は完全に消去され、「冷く、青いガラス玉のようなマナコと銃口」を持つアメリカ兵という表象とただ「あどけない四才の女の子」という被害者像のみが持ち出されて、その結果、加害者は白人米兵であり被害者は日本人少女であるかのように、事実が言い替えられてしまっているのである。(40)

この事件の舞台となった高浜町地区とは、現在は港区港南と名づけられて昔日の面影をすっかり失っているが、元は高輪の前の浜であることからその名がついた埋め立て地で、一九三三年に「高浜町」が起立され東京市芝区の所属となっている。この埋め立て地が、東京港の修築と併行して都市下層民の生活地区として拡大しつつ、またそこに朝鮮人の集住も進んでいたのであった。すなわち、ここは日本の近代化と植民地主義の矛盾が街の姿として如実に顕現している地区で、そうであればこそ占領軍が進駐した「戦後」にもその矛盾の形は継続し、このような強姦事件が起こる蓋然性の高い場所になっていた。(41)

このような場で現に発生した事実の改ざんは、井之川巨がそう証言するように、「アメリカ帝国主義対日本民族という安易な図式(42)」を何より優先すべき基準とし、「被害者をありのままに朝鮮人少女

(40)［民族解放東京南部文学戦線 1952］

(41) 五三年の段階でいち早くこの「怒れ、高浜」を高く評価した林尚男は、にもかかわらずこの詩の現実認識の弱さを指摘し、この高浜地区の朝鮮人が抱えている主問題を「封建制の重さ」であると述べている。だが、このような高浜地区の形成の歴史を考えれば、林のそのような認識にもまた、傷ましい歴史意識の欠如があると指摘されねばならないだろう。問題はもちろん、「封建制」ではなく近代植民地主義だからである。［林 1953：22］

(42)［井之川 2005：202］

としたのでは、日本人全体のものとはなり得ない」[43]と考えた工作者たちの、それ自体差別的な政治主義に由来している。そしてここで切り捨てられ排除されてしまうのは、もちろんまずは朝鮮人少女の被害の痛みであり、それへの怒りの声である。しかしそこでさらに見ておかなければならないのは、それが同時に、日本近代の植民地主義の歴史とアメリカ占領下の「戦後」へのそれの継続をすっかり隠蔽してしまうということだ。しかもその隠蔽は、朝鮮人少女の被害をすっかり横領することによって行われたわけである。ここでは、「戦後」の詩歌曲が孕んでいた隠蔽の機制がもう一つの植民地主義に進んでいて、それが「戦後サークル詩運動」の真っ直中でより能動的な形で働いていたと考えなければならない。

　しかも、本書の観点からここでさらに深刻な問題に思えるのは、このような植民地主義を隠蔽する植民地主義を生んだ共同制作になる詩が、「サークル詩の、高い達成のひとつとして評価することが出来る」と当時受けとめられ[44]、今日もまたその問題点は問われないまま評価の方はしっかり踏襲されていると見えることである[45]。この事態は、「サークル詩」のまさに「高み」において生じているのであって、この戦闘的で「群衆」と共にある『石ツブテ』を高く評価することは、「戦後サークル詩運動」を（再）評価しようとする動機そのものと不可分である。というのも、サークル詩というメディアを媒介に群衆と工作者とが出会いその共同の作業により豊穣な創造力を生み出すという、サークル詩運動の理想型が、この『石ツブテ』の共同制作にこそ実現されていると見られているからである。すなわち、「戦後日本」の民衆の抵抗する創造力を理想的に体現したと評価されているその当の営みにおいて、植民地主義そのものの隠蔽が実は植民地主義をもって実行されていて、それゆえ帝国主義戦争とともに暴力的に遂行されてきていた植民地主義は、そこでも思想的に温存され、事実として継続しているると認めなければならないのである。

## 小括

そこでわたしとしては、本章の最後に、冒頭に提起した問いをあらためて確認し、それについての検討をもってここでの考察を結ぶことにしたい。その問いとは、「植民地主義の総力戦の後に詩を書くことは暴力ではなかったか？」というものであった。しかし一定の考察を経たここでは、それはもう少し限定して提示し直しておいた方がいいかもしれない。すなわち、「植民地主義の総力戦の後に、それに無反省のまま継続させながら、もっぱら日本語のサークル詩を書きつづけることは暴力ではなかったのか」という問いとしてである。

日本の敗戦後、戦時に職場で勤労詩を書いていた国鉄労働者が詩話会結成に動き始め、またそのような動きに触発されながらさまざまな職場や地域で日本人たちが日本語の詩のサークルを作り出そうとしているとき、日本に住んでいた朝鮮人たちは、日本帝国主義によって奪われた朝鮮語の読み書き能力を取り戻すために、民族教育・民族学校の設立に奔走していた。この努力は占領下の日本にあっ

（43）［井之川 2005：202］
（44）［林 1953：22］
（45）［入江 2007］

て占領当局や日本政府の妨害と弾圧にさらされ、四八年四月には大きな犠牲を払った阪神教育闘争として爆発している。東京でも、「学校教育法一三条二項（学校閉鎖）」の条文を盾にとった朝鮮学校閉鎖の強制執行は同時期に強行され、この動きは四九年以降の同化強要を目的にした朝鮮人学校の「都立」化政策へと続いている。これはわたし自身の認識不足・調査不足かもしれないし、そうであることを願いもするのだが、このような朝鮮人たちの朝鮮語獲得の苦闘に、戦後日本のサークル詩運動が何らかの関与・寄与をしたという事実をわたしは聞かない。

　もちろん他方で、「戦後」の日本にいて日本語のサークル詩に積極的な関わりを持った朝鮮人も絶無なのではない。サークル詩を多く掲載して、「専門的詩人」中心の詩誌『荒地』とはだいぶ様子が違うとされるこの時代の詩誌『列島』には、許南麒という希有な存在が加わっている。[46] また関西では、五三年あたりから金時鐘を中心に大阪朝鮮詩人集団「ヂンダレ」が形成されている。だからそれらの営みについてもその重要な意味を想い心に刻むことはもちろん必要であるけれど、しかしそのことは、日本語使用にかかわる植民地主義的な特権性を疑うことなくひたすら「民族の自由を守れ」と歌っていた日本のサークル詩運動の視野狭窄を、決して正当化するものではあるまい。日本の「戦後」において詩を考えようとするなら、やはりそのあたりからあらためて真剣に考え議論しなければならないのではないか。本章の考察を踏まえれば、「植民地主義の総力戦の後に、それに無反省のまま継続させながら、もっぱら日本語のサークル詩を書きつづけることは暴力であった」と、この認識がその出発点に置かれねばならないのは間違いない。

（46）この点に関する重要な開拓的論考として［岩崎 2005］。

# 第三部　「戦後言論」の生成と植民地主義の継続——岐路を精査する

# 第五章　戦後言説空間の生成と封印される植民地支配の記憶

## はじめに――「国全体の価値の一八〇度転換」？

「戦後民主主義」の精神的支柱とも理解されてきている政治学者丸山眞男の学問上の系譜を継ぐ石田雄は、敗戦から五〇年経った一九九五年に、自らの初発の学問的動機をつぎのように証言している。

私は「わだつみ世代」の一人として「学徒出陣」によって戦争に参加し、敗戦当時は陸軍少尉であった。欧米帝国主義からの「東亜の解放」という戦争目的を信ずる軍国青年として「尽忠報国」の努力をして来た私は、敗戦によってアイデンティティの危機に直面した。国全体の価値が一八〇度転換した戦後の日本で生きる意味を見出すためには、戦前の日本を社会科学的に分析することが必要だと私は考えた。[1]（傍点は引用者）

欧米帝国主義からの「東亜の解放」という戦争目的を本当に信じていた青年が、敗戦に直面してそれを直ちに「国全体の価値が一八〇度転換した」と受け入れたとする証言には、ある種の無惨さの思いがこみ上げるのを禁じえないが、それでももちろん、この時期に思想上の大きな断絶があったという石田の実感を、後に生まれたわれわれが無碍に否定しさることはできない。日本のこの「敗戦」をそのような価値転換の時と受けとめたというのは、確かにそれに始まる時代を「戦後」と認める出発点となっており、過酷な戦争の時代を実際に経験した少なくない人々が、そのような実感を当為に高めて、この戦争志向から転換した「戦後」という価値を大切に育てようと心に決めたというのも決して嘘偽りのない当事者の真実であると認めることができよう。

とはいえ、われわれの視線をもう少し広げて、「敗戦」間もない当の時期に発せられている同時代の思想状況についてのさまざまな発言を検索してみると、反面の事実として一八〇度転換という常識とはまったく食い違った内容の証言が、現にいくつも残されていることに直ちに気づかされる。

ずいぶん早くに口火を切った鶴見俊輔の場合から見てみよう。鶴見は敗戦後ただちに若きアメリカ哲学紹介者として歩み出すが、その彼がそうした哲学研究者の枠を越え直接に自分自身の言葉で語り出した一九四六年の第一声は、「言葉のお守り的使用法について」と題されている。そこで鶴見は、敗戦後の言説状況についてつぎのように述べている。

　「八紘一宇」「肇国の精神」などは、戦争の好きな人の旗印として戦争中にあまりはでにもちいら

（1）［石田 1995：2］

れたため、舞台の回転とともに流行からはずされた。これらにかわって、アメリカから輸入された「民主」「自由」「デモクラシー」などの別系列の言葉がお守り言葉としてさかんにつかわれるようになった。……戦前から戦中にかけて侵略を歓迎したかのようにみえる評論家たちが、「民主」「自由」「平和」をうたったことを見ると、彼らがその間の変化に恥ずかしさを感じない根拠は、彼らがこれらの言葉をお守りとしてつかうことを考え、言葉が変わったとしても内容にはかわりがなくてよいのだという認識に達したものと判断される。(2)（傍点は引用者）

つぎに竹内好の場合を見てみよう。彼は、中国戦線に従軍し中国現地で除隊した後に一九四六年になって帰国し、魯迅紹介者として出発する。その彼が、そうした魯迅研究の枠から踏み出して語る戦後第一声として、四八年に「指導者意識について」という一文を書いている。そこで竹内は、敗戦後に流行する進歩主義についてつぎのような認識を示した。

> 進歩主義は、日本イデオロギイの重要な特徴のひとつだと思うが、それは否定の契機を含まぬ進歩主義であり、つまり、ドレイ的日本文化の構造に乗っかって安心している進歩主義である。……かれらは人民を組織しようとするが、それは人民に自分の命令をきかせようとするだけだ。権威のすげかえをやるだけだ。「エロ・グロ」のなかに抵抗の契機をつかむのではなくて、それを禁止して、そのかわりに「民主主義」を押しつけるだけだ。(3)（傍点は引用者）

そしてもう一人、少し遅れて出発した吉本隆明の場合も見ておこう。彼は敗戦後しばらくはもっぱら詩創作に集中した詩人だったのだが、その吉本が詩人という枠を踏み出して評論を始めたとき、何よりも最初に取り上げた問題は、詩人・文学者たちの戦争責任、とりわけ「戦後文学者」として通用している人々の戦争責任であった。この吉本が、一九五七年の「戦後文学は何処へ行ったか」と題する一文で、つぎのように断言している。

> 戦後十一年の暗い平和にたたかれて変形されたとは云え、わたしのなかには、当時からくすぶっている胸の炎がまだ消えずにのこっている。決して「戦後」はおわっておらず、戦争さえも過ぎてはゆかないのである。わたしはそれを信ずる。戦後文学は、わたし流のことば遣いで、ひとくちに云ってしまえば、転向者または戦争傍観者の文学である。(4)（傍点は引用者）

戦後になって言葉づかいは変わっても、その思想内容は変わっていない。戦後の「暗い平和」においても、戦争は過ぎてゆかない。見られるようにこれらの言葉は、いずれもこのように敗戦直後の言説状況を捉え、そこで人々が戦争の時代の意識をなお引きずり、戦争の時代そのままに語り続けていると主張している。そこでは、あるべき転換も断絶もなお果たされていないという認識である。

鶴見、竹内、吉本といえば、日本の「戦後」という時代に活発に発言して、とても大きな影響を与

（2）［鶴見 1946：③17］
（3）［竹内 1948a：⑥113］
（4）［吉本 1957a：④130］

え続けた当の人物たちと認められようが、その人々が「第一声」をこのように語り出しているということは、それだけでも「国全体の価値が一八〇度転換」という基本認識に大きな疑問符がつくことは明らかである。もちろん、ここに引用した三人の主張は時と文脈を微妙に異にするから、厳密に見ればそれぞれ異なった視角から異なった事象について語っていると考えるのが、おそらく正しい理解である。だから、それぞれの言明が提起している実際の問題は、まったく同じというわけにはいかない。とはいえ、この三つの言明を並べて読んでみて直ちに気づくのは、これらがいずれも「戦後」という時代の始まりの精神態度に触れて語っていることだ。すなわち、「戦後」という時代の迎え方を問題にしているということである。そうであれば、これらはいずれも石田雄の証言にストレートな疑問を投げかけ、そもそも「戦後」という時代の精神的成り立ちそのものをあらためて問いに曝すはずであろう。

アジア太平洋戦争での敗北を基点として生まれた「戦後」の精神には、その成り立ちの基本から問わねばならない問題がなお残されている。そしてそうした問題であれば、間違いなく、われわれがここで「植民地主義の継続」ということを意識しながら考え始めている歴史への問いに結びついている。そこでここではしばらくその「戦後」の始まりに立ち止まって、戦時から戦後へのその岐路を丁寧に再検討することにしよう。これまで価値観の大転換を伴う文字通りの「戦後」と考えられてきたこの時代は、とりわけその精神は、実際にはどのように出発していたのであろうか。またそこには、どんな問題が内包されているのか。第五章のここでは、そうした課題に取り組むことにしたい。

## 一　敗戦への「反省」、総力戦体制の遺産

一九一二年に外務省に入省し、外交官としてロシア・フランス・トルコ・ベルギー大使館などで勤務した後に政界に転身して、戦後には一時期総理大臣までつとめた芦田均は、一九四五年九月四日、第八八回帝国議会衆議院に「大東亜戦争を不利なる終結に導きたる原因竝其の責任の所在を明白にする為政府の執るべき措置に関する質問主意書」を提出し、そこでつぎのように述べている。

近代総力戦に於て優位を獲得するには国民の一人一人をして戦争に責任を感ぜしめざる可らず国民をして其の当面せる戦争を以て軍部及政府の戦争なりと思はしめる如きことあらば近代戦は先づ此の点のみにて敗北する外なし是れ思想戦の重視せらるる所以なりとす（『帝国議会会議録検索システム』衆議院本会議一九四五年九月四日）

この芦田の言葉は、表題が示すとおり戦争の「不利なる終結」（＝敗戦）の「原因竝其の責任の所在を明白にする」ために提出された質問書のなかにあり、その問いの五として、「思想戦の態制に欠くるところありたりと思考せざるや」と問いつつ述べられたもので、「思想戦」という観点からする政府の戦争指導の欠陥に対する批判であったことは間違いない。国民の一人一人をして「戦争に責任を感ぜしめ」ねばならなかったのに、それが十分にはできていなかったという主張だ。明らかにこれは総力戦の首尾よき遂行とそのために必要な国民動員はいかにという観点に立つ反省と批判なのであるが、ここではそれが、敗戦後初めての帝国議会の冒頭で提示されていることに注目したい。「戦後」

の言論は、この「戦中」の思想によって始まっているということである。

この芦田の質問を受け、皇族軍人として敗戦処理を引き受け総理大臣となった東久邇稔彦はそれに「質問主意書に述べられたる所は傾聴に値ひするものあり」と応じ、「今次の大東亜戦争を顧みて戦争遂行上各方面に亙り組織、施策等に幾多遺憾の点あり各方面共之が改善に努めたるも未だ理想とする程度に至らず」として、「今後の施策に万全を期したき所存なり」と答弁している（『同』衆議院本会議一九四五年九月五日）。日本政府としても、戦時の施策遂行に「遺憾」の点があると認め、戦後にはその点の改善をしっかり進めて万全を期すことから始めようというわけだ。この東久邇首相の初発の所信表明、そして、ここで質問をした芦田その人がまた四八年には短期ではあれ総理大臣となって内閣を組織しているのだから、間接占領下でGHQの占領政策に施策の大枠が規定されるとしても、日本政府側の大筋を見るなら戦時から戦後へと同じ語りが続いていて権力と政策思想上の基本的な連続は紛うところがないと見える。ヒトラーの自殺により幕を閉じたナチスドイツ、そしてムッソリーニの銃殺により終焉したイタリアファシズムと対比するまでもなく、帝国日本の方がここで切れていないのはあきらかである。

しかもこの連続ということに関しては、もうひとつ、「戦後思想」のリーダーと見なされてきている丸山眞男その人が、芦田と同様な総力戦に参与する思想を実は「戦中」に語っていたということもここで加えて確認しておきたい(5)。丸山は、一九四三年十一月に発表した「福沢に於ける秩序と人間」（『三田新聞』十一月二十五日号）という論説で、つぎのように述べている。


国民一人々々が国家をまさに己れのものとして身近に感触し、国家の動向をば自己自身の運命と

> して意識する如き国家に非ずんば、如何にして苛烈なる国際場裡に確固たる独立性を保持しえようか。若し日本が近代国家として正常な発展をすべきならば、これまで政治秩序に対して単なる受動的服従以上のことを知らなかった国民大衆に対し、国家構成員としての主体的能動的地位を自覚せしめ、それによって、国家的政治的なるものを外的環境から個人の内面的意識の裡にとり込むという巨大な任務が、指導的思想家の何人かによって遂行されねばならぬわけである(6)。

これは福沢諭吉を論ずる論考からの引用なのだが、公表の日付が、戦争への国民総動員が現に求められていた一九四三年十一月であることにしっかり留意しなければならない。しかもここでは、「国民一人々々が国家をまさに己れのものとして身近に感触」すべきだと言っているのであるから、基本的な主張内容が芦田のそれと確かに重なっていると認められるだろう。なるほど、ここでの丸山の認識も、総力戦の時代にしっかり対応しているわけだ。そしてこれが、「国民大衆」をして「国家構成員としての主体的能動的地位を自覚せしめ」るという主張であるのであれば、それは「自由なる主体」の積極的な政治参与を顕揚していると認められる「戦後」の丸山にも実は矛盾無く接続するではないか。芦田も丸山も、それぞれの形で戦中から戦後へと連続し一貫しているのである。

敗戦直後の時点で敗戦という帰結を生んだ戦時体制、とりわけその思想戦の不備についての批判を

（5）丸山眞男の政治思想と総力戦体制との関わりをめぐって、立ち入った内容については、拙著『大塚久雄と丸山眞男　動員、主体、戦争責任』（新装版［中野 2014］）を参照されたい。

（6）［丸山 1943：② 220］

意図した芦田の発言は、総力戦の思想をそのままに語るものであった。同じことが丸山についても言えて、国民総動員の時代に形成された思想が「戦後」の啓蒙へと確かに連続している。すなわちここに見えているのは、「国家構成員としての主体的能動的地位を自覚せしめ」るという同じ国民的主体性の言説が、戦時には「国民総動員」の主張となり、戦後には「国民的民主主義」の主張にもなっているということである。しかもそれを語っているのが、芦田と丸山という、この時期に思想を語る中心にいた二人の人物であれば、思想史の問題としてこれは決して無視できない事態であると認めねばならないだろう。

そうだとすれば、戦争が終結したまさにそのときに確認できるこのように明らかな思想上の連続の事実については、それと「国全体の価値が一八〇度転換した」という石田証言にあるそれ以後に生まれた断絶という実感との関係が立ち入って問われよう。この事実としての連続と実感としての断絶の両立は、いったいどのようにして実現したのか？　その過程で、どのようなことが生起し、何が隠されてしまったのか？

## 二　ポツダム宣言の条件と天皇制民主主義という思想

### ポツダム宣言の条件

よく知られているように、アジア太平洋戦争における日本の敗戦は、一九四五年七月二六日にイギリス、アメリカ合州国、中華民国政府首脳の連名で発せられたポツダム宣言の受諾によってその性格が定まっている。このポツダム宣言受諾については、それを「日本の無条件降伏」として捉える理解が一般に流通してきた。しかしこの理解については、敗戦の前後に外務大臣をつとめ、米戦艦ミズーリ号上で行われた降伏文書の調印にもその立場から政府代表として参加した重光葵が、少し後の改進党憲法調査会の会合（一九五四年）でつぎのように語っている。

> ポツダム宣言にはご承知の通りいろいろな条件がある。軍隊は無条件に降伏すべしと書いてある。しかしその他はいろいろな条件が羅列してある。軍隊は無条件降伏するということをこちらが承諾したことは現実の事実であります。しかしその他の条件は、ポツダム宣言によって日本は降伏するということであるから、日本から見ればポツダム宣言以上のことを要求する場合においては、当然ポツダム宣言の条件が守られたものでない、こう言えるわけであります(7)。

確かにポツダム宣言は米・英・中三国の政府首脳の名で公式に発表され、日本はそれの受諾をソ連を加えた四ヶ国に対し外交ルートを通じて伝えているのだから、その内容は国際的に保証され、各国はそれぞれそこに示された条件に責任を持たねばならない。それは、「何でも無条件に受け入れる」という意味での「無条件降伏」などでなかったのは明らかなのだ。重光はそれを語っている。

そこで、敗戦の意味を正確に押さえてその影響を考えておくために、ポツダム宣言の基本部分の条項をここで確認しておこう。原文はもちろん英語で、日本語のものは当時の外務官僚によるずいぶん

（7）〔重光 1954：5〕

生硬な翻訳だが、これもまた歴史的文書なのでそのまま見ておきたい。（引用は国会図書館ＨＰ「日本国憲法の誕生」より）

（一〜三　略）

四、無分別ナル打算ニ依リ日本帝国ヲ滅亡ノ淵ニ陥レタル我儘ナル軍国主義的助言者ニ依リ日本国カ引続キ統御セラルヘキカ又ハ理性ノ経路ヲ日本国カ履ムヘキカヲ日本国カ決意スヘキ時期ハ到来セリ

五、吾等ノ条件ハ左ノ如シ
吾等ハ右条件ヨリ離脱スルコトナカルヘシ右ニ代ル条件存在セス吾等ハ遅延ヲ認ムルヲ得ス

六、吾等ハ無責任ナル軍国主義カ世界ヨリ駆逐セラルルニ至ル迄ハ平和、安全及正義ノ新秩序カ生シ得サルコトヲ主張スルモノナルヲ以テ日本国国民ヲ欺瞞シ之ヲシテ世界征服ノ挙ニ出ツルノ過誤ヲ犯サシメタル者ノ権力及勢力ハ永久ニ除去セラレサルヘカラス

七、右ノ如キ新秩序カ建設セラレ且日本国ノ戦争遂行能力カ破砕セラレタルコトノ確証アルニ至ルマテハ聯合国ノ指定スヘキ日本国領域内ノ諸地点ハ吾等ノ茲ニ指示スル基本的目的ノ達成ヲ確保スルタメ占領セラルヘシ

八、「カイロ」宣言ノ条項ハ履行セラルヘク又日本国ノ主権ハ本州、北海道、九州及四国並ニ吾等ノ決定スル諸小島ニ局限セラルヘシ

九、日本国軍隊ハ完全ニ武装ヲ解除セラレタル後各自ノ家庭ニ復帰シ平和的且生産的ノ生活ヲ営ムノ機会ヲ得シメラルヘシ

十、吾等ハ日本人ヲ民族トシテ奴隷化セントシ又ハ国民トシテ滅亡セシメントスルノ意図ヲ有スルモノニ非サルモ吾等ノ俘虜ヲ虐待セル者ヲ含ム一切ノ戦争犯罪人ニ対シテハ厳重ナル処罰加ヘラルヘシ日本国政府ハ日本国国民ノ間ニ於ケル民主主義的傾向ノ復活強化ニ対スル一切ノ障礙ヲ除去スヘシ言論、宗教及思想ノ自由並ニ基本的人権ノ尊重ハ確立セラルヘシ

十一、日本国ハ其ノ経済ヲ支持シ且公正ナル実物賠償ノ取立ヲ可能ナラシムルカ如キ産業ヲ維持スルコトヲ許サルヘシ但シ日本国ヲシテ戦争ノ為再軍備ヲ為スコトヲ得シムルカ如キ産業ハ此ノ限ニ在ラス右目的ノ為原料ノ入手（其ノ支配トハ之ヲ区別ス）ヲ許可サルヘシ日本国ハ将来世界貿易関係ヘノ参加ヲ許サルヘシ

十二、前記諸目的カ達成セラレ且日本国国民ノ自由ニ表明セル意思ニ従ヒ平和的傾向ヲ有シ且責任アル政府カ樹立セラルルニ於テハ聯合国ノ占領軍ハ直ニ日本国ヨリ撤収セラルヘシ

十三、吾等ハ日本国政府カ直ニ全日本国軍隊ノ無条件降伏ヲ宣言シ且右行動ニ於ケル同政府ノ誠意ニ付適当且充分ナル保障ヲ提供センコトヲ同政府ニ対シ要求ス右以外ノ日本国ノ選択ハ迅速且完全ナル壊滅アルノミトス

見られるようにここでは、軍国主義の駆逐とそのための占領を宣言し、カイロ宣言に触れて朝鮮、台湾、南洋群島の独立と日本領土の範囲を限定確認し、軍隊の武装解除と戦犯の処罰、民主主義の強化、言論・宗教・思想の自由、基本的人権の尊重の確立を言い、軍備を除く経済活動の再開を支持し、日本国軍隊の無条件降伏が確認されている。と見ると、ここには戦後日本にとって確かに重要な諸条件が具体的に指示されている。重光が言うように、無条件の降伏ではなく条件はあったのであり、そ

こには重要な項目が含まれていた。

そのなかで当時特別に重要視され問題となったのは、「十二、前記諸目的カ達成セラレ且日本国国民ノ自由ニ表明セル意思ニ従ヒ平和的傾向ヲ有シ且責任アル政府カ樹立セラルルニ於テハ聯合国ノ占領軍ハ直ニ日本国ヨリ撤収セラルヘシ」という項目だった。これこそが、敗戦後に建てられるべき政府の性格そのものに関わるからである。そこで、宣言の受諾交渉に当たって日本側は、この項目に関連した条件をつけている。すなわち、八月十日に最初に宣言受諾の意思を伝達した際に日本政府は、「天皇の国家統治の大権を変更するの要求を包含し居らさることの了解の下に受諾す」という留保条件をつけたのである。これは、「国体」の核として天皇主権をあくまで守ろうとする日本側の意思を示していた。それに対しバーンズ米国務長官は連合国を代表して、「最終的の日本国の政府の形態は、ポツダム宣言に従い、日本国民の自由に表明する意思により決定せらるべきものとす」と回答する。この回答は天皇主権を直接的に確認するものではなかったから、これに対しても主に軍関係者から受諾反対論が出されたのだが、それでよしとする昭和天皇の決断があって、八月十四日に日本政府はこれの受け入れを連合国側に通告している（参照：国会図書館ＨＰ「日本国憲法の誕生」（資料と解説　第1章　戦争の終結と憲法改正の始動Ⅰ－6ポツダム宣言受諾に関する交渉記録））。

このように、ポツダム宣言には実際にいくつかの条件が明示されており、その条件についてのやりとりもあった。それにもかかわらず、それが「無条件降伏」として広く理解され受けとめられてきた事実は、戦争終結後の日本の精神状況にとってやや特別な意味を持ったと考えねばならない。そもそもそれが「無条件降伏」なのではなく、むしろポツダム宣言の示す条件として「日本国の政府の形態」は「日本国民の自由に表明する意思により決定せらるべきもの」と指定されている事実が広く確認されていたのなら、そのあるべき「政府の形態」についての一般的議論が、戦後という時期にもっとさまざまに起こっていた可能性があるわけだ。日本政府もGHQも、それがポツダム宣言の条件なのだから、「日本国民の自由に表明する意思」を妨げてはならないはずだった。

しかし実際は、「無条件降伏」というのが一般的理解で、それが占領とその検閲制度への被害者意識とともに議論をむしろ萎縮させる効果をもたらしたように見える。再建された日本共産党もはじめは「天皇制の打倒」を強く主張していたのだが、次第に融和的に転じて、この時期にその主張が大きく広がることはなかった。この共産党に関しては、後述する（第七章参照）。また、「天皇制ニ代ヘテ大統領ヲ元首トスル共和制ノ採用」を根本原則として掲げる高野岩三郎の「改正憲法私案要綱」も作られはしたが、広い支持を得るには到らなかった。ここで議論が沸騰しなかったことは、日本政府にとってもGHQにとっても民衆統治の観点からして実は好都合なことだったと考えられる。

### 戦後体制への準備

もっとも他方で、ポツダム宣言がそれ自体の条件の内に「日本国民の自由に表明する意思」を求めるという内容を含んでいた事実は、ある特定の人々に集合的な意見形成への行動を促したという意味で、戦後日本の精神状況に重要な意味を持ったということにここでは注目しておきたいと思う。この点に関してはたった今触れた重光葵が、敗戦の前後に外務大臣をつとめてポツダム宣言の内容を熟知しており、その認識の下に行動したことが重要であったと考えられる。

東京帝大法学部長を務めた後に文部省学校教育局長に転じ、第一次吉田内閣では文部大臣にもなった田中耕太郎の証言[8]に拠れば、戦局が悪化し敗色が濃厚になったころから東京帝大法学部の教員何名かは「手分け」して元老重臣たちを訪ね、時局について意見を述べたと言う（終戦工作）。田中自身も南原繁などと連れだって若槻礼次郎や近衛文麿、原嘉道などと会っている。また、それとは別に四四年末頃からは、西田幾多郎を名目上の会長として、安倍能成、志賀直哉、和辻哲郎、山本有三、谷川徹三、田中耕太郎らが、重光葵外相の官邸で重光の秘書官であった加瀬俊一を交え、「終戦の促進と敗戦後の国家の体制」について二週間にいちど程度の会合を持っている。出発の経緯からして重光外相が実際に後ろ盾となっていたこの会は、会合の会場であった外相官邸の所在地の町名を取って「三年会」と呼ばれた。この「三年会」が敗戦（ポツダム宣言の受諾）とともに拡充されて会員数十人の「同心会」となり、「右にも左にもかたよらない高級な文化雑誌」の発刊をめざすとして岩波書店にその企画を持ち込んで、それが一九四六年一月に創刊された雑誌『世界』として実現している。

また、経済官僚として戦後経済政策に深く関与し後に外務大臣までつとめた大来佐武郎の証言に拠れば、このような「同心会」の動きとは別に、外務省関係では当時「大東亜省」と呼ばれた部局で敗戦間際に「戦後経済の研究」への密かな模索があり、それが大東亜省総務局長だった杉原荒太などを中心に研究会を作る動きとなって、大内兵衛、蝋山政道、中山伊知郎などに呼びかけられた第一回の会合が一九四五年八月一六日（「玉音放送」の翌日！）に総務局長室で開催されている。これには、やや遅れて有沢広巳、宇野弘蔵、山田盛太郎、脇村義太郎、都留重人などが参加しており、『世界』初期号の目次を見ると、「同心会」に加えて、この経済政策研究を中心に形成されたグループがまた『世界』創刊時の執筆陣のもうひとつの核になっていると分かる。こちらのグループのことについては、本書次章で改めて触れることにする。

ここでまず注目したいのは前者の「同心会」グループのことである。このグループは、そのメンバーの多くがやがて一九四八年に安倍能成や武者小路実篤らが中心となって創刊した雑誌『心』に執筆拠点を移していくので、その事後の観点から「心グループ」などと呼ばれたりもしているのであるが、見てきたような初発の経緯からすればむしろ「重光グループ」と呼んだ方がグループ形成の当初の意味が理解しやすいところのグループである。雑誌『世界』の初期編集者であった吉野源三郎によれば、そのグループにはつぎのような人々が含まれている。(10)

中心人物……安倍能成、志賀直哉、武者小路実篤、山本有三、和辻哲郎、田中耕太郎、谷川徹三
文化科学……津田左右吉、鈴木大拙、小泉信三、大内兵衛、今井登志喜、高木八尺、横田喜三郎、務台理作、戸田貞三、児島喜久雄、柳宗悦
自然科学……仁科芳雄、田宮猛雄、石館守三
ジャーナリズム……石橋湛山、関口泰、松本重治
作家……広津和郎、長与善郎、里見弴、
画家……安田靫彦、小林古径、梅原竜三郎、安井曾太郎

吉野はこの顔ぶれについて「当時の文化団体としては最高」と誇るのだが、確かにこれを見ると「同

（8）〔田中 1984：367-368〕
（9）〔大来 1972：276-277〕
（10）〔吉野源三郎 1989：64〕

心会＝心グループ＝保守派」という通例の評価には納まりきれない陣容で、当時の文化状況全般に影響を及ぼすような広い範囲の重要人物を包含していたと分かる。そしてそこで共有されていた初志については、四六年一月から発刊されている雑誌『世界』の初期号に寄せられたこのグループのメンバーによる諸論考が、それを如実に語っていると認められる。

### 『世界』初期号と天皇制民主主義の思想

『世界』初期号にならぶ「同心会」グループらの論考はつぎのようなものである。

| | | |
|---|---|---|
| 創刊号 | 発刊の辞 | 田中耕太郎 |
| | 剛毅と真実と知慧とを | 安倍能成 |
| | 民主主義と我が議会制度 | 美濃部達吉 |
| | 直面するインフレーション | 大内兵衛 |
| | 封建思想と神道の教義 | 和辻哲郎 |
| | 国際民主生活の原理 | 横田喜三郎 |
| 二月号 | 新政治理念と自然法 | 田中耕太郎 |
| | メレオン島の悲劇 | 安倍能成 |
| 三月号 | 日本歴史の研究に於ける科学的態度 | 津田左右吉 |
| 四月号 | 建国の事情と万世一系の思想 | 津田左右吉 |
| | 茶器 | 柳宗悦 |

さすがに創刊号に集中しているが、二月号以降にもずっと続くこれらを通覧すると、いずれもがかなり端的にその執筆意図を表明していて、それらが連携して同じ方向に議論の流れを作っていこうとしていることがよく分かるものとなっている。ここでは、それらの論考が提示する論点をできるかぎり直接に確認してみよう。

まず、『世界』創刊号の冒頭に置かれた「発刊の辞」だが、これは田中耕太郎によって書かれている。発刊の意図を公示するこれは、戦時に文化が「正しい軌道からはづれた」と指摘し、その認識の下で今や「文化国家建設の第一歩が踏み出されねばならぬ」と主張して、それがめざすべき方向を、それゆえ新雑誌『世界』が進もうとしている道を、つぎのように述べている。

連合国の指令する民主主義、個性の尊重、言論信仰の自由、世界の平和等は夫々けっこうである。併しそれは単に戦勝国の戦敗国に対する指令たるが故にでなく、それが人間本性の要求と天地の公道とに根ざすが故であり、この趣旨は既に炳として明治維新に於ける五箇条の御誓文の宏謨に示されて居る。(『世界』四六年創刊号、五—六頁)

ここには、ポツダム宣言により指令された民主主義の実現などの方向が、日本ですでに意識されていた理想と矛盾せず、とりわけ明治天皇が提示したとされる「五箇条の誓文」の思想と一致するという主張が述べられている。新雑誌『世界』は、それを公示するべく創刊された。そこにこそ、「日本国の政府の形態」についての「日本国民の意思」がすでに示されている。「発刊の辞」はそう語っているのである。

そこでここから『世界』創刊号をさらに読み進めると、そのような主張は、確かに「同心会」メンバーの名前が並ぶ創刊号諸論文に通底するものと見てよいと分かる。それを明示する箇所を創刊号から二つ取り上げる。


美濃部達吉（「民主主義と我が議会制度」）

実に皇室こそは我が建国以来の歴史に於て常に我が国家の中心を為したものであり、若し此の中心にして失はれるとするならば、長年月に亙り我が国内は徒に動乱に動乱を重ぬるのみで、新日本の建設の如き思ひもよらぬところであることは、火を見るよりも明らかであると信ずる。（『世界』四六年創刊号、二二頁）

和辻哲郎（「封建思想と神道の教義」）

天皇統治の伝統はあらゆる世界宗教を寛容に摂取し、我国に於て十分に発展せしめることを顕著な特徴としてゐる。偏狭な閉鎖性は我国体に戻るものである。従ってこの十数年の不幸な誤謬の責任を天皇統治の伝統に負はせることは、明かに誤りと云ふほかはない。（『世界』四六年創刊号、五七頁）

また、これに続く『世界』第二号（二月号）では、田中耕太郎がつぎのように述べている。

田中耕太郎〔「新政治理念と自然法」〕
今後言論及び結社の自由と共に、政党の乱立状態を招来すること必然である。斯かる状態に直面して平和と秩序の維持が政治生活上最大の急務になって来る。此の為には日本君主制の維持が絶対の要件となる。（『世界』四六年二月号、二一頁）

見られるように、「火を見るよりも明らか」、「明かに誤り」、「絶対の要件」などと、極端に強い表現をもって口々に語られているその思想は、戦時にあった絶対主義的な国体論とはもちろん異なるものだが、しかし自由で寛容な社会の秩序維持にとって、それゆえ民主主義にとって、天皇制の維持が不可欠であると口を揃えて主張している。すなわちこれは、民主主義を指令するこの時の超越的権力であったポツダム宣言およびGHQを意識して、それに訴えかけるかのように日本国政府の形態について語る「同心会」グループの、それゆえ雑誌『世界』初期号の、一致した志向を確かに示していると認められよう。

『世界』初期号の天皇制論といえば、一般には第四号（四月号）に掲載された津田左右吉「建国の事情と萬世一系の思想」が有名で、その天皇制の擁護論は発表された際にすぐに大きな話題となって雑誌『世界』が広く注目されるひとつの契機ともなり、それ以降も「戦後リベラル」を代表する雑誌『世界』において異彩を放つ論考として繰り返し語られるようになった。しかし、見てきたように『世界』初期号掲載の諸論考にとって民主主義と天皇制の両立を主張することが共通する問題意識であったと確認できるならば、それに続く津田論文も、実はそれと異質なのではなく、むしろその共通のラインに従って書かれていることがはっきり見えてくるはずである。津田論文はこう言っている。

津田左右吉（「建国の事情と萬世一系の思想」）
二千年の歴史を国民と共にせられた皇室を、現代の国家、現代の国民生活に適応する地位に置き、それを美しくし、それを安泰にし、さうしてその永久性を確実にするのは、国民みづからの愛の力である。国民は皇室を愛する。愛するところにこそ民主主義の徹底したすがたがある。（『世界』四六年四月号、五四頁）

この論考を『世界』誌上に掲載するにあたって、それが国粋主義的「国体護持」の論拠として利用されるのを危惧したという吉野源三郎は、『世界』担当の編集者としてわざわざ津田の疎開先であった平泉まで出かけて論述の調整を図ったと証言している。[11]そのことが論の内容にどれほど影響を与えたかは確定できないが、ともあれ『世界』誌上に掲載されたこの形では、天皇制民主主義という「同心会」―『世界』初期号の路線的枠組みを踏み外すことなくうまくまとまっていると認められるだろう。

新雑誌『世界』は、一九四六年一月の創刊号から初刷り八万部が発売されてそれがすぐに売り切れになり、総合雑誌としてまさに順調に成功の道を歩み始めた。その初期号においていくつも「天皇」が論じられ、その上で四月号の津田左右吉による天皇論がとくに話題になり、他方では戦時を「超国家主義」として批判する五月号の丸山眞男「超国家主義の論理と心理」などがまた話題になることで、同年九月号の頃には二八万部の注文を受けるまでに成長している。[12]この影響は大きく、かくて『世界』は「戦後論壇」の中心のひとつを作り上げたと言うことができる。

しかもここに示された天皇をめぐる議論の形は、この時ただ『世界』誌上だけに留まっていたのではなかった。一九四五年十二月に東大総長に就任した南原繁は、敗戦後の最初の「紀元節」である四六年二月十一日に「新日本文化の創造」と題する総長講演を行っており、それがまた新聞などで報道されて広く話題になったのである[13]。南原はその結語でこう言っている。

南原繁（「新日本文化の創造」一九四六年二月十一日）
われわれは今日をもって記念し表徴せられるわが建国の神話と歴史に盛られた意味——われらの遠き祖先の懐抱した理想を思い、ことに身躬ら衆に先んじて昭和維新の精神的革命の範となり給うた皇室を戴き、古き伝統に新しき精神を接木して、我が民族の真の永遠性と世界に於ける神的使命を見出し、一致団結して新たな「国生み」——新日本の建設と新日本文化の創造に向って、堅き決心をもって邁進しようではないか[14]。

（11）［吉野源三郎 1989：129］
（12）［岩倉 2022：90］岩倉に拠れば、『世界』九月号には二八万部の注文があったのだが、戦後の用紙事情の悪さからその注文すべてに応ずることはできなかったという。
（13）この南原繁の紀元節講演については、二〇二一年の社会思想史学会大会におけるセッション「戦後思想再考」での三島憲一報告（「南原繁の紀元節演説　新たなる出発のなかの古色蒼然たる基調——それは文化的自己反省になりえていたのか?」）に重要な示唆を得た。
（14）［南原 1946：⑦ 32-33］

『朝日新聞』は、翌二月十二日朝刊の第二面でこの南原講演のことを大きな囲み記事でかなり詳細に伝え、その同じ紙面で、新たに認められることになった女性の参政権に関連して女性の比較的多い職場を選んで行った政治意識調査の結果を報告している。[15] その意識調査報告では、一方で、政党支持や望ましい指導者像に関連して共産党の支持の高さとその顔となっていた野坂参三の人気の高さを認めながら、他方では、「天皇制は圧倒的に支持」との大きな見出しを掲げて天皇制の維持が広く支持されていると伝えている。「同心会」に集った知識人たちを中核とし、新雑誌『世界』を一つの大きな拠点としつつ、民主主義は尊重するけれど天皇制は維持するという形での既存体制の継続を主張する言説の組織化は進み、そのときにそれを支持する社会的基盤は確実に広がっていたということである。

そうだとすれば、かの「国全体の価値が一八〇度転換した」という意識は、ここにどのようにして形成されるのか？

## 三 「八月革命」という神話——構成された断絶

### 遅れて生まれた革命言説

そもそも、敗戦によって日本は大きく生まれ変わったという「断絶」の意識が戦後日本でかなり広く共有されてきたことについては、丸山眞男と宮沢俊義という二人の「戦後民主主義者」の言説が大きく関与したとされている。この二人は、同じ一九四六年五月に「超国家主義の論理と心理」（丸山眞男『世界』五月号）と「八月革命と国民主権主義」（宮沢俊義『世界文化』五月号）という論文をそれぞれ発表し、敗戦の日＝一九四五年八月十五日を一大変革の日と認める共通の主張によって敗戦後の人々の心を強く捉えたからである。

丸山眞男（「超国家主義の論理と心理」、『世界』五月号）
日本軍国主義に終止符が打たれた八・一五の日はまた同時に、超国家主義の全体系の基盤たる国体がその絶対性を喪失し今や始めて自由なる主体となった日本国民にその運命を委ねた日でもあったのである。(16)

宮沢俊義（「八月革命と国民主権主義」、『世界文化』五月号）
終戦によって、つまり、ひとつの革命が行はれたのである。それまでの神権主義が棄てられ、新たに国民主権主義が採用せられたのである。この事実に着目しなくてはならぬ。ここで日本の政治は神から解放せられた。(17)

あまりにも有名になった丸山論文と宮沢論文のこれらの一節は、戦後日本に生きた人々に新たな民主

（15）『朝日新聞』一九四六年二月十二日朝刊
（16）［丸山 1946：③ 36］
（17）［宮沢 1946：68］

主義の時代の出発を実感させてくれる準拠標として、確かに重要な意味を持ったと言える。

ところが、米谷匡史らの丸山眞男研究によれば、「八・一五の日」を境とする「断絶」という丸山のこの認識が、実は、新憲法の骨格が「憲法改正草案要綱」として発表された一九四六年三月六日以降になってはじめて生まれたものだと分かってきた。[18] 丸山自身の後年の回想でも確認されているように[19]、戦時の丸山は「一君万民」思想としての天皇制に一定の評価を与えており、戦後になっても、最初期には立憲君主制をよしとするその考えの枠内で、東京帝国大学のなかに組織された憲法研究委員会（委員長　宮沢俊義）での憲法改正に関する討議にも参加していた。このような丸山が、ようやく「主権在民」と「象徴天皇制」を基調とする憲法改正を本当に現実的なものと考え出したのは、GHQ民政局起草の草案をベースとしたこの「憲法改正草案要綱」の発表に接した後のことだったというのである。すなわち丸山は、この三月の時点ではじめて到達した自分自身の認識を前年の八月にまで遡らせて、「八・一五革命説」を唱えたということになる。

また、宮沢俊義についても、その議論は「憲法改正草案要綱」に遅れて出されているのだが、しかし「八月革命」という言葉でそれを表現したために、その大きな変化を追認するのに重要な効果を持ったと考えなければならない。もちろん憲法学者である彼が、「国民主権主義」と「神権主義」とは「論理的に相容れない」と指摘して、その原理の違いを明確に区別するよう教えている点は、この時期に比類のないシャープな認識と認められる。その点の確認は重要だ。とはいえ、それを説明するのと同一箇所で宮沢は、「勿論、国民主権主義が当然に君主制を、従って日本でいへば天皇制を否定するとはかぎらない。そこで君主制・天皇制をみとめることは十分可能である。その君主が相当に強大な権力を与へられることも決して不可能ではない[20]」と言って、現実の政体が採りうる多様な可能性を指摘しているのである。すなわち宮沢は、「国民主権へ」という敗戦がもたらした社会原理の変化を「八月革命」とまで言って評価しつつ、他方では、事実として眼前で進行する新憲法に向けたGHQと日本政府の動向そのものを「決して不可能ではない」として追認し、現実としてはそこに進んでいる象徴天皇制という政体の形を受け入れていると認めなければならない。

丸山と宮沢の議論におけるこのような事実は、戦後日本の精神形成にとって重大であろう。戦後民主主義の原点とも目される丸山や宮沢の議論そのものが、占領軍が主導し天皇を含む日本側の為政者たちが加担して（「日米の抱擁」！）[21]作られていく戦後秩序、その核となる新憲法の形成に発端から出遅れていたばかりか、むしろそこに事実として作られていく戦後秩序を「革命」の所産として正当化し受容するものとして登場したことになるからである。

もちろんそこで丸山や宮沢が意図したのは、たとえ占領軍の主導で進んでいる事態がそうであっても、憲法改正の意味が天皇主権から国民主権へという主権の移譲であることを「日本国民」の側から確認し、その正当性の根拠を敗戦の事実に遡及させて、日本国民の主体としての自覚を促そうというものであったとしてもよいかもしれない。とはいえ、例えば石田雄がそう受け止めたように、この戦後民主主義の始まりの言説は、国全体の価値が一八〇度転換した「革命」＝「断絶」の実在を人々に

（18）［米谷 1997：36ff.］また［丸山 1989b：64］
（19）［丸山 1989a：29］
（20）［宮沢 1946：67］
（21）［Dower2000］

説くことで、そこに生まれた戦後秩序をそのまま受容させ、その背後にあるつぎのような連続の現実からむしろ目を逸らせて、この連続を包容する道を開いてしまったと考えられるのである。

## 天皇制民主主義という政体

そもそも、敗戦と国家主権ということで言えば、当時の天皇制と「国体」の存廃をめぐる事態の推移を見逃すことはできない。「国体護持ノ建前ヨリ最モ憂フルヘキハ敗戦ヨリモ敗戦ニ伴フテ起ルコトアルヘキ共産革命ニ御座候」として早期の戦争終結を説いた「近衛上奏文」(一九四五年二月十四日)を持ち出すまでもなく、戦争末期にようやく生まれた敗戦を認める戦争終結への動きは、天皇周辺やそれに近い支配層にあって、まずは「国体」が内側から崩壊するという危機感に動機づけられていた。その状況のなかで、ポツダム宣言の受諾という選択は、天皇をはじめとする為政者たちにとって「国体」を賭したひとつの賭けであったに違いない。

しかもこの賭けは、ポツダム宣言の条件にも明らかなように、敗戦の時点で直ちに決着を見たのではなかった。事実、占領が始まった後の時期になっても、天皇裕仁の戦争責任を厳しく追及するアメリカ国内や連合国の世論を背景に[22]、政体としての天皇制の帰趨はなお予断を許さない状況が続いていて、GHQが最終的に天皇訴追せずと決定しえたのはようやく四六年一月に入ってからのことだと分かってきている[23]。この間に、前節で見たような新雑誌『世界』初期号に顕れる天皇制擁護の世論形成への準備が始まっていたわけだが、この時期に他方で共産党以外のところから天皇制廃絶の主張がもっと強く公然と起こっていれば、事態が別様に動いた可能性もないわけではなかった。

このような天皇制＝「国体」の存廃をめぐる攻防から考えると、つづく三月に発表された「憲法改正草案要綱」は、日本政府が準備したいわゆる松本案などに比べれば明らかに進んだ民主主義への志向を基調にしていたとはいえ、他方では、そのように天皇訴追問題の決着がつき、天皇制の維持がようやく確定した結果としてできあがった産物と見なければならない。(24)

「天皇制民主主義」(J・ダワー)、君主制に民主制を接ぎ木したこの奇妙な政体の成立は、それゆえ「国体」が護持されているという解釈を十分可能にしていたし、天皇の権威を利用して円滑な占領統治を完遂しようと決めたGHQも、天皇制と民主主義とが矛盾しないという解釈を最大限に求めていた。このためGHQは「民主化された天皇」のイメージをアピールするべく自らいくつもの演出を

(22) 一九四五年九月十六日にアメリカ合州国議会上院では「日本国天皇ヒロヒトを戦争犯罪人として裁判に付すこと」が決議されていた。

(23) マッカーサー自身は当初より天皇制を利用する志向を持っていたようだが、とはいえその最終的な態度表明は、四六年一月二十五日にアイゼンハワー陸軍参謀総長宛に発信された極秘電報によって本国に伝えられたとされている。これはその直前の一月二十二日に統合参謀本部からマッカーサー宛に送られた電報を意識したものであり、その電報では、ロンドンの戦争犯罪委員会でオーストラリア代表が天皇裕仁を含む戦犯リストの作成を始めたことが伝えられている。[吉田 1992:80]、[中村 1989:168]

(24) 『世界』の編集長だった吉野源三郎の証言に拠れば、GHQは新憲法のGHQ草案をまとめる四六年二月のぎりぎりまで天皇制存続の形について各方面からの意見聴取を続けていた。吉野自身も、それについて意見をもとめられた際に、「明治以来確立されてきた権力機構としての天皇制」さえ廃止になるならば「皇室の存続にかかわる重大な問題は生じない」と答えていて、『世界』が組織していた天皇制民主主義にかかわる意見はGHQに直接に伝わっている。また吉野は、GHQ草案に盛り込まれた象徴天皇制の「象徴」という表現について、津田左右吉の意見具申との関わりを推定している。[吉野 1989:187]

行っていて、その内のひとつとして企画されたのが、GHQ民間情報教育局顧問のハロルド・ヘンダーソンが原案を起草したとされる、いわゆる「天皇の人間宣言（年頭詔書）」の発表であった。(25)

この年頭詔書において昭和天皇は、ヘンダーソン起草の原案には無かった「五箇条の誓文」の全文引用を自ら冒頭に書き加え（この加筆そのものがいかに実現したか、天皇自身の意向がどれほど働いて、日本政府関係者や天皇の側近グループがどのように動き、その他の人々のいかなる関与があったのかについては、必ずしも定かではない。）、ともあれ「萬機公論ニ決スヘシ」とする明治天皇の意志が民主主義と直接につながっていると主張することに成功する。それによって、始まろうとしている「民主主義」が天皇制の下に整序され正統化されたわけだ。これに対して、詔書発出に強く関与していたGHQとマッカーサーは、直ちにこれを「人間宣言」として歓迎する声明を発表し、天皇制下の民主主義という連続の形がここにいよいよ固まっていくことになった。

このような準備過程があって、「象徴天皇制」という形での天皇制民主主義のGHQ憲法草案が準備され、それを基礎として日本政府の憲法改正草案要綱が策定されて、憲法改定の審議プロセスが始動する。であればこそ、その審議の過程を見ても、以上の準備段階での経緯がしっかり反映されているのは明らかである。一九四六年六月二十五日、衆議院本会議において、「帝国憲法改正案（日本国憲法）」をめぐる質疑に提案責任者として答弁に立った首相吉田茂は、新憲法の示す政体の形をつぎのように趣旨説明している。

　君主政治と民主政治との関係如何と云う御尋ねでありますが、日本の憲法は御承知の如く五箇条の御誓文から出発したものと云っても宜いのでありますが、所謂五箇条の御誓文なるものは、日本の歴史、日本の国情を唯文字に現はしただけの話でありまして、御誓文の精神、それが日本国の国体であります、日本国そのものであったのであります、此の御誓文を見ましても、日本国は民主主義であり、「デモクラシー」そのものであり、敢て君権政治とか、或は圧制政治の国体でなかったことは明瞭であります、……故に民主政治は新憲法に依って初めて創立せられたのではなくして、従来国そのものにあった事柄を単に再び違った文字で表はしたに過ぎないものであります(26)

あらためて読んでみると、GHQが承認し昭和天皇サイドと連携して作られた天皇制民主主義の正統化の意思とその論理をあけすけに表明したその言い分にむしろ驚かされるが、憲法改正の提案者である日本政府の立場として公式にはこのように説明されている新憲法体制を、戦後民主主義者たちは「革命」と呼び（「国全体の価値が一八〇度転換」ということだ！）、その断絶の神話の下にいくつもの連続の現実を見ないで済ませてきたのではなかったか。

(25)『毎日新聞』二〇二〇年一月五日
(26) 衆議院HP「日本国憲法制定時の会議録」

## 連続する事実

　すると、断絶の神話の下に連続してしまった現実とは、どんなことだろう？

日本の敗戦の意味を考えようとして、残された記録や証言やフィルムなどを見ていると、敗戦時の日本人たちの様子が革命や解放を迎えたときの民衆の様子とはずいぶん雰囲気を異にしていると気づかされることがあるだろう。例えばその差異は、一九四五年八月十五日という同じ日に、太極旗や「独立万歳」のプラカードを持ってソウルの街頭を埋め尽くした朝鮮の人々の歓喜の様子と対比するとき、あまりにも明らかである。あるいはまた、パリの街頭でナチ協力者と見られる女性に怒りをぶつけ、その髪を鋏で切り落としているフランスの人々の戦後と比べても、状況の差異ははっきりしている。そしてさらに、パルチザンによって逮捕、銃殺されミラノの広場に死体を曝されたムッソリーニの末路を伝えるイタリアの戦後を想起するなら、戦争に同様な責任を感じてもいいはずの昭和天皇の全国巡幸に歓呼する日本人たちの戦後の情景が、いかに異質であったのかあらためて痛感させられると思う。内戦や暴力がいいと言うのではないが、日本の敗戦が何をもたらしているかを考えるときに、ここに見えている質の差は決して無視することができない。

　このような情景の相違という事実は、思想史の問題として胸に突き刺さるもう一つの事件につながっている。それは、敗戦を告げる「玉音放送」の日から一ヶ月以上たった九月二十六日に起こった三木清の獄死という事件である。第二章で見たように、共産党が壊滅状態に陥った戦時下の日本において三木は、際だったその思想と行動によりなお批判の精神を保ち続けようとする青年たちに強い影響を与えた思想家のひとりであった。その三木が、官憲に捕らえられ、戦争終結の後になってもあえて救出に向かう者のないままに、獄中において孤独な病死を遂げたのである。この病死は、誰かが意図的に疥癬を伝染させた結果であり、いわば巧妙に仕組まれた抹殺だったと見られている。戦争が終結してひと月以上も経っているというのに、日本人民はその時までに三木を救出することができなかった。

しかも、この三木獄死のニュースを聞いて直ちに動いたのは、日本人ではなく、ロイター通信の記者であった。この記者は、その九月末の時点で三木だけでなくすべての政治犯がいまだに獄中にいるという事実に驚き、取材を始める。その結果、「思想取り締まりの秘密警察はなお活動を続けており、反皇室的宣伝を行う共産主義者は容赦なく逮捕する」と当然のように語る山崎巌内相へのインタヴューに成功し、占領米軍将校向け新聞『スターズ・アンド・ストライプス』紙（十月四日付）に記事を書いた。そしてこの記事が、そこにまで思い至らなかったGHQを動かし、同日に「政治、信教ならびに民権の自由に対する制限の撤廃、政治犯の釈放」というマッカーサー指令が発せられることになったのである。(27) これに対して時の東久邇内閣は、この指令にむしろ驚きそれを実行できないまま翌五日に総辞職する。その結果、替わって成立した幣原喜重郎内閣の下で、ようやく十日に徳田球一をはじめとする約五〇〇名の政治犯の釈放は実現するのである。

通例の現代史理解では、日本の戦後にはその初期に理想主義的な民主改革が進んだ一時期があり、そこに実現した戦後民主主義は、冷戦の影が色濃くなり占領政策が変質するにつれ、やがて「逆コー

（27）［日高 1980：2-4］

ス」の道に入り込んで困難を抱え込んでいった、と語られている。敗戦時に「国全体の価値が一八〇度転換した」と見るというのも、そうした現代史理解の常識に連なっている。しかし、以上見てきたような経緯はそれだけでも、敗戦直後の状況がそれほど単純なものではなく、そこにすでに旧体制を維持しようとする力が、また変革を都合よくねじ曲げ引き戻そうとする力が、あるいはそれをすり抜け利用しようとする力が、さまざまな形で実際に強く働いていたということを示唆している。だからこそ、「断絶」という外見に惑わされることなくしっかり見据えておかなければならないのは、その状況下で実際にはいったい何が連続してしまっているのかである。

### 「穏健派リベラル」という騙り

例えば、天皇と宮中グループ、そして「親英米派」とされた政治家や外交官たちなどが、「穏健派」と呼ばれる一団となって、戦争末期には国体護持のためと戦争終結に動き、敗戦後に東京裁判が始まるやそれに積極的に協力しつつ、「すべての戦争責任を軍部を中心にした勢力に押しつけ、彼らを切り捨てることによって生き残りをはかろうとした」[28]ということについては、今日すでにかなり明らかされてきている。その人々を「穏健派」と呼んだのは戦前に長く駐日アメリカ大使を務めたジョセフ・グルーであるが、このグルーが四四年に著した『滞日十年』という著作は、一外交官の個人記録という範囲をこえて、アメリカ国務省の対日政策に大きな影響を与えたとされている[29]。しかも、マッカーサーその人がグルーと近い関係にあり、天皇制を占領政策に利用しようとするＧＨＱの方針がそのような「穏健派」の存在を求めていたという事情があって、彼らがＧＨＱに取り入りながら影響力を行使しえた場面はかなり広範囲にわたっていたと考えねばならない。幣原喜重郎、吉田茂、芦田均と、敗戦直後のこの時期に外交官出身の総理大臣が続くのも、もちろん偶然と考えることはできないのである。

そしてここで注意しなければならないのは、グルーが描き出し、日本側もそれを利用した「軍国主義者 vs 穏健派」という戦時日本の政治状況を語る構図が、決して絶対的なものではなく、多くは外交と軍事にわたる戦術やタイミングについての些細な意見の相違に過ぎなかったという点であろう。昭和天皇その人がそうであったように、この「穏健派」の人々もまたとりわけアジアにおける植民地帝国日本の覇権の拡張に大きな野望を共有していて、日米開戦に懐疑的だった人々でも、緒戦の段階で挙げられたいくつか戦果に感激して多くは開戦支持にまわったと分かっている。[30] すなわち、「穏健派」という名づけ自体が、実は「国体護持」を名分に天皇とともに戦争責任を回避しようとする彼らの生き残り戦略に好都合だったのであり、それをまたGHQが占領統治に利用したということである。吉田茂という人物がその象徴であるが、このような「穏健派」のなかから戦後の日本政治を動かす保守本流が生まれてきていることは、戦時体制が戦後体制へと連続する最も太い通路の在処を示している。

ところで、佐藤卓己の研究によれば、「軍国主義者 vs 穏健派リベラル」という仮構のこの構図を戦後に自己保身の為に使ったのは、決して以上のような政治の中心にいた人々だけではなかった。それとは別に、戦後には民主主義と自由主義を売り物にするようになる言論出版界、そしてそこに陣取る

(28) 〔吉田 1992：229〕
(29) 〔中村 1989：98〕
(30) 〔吉田 1992：216〕

言論人たちがまた、戦時における自分たちの戦争協力を隠ぺいしあるいは正当化する足場としてこの構図を使っているのである。(31)

佐藤が克明に立ち入って明らかにするのは、戦時の言論統制の本丸として悪名高い内閣情報部のなかで、とくに「日本思想界の独裁者」(清沢冽)とまで名指されて非難のやり玉に挙げられている鈴木庫三という軍人にまつわる事情である。中央公論社、岩波書店、講談社など大手出版社の社史には決まって登場し、「君らのような出版社はいまにでもぶっつぶしてやる」とか威嚇する粗暴な情報将校として描かれてきた鈴木は、佐藤の綿密な調査によると実は、寸暇を惜しんで読書し、酒席での接待や阿諛追従を嫌悪する、生真面目で極めて合理主義的な人物であったという。(32) すると、この伝説と実像の大きな落差を作ったのは、いったい何だったのか。佐藤はこの問いを丹念に追い求め、そこに、粗暴な軍国主義の「剣」により屈服を余儀なくされたリベラルな知性の「ペン」というひどく単純化された被害の構図と、それに依拠して自らの戦争協力を合理化し隠ぺいし免罪を求めた、戦後の言論出版界の巧妙な虚偽とすり替えの詐術を探り当てるのである。戦時をひたすら暴力と退廃をもって描き出し、それとの「断絶」を装うことで延命をはかる、もう一つの連続の形がここにはあったのだ。

昭和天皇にこだわって終戦史を書いた吉田裕は、そこに連なる「穏健派」の責任転嫁と延命の実相を解き明かしながら、それを可能にした戦後日本の歴史認識のあり方にまで問題を広げて、つぎのように指摘している。

> わたしたち日本人は、あまりにも安易に次のような歴史認識に寄りかかりながら、戦後史を生きてきたといえるだろう。すなわち、一方の極に常に軍刀をガチャつかせながら威圧をくわえる粗

野で粗暴な軍人を置き、他方の極には国家の前途を憂慮して苦悩するリベラルで合理主義的なシビリアンを置くような歴史認識、そして、良心的ではあるが政治的には非力である後者の人びとが、軍人グループに力でもってねじ伏せられていくなかで、戦争への道が準備されていったとするような歴史認識である。そして、その際、多くの人びとは、後者のグループに自己の心情を仮託することによって、戦争責任や加害責任という苦い現実を飲みくだす、いわば「糖衣」としてきた(33)。

このように指摘されてみると、思い当たる節は多々あると言わなければなるまい。そもそも、いったん戦争の悪の根源が「粗野で粗暴な軍人」にあると決まり、力無き者たちにはその暴力に対抗するすべがなかったということになれば、多くの日本人は被害者づらして戦後に登場することができる。そしてみんながそんな被害者であったのなら、暴力に屈して戦争に協力した過去があったとしても、それはとりたてて恥ずかしいことではなくなってしまう。状況が変わり、あの「粗野で粗暴な軍人」が退場させられたなら、民主主義を語り出せばいいのである。というわけで戦後になって、大量の

---

（31）［佐藤 2004］
（32）そもそも総力戦体制の支配そのものが、本書第一章でも立ち入って論じたように、ある種の合理性と社会福祉的視点を特徴としているのであって、それを単純に非合理であからさまな暴力と同一視すると事態を誤認する。逆に言えば、言論統制がいかに合理主義的であったからといって、それをそのまま賛美などできないのは当然である。
（33）［吉田 1992：240］

人々が民主主義に「転向」し、教科書には墨が塗られた。「粗野で粗暴な軍人」だったはずの旧日本軍の将校たちのなかからも、追放が解除された後、軍人恩給を受け取りつつ、「物わかりのいい地方の名士」となってそれなりの公職につくものまで出てくる。鶴見俊輔が早々と気づいたように、彼らは「言葉が変わったとしても内容にはかわりがなくてよいのだ」と理解したのである。[34]

そして、そこで見過ごせないのは、そのように日本人の間で「粗野で粗暴な軍人」という犯人が特定され、ここでの加害と被害の関係が強調されて、多くの日本人が自分たちも被害者であったという自覚を強めると、その被害者意識という「糖衣」に包まれて、他民族への加害の記憶の方は逆にその苦さを薄めていくということである。自分は確かに他民族にひどいこともしたが、自分も実は被害を受けていたのだから、それは「抑圧移譲」に過ぎなかったのだ、と。丸山眞男が「超国家主義＝軍国日本」の支配様式を鋭く剔抉したとされる「抑圧移譲」という議論は、そこにいた人々にとってはこんな心理的正当化の基礎にもなりえたのである。そして、このような被害意識が敗戦直後の状況に生まれているのであれば、それが時の「民族」をめぐる言説に影を落とすことは避けられない。

### 封印される加害の記憶

丸山眞男は、一九六四年のある座談会で、敗戦直後のナショナリズムと民主主義をめぐる言説状況を回顧しつつ、その現場に居合わせた当事者としてつぎのように語っている。

いうまでもなく敗戦直後はナショナリズムの価値暴落の時代です。……この時期にナショナリズムと民主主義は完全にシェーレ〔鋏状交差〕を描くことになる。支配層は受動的服従の態度で

「外から」の民主主義を受け入れ、体質の裡にある伝統的心情を胎中深くひっこませた。他方、解放されたリベラルも左翼も、まさに戦前型ナショナリズムによって封じ込められていた普遍主義的価値——自由、平等、人間としての尊厳、国際連帯といった——に自然とアクセントをおいた。こうして世界にもまれなナショナリズム不在現象がおこったわけです[35]。(圏点は原著者)

すでに見たように敗戦直後には天皇制を護持しようとする知識人たちの共同した行動(「同心会」)が現にあったのだし、東大ですぐ近くにいた丸山の先生である南原繁がまた戦後最初の紀元節に天皇制を擁護する講演をしているのだから、ここで丸山が言う「世界にもまれなナショナリズム不在」というのも、現実には勿論だいぶ割り引いて受けとめなければならない。とはいえ、戦時の超国家主義が猛威を振るっていた状況の直後であれば、その手痛い敗戦によって一般の人々の間ではそれが急速に退潮したという証言も、実態の一面をそれなりに表現したものと認められよう。歴史社会学者の小熊英二はこの敗戦直後の日本において「民主と愛国の両立」を強く語ってそれが一時期ずいぶん話題になったが[36]、小熊のこの声高な主張も丸山による当事者証言に真っ向から背反してしまっていて、それがこの時期の状況を全体として表現していると考えるのは難しい。敗戦後の不確定な状況のなかで、どちらもやはり一面なのだ。そこで、ていねいに考えておきたいのはその意味のこと、すなわち丸山

(34)[鶴見 1946:③ 17]。
(35)[丸山ほか 1966:座談⑥ 7]
(36)[小熊 2002]

がそれなりの実感を持って敗戦直後にあったと当事者証言する「ナショナリズム不在現象」が、いったいどのようにして生起し、その後それがいかなる歴史的意味を持つことになったのかである。

まずこの現象の説明としては、上に引いた丸山の発言がまず常識的な線を語っていると言っていいだろう。丸山はこれを直ちに、『世界にもまれな』国体ナショナリズムのちょうど裏返しです」と言い換える。すなわち、戦時の国体ナショナリズムの極端な自己中心主義への反動から、敗戦直後の民主主義はまっすぐの普遍主義へ逆側に振れたとする、思想状況の振り子現象という説明である。かの敗戦を前後してナショナリズムをめぐる思想状況が大きく揺れたということだが、それについては、石母田正が、実弟からの書簡（一九五二年九月九日付）という形式で同時代人の心理をつぎのように語らせている。

私はこんどの侵略戦争に無批判に、参加した方です。私は「民族」とか「祖国」とかいう言葉をつかうことに、いつも一種のためらいを感じてきました。私は戦時中、何べんもこのような言葉で多くの人達によびかけたことがあるからです。(37)

戦中に顕揚された国家主義に自分も巻き込まれたという苦い記憶、そして、いまだ生々しいその記憶ゆえの「ためらい」、同時代人のこのような心情からすれば、敗戦直後に「愛国」だなんてそんなに簡単には言えなくなっていたというのも確かなことらしい。そしてそのように理解できるならば、敗戦直後におけるナショナリズムの「価値暴落」という認識にもなるほどそれなりのリアリティを認めることができるだろう。

もっとも、そうだとしても他方で本章前段で見たように天皇制擁護の動きもあったのだから、敗戦直後のこの事態にはやはり両面があるはずで、丸山が言うような「普遍主義的価値」への一直線の志向というのでは説明できないいくつもの問題点が含まれていることには、しっかり注意しなければならない。そのことの体制構成上の意味は、自由や平等という普遍主義的価値にアクセントがおかれたと言われる戦後改革を、旧植民地出身の在日朝鮮人や中国人の立場から見直してみると、よく分かってくる。例えば一九四五年一二月の衆議院議員選挙法改正は、いわゆる「婦人参政権」を盛り込んだことで戦後改革の民主主義的性格を象徴する事件となっているわけだが、この「改正」によって、在日朝鮮人や中国人はむしろ参政権を否定されることとなっている。また彼らは、「日本国憲法」が施行される前日の一九四七年五月二日に出された最後の勅令＝「外国人登録令」によって、憲法による人権保護の対象からも外されている。そればかりでなく、そもそも戦後民主主義の基底をなすはずの日本国憲法が、人権の主体を「国民」とのみ規定して国民以外を排除するという、諸外国の近代憲法に比してもずっと国民主義的な性格の色濃いものとして作られているのである。このような諸点は、丸山の言うとおり当時の日本人が文字通り一直線に「普遍主義的価値」を重視していたというのなら、戦後改革が内包する大きな欠陥として必ず問題化されたはずのところであろう。ところがこれらについては、敗戦直後の「世界にもまれなナショナリズム不在」といわれるまさにそのときにさえ、日本人の側からさしたる批判も抵抗も生まれなかった。

そうした事実を踏まえてみると、敗戦直後にナショナリズムが「価値暴落」したといっても、それ

（37）［石母田 1953：217］

と交替に「普遍主義的価値」に自然とアクセントがおかれたと言われるほど単純な話ではないと理解できる。一口にナショナリズムと言っても、その内で、戦時に猛威を振るった「超国家主義」と名指されているものについてなら確かにいったんは価値暴落してその極端な熱気は冷めたと言っていいかもしれないが、「民族主義」と観念されるものについては、必ずしもそうとは言えず、むしろその実質の一部が実は国民主義のかたちでなお強く生き延びていると見なければならないわけである。とすれば、「民族主義」については、敗戦直後の状況のなかで、ただ言説上で一時的に対決が避けられ後景に退いたに過ぎないと認めねばならないのではないか。

そして見過ごせないのは、この時期にそのように民族主義との対決が曖昧にされると、民族の加害という意味での戦争責任の問題も直視されなくなり、それに代わって、むしろ前節で見た抑圧移譲の被害意識という糖衣にくるまれた戦争観が前面に立ち上がってくるということである。すなわち、敗戦直後の民族問題の潜在化は、そのときにはなお生々しかったはずの民族の加害という認識の封印につながっている。しかも、せっかく生まれていた国家主義への反省と愛国へのためらいも、このような民族問題の潜在化に癒着して、加害責任を引き受ける明確な方向を開く力になりえなかったと見なければならない。竹内好は、敗戦直後の「ナショナリズム不在」の意味をこの線から捉えて、五一年の論考「近代主義と民族の問題」ではつぎのように訴えている。

> ナショナリズムとの対決をよける心理には、戦争責任の自覚の不足があらわれているともいえる。いいかえれば、良心の不足だ。そして良心の不足は、勇気の不足にもとづく。自分を傷つけるのがこわいために、血にまみれた民族を忘れようとする。私は日本人だ、と叫ぶことをためらう。

しかし、忘れることによっては血は清められない[38]。

竹内は、ここに敗戦後の思想が対決すべき問題の核心を見ている。敗戦直後について「民主と愛国の両立」などと語ると、まさにこの点が完全に隠ぺいされてしまうわけだ。

## 民族の被害意識の再覚醒

ところで、この竹内の発言が五一年のものであることに注意すれば、ここで問題はさらに複雑になっていると気づかされるだろう。同一論文で竹内自身が指摘しているように、この五一年頃になると、敗戦直後における「ナショナリズム不在現象」から転じて「民族の問題が、ふたたび人々の意識にのぼる[39]」ようになっているのである。しかしそれは、竹内が望んでいたような「戦争責任の自覚」を通じてではなかった。それはむしろ、敗戦と占領、そして冷戦状況の進行と占領政策の「逆コース」という、この数年の間にうち続く「民族の屈辱」の経験を通して、すなわち被害意識に駆り立てられた民族問題の再覚醒としてあふれ出てきたものだったのである。

石母田正は、五〇年になされたある講演で、「戦後の数年間のわれわれの歴史においての根本的な変化は、帝国主義にたいする日本民族の隷属の傾向が明確になってきたこと、日本民族の生存と進歩は民族の独立を達成することなくしてはあり得ない情勢になってきたこと[40]」だと述べ、ここから「民

(38)［竹内 1951：⑦ 36］
(39)［竹内 1951：⑦ 28］

族の発見」を説いている。民族解放に向かう中国革命と朝鮮戦争が現実のものとなったこの時期に、占領下にあった日本でも「民族の独立」という問題関心が一般に共有されるようになり、敗戦直後にいったんは一部潜在化した民族問題がここに再興して、日本人の間でも、民族の被害という意識が全面解禁されることになったのである。

このような状況を考えると、「血にまみれた民族」の歴史をあらためて想起させ、それを加害の責任の自覚へと導こうとするこのときの竹内の訴えが、実にきわどく流れに抗する試みであったことは明らかだろう。敗戦直後にはどうしても加害を想起させるものであった「民族」というシンボルが、数年後のこのときにはむしろ被害を語る重要な拠り所に変貌していて、このような認識の移動が、一般の日本人にとっては、何よりも加害の記憶の苦さをさらに中和し、加害の戦争責任という問題関心の切実さを一段と解消していったと見なければならないからである。例えば石母田が引用する実弟からの手紙が示すように、敗戦直後には「他民族の侵略と人民の抑圧のための道具」となったと自覚されていた「民族」や「愛国」という意識が、この時期になると「人民のための『祖国』・『民族』・『日本人』・『愛国』」を語りうるという確信に変化しているのである。(41)

そう思ってみると、「民族」とか「戦争責任」という、戦後に何よりもまず問題にしなければならなかったはずの中心テーマは、敗戦直後からの状況変化のなかで、実はずっと危うい隘路に追い込まれ続けていたと分かる。すなわち、まずは、敗戦直後の民主改革の「普遍主義」という装いの下で、民族問題との対決が避けられて潜在化することにより、加害認識が最小限に封印され、戦争責任の自覚と問いが押さえ込まれていくプロセスがあり、そのつぎに、占領とそれの「逆コース」を背景に今度はその被害というかたちで民族問題が再興し、ここで民族の被害意識が全面的に解禁されて、それともに、加害民族の記憶の苦さや、戦争責任という認識の重さはさらに後景に斥けられたということである。戦後日本において、加害の戦争責任という問題は、このようなプロセスを経つつ、次第に曖昧にされ回避されるようになっていったと考えなければならない。

しかもこのプロセスは、単純な沈黙や強引な否認による戦争責任の回避よりははるかに巧妙かつ根深いかたちで、戦後の日本人の存在様式そのものを規定することになったのではないか。というのも、それにより人々は、まずは民族との対決を回避しつつ「普遍主義」の立場に立って戦後民主主義の主体的担い手となり、そのつぎに今度は占領という異民族支配に抗する民族的な抵抗主体にもなって、この一連のプロセスを通じて日本の戦後に国民的主体のアイデンティティを確かめるようになったと見えるからである。

本書のここまでで見てきているように、「主体」という観念は近代日本の思想史をずっと呪縛し続けたキーワードであり、戦後史においてはこのような形で実践的に「引き受けられた」と言っていいだろう。この国民的主体の形成プロセスから見ると、近代の普遍主義的価値をもっぱら担うと自認する進歩派のナショナリズムも、占領と東京裁判の被害体験に固執しつづける保守派のナショナリズムも、主体を志向するという点で実は同じ思想基盤の上に成立し一定部分の根を共有していると考えねばならない。そしてそこからは、近代日本の帝国主義と植民地主義そして戦争の加害責任を引き受けて、そうした日本の主体を割り裂きながら新生を期する道は、開かれはしなかった。このような思想

(40)［石母田 1952：101］
(41)［石母田 1953：218］。

状況が、この時代に植民地主義が継続する基盤となってきているのである。

## 五　「自由なる主体」と「ドレイ」――主体と反主体

すると、日本の「戦後」という時代において、帝国主義戦争と植民地主義の加害の責任を引き受けて、それを乗り越えていく思想の可能性はありえなかったのだろうか。あるいは、そのような方向の可能性を模索する思想の営みは、どんな形で試みられ、それはどこまで行けていたのだろうか。そのことを「戦後」の初期に探るために、ここでは、ある典型として、丸山眞男の「超国家主義の論理と心理」[42]（一九四六年五月）と竹内好の「中国の近代と日本の近代」[43]（一九四八年十一月）という二つのテクストを取り上げて考えてみたい。両者の間の差異を細心に読み解き考えると、何が見えてくるだろうか。

この二つのテクストを、あるいはその差異を、ここでわれわれの考察の基礎に置くのは、考察の目的から言ってかなり明瞭な意味を持っている。それはこの二つのテクストが、「戦後」のいまだ敗戦直後と言える時期に生まれて大きな影響力を持ったと認めうるテクストであり、しかもこの最初の時期に、民族の加害責任を明確に意識して戦争責任の問題を提起した数少ない当のものであるからである。すなわち、丸山が言うように「世界にもまれなナショナリズム不在現象」が指摘されうるこの時期に、この二つのテクストは、いわばそうした「戦後」の状況に抗しながら、ナショナルな枠組みで加害としての戦争責任を考えていく二つの起点をなしている。「民族主義者」とも名指された竹内好はもちろん、「近代主義者」として戦後啓蒙の中心にいたはずの丸山眞男もまた、その論述の中身に立ち入ってみるとナショナルなアイデンティティとその責任の問題をすでに提起していて、敗戦直後の単層的な「普遍主義」には抵抗する位置取りをしていたと認めることができるのである[44]。菅孝行が早くから指摘しているように、「日本近代において今なお未成ともいえる、ナショナル・アイデンティティを照射しようとする思想努力の契機」は「両者を通底[45]」している。すると、この二つの起点の間にはどのような差異があり、それはいかなる亀裂を開いて「戦後」を割り裂く可能性を持っていたのか。考えたいのはそのことである。

丸山眞男の「超国家主義の論理と心理」という論文が、冒頭で「我が国の国家主義が『超《ウルトラ》』とか『極端《エクストリーム》』とかいう形容詞を頭につけている所以はどこにあるのか[46]」と問いを立て、日本の近代ナショナリズムのこの特性を西洋近代のナショナリズムとの対比において描き出そうとしていることは明らかだろう。敗戦を目の当たりにして、しかも日本の加害責任を意識した上で、丸山が提起する問題は、いわば「ヨーロッパの近代と日本の近代」とでも題すべき問題である。このテクストをひとつの起点とし、それを竹内好の「中国の近代と日本の近代」と題するテクストと並べるとき、その差異に注目

(42)［丸山 1946：③］
(43)［竹内 1948b：④］
(44) この点については丸山自身の自己表明がある。［丸山ほか 1966：座談⑥ 11］
(45)［菅 1976：251］
(46)［丸山 1946：③ 19］

して考えなければならないのは、やはりまずはこの二つの問題設定の差異に顕れた認識の落差であるに違いない。

もっとも、ここでこの両者が、とかくそう疑われるように「ヨーロッパ」なり「アジア」なりを実体として捉え、その実体的基準から日本の近代を裁断していると理解するならば、それは誤っている。丸山の問題設定が、実体としてではなく理念として構成された「ヨーロッパ近代国家」に準拠して成立しているという点については、すでに多くの論者が認めるようになっている。わたし自身も、ここでの「ヨーロッパ近代国家 vs 日本の超国家主義」という認識図式そのものが、戦後日本において日本を主題化するために丸山によって意図的に選択された「装置」であることを論じたことがあるが(47)、そうした点についてここではもう繰り返すまでもあるまい。また竹内にしても、この当のテクストで、「東洋の一般的性質といっても、そんなものが実体的なものとしてあるとは私は思わない。東洋が存在するかしないかという議論は、私には、無意味な、無内容な、学者の頭のなかだけの、うしろ向きの議論のように思われる(48)」とわざわざ言明して、自分の議論についてありうる誤解にあらかじめ対処している。要するに、丸山についても竹内についても、その所論で問題にすべきなのは、現実の「ヨーロッパ」や「東洋」が何かではなく、それを構成概念として駆使した彼らの問題設定の意味でなければならない。

そのように考えてみると、「超国家主義の論理と心理」と「中国の近代と日本の近代」という二つのテクストが、あらためて非常にクリアーな対照性を持っていると読み取れてくる。竹内は自著の企図を「自分流に近代化の一般理論を目ざした(49)」と語っているが、著者自身がそう自負するこのテクストにおいて、先行する丸山論文との批判的対抗関係は明らかなのだ。丸山の「超国家主義の論理と心理」こそ、敗戦直後のこの時期に、日本の近代化を論ずる際の基本範型になっていたはずだからである。

すると、二つのテクストはどのように対応しているのだろう。

「ヨーロッパの近代と日本の近代」という対比構図によって超国家主義を論じた先行の丸山論文に対して、「中国の近代と日本の近代」というテクストが独自に開いているのは、もちろん「東洋」への視野である。では、近代化の議論で「東洋」への視野が開かれるとは、どういうことか。竹内は言う、「東洋の近代は、ヨーロッパの強制の結果である、あるいは、結果から導き出されたものである」[50]。「ヨーロッパが本来に自己拡張的であることが、一方では東洋への侵入という運動となって現れた」[51]。それゆえ、この「結果から導き出されたもの」とは「東洋の抵抗」であった。すなわち、近代化のプロセスにおいて「東洋」に視野を開くというのは、この「抵抗」の契機に視野を開くことにほかならない。「抵抗を通じて、東洋は自己を近代化した。抵抗の歴史は近代化の歴史であり、抵抗をへない近代化の道はなかった」[52]。竹内がこのように言うとき、そこで東洋の抵抗を通して見つめられている近代とは、植民地主義・帝国主義としての近代あるいはそれへの抵抗としての近代であるに違いない。

(47)〔中野 2001b：185ff.〕
(48)〔竹内 1948b：④145〕
(49)〔竹内 1993：472〕
(50)〔竹内 1948b：④129〕
(51)〔竹内 1948b：④130〕
(52)〔竹内 1948b：④134〕

そしてこのような植民地主義近代の主題化がすでに、合理的な理念としての「ヨーロッパ近代」を基本型として語られる丸山の近代化論と著しい対照をなしている。

もっとも、竹内の認識が丸山の所論にさらに鋭く対立するのは、そのような近代把握のなかで、植民地主義と侵略戦争に帰結し他民族に対する加害責任を負う日本の近代を考えていくときのことである。

丸山の超国家主義についての所論が、合理的なヨーロッパ近代に対照させながら、日本の近代をひとつの遅れた近代化あるいは歪んだ近代化として位置づけ理解するものであるのは明らかであろう。そこでは、確かに「中国や比律賓での日本軍の暴虐な振舞」[53]が批判的に問題化され、日本の加害責任が問われているのだけれど、それもこの近代化の遅れあるいは歪みゆえのものであり、負うべき責任は未完の近代化を徹底することで引き受けられるはずだと示唆されている。敗戦後の日本において丸山の議論が多くの人々を捉え、今日に至るまで「戦後精神の柱」として称揚されてきたのも、この丸山が日本の近代化の至らなさを人々に教え、いかに非合理的な戦争を行ってしまったかという「悔恨」の感情をかき立てると共に、戦後において邁進すべき進歩という目標をも与えることになったからであろう。この意味で丸山の議論は、戦後日本において「啓蒙」の役割を果たしている。

それに対して竹内は、「東洋の抵抗」という観点から、それとはほぼ正反対の方向に議論を差し向けている。そもそも抵抗する東洋から見ると、日本の近代はどのように捉えられるのか。「ある意味では、日本は東洋諸国の中ではもっとも東洋的でない。この『ある意味で』というのは、普通にいわれているように、生産力の量的比較からでない。私は東洋について抵抗ということを考えているので、その抵抗が少なかったという意味である。そしてそれは、日本の資本主義化のめざましい速度に関係するだろうと思う」[54]。この抵抗の少なさは、資本主義化としての近代化から見ると「進歩」である。古いものを捨てて新しいものを取り入れることが「進歩」だとの観点から見れば、「日本文化は進歩的であり、日本人は勤勉である。まったくそれはそうだ」。しかし抵抗という観点から見ると、「その進歩がドレイの進歩であり、勤勉がドレイの勤勉である」と言わねばならない[55]。そして問題は、実は進歩の遅れがではなく、むしろこの「ドレイの進歩」が、ヨーロッパと肩を並べる植民地主義と侵略戦争に日本を駆り立ててきたことである。

そこで竹内は問いかける。「もしも、敗北は優秀文化の劣等部分において負けたのではなく、優秀部分において負けたのだ、と考えたらどうなるか。そして、優秀文化を拒否したらどうなるか。進歩そのものをダラクであるとして、進歩を拒否したらどうなるか[56]」。このような問いかけが、いまだ敗戦直後と言うべき四八年に、すなわち、合理的な近代化を志向する丸山らの啓蒙的言説を受けつつ、日本全体が「進歩」に照準を合わせて戦後復興に乗り出そうとするその時期になされていることに注意しよう。やや後にも竹内は、「アジアにおける進歩とは何か。それは西欧的進歩と同一物と考えていいか」と問いつつ、「日本は西欧的進歩を踏襲してアジアにおける反動となった」と指摘し、これに対しては「さかのぼって本来的に進歩と反動の評価を逆転させる」方法を「えらびたい」と明言し

---

(53)〔丸山 1946：③ 33〕
(54)〔竹内 1948b：④ 143〕
(55)〔竹内 1948b：④ 148〕
(56)〔竹内 1948b：④ 152〕

ている。[57] 日本の加害責任を踏まえて竹内がここで指示しているのは、「非合理な戦争」について悔恨する丸山らの認識を批判的に意識しながら、批判をむしろ西欧的な近代化と進歩そのものへ差し向けて、その同じ道をまた歩もうとしている日本の戦後潮流に抗するという、基本認識の価値転倒にほかならない。

このような志向を捉えてみると、竹内の議論は、丸山が提起する近代的理念の核心部に直接さらに深く突き刺さっていくと分かる。それを考えるヒントは「ドレイ」である。

日本の近代が取り憑かれてしまっている「ドレイの進歩」についてはたった今触れたが、しかし「中国の近代と日本の近代」という竹内のこのテクストにおいて、「ドレイ」は一見するととても奇妙な扱いを受けている。例えばこのテクストでは、魯迅の語った「賢人とバカとドレイ」という有名な寓話が取り上げられているのだが、その際に竹内は、「この寓話の主語はドレイである。ドレイ根性ではなくて、具体的なドレイ（極言すれば魯迅自身）である」[58] と言う。竹内の魯迅への傾倒ぶりはよく知られているが、その魯迅自身をドレイであると言っているのだ。これはいったいどういうことなのだろう。

寓話というのは、仕事が苦しくて不平ばかりもらしているドレイの話である。このドレイの不平を聞いた賢人は「いまにきっと運が向いてくるよ」と慰めるが、ドレイの生活はなお苦しい。そこでドレイは、こんどはバカに不平をもらし「わたしの部屋には窓さえありません」と言う。するとバカは、「窓を開けてやろう」と言ってドレイの家の壁を壊しはじめ、それに驚いたドレイに「泥棒だ」と排斥されてしまう。そしてドレイは、そのことを主人に報告し「よくやった」とほめられることになる。その後ドレイが、泥棒見舞いにやってきた賢人に「主人が私のことをほめてくれました。私に運が向いてきました」と礼を言うと、賢人もうれしそうに「そうだろうね」と応じたという話である。
竹内は、この寓話を「魯迅においてある、そして魯迅そのものを成立せしめる、絶望」の意味から解釈する。魯迅がドレイであるというのは、この「絶望」に関わっている。[59]
この寓話においてバカは、その意図はどうあれ、ドレイを救うことができない。すると、賢人はいかなる意味においてドレイを救っているか。それはひとえにドレイの主観においてに過ぎない。すなわちこの賢人の救いは、ドレイに同じ道を歩ませながら、ドレイであるという自覚を「呼び醒まさないこと、夢をみさせること、いいかえれば救わないこと」によって成り立っている。ドレイがドレイであるのはほかに「行くべき道がない」からであって、そのようなドレイが呼び醒まされると、彼は「行くべき道がない」という「人生でいちばん苦痛な」状態、つまり自分がドレイであるということの自覚の状態を体験しなければならないだろう。賢人の救いは、この自覚を呼び醒まさないことであり、そこに「道があるのは夢がまだ続いている証拠」である。だからドレイは、そんな賢人に救いを求めれば「自分がドレイであるという自覚さえ失わなければならない」。そこで竹内は言う、

ドレイが、ドレイであることを拒否し、同時に解放の幻想を拒否すること、自分がドレイであるという自覚を抱いてドレイであること。それが「人生でいちばん苦痛な」夢からさめたときの状

(57)［竹内 1957：⑤ 76-77］
(58)［竹内 1948b：④ 155］
(59)［竹内 1948b：④ 156］

態である。行く道がないが行かねばならぬ、むしろ、行く道がないからこそ行かなければならぬという状態である。かれは自己であることを拒否し、同時に自己以外のものであることを拒否する。それが魯迅においてある、そして魯迅そのものを成立せしめる、絶望の意味である。絶望は、道のない道を行く抵抗においてあらわれ、抵抗は絶望の行動化としてあらわれる。[60]（傍点は引用者）

われわれは竹内のこの魯迅解釈を、ヨーロッパ近代の植民地主義と侵略戦争に肩を並べようとしてきた日本の「ドレイの進歩」を見据え、それに対する「東洋の抵抗」を語る、その文脈で理解しなければならない。すなわち、伝統とか文化とかの実体として東洋に道があるから、ヨーロッパ近代に対する東洋の抵抗を語っているのではない。この抵抗は、「行く道がないからこそ行かなければならぬ」のである。これは、「アジア」（自然、調和……？）なるものを実体として語る凡百の「アジア主義」とはまったく異なっている。また彼は、ドレイ根性を持たず解放の道を心得た賢人だから「ドレイの進歩」を拒否できるのでもない。魯迅もまた絶望するドレイであり、「抵抗は絶望の行動化として」あるのだ。竹内は魯迅に深く迫りながらその極点でこう言っていた。

魯迅の見たものは暗黒である。だが、彼は、満腔の熱情をもって暗黒を見た。そして絶望した。絶望だけが、彼にとって真実であった。しかし、やがて絶望も真実でなくなった。絶望も虚妄である。「絶望の虚妄なることはまさに希望と相同じい。[61]」

竹内が見ているのはこの絶望の基底部から反転していく抵抗の形である。この反転を竹内は「回心」と呼んでいる。そしてここに、竹内がドレイである魯迅から学ぶ核心がある。

すると、このような抵抗の形を魯迅から学ぶ竹内からみるとき、丸山が提起する近代的理念としての「自由なる主体」はどのように見えるだろうか。例えば丸山は言う、

本来の独裁観念は自由なる主体意識を前提としている……。……ナチスの指導者は今次の戦争について、その起因はともあれ、開戦への決断に対する明白な意識を持っているにちがいない。然るに我が国の場合はこれだけの大戦争を起こしながら、我こそ戦争を起こしたという意識がこれまでの所、どこにも見当たらないのである。……我が国の不幸は寡頭勢力によって国政が左右されていただけでなく、寡頭勢力がまさにその事の意識なり自覚なりを持たなかったということに倍加されるのである。(62)

敗戦直後の丸山がここで問題視しているのは、日本の超国家主義におけるこのような意味での「自由なる主体意識」の欠如である。そしてこれは、竹内流の言葉遣いで言えば、ある種の「ドレイ根性」への批判だとも言える。それ故、問題をこの表層レベルで捉えてしまうと竹内と丸山とが重なっ

(60)〔竹内 1948b：④ 156〕
(61)〔竹内 1994：142〕
(62)〔丸山 1946：③ 31〕

て見えたりもするのだろう。[63] ところがそこで、問題の主語を「ドレイ根性ではなくて、具体的なドレイである」と言う竹内に考えが及べば、主体とドレイとに立場を分かつ丸山と竹内の問題把握の次元がおよそ異なると分かってくる。

竹内がドレイとしての絶望の基底部から抵抗を企てようとしているのは、植民地主義と侵略戦争を生みなお圧倒的な支配力を持って継続している近代という時代そのものに向けてであった。そこには、この近代の「進歩」が孕む支配性と暴力性の避け難さについて明確な認識があり、であればこそ「道のない道を行く」ことを覚悟しなければならない。この近代に対する抵抗だけが、「血にまみれた民族」の加害責任を受け止める道だと自覚されている。

これに対して丸山が語っているのは、この近代において主体たることである。すなわち丸山は、「絶望」をではなく、この近代の主体（主人）としてなお行く道のあることを語っている。そうだとすれば、それを竹内から見ると、ひとつの「賢人の救い」だということになってしまうだろう。竹内は言う、「日本は、近代への転回点において、ヨーロッパにたいして決定的な劣勢意識をもった。……自分がヨーロッパになること、よりよくヨーロッパになることが脱却の道であると観念された。つまり自分がドレイの主人になることでドレイから脱却しようとした」。[64] しかし暴力的な近代日本の植民地主義がそれを示したように、「ドレイは、かれみずからがドレイの主人になったときに十全のドレイ性を発揮する」。[65] 近代において主体であるというのは、実はそのようなことではないのか。しかも敗戦をもってそれが破綻したはずの日本で、あらためて近代において主体として行く道を示し、それを「自由なる主体」だと自負するようになるなら、ドレイは「自分がドレイであるという自覚さえ失わなければならない」だろう。

つまり、このように戦後日本に丸山が示した近代において主体として行く道は、「自分がドレイの主人になることでドレイから脱却」しようとする道なのであって、本質的に見てそれは、ヨーロッパの列強に肩を並べるべく近代日本が進んできたその植民地主義から離脱していく道ではありえないということだ。そのようにして「みずからがドレイの主人になったとき」、それはむしろ「十全のドレイ性を発揮」して、植民地主義の道をより頑固により強力に進んでいくことになるだろう。魯迅を援用した竹内の思考からは、丸山における主体の思想はそのように見える。そして実際に、戦後に「復興」から「経済成長」へと進んでいく日本が、「奇跡の復興」に酔いそれを実現した「勤勉」(「ドレイの勤勉」だ!)を自己賛美するようになっていくのは、そのような帰趨を事実として示しているのではないか。[66] それはまさに、思想の道として、植民地主義の継続に可能性を開いてしまう道であったと分かる。

(63) 〔小熊 2002:432〕
(64) 〔竹内 1948b:④158〕
(65) 〔竹内 1948b:④158〕
(66) 高度経済成長の時代から三〇年あまりが経って、二〇〇〇年代の初半には、戦後復興から経済成長に到る時代を波乱に富んだ労苦と成功の物語として回顧するNHK番組「プロジェクトX」が連続の回を重ねた。その時、この番組が大いに人気を博したというのは、それまで日本の経済成長を支えてきた団塊の世代がちょうど退職・リストラの対象となる時期で、この番組が、そんな苦境にあえぐ日本の男たちの自己憐憫と自己慰撫に満ちた戦後への追憶をぴたりと表現したからだと考えることができる。NHKは二〇二四年になってこのプロジェクトXの新シリーズを始めたが、団塊の世代も高齢化が進んで、かつての物語の命脈はどれほど残っているだろうか。

戦後日本の言説空間に方向を示したとも言える丸山の「超国家主義の論理と心理」に、竹内の方の「中国の近代と日本の近代」を対置して読解してみると、竹内のテクストは、丸山が戦後日本に向けて提示した「自由なる主体」という理念的核心そのものをこのように割り裂いていた、と読める（「反主体」だ！）。日本の植民地主義の加害責任を本当に引き受けて戦後に歩み出そうとするなら、思想的にはここまで問題を詰め切って再出発しなければならないと考えられていたのである。それは、当時すでに現出しつつあったアメリカの覇権と連携して戦後復興から経済成長をひたすら求めていく日本のこの「戦後」に抗して進む道として、その思想的可能性がここにひとつ提示されていたと認められる。

すると、この可能性は実際にはどこまで開かれたのか。またそこには、どんな問題が待っていたのだろう。その点を追求するのがつぎの課題であるが、竹内その人においてそうした可能性がどのように展開していったのかについては、後段（第八章）であらためて主題として前面に置いて考えることにしたい。ここではまず、丸山の提起したような近代において主体であろうとする道、いわゆる「戦後リベラル」が追い求めたその「自由なる主体」が、日本の戦後に実際にはどのような思想と行動を作りだしていったのかについて、章をあらためその道筋を追いかけてゆくことにしよう。

# 第六章　戦後経済政策思想の合理主義と複合化する植民地主義

## はじめに――有沢広巳の戦後の始動

戦争は火遊びではない。厳粛な事実である。況んや、敗戦は一層厳粛な事実でなければならぬ。かつて戦争指導者はわれわれ国民に対して、この戦争は国家の存亡を賭しての戦ひだと言つた。その戦争に敗れた今日、日本国は亡びなければならぬ。

創刊間もない雑誌『世界』の第三号（一九四六年三月号）に発表された論文「不可避なもの」を、有沢広巳はこのように書き起こしている。この雑誌の次号（四月号）には津田左右吉が論文「建国の事情と万世一系の思想」を書き、次々号（五月号）には丸山眞男が論文「超国家主義の論理と心理」を書いていて、前章で見たように「同心会」を中核として始まった雑誌『世界』はここから寄稿者を多岐に広げ、戦後日本の論壇を大きく始動させているといってよいはずだから、それを思えばこの有沢の言明は、その先陣を担って「戦後」の始まりを告げる鬨の声だったのだと認められよう。ともあれ有沢はこの時、確かに〈戦後〉を真っ向から意識し、新しい時代の主体たらんと重大な決意をいだいてそこに立っている。

有沢広巳といえば、東京帝国大学経済学部の助教授として統計学講座を担当していた一九三八年に、「第二次人民戦線事件」とも言われるいわゆる「教授グループ事件」に連座して逮捕・起訴されており（四四年に二審無罪）、思想史の文脈では、まずは「労農派」というマルクス主義グループの系譜に広い意味で位置づけられ理解されてきている人物である。この有沢は、戦後にも「大内兵衛グループ」と言われた一群の経済学者たちの一員としてリベラルな陣営から論壇に参与しつつ、他方では、敗戦直後に吉田茂首相のブレーンとして「傾斜生産方式」と言われた経済復興計画の推進者となり、やがてエネルギー政策の専門家として産業構造審議会委員、原子力委員会委員長代理、日本原子力産業会議会長などを歴任して、戦後日本の経済政策、とくに原子力政策を主導する中心人物になっていく。このような戦後の有沢の歩みは、「戦後民主主義」と言われるリベラルな言説状況を基調としながら、経済・社会的には「高度経済成長」と言われる目覚ましい経済発展を謳歌した後、そのバブルがはじけて「空白」の幾年かを過ごしたあげく、ついにそんな経済成長路線の手痛いしっぺ返しとも言える福島第一原子力発電所の大事故に遭遇してエネルギー政策そのものの根本的な再考を迫られるようになったという、この戦後日本の言説状況と経済社会の連関した歩みを全体としてとても象徴的に体現しているように見える。

とすると、戦後の有沢のそのような歩みを駆動したものとはいったい何だったのだろうか？　有沢はそこで、何を考えどのように道を定めてきているのか？　本章では、この有沢の歩みに即して戦後日本をリードした経済思想の一つが抱えた問題を考えることを通して、経済政策の側面からこの時代の主体に関心を寄せ、そこから日本の戦後に継続する植民地主義に光を当てることにしたい。

## 一 「植民地帝国の敗戦後」という経済問題

### 大東亜省から始まった戦後経済政策論

一九四五年八月十六日、「終戦」を告げ知らせる昭和天皇の「玉音放送」があったその翌日のこの日に、当時の大東亜省の総務局長室（総務局長杉原荒太）では戦後経済の復興問題を研究する研究会の第一回会合が開かれている。敗戦前の六〜七月頃から準備されたこの研究会は、はじめは「日本本土自活方策研究会」という名目で準備が進められたものだったが、いよいよ敗戦が決まって戦後復興問題の研究会という形が定まり、八月二十六日に大東亜省が廃止されて外務省に再統合されるとともに外務省調査局所管の特別調査委員会となって、本格的に審議を重ねることになった。この委員会には、当初からのメンバーとして、大内兵衛、杉村広蔵、平禎蔵、蠟山政道、経済界から石川一郎らが、またやや遅れて加わったメンバーとして、有沢広巳、中山伊知郎、脇村義太郎、東畑精一、都留重人、稲葉秀三、正木千冬、山田盛太郎、近藤康男、井上晴丸、宇野弘蔵らが含まれていて、この顔ぶれを見ると、これは戦後日本の経済学・経済政策論のまさに中心となる人々の集まりだったと認められる。(1)

（1）［有沢監修 1990a：ii］

また官界からも、外務省の大来佐武郎と後藤誉之助、大蔵省からは小田寛と並木正吉とが事務局として実務を担ったほか、外務省から杉原条約局長と尾形調査局長が、そして内務省、大蔵省、農林省、運輸省、商工省からもそれぞれ課長級の官僚が多く議事に参加していて、まさに戦後に向かって経済政策を実際に立案し始動させるという意味で重要な位置づけをもつ会議であったと分かる。

このような研究会がまずは戦時下に大東亜省の官僚によって準備されたという事実は、経済政策における戦時から戦後へのつながりとその意味を推定する重要な手がかりになると考えられる。実際に研究会を準備したのは大来佐武郎と後藤誉之助という大東亜省の二人の官僚で、一九四五年六月〜七月頃にそれは始動しているのだが、この時、大東亜省次官の田尻愛義と総務局長の杉原荒太もこれを支持していて、機密費まで支出して実際に活動をサポートしている。また、大来と後藤はともに東京帝国大学工学部電気工学科を出て逓信省に進んだ先輩後輩という親密な間柄であり、逓信省の時期には両名ともに北京駐在員として中国経験をしていて、その後に勤務先をそれぞれ大東亜省に転じている。

この大東亜省というのは、一九四二年十一月に戦時内閣である東条内閣の下に設置された官庁で、これは、従来あった拓務省を改変し、それに興亜院、対満事務局、外務省東亜局と南洋局とを統合して作られており、朝鮮・台湾・樺太を除く「大東亜地域」と称された地域（関東州・南洋群島・満洲国・中国・タイ・仏領インドシナ・ビルマ・フィリピン）について、その政治経済に関わる行政業務の一元的な処理を可能にするものとして設置されていた（図1）[2]。しかも翌四三年にはさらに商工省交易局をも吸収して、大東亜省は「大東亜共栄圏」内のこの地域について政治経済上の行政業務を全般的に所管することになった。これにより「大東亜共栄圏」を称して進められたこの時期の対植民地政策は、その支配体制を一段と整備したのだと言うことができる。であればこそ大東亜省は、同省職員の大来と後藤がまさにそれを自覚したように、敗戦が近づくとその後の時代を展望する「戦後復興」という問題意識を生む基盤となっている。すなわちここでは、それまで継続してきた植民地主義支配のその後の行方が問題として意識されたのである。

これに対して戦時に大東亜省を分離させた時の外務省は、それと同時に朝鮮、台湾、樺太の行政業務の方は内務省に移管させたので、実質はヨーロッパの交戦国以外の国々（同盟国・中立国）との外交を掌るだけの権限の限られた省となった。また、産業行政の主管官庁であった商工省と農林省も同じ一九四三年に改編されて、軍需行政を掌る軍需省と民需行政を掌る農商省がそこに生まれている。このようにして臨戦体制を整えた行政諸官庁は、敗戦を迎えると、こんどは連合軍による占領統治が始まる以前にその戦時色を隠蔽すべくいちはやくまた編成替えがなされた。すなわち、一九四五年八月二十六日の勅令で大東亜省は廃止されて外務省に再統合され、同日に軍需省と農商省も衣替えして商工省と農林省が復活している。

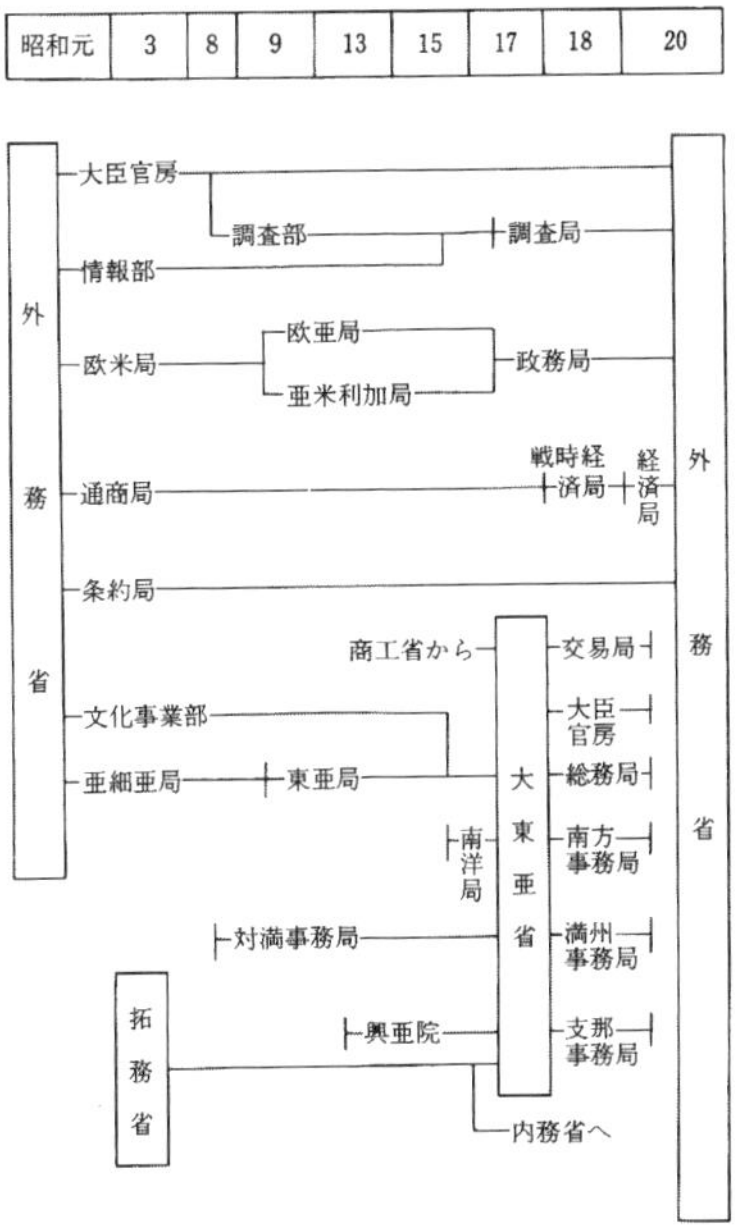


図１　外務省と大東亜省の機構変遷
百瀬孝『事典昭和戦前期の日本』（吉川弘文館、1990年、159頁）

この時期に、敗戦により経済政策を中心に「戦後復興問題」が課題になっていたのであれば、まずは経済政策を主管する官庁を起点に議論が始まりそうにも思われるのだが、軍人が深く関与してもっぱら戦勝の為に組織されていた軍需省からは敗戦後の構想など生まれようがなかったし、主管事項を民需に限定されて機能を縮減していた農商省には経済政策全体を構想する視野が失われていたと考えねばならない。それゆえにこそ大東亜省の下で始まった戦後復興問題の研究会は、敗戦直後の機構改編と共に外務省調査局所管の特別調査委員会となったわけである。このような経緯があるのであれば、敗戦を前後して始まっているこの特別調査委員会には、それまでの植民地主義支配（「大東亜」に対してのだ！）の帰結を事実としていかに受けとめ、それを敗戦後の政策にどのようにつなげていくかという、まさに経済と外交に関わる政策の継続・転換という問題関心が集中して意識されていたと考えて間違いないだろう。

### 植民地帝国敗戦後の政策課題——資源、市場、人口問題

それでは、この調査委員会での議論はどのように進められていたのだろうか。敗戦という非常事態のなかで確かに集中して行われている議論は、八月十六日に初回の会議があり、それが九月二十八日には早くも第七回を数えて、事務局となっていた外務省調査局はこの回にそれまでの討議をまとめた中間報告「今後の国内経済施策に関する一考察」（執筆：大来、後藤）を提出している。そして当然のことではあろうが、そこで何よりもまず心配されていたのは、敗戦ゆえに生ずる「経済的困難を予想せらるる諸要因」のことだった。ここではつぎの七点が指摘されている。[3]

1、領土及び海外勢力圏喪失の影響

2、戦災による国富の喪失
3、商船の喪失
4、輸出品原料の不足
5、本邦工業の重工業化に基く民需転換の困難性
6、現物賠償負担
7、失業の増大

このうちで2と3は戦災による建物や船舶などの具体的な損失・喪失のことである。また6は敗戦国として予想される賠償負担という問題である。これに対して1と4は、海外領土・勢力圏などから輸入によって得られる食料品および原材料の取得困難化を指している。また5では、「軍備撤廃に基く重工業生産は国内市場の狭隘と国外市場獲得の困難、生産技術の低位等の原因に基き民需転換に困難を予想せらる」と指摘されていて、それまで軍需に主導されて拡大してきた工業を民需に転換し、その市場を求めることが国内・国外ともに困難だという問題がここで認められている。そして7は、終戦による出産増で直ちに人口増加が見込まれるだけでなく海外からの引揚げや軍人の復員などもそれに加わって人口増大に拍車がかかり、そこで膨大な失業者を抱えなければならなくなるという不安の指摘である。

---

（2）［百瀬 1990：159-160］
（3）［有沢監修 1990a：54-56］

このように確認すると、ここで議論されているのは確かに、帝国主義戦争・植民地主義戦争の「後」に生ずる問題であると理解できよう。つまりここで主に心配されているのは、戦災による損害等を除けば、見られるように実のところ「資源」と「市場」と「人口問題」のことであり、これらは日本を帝国主義・植民地主義に駆り立て、戦争まで不可避にした当のものにほかならないと言える。それらの問題を解決するために戦争をして、しかも惨敗を喫したのだから、その戦後には資源と市場と人口という問題がいっそう深刻になっているという危機意識がここにはある。確かに議論は、植民地帝国の敗戦後の経済問題として始まっているのだった。

そうであれば、経済の側面から「戦後」という時代を考えるときには、この「植民地帝国の敗戦後の経済問題」がいかに「解決」されようとし、それがいかなる問題を伴っていたのかを明らかにする必要があるだろう。それなのにこれまでの「戦後の語り」では、その問題がしっかり主題化されては来なかったと認めねばならない。

経済的に見ると日本の戦後は、戦災により焦土と化して苦しい耐乏の時期を経ながらやがて「復興」の途を開き、勤勉な国民の努力により「高度経済成長」の時代をまっしぐらに進んで、優等生とも言われうる「先進国」への発展を立派に遂げたと、一般には見なされてきている。そのことが、軍国主義の時代から経済優先の平和と民主主義の時代への転換を語る、「成功物語」としての戦後という語りを標準的なものとした。もっとも議論の形は近年ではもう少し進んでいて、「奇跡」のように思える日本敗戦後の経済的成功を通産省という経済官庁による経済政策の展開から説き起こしたり（チャルマーズ・ジョンソン）、さらには「四〇年体制」と言って、戦時のその時の社会経済体制が「高度成長」という経済的展開を生み出す基盤になっていると語る議論（野口悠紀雄）が注目されたりしてきている。それにより、日本の戦時と戦後とが一貫して捉えられるという見通しである。だが、そこに戦時から戦後への継続を見逃さない視点は確かに是としうるところがあるとしても、しかしこれらの成功物語がここで見ている「植民地帝国の敗戦後の経済問題」を十分に考慮に入れているかと考えると、はなはだ心許ないと言わねばならない。

例えば「四〇年体制論」であるが、その議論のコアとなっているのは、「戦後の日本経済は、重化学工業、輸出産業の成長に牽引されたものであった。この分野での主要な産業の成長にとって、四〇年体制によって確立された『日本型』の企業構造と間接金融システムが大きな役割を果たした」[(4)]という認識である。しかしこれなどは、そんな「輸出産業の成長」にとって不可欠となるはずの「資源」と「市場」という問題の解決をほとんど度外視した議論であって、提起されていた「植民地帝国の敗戦後の経済問題」の存在をまったく軽視していると言わざるをえないだろう。通産省の介入や四〇年体制の作動を解説して戦後経済を語る筋の通った議論と見えても、いずれも敗戦当時直面していた深刻な経済問題を実は素通りした事後的な解釈なのであって、そもそも植民地主義戦争直後の時代を語るのに植民地主義という問題、それがもたらしたものへの関心がほとんど欠如しているのである。それでは「戦後の日本経済」を真っ当に語ることにはまったくならないと思う。

そこでここでは、植民地帝国の敗戦後の経済問題をしっかり捉え、その起点からあらたに考え直してみることにしようと思う。考察の導きとなるのは有沢広巳の歩みである。

---

(4)［野口 2010］

## 二　戦後経済政策の始動と自立経済への課題

### 戦時経済から戦後経済への連続

すると有沢広巳は、戦後日本をどのように歩み始めたのか？　そのことを考えようとするときには、有沢が戦後最初に関わった経済政策事業、すなわち「傾斜生産方式」（一九四六年十二月二十七日閣議決定）と呼ばれる経済運営の政策のことを抜きにできないのは明らかだろう。もっとも、石炭と鉄鋼の生産に資金を集中する統制経済のこの方式は、敗戦後において戦時経済の統制方式を実際には踏襲するものであり、しかもこれが敗戦直後の経済的混乱に対処する緊急措置という性格を持つことを考慮するなら、これをもって有沢の関わる戦後経済政策の本格的な始動とするのは早計に過ぎると思われるかもしれない。しかし他方で有沢は、その同時期すでに、戦後経済政策を構想する研究プロジェクトにも深く参与していたのである。すなわち、前節で見た大東亜省の下で始まり外務省調査局所管になった特別調査委員会のことだが、有沢もこれに少し遅れて参加し（四五年十月頃から）、ここで戦後経済政策の進むべき方向についてかなり長い射程を持つ議論を始めている。とすれば、実際の政策提言とその背景にあったこの政策論議との連関を考えることにより、有沢の戦後の始動についてもその基本思想は捉えることができると見てよいだろう。

この委員会で外務官僚として会の運営を担った大来佐武郎の証言によれば[5]、ここで作られるべき経済政策提言の前提としてまずは三つの視点が採用され、それを基本として大来と後に経済企画庁の調査課長になった後藤誉之助が前節で見た「今後の国内経済施策に関する一考察」と題する文書を作成し議論の土台を作っている。そこで、敗戦ゆえに生ずる「経済的困難を予想せらるる諸要因」の検討を踏まえつつ示された政策提言の三つの視点とは、第一に、世界経済の有機的結合が増大し世界的分業が発達するが、当面はそれがソ連圏と米英圏に分割されて、日本はその米英圏に属することになるという点、第二に、経済運営の計画化、組織化があり、それによる消費と生産の科学的調整が問題になるという点、そして第三に、経済の社会化、生産および消費の社会化、協同化という点、であった(6)。これらを見ると、有沢その人が解説するように、それは社会主義的な「計画経済」という意味ではないにしても、「自由放任」の市場経済優先ではなくむしろ政府主導の経済運営がここでは重視されていて、このいわば介入型の経済運営が敗戦直後の経済政策論議を導く共通の基調として認識されているとわかる。

そうだとすれば、文字どおり介入型の経済運営である「傾斜生産方式」というのは、単に戦時統制経済の連続という意味を持つだけでないということになるだろう。つまり、それ自体が戦後経済政策の始動という意味を持ち、ここに戦後経済もまた始まっていたと理解できるのである。というよりも、ここで実務上の観点から捉えられている戦後経済は実は戦時経済からの連続としてあり、「傾斜生産方式」はその連続の結節環にあって、有沢広巳はそれをつなぐ中心部で働いていたと考えた方がよい。そうであるなら、戦時経済と戦後経済の連続とは、その実質においてみるとどういうことであったのか。

有沢は、少し後の朝鮮戦争の時期に敗戦直後の経済状況を冷静に振り返りながら、戦時と戦後との

(5)［有沢 1989：7］。
(6)［有沢監修 1990a：56］

経済の連続ということについて、つぎのような認識を示している。

> 戦前と戦後との間における顕著な変化としてあらわれているわが国の産業構成の急速な高度化は、戦争経済の唯一のプラスの遺産である。……終戦によって、兵器生産施設そのものは閉鎖され、撤去され、または平和産業に転換されたが、かつて軍事生産体系の編成のために急遽建設された広範な迂回生産的基礎たる生産力は保持された。現在のわが生産構造における重工業＝化学工業の比重の著しい増大は、右の結果である。[7]

戦時経済は、軍需生産のために「生産力拡充」を求めて「産業構成の急速な高度化」をもたらしている。これが、戦後経済が始まる際の前提になっているというわけだ。なるほど実務担当者の視野から見ると、戦後日本の経済政策は、このようにすでにかなり高度化した形で残された産業構成に対して、介入型の経済運営をもって臨もうとするものだったのである。だからこそ、敗戦後の日本で民衆の生活という観点から見れば実際に渇望されているはずの食料品や日常生活用品などよりも、経済再建という観点から合理的に考えればまずは石炭と鉄鋼が必要と主張されたというわけである（傾斜生産方式）。

このような戦後経済出発時についての認識は、振り返って考えてみると、そもそも「戦後日本の経済社会」について語られる標準的な見解に実は重大な疑問を突き付けるものであると理解しなければならない。というのも、これまでの一般的な認識としては、「焦土からの復興」、「ゼロからの再建」という理解が戦後日本の「復興」という物語の基本型として普通に受容されてきたからである。日本は戦争ですべてが焼き尽くされてゼロから再出発したという「戦後」認識である。このような理解は、確かに今日なお「常識」として通用している。例えば「戦後復興」についての近年の語りの一例として、一時は標準的な戦後理解ともなりかねない勢いで広く受容されたと見える小熊英二著『民主と愛国』は、「政治的、経済的に日本が崩壊しただけではなく、精神的にも大きな崩壊がおこなわれていた」と敗戦時日本の状況を回想する吉野源三郎の言葉を受けつつ、戦後日本の出発についてつぎのように語っている。

「灰燼の中から新たな日本を作り出すのだ」という戦死した学徒兵の言葉は、敗戦に直面した多くの人々に共通の思いであった。「戦後」とよばれる時代はここから始まる。(8)

ここでは絵に描いたようにステレオタイプな「灰塵の中からの戦後復興」という語りが復唱されているわけだが、戦後経済についての有沢の認識は、このような語りが実は虚構であり神話だったのだと暴露している。逆に言えば、小熊の語りにおいて繰り返されているこのような戦後神話こそが、植民地帝国の戦時体制が作った「高度化した産業構成」を、そしてそれを基盤に継続した日本の植民地主義の実情を、ずっと隠蔽してきたと見なければならないのである。

(7) [有沢 1951a : 30]
(8) [小熊 2002 : 65]

## 高度化した産業構成ゆえの政策課題

　すると、そのような戦時体制が残した出発点に立って、この戦後経済はどのような政策的課題を抱えていると考えられていたのだろうか。ここで触れた「今後の国内経済施策に関する一考察」は、それを三つにまとめている。すなわち、第一に「失業の防止」であり、第二に「生産の増加」であり、第三に「正常なる国際収支の樹立」がそれである。[9] このうち、侵略戦争の敗戦の結果として夥しい人々の引揚げ（復員）が見通される一方で、全土に広がった都市空襲被災の結果、多くの生産設備や流通機能が失われてしまっているこの戦後にあって、「失業の防止」と「生産の増加」が切迫する課題になっていたというのは当然であろう。だが、ここでとくに注意したいのは、第三の「国際収支」への課題意識についてである。というのもこれこそが、「高度化した産業構成」を持った植民地帝国の敗戦後という状況に直接関わっているからである。有沢は、これも少し後の朝鮮戦争の時期になって、この課題を「市場問題」と言い換えつつつぎのように解説している。

　ところで、日本資本主義の市場問題は、植民地を失い、海外市場を失ってしまった戦後には、いよいよ解きがたい問題となった。日本経済の海外依存度の高いことは、戦前から指摘されたところであるが、それは日本では経済膨張政策の論拠であった。しかし、最近の研究によれば、日本経済の再生産の構造上、外国市場との間の素材転換の必要性が海外依存性として出てくることが明かにされた。その結果、外国市場との間に一定量の素材転換が行われないなら、日本は自立を放棄するか、それとも生活水準の低位に甘んずるか、しなければならなくなる。[10]

ここで「日本経済の再生産の構造」というのは、一面では生産資源に関わる自然的条件（資源が少ないということだ！）の問題であるが、もう一面では「高度化した産業構成」のことと理解すべきである。それに対応して、資源・原材料の輸入と製品の輸出を基本とする「外国市場との間の素材転換の必要性」が語られているのである。すなわち、エネルギーや原材料となる「資源」を輸入し、それらを加工してできあがった「製品」を輸出するという、かつては「加工貿易国」という言い方もされた、二つの面を持つ高度化した日本経済の再生産の構造をそれは指している。と考えてみると、それはまさに「資源」と「市場」を求めて版図拡大が図られた「植民地帝国」の構図であり、「高度化した産業構成」とは、この植民地帝国の構造が生み出し、それの戦時体制の需要が大きく亢進させた当のものにほかなるまい。そこで必要とされる「外国市場との間の素材転換」とは、帝国と植民地の分業構成を基本にしてそれまでは維持され、またその維持、拡大のために、帝国主義的な膨張政策が強力に推進されてきた当のものだった。そうであればこそ、その帝国主義戦争の敗戦後において、残されたこの産業構成を維持するのに必要な「資源」と「市場」という問題が「いよいよ解きがたい問題となった」という切迫した認識が生まれているのである。

すると、この植民地帝国の戦争体制が作り上げた高度化した産業構成に対応する「資源」と「市場」という問題は、植民地を失った戦後の日本経済において、実際にはどのように「解決」されていったのだろうか。

（9）［有沢監修 1990a：56］
（10）［有沢 1950b：25］

## 特需依存と軍事化という危機

有沢は、朝鮮特需が山場を越えた時期（一九五三年）に、特需依存を深めた日本経済についてつぎのように語っている。

> 戦後、ある意味ではアメリカの援助で育成されてきて、まだ経済の自立のきびしさがほんとうに判らないうちに、さらに特需（および動乱ブーム）で急に膨張した日本経済の循環は、もはや特需なしには維持できないし、その特需依存の循環が輸出不振をよびおこすとともに、そのゆえにまたますます特需への依存性を増大するという構造をつくりだしている。(11)

これは、敗戦以来懸案になってきていた「市場問題」が、まずは「アメリカの援助」によって、そしてつぎに「特需」によって「解決」されていて、それにより日本経済全体がますます「特需への依存性」を増大させているという、有沢の認識を示している。そしてこれは、直ちにつぎのような経済の軍事化という危機感に接続している。

> だから、特需の発注が教育発注的に兵器の発注にむかえば、たちまち乱立と出血受注のうちに兵器生産が再開され、軍需産業が再び興り、平和憲法の国の経済の性格が軍事化するのをさらに不思議としない。……平和政策の信念を国民の中に浸透せしめる努力は貴いことである。しかし、それと同時にとり急ぎ平和政策の経済的基礎を強固化することがなければ、平和政策の土台は一方から潰えてゆくであろう。(12)

ここで有沢がまず触れている「アメリカの援助」というのは、一九四六年から約六年間に渡って総額一八億ドルに及ぶ資金が投入された「ガリオア・エロア基金」による援助が主なもので、生活必需品や工業原料・資本財など多岐にわたる援助がここではなされたが、これは、西ヨーロッパに対する援助であったいわゆる「マーシャルプラン」と並んで対共産圏を意識した戦略的意図を持つもので、事実としてアメリカの軍事予算から支出されている。それを理解するなら、そもそもこのような軍事援助を基礎に市場問題を「解決」しつつ再建されていく経済を、「戦後」だからというだけで「平和的」な性格を持つと断定するのは難しいだろう。その上に、そのつぎに続くのが間違いなく軍需である朝鮮特需である。敗戦をもって戦争が終わり、平和の時代が到来したと考えられてきている「戦後」というこの時代は、視野を日本から世界に広げ、それを経済という観点から見ると、実はむしろ軍事により強く規定された時代として、もっと言えば新たな戦争の時代として始まっていると分かる。だから、いかに「平和政策の信念」を謳い上げ国民に浸透させようとも、それを経済的基礎から支える強力な平和志向の経済政策が実行されなければ、平和政策はその土台から崩れ去るに違いない、と言っているわけだ。

このように言う有沢は、リベラルな批判勢力の一員として、このアメリカへの依存と経済の軍事化の切迫を確かに危機であると批判的に認識していたのだった。しかし有沢を一般の「リベラル派」と

（11）［有沢 1953b：35-36］
（12）［有沢 1953b：36］

区別しなければならないのは、この危機の現実に対して単なる反対派としてそれを批判するだけでなく、経済政策の実際の担い手という立場からそれへの対処方策を自ら引き受けようとした点にある。それが有沢を戦後日本のなかで特別な地位に置いているわけだが、しかしそのことで有沢は、一つの隘路に入り込んでいくように見える。

### 自立経済の建設という課題

ここで焦点となってくるのは経済の「自立」という問題である。有沢は、サンフランシスコ講和条約が成立して日本占領が終結に向かうその時に、経済政策の実務という観点からつぎのような問いを提出している。

「和解の講和」ができて、わが国は独立国となろうとしているが、目前には賠償支払が控えている。再軍備の問題もやがて日程に上るだろう。そして世界戦争の危機は高まってくるが、日本経済の自立は真にできるであろうか。(13)

この問いを立てた有沢は、続けて、それを達成するための課題としてつぎの三つを挙示する。すなわち、第一に「雇用問題」であり、第二には「ドル・バランスの問題」であり、第三には「日本の農民の問題」である。有沢は、ここでもこれらの課題を、日本の経済的な対外関係の根本的な再編、さらには産業構成の基本的な転換という問題として、原則的かつ根本的な構えで提起している。とくに第二の「ドル・バランスの問題」とは、「輸入はアメリカに輸出はアジアに」と特化して国際収支上均衡を欠いた「日本の貿易構造」を問題化するものだが、有沢はこれについて「日本経済は『西欧の辺境』であるよりも、アジアの工場としてもつとアジアに結びつかなければならない」と言い、産業と貿易の構造的な転換、アジアへのシフトを求めている。また第三の「日本の農民の問題」とは、農地改革が終わっても農家の貧窮を解決できない状況の問題であるが、有沢はそれに対して、もっと根本的な「産業構成の再編成と農業改革」とを求めた。

そしてさらにその翌年、つまり朝鮮戦争が休戦となった後の一九五四年になると、MSA協定の締結もあってアメリカへの依存の形が一段と明確になるなかで、有沢は、雑誌『世界』がその十月号で「起ち上がるアジアと日本の自立」を特集した際に、フェビアン研究所の共同研究「日本経済自立の条件」の「総括」である論文「解決はどう求むべきか」を寄稿して、これらの論点を深めている。そこで、有沢の問題意識はつぎのようにまとめられている。

> われわれの自立経済建設の仕事は単に国際収支を合わせるというだけのことではない。国際収支の均衡が、一方において生活水準の上昇を可能にする基盤をつくりだすような仕方で達成されなければならないとともに、他方、平和的な条件を促進する仕方でなされなければならないとすれば、われわれの自立経済建設の仕事は、まずそれの当面する諸困難を国内的に解決する方向にむかっての努力によるものでなければならない[14]。

（13）［有沢 1952a：169］
（14）［有沢 1954b：25］

それゆえ

自立経済の建設の仕事は、ある意味では産業政策であるともいえる。基礎的輸入の削減のための合理的な（というわけは国内のコスト水準を高める結果にならないような）国内増産の体系をつくりだすこと、輸出の画期的な増大を可能にするような産業的基盤を改編することが、課題の中心になる。(15)

すなわち、アメリカの軍需への依存を深めて軍事化への危険が増し、国際収支もアメリカからの輸入が過大になってしまった状況から脱して、日本経済を自立させるという課題を、有沢はここで、自立的で合理的な増産体制を持つ産業の建設という問題として意識している。とりわけ「輸出貿易の画期的な拡大をはかるための基礎」として、国際的な貿易市場において強力な競争力を得るために「重化学工業における画期的なコスト低下」が重点目標とされたのであった。それを可能とする生産力増大が課題だというわけである。

このような競争力を備えた自立経済を目指す産業建設の方向が、戦後の日本にとって望ましくまた可能でもあると見なされたというのは、その背景として、すでに有沢が「戦争経済の唯一のプラスの遺産」と指摘していた日本の「産業構成の急速な高度化」という現状認識があったことは間違いなかろう。手酷い敗戦にもかかわらず、その戦後においてなお日本は、高度化した産業構成を備えた「先進工業国家」と認められるのだ。だから、植民地帝国の戦争体制によって培われたそのメリットをさらに伸ばせば、自立経済もまた可能になると考えられたのである。

さてそうだとすれば、このような自立経済の建設の道は、その内容からしてそれに対応する「資源」と「市場」という問題をあらためてさらに強く呼び寄せるのではなかろうか？　敗戦直後において日本は、「アメリカへの依存」と「特需」によって、敗戦により切迫した「市場問題」をとりあえず凌いだのだった。とすれば、この仕方の「解決」がやがて対米依存の深化と経済の軍事化を招くと認識し、その危機を乗り越える自立経済の方向として、さらに高度な生産性を備えた産業建設を求めるというのなら、そのように高度な産業構成を現実に稼働させるために、それに見合う新たにより拡大した「資源」と「市場」という問題の解決が求められるはずなのである。それは、どのように解決されるのだろうか。また実際にどのように解決されたというのか。

## 三　「もはや戦後ではない」という危機感とその解決——賠償特需

### 「もはや戦後ではない」ことの意味

すでに序章で触れたことだが、戦後日本の市場問題というとき、「戦後」からの転換を高らかに謳うものとして有名になった一九五六年度経済白書の「もはや戦後ではない」という記述を忘れるわけにはいかない。この記述について、白書の執筆者である後藤誉之助の証言は、つぎのようなものであ

（15）［有沢 1954b：28］

る。煩を厭わず、ここでもそれを再引用しておくことにしよう。

この白書では、これまでの成長率が高かった要因は、復興建設のための需要が非常に大きかったからで、復興建設が終わった後でも、これまでと同じように、ひとりでに成長率が高まると考えてはいけない、ということも指摘していたわけです。そして、今後はいままでのような調子で有効需要は拡大しつづけないだろう、浮揚力は衰えるだろう、という含みを「もはや戦後ではない」という言葉で表現したわけです。……世人は、この言葉を、景気がよくなるという賛歌として受け取った。そこに皮肉な食い違いがあったわけです(16)。

これを見ると、実際の経済政策担当者の視点から見ている白書は、復興建設が生み出していた需要(市場効果)の経済的意義をよく理解していたと分かる。ここで「復興建設」とされている需要が、敗戦直後からの「アメリカの援助」によって財政的に裏付けられ、また「朝鮮特需」とともに拡大したということは、これが言われている時期の対応からして明らかである。白書が本来問題としていたのは、それがありえた時期(つまり、援助と特需により市場問題に一定の「解決」をもたらしえた「戦後」)が終わったということである。だからそれは、日本経済にとって厳しい冬の時代の到来を予告するものとして理解されねばならないはずだったのだ。

このような「もはや戦後ではない」という白書の言明が持っていた本来の意味は、本章の文脈で言えば、有沢広巳が提案する「日本経済の自立」への道にとっても、かなり厳しい季節の到来を言うものであったことは明らかだろう。「有効需要は拡大しつづけない」というのは市場が拡大しないということにほかならないから、有沢の提案のようにいかに合理的な増産体制を持つ産業の建設が進められようとも、その製品が実際の市場で買い手を見出すことはそもそも難しいと見なければならないのである。

それなのに現実の日本経済の歴史は、多くの人々が「もはや戦後ではない」を「景気がよくなる」という知らせと受け取り、しかもその期待が裏切られなかったと感じられるような事態の進行となっていった。それは経済政策の実務担当者から見ると明らかに予想外の事態であった。すると、どうしてそれが可能になったのだろうか。と考えてみると、その同時期に生まれていた特別な需要のことにあらためて気づかされる。それは、序章でも触れたように「戦後賠償」の支払いというまさにこの時期にだけ特別な需要のことにほかならない。

(16)［有沢 1958：149］

### 賠償支払いという特需

周知のように、朝鮮戦争の最中である一九五一年、アメリカのサンフランシスコにて対日講和会議は開催され、その結果九月八日に講和条約が調印されて、翌一九五二年四月二十八日に発効した。この条約により、「日本国軍隊によって占領され、且つ、日本国によって損害を与えられた連合国」については賠償が行われることになったが、その額は二国間交渉によって取り決めるとされ、支払いは「日本人の役務」によるものと定められた。そしてこの二国間交渉は、序章の表2に示されているように、一九五五年のビルマを皮切りに順次調印に至り、五〇年代の後半から支払いも進められた。またそれに伴いつつ、賠償・準賠償には当たらないものとしても、経済開発や技術協力の名の下に各国と無償供与や借款がさまざまにとりきめられ、この形でも日本からの「経済協力」が広く行われている。

もちろん、これらの「賠償」や「経済協力」は日本からの支出であるから、それを「需要」と言うのは一見するところ奇妙に響く表現ではあるかもしれない。しかし、冷戦状況の深刻化のなかで、米英の戦略上の利害意識が優先的に働いた講和会議の進行は、日本にとってははなはだ有利に働いたのである。すなわち、「日本国の資源は、日本国がすべての損害または苦痛に対して完全な賠償を行い且つ同時に他の債務を履行するためには現在十分でないこと」を寛大に承認したサンフランシスコ講和条約は、支払いを「日本人の役務」で行うと定めており、それは日本の製品・産品や日本が受注する建設・土木の工事などによって決済されるということであるから、日本の産業社会にとっては事実上一つの需要になったのである。しかもその総額が、確定は難しいのだが数千億円には上っていて、累計で三六億ドルに及ぶと言われる朝鮮特需と比べてもそれほど遜色があるわけではなく、その経済効果はやはり重大であったと見なければならない。これを「賠償特需」と呼ぶ向きもあるわけだが、それは確かに核心をついた評価だと認められる。

この「賠償特需」について、序章ではビルマとの協定締結に際してそれを「投資」のチャンスと表現して歓迎する吉田茂首相の言葉(『毎日新聞』一九五五年八月一一日)を紹介したので、ここでは同様な趣旨での財界と官界からの発言を採録しておくことにする。まずは財界から、

賠償の支払は、その方法の如何によっては、単に賠償の支払のみに終わらず、禍を転じて福とな

しうるのである。すなわち、生産役務賠償による物資の提供が、東南アジア諸国に日本の産業の実態を知らせ、両国間に経済上不可分の友好関係をつくり、日本品の永久マーケットがその国に開けるのである。ことにまた、東南アジア諸国は、それぞれ戦後の経済復興、国土開発計画を有するから、それらの計画を検討し、この方向に対して日本の提供しうる役務を考え日本の自立経済の在り方とにらみ合わせ、わが国の遊休施設を善用する方向へ進めば、ここに両国の共存共栄の途を開くことになる。（原安三郎「賠償問題と東南アジア諸国の動向」『経団連月報』第一巻第三号、一九五三年三月）

つぎに、賠償支払いの実務部局であった通商産業省の、しかもその中心的担当者である企業局賠償室長・谷敷寛によるつぎのような発言を見よう。

東南アジアの新興諸国は経済協力の観点からみれば最も魅力に富む処女地である。しかしこの処女地には排外的ナショナリズムや日本の侵略に対する疑惑の念などという強風が吹きすさんでいる。その中へ安全に乗込むには賠償という大義名分と結びつけるより以上の良策はないではないか。（『通商産業研究』一九五七年六月号、五七頁）

まさに、賠償支払いを絶好のビジネスチャンスと捉える財界と官界での認識は明らかだ。

しかもこの「賠償特需」は、製品や設備の販路獲得という、その直接的な経済効果にとどまらない意義を持っていたと考えねばならない。というのも、第一に、それが始動した当時日本の工業産品は

| | 相手国 | 総額（億円） | 供与期間 | 主な供与品目 |
|---|---|---|---|---|
| 賠償 | ビルマ | 720 | 55.4 ～ 65.4 | バルチャーン発電所、ポンプ、耕転機、家庭用電気器具、バス、トラック、自動車等各組立工場、機械類、亜鉛鉄板、鋼材等 |
| | フィリピン | 1908.5 | 56.7 ～ 76.7 | 農業機械、道路建設用資機材、小学校用プレハブ校舎、医療・病院設備等、基礎資材（電気、通信施設計画） |
| | インドネシア | 803.1 | 58.4 ～ 70.4 | プランタス川計画、カナン川計画、ウィスマ・ヌサンタラビル建設等のプロジェクト、製紙工場、紡績工場等のプラント類、船舶、土木、農業用等の機械類（船舶、巡視艇、ホテル4件、橋梁建設、造船所、製紙工場、百貨店） |
| | 南ヴェトナム | 140.4 | 60.1 ～ 65.1 | ダニム発電所、ボール紙工場、合板工場などの各種プラント類関係資機材 |
| 準賠償など | ラオス | 10 | 59.1 ～ 65.1 | ビエンチャン上水道、ビエンチャン発電所 |
| | カンボジア | 15 | 59.7 ～ 66.7 | プノンペン上水道およびトンレサップ橋梁の一部資材、農業・畜産・医療の3センター |
| | タイ | 96 | 62.5 ～ 70.5 | 特別円協定による協力、繊維工場、漁業調査船、貨物船、車両 |
| | ビルマ | 471.5 | 65.4 ～ 77.4 | ポンプ、耕転機、家庭用品電気器具、大型・中型バス、大型・普通・小型トラック、乗用車等各組立工場、鉄道用資材 |
| | シンガポール | 29.4 | 68.5 ～ 71.5 | 新造船所および人工衛星地上通信基地用資機材、ジェロン港用クレーン、公共事業庁設備 |
| | マレーシア | 29.4 | 68.5 ～ 72.5 | 貨物船 |
| | ミクロネシア | 18 | 72.7 ～ 75.5 | |
| | 大韓民国 | 1017.6 | 65.12 ～ 75.12 | 農水産開発機材、漁船および関係機材、製鉄工場設備、科学技術研究機材、肥料、繊維品、建設資材、機械類 |

**表4　日本の戦後賠償支払いの内容上の概要**

山沢逸平・山本有造『貿易と国際収支』（『長期経済統計』14、東洋経済新報社、1979年、48頁）を参照して作成。

原材料の対外依存などもあってコスト高の傾向にあり、それにより市場競争では欧米に対して不利な面を抱えていたのだが、「賠償特需」はそんな競争にさらされることなく相手国の需要に直接対応できるという特権的な地位の獲得を意味したこと。第二には、賠償の支払いとして独占的に納入された設備や機械などが日本の技術や規格に沿って製造されているために、その部品の補充や後続する設備や機械の購入の際にもその技術や規格が顧慮されねばならなくなったという意味で取引上有利な条件を利用しつづけられたこと。そして第三に何よりも、そうした設備や機械の選定権限やそれを運用するノウハウの継承などに伴って、その支払い相手国と日本の政府機関や企業との間に人脈的な関係が形成されていったこと、などがそれである。これらにより、「日本経済の自立」にとってはとても有利な交易上の諸条件がここに生まれていて、その効果が後続する「高度経済成長」の時代に向かってたいへん大きな力を発揮したと考えられるのである。ここでは、そんな経済効果を推定するために、実際に短期間に現物をもって集中的に実施された賠償支払いの概要をその一覧表（**表4**）によって確認しておくことにしよう。

本表に示された供与品目の一つひとつについて供与の実際を具体的に検証することはここではできないが、この一覧表を見るだけでも、多岐にわたる品目供与が実際に、機械・自動車・電気機器等の製造業や発電所建設・河川工事や大型プラントの施工を請け負う建設土木業など、主に重・機械工業を活気づける有効需要の創出となって、それが日本経済の全体をおおいに活性化した事情はよく感じ取れると思う。有沢広巳が指摘していた戦時体制の遺産としてある「高度化した産業構成」をそのまま活かし、しかもさらに高度な工業国家として日本を発展させる方向に経済成長するという道がこれを契機に開かれていくのである。

そこで問題は、日本にとってこのような意味をもった「賠償」の支払いが、そしてそれに続く「経済協力」の関係が、その相手国、とりわけ東アジア・東南アジアの諸国・諸地域にとってどのような意味をもったのかである。

## 四 「開発独裁」と連携する植民地主義

### 小さな民からの発想で見る

一九五四年十月六日、日本政府は閣議決定をもって開発途上国援助の国際機関としてすでに組織されていた「コロンボ・プラン」への加盟を決定し、この日を日本の「途上国援助」の起点と認定してきている。もっとも、その後に続く日本の「ODA（政府開発援助）」は実際にはアジアを中心にしたおもに二国間協定の形をとって展開しており、その時期や内容上の接続からして、それはむしろ前節で触れた賠償での政策姿勢を意識的に引き継ぎそれと同様な線で進められてきたと考えた方がいいだろう。そして、半世紀を超えて続いてきているそうした賠償からODAに進む政策展開については、それが「アジアをはじめとする多くの開発途上国の発展に寄与してきた」とする日本政府の自賛にもかかわらず、これまですでにさまざまな問題点が指摘されてきている。

そのような日本の賠償からODAに進む政策展開の功罪について考えようとするときに、まず意識しなければならないのはそれを見る観点のことである。鶴見良行による先駆的著作『バナナと日本人』（岩波新書）を受けて、エビという日本の食卓に馴染みの深い食材を通して日本とアジアとの搾取的な関係を浮かび上がらせた問題作『エビと日本人』（岩波新書）を著した村井吉敬は、日本からアジアを見る際に必要な「小さな民からの発想」の重要性を強調している。[17] 前節末尾に提示した一覧表（表4）からも確認し推定もできるように、賠償からODAに進む「経済協力」は、アジアの各地にダムを建設して発電所を建て、河川を整備し、大規模プラントを建設するなどして、その事跡を外形的に辿るならば確かにその対象国の経済開発にそれなりに大きな「寄与」をしてきたように見える。

この点が、日本政府をして「多くの開発途上国の発展に寄与してきた」と自負せしめる所以であった。しかし、インドネシアを中心に実際に現地に出向いて事態の進行を確かめてきている村井は、そんな日本政府の自負に冷水をあびせるように、「中央から、上から、大組織から命令される『開発』が、民衆の多様な生活の営みを破壊し、創意と自立性を失わしめ、犠牲を強いている事例は枚挙にいとまがない」と主張している。[18]「小さな民からの発想」を大切にするというのは、そうしたことを見逃さないために、「中央から、上から」ではなく「周縁から、下から」しっかり目を凝らすということだ。「発展に寄与した」と言われているその「経済協力」が、相手国の中央や上に、つまり政権の支配層や資産家たちに対してではなく、それぞれの地に現に生きている「小さな民」たちに対してどのような意味をもってきたか、それが問われねばならないと言うのである。そのように意識すると、見えてくる問題が実はかなり大きく深刻だと分かってくる。

### 「援助」の実態

鷲見一夫は、日本の援助の実態を確認するべく、比較的近年に引き起こされている破壊的なODA関連の問題の実例を三つあげている（鷲見一夫著『ODA援助の現実』岩波新書）。

その第一の例は、「大カラジャス計画」と呼ばれる大規模開発計画が進むブラジルの場合である。この計画は、当初はアメリカとブラジルの鉱山会社が合弁で鉄鉱石開発のプロジェクトとして始動さ

---

（17）〔村井 2023〕

（18）〔村井 2023：22〕

せたものだったが、そのパートナー関係がうまく行かなくなったためブラジル政府が日本に協力を要請し、それを機にＪＩＣＡが関与したことで計画が膨らみ、鉄鉱石開発のみならず農業開発、森林開発、工業開発、電源開発を組み合わせた総合開発方式の大事業となっていた。この総合開発が、入植者による焼き畑農業と牧場経営、工業用材のための大規模な商業的伐採、銑鉄製錬のための木炭生産などを急速に肥大化させて、広大な熱帯林の深刻な破壊という結果を招来させたのである。しかもこの自然林の消滅はこの地域に生活していたインディオにとっては生活基盤そのものを奪うもので、それゆえ土地や獲物をめぐって争うことを余儀なくされたインディオは、その開発に抵抗する行動ゆえに、開発を進める側の入植者である農民による排除の暴力にたえずさらされることになった。また大規模牧場経営者も、「ガンマンを雇い、インディオへの襲撃を繰り返してきており」[19]、インディオはこうした暴力によって生命の危険につねに脅かされることになったのである。

鷲見の挙げる第二の例は、「ナルマダ渓谷ダム計画」というインドの場合である。インド西部を流れるナルマダ川の流域は、森林が広がり、多様な形態の農業が営まれて三〇〇〇万人ほどの主に少数民族に属する人々が居住する地域であるが、インド西部三州に灌漑用水と電力を供給するという名分をもって、ここに大小およそ三二〇〇のダムを建設しようという大計画が立ち上がった。この大計画は、そもそも非常に大規模なダム建設計画であるが故に、それにより広大な農地や森林、野生動物が水没してしまうだけでなく、その大規模灌漑にともなって土地の深刻な塩類化や湛水化の危険があるなど、環境への重大な影響が懸念されるものだった。

しかも、この計画に伴うそれにも増して深刻で克服困難な問題は、広範囲の水没により当該地域に生活する一〇〇〇万人以上の人々が強制移住を余儀なくされることだという。そして鷲見に拠れば、

「移住対象者の大多数は少数民族である。これらの人々は、土地所有権を有していないために、何らの補償も受けられない。これに加えて、強制移住は、これら少数民族の生活基盤と伝統文化を破壊してしまう恐れが強い」[20]。それにより、この計画は現地住民の激しい怒りを買って強力な反対運動が起こされたのだったが、時のガンジー政権は資本家層と地主層の支持をつなぎとめるために、貧困層の利益を切り捨てる政治選択を行った。そして日本の対応だが、この計画が抱えるきわめて多くの問題ゆえにインドの環境・森林省さえプロジェクトの修正を提言していたのだったが、世界銀行と日本の海外経済協力基金（ＯＥＣＦ）がそれさえ無視してダム建設への融資を了承してしまったために、これを引き金にダム建設は実際に始まってしまったのである。この日本の関与に鷲見は、「ＯＥＣＦをはじめ、日本の政府関係者には、現地住民の怒りと悲しみが理解できないようである」[21]とつよく批判している。

そして鷲見の挙げる第三の例は、「クドゥン・オンボ・ダム」という巨大貯水池建設が進むインドネシアの場合である。この貯水池は貯水量七億二三〇〇万立方メートルのロックフィル型ダムで、これのために六〇〇〇ヘクタールの土地が水底に沈み、およそ五三九〇世帯、二万三三八〇人が立ち退きを余儀なくされるものだが、この計画に対して、日本輸出入銀行が世銀とともに融資し、日本の間組が現地企業プランタス・アビプラヤ社と提携して施工を請け負っている。この工事による立ち退き

（19）［鷲見 1989：79］
（20）［鷲見 1989：82］
（21）［鷲見 1989：93］

強制に対しては、約七〇〇〇〇人の現地住民が、先祖伝来の土地に対する愛着、補償金の少なさに対する不満、移転先での生活不安などの理由から、立ち退きを拒否して現地にとどまったという。

これに対してインドネシア政府は有形無形の威嚇手段を用いて土地明け渡しへの同意を取り付けようとしていて、その際に立ち退き拒否の運動を抑圧する最大の武器として用いられているのが反共イデオロギーであった。「インドネシアでは、一九六五年の共産党事件以来、共産党は非合法組織とされており、『共産党員』のレッテルを貼られることは、村八分に等しく、職業その他の日常生活の面での各種の制約を受ける。インドネシア政府がこれまでにその政策に批判的な人々を弾圧してきたのは、このラベルを貼ることによってである。[22]」そんな手段を用いて反対派を排除し、それにより大規模ダム建設を強行することで灌漑用水を確保して、高収量品種の導入、化学肥料、農薬、殺虫剤の投入をもって農業生産性を高めようと企図する、このクドゥン・オンボ・ダムの計画は、インドネシアにおける典型的な農業開発パターンであった。「インドネシアでは、こうした農業『開発』政策が、国際融資機関（世銀、アジア開発銀行など）と先進国（日本だ！——引用者）からの資金援助を得て、強権力を背景に展開されてきている。その皺寄せは、貧農、土地なし農、さらに外島の少数民族の人々に押し付けられてきている[23]」、と鷲見は言う。ここには、「開発独裁」と言うべき政権とそれを背後から援助する「先進国」とが連携して、「小さな民」を強権をもって差別的に抑圧しつつその生活圏を支配するという、展開した構図の植民地主義による政策遂行の形がまことに明確な姿を顕している。

開発援助と開発独裁が連携する植民地主義

日本の外務省は、賠償からODAに続く開発援助政策の展開について、一九六六年の『わが外交の近況』においてつぎのように自讃していて、その後もこれが引き続き日本政府サイドのこの問題に関する基本認識となってきている。

これら賠償、その他の無償経済協力による供与は、受入れ国の経済開発や民生安定、福祉向上に貢献しているばかりでなく、これを通じて、わが国の重機械や建設技術などの真価が認められ、これら諸国と日本との間の経済交流の基盤が固められつつあるといえよう。(24)

ところが、村井吉敬が言うようにそれを「小さな民」たちの視点から見直すなら、鷲見がここで紹介しているような「民衆の多様な生活の営みを破壊し、創意と自立性を失わしめ、犠牲を強いている事例」が「枚挙にいとまがない」と指摘されているわけだ。賠償からODA供与をもって受け入れ国の支配権力に「経済協力」していることそのものが、「枚挙にいとまがない」ほど多くのところで現地の自然環境を汚染し悪化させ、そこに生きるマイノリティの生活圏を破壊し、その社会に内在する分断と対立を著しく昂進させているということである。そうであれば、この政府サイドから申告され

(22) [鷲見 1989：101]
(23) [鷲見 1989：105]
(24) [外務省：1966]

ている開発援助政策の自己評価は、第二次大戦後の新たな形の植民地主義という観点から根本的に書き改められねばなるまい。

しかも、それに加えてつぎのようなことがある。このように賠償からODA供与へと続く政策の流れが、一方でそれを供与する側（日本）にビジネスチャンスという意識を生み、他方でそれを受け入れる側に社会の分断を広げその一部に特権意識を生みだす場合には、そこに権力を持ったもの同士の癒着や、利権を求めての不正が起こるのはおそらく不可避だろうということである。フィリピンは本章表4でも確認できるように日本の戦後賠償において最大の支払い相手国であったが、それに関連して生じた不正という点でも、もっとも顕著な舞台のひとつとなっている。津田守と横山正樹の編著である『開発援助の実像――フィリピンから見た賠償とODA』[25]は、フィリピンと日本の多くの関係者の調査と丁寧なインタヴューを通じて、そこにあった不正の実像を精細に明らかにした。ここではその詳細に立ち入って検討することはできないが、「マルコスの蓄財術」と言われている部分の証言を通読するだけでもその生々しい手口に驚かされる。津田・横山は、賠償から始まったその不正の手口の連続を踏まえて、そこに作られた戦後の日比関係の連続を全体としてつぎのように性格づけている。

> 結局、〈賠償を工業化の推進力にしたい〉というフィリピン側の思惑は多くの点で裏切られることになった。フィリピン側の姿勢を突き崩したのは日本側からの贈賄工作である。〈汚職〉は戦後の日比経済関係の裏面でのキーワードとして、マルコス政権の崩壊まで存続しつづけた。〈賠償〉期から〈援助〉段階への連続性は、まさにこの汚職の継続でもある。[26]

ここで起こっているのは、私人たる誰か個人の引き起こした偶発的事件としての個人的な不正や蓄財ということではなく、まさに権力をもったものにつながり、しかも権力の機構に即して不正がなされていて、それにより当初は「賠償を工業化の推進力にする」と企図されたフィリピン社会の発展方向が全体的に毀損されてしまったということである。ここにあるのは、もちろん、外国あるいは何か外部権力がフィリピンという領域を全体として政治的・軍事的に制圧し支配するという意味での所謂「植民地支配」と言えないのは間違いない。とはいえ、ここで開発援助はフィリピンという地に成立した開発独裁的な権力に不正な方法で取り入り、それを金銭的にサポートしつつその利権に寄生して、その権力の作動を通じて特別な権益を享受し、それにより大規模な自然環境からの搾取とマイノリティの抑圧を可能にしているという意味で、ここにもひとつの植民地主義が作動していると認めなければならないだろう。ここでは、開発独裁と開発援助とがぴったり連携する形で植民地主義が継続しているのである。

そしてそう理解してみると、それは決してフィリピンにおいてだけ特別な事態ではないと気づかされる。例えば鷲見が提示しているＯＤＡ関連の三つの例においても、こちらでは賄賂などにより現地権力に取り入るという直接的な不正行為については必ずしも明らかにされていないが、それでもやはり日本側の開発援助が経済協力の形で現地の開発独裁と結びつき、そこで生まれる連携が特別な権益を生んで、その連携する権力の作動により現地の自然環境が大規模に汚染され、そこに生きるマイノ

(25)［津田・横山 1999］
(26)［津田・横山 1999：11］

リティの生活基盤が破壊され、その社会に内在する分断と対立がひどく昂進させられているのである。であれば、こちらもまた確かに植民地主義の今日の時代に現実化された形であると認めなければならないだろう。

ここでも開発援助が開発独裁と連携して植民地主義を継続させているわけだが、そのように理解できるのは、この開発援助の実際を国家や民族などの全体を単位とする「協力」のやり取りとしてだけ捉えるのではなく、村井の強調するように「小さな民」の視点から、その生活基盤が破壊される生活者の視点から、それの実際上の影響を見る場合である。植民地化されるのはこの生活基盤のことであり、その点で植民地主義の実際の実現形式は変化しているのだが、これもまた植民地主義の一様態としてしっかり理解しなければならないということである。

しかもここで見ていることは、鷲見がそれを典型例として扱っているように、決して特別な場における特殊な一事例に過ぎないのではない。序章の表2で見たように日本の戦後賠償の支払いは、そのほとんどが冷戦体制下の東南アジア・東アジアに生まれている同様な独裁的軍事政権に供与されており、どこにおいてもその執権が長期にわたっている。つまり、日本経済の自立と高度成長へのステップになっている賠償からODAへと続く特需・経済協力の政策は、その相手国において、それぞれ冷戦構造下の「反共軍事独裁」とか「開発独裁」とか性格づけられる長期政権の時代に継続しているのだ。だからその賠償からODAに続く「特需」は、各国に成立する反共軍事独裁政権と日本の保守政権との緊密な連携の形成を通じて実施運用がなされ、それゆえそこに構造的な連携と癒着を生みだして来てもいるということである。

そしてここで少し視野を広げれば、これはもちろん、反共冷戦体制という枠組みの下で、アメリカの政治的・軍事的覇権にリードされつつ成立が可能になったものだと分かる。ここには、本書序章で触れた「アメリカの暴力の世紀」が広がっているのである。その政治的・軍事的覇権がバックアップして各国における反共の軍事独裁支配体制が確保されていればこそ、日本もそれと連携して賠償とODAの「特需」のメリットが享受できるという構造である。だから戦後日本は、政治的にはより深くアメリカが覇権を握る「西側」の反共冷戦体制に組み込まれ、その一員（アメリカの基地国家）としてそれへの同調・従属を深めつつ、その下で自らは植民地主義を継続させ、それにより経済成長も遂げてきているということである。

そこでこのつながりを意識しながら、この戦後日本の経済政策をリードした思想の問題性を、今一度有沢に立ち戻って考えていくことにしよう。

## 五　技術革新の生産力と国際分業の植民地主義

### 植民地主義を前提にした平和的共存・平和的競争

本章前段で見てきたように、朝鮮戦争を前後する時期までの有沢は、「植民地を失い、海外市場を失ってしまった戦後」において「日本資本主義の市場問題」が「いよいよ解きがたい問題となった」と切実に意識していた。また、「もはや戦後ではない」と言った一九五六年の経済白書も、「復興建設」の需要が望めなくなったその時点では「有効需要は拡大しつづけない」と見て、市場問題の切迫を訴えようとしていた。それに対して本章でさらに確認してきていることは、その市場問題が五〇年代の後半以降からは賠償からODAへと続く「特需」を少なくとも特別に重要な一要因として「解決」されていったということである。しかしそれは、一方で高度経済成長の市場的前提を作り出すのだが、他方ではアメリカ覇権の反共冷戦体制への構造的な連携・従属の更なる進行に帰結するという形を伴い、しかも前節で見てきたように、その相手国である東アジア・東南アジアの諸国に対しては内戦と開発独裁に連携する植民地主義が作動してその地に深刻な亀裂と社会問題を生みつつ進んでいるのだと見なければならない。

ところが、さらに一九六〇年代に時が進み、ここに見てきたような事情によって日本の当面する事態としての市場問題がとりあえず「解決」に向かって深刻なものとはならず、それによりむしろ経済の「成長」の方が明確な形をなして見えてくるようになると、有沢の問題の捉え方の方にある変化が現われてくる。例えば有沢は、経済成長の様相がはっきりしてきた一九六一年には「技術的進歩と経済的進歩」という関係を主題的に論じ、つぎのように述べるようになっている。

この高い経済の成長がどうして現れてきたかが問題になります。その理由はむしろいろいろあるに違いありませんけれども、決定的な理由といたしましては、やはり戦後において設備投資が著しく大きく増大しているということであろうと思います。……それを説明する決定的な誘因として、戦後に開花した技術革新をあげることができると考えます。[27]

もちろん有沢は、朝鮮戦争の時期にアメリカへの依存と経済の軍事化に危機感を抱いて、日本経済の「自立」を求め、「合理的な国内増産の体系」を目指すべきとして技術革新にそれを可能にする条件を見出しているから、技術革新を重視するそうした考え方の軸に根本的な変化はないとも言える。ところが、朝鮮特需から賠償特需を経て市場問題がとりあえず「解決」され、高度経済成長の形もようやく見えてきた六〇年前後のこの時期になると、少し以前には主にアジアとの関係を心配していたその様子は後退して、意識はもっぱら日本経済の自己努力としての「戦後に開花した技術革新」に局限されていく。アジアとの植民地主義的な垂直分業関係はすでに前提化して、有沢にとっての関心の中心は、欧米との技術開発競争とそれを基礎にした経済競争に移っていくのである。同じ論文で有沢は、自らの思考の基礎にある時代認識をつぎのように説明している。

わたくしは世界はしだいに平和共存に向かっていくものと信じております。バナールの「戦争のない世界」が必ずくるのであります。戦争のない世界では、経済競争がただ一つの競争となるでありましょう。それは歴史的な意義をもった競争であります。[28]

平和的共存、平和的競争、平和的移行。朝鮮戦争が休戦となり、ベトナム戦争がまだ本格化していないこの時期には、五四年に中国の周恩来とインドのネルーのイニシアチブにより「平和五原則」が発表され、五五年にはインドネシアのバンドンでアジア・アフリカ会議が開かれて「第三世界」への動きも活発になり、この時期には平和的な両体制の共存、競争、そして移行という展望が世界的に浮かび

（27）［有沢 1961：52］
（28）［有沢 1961：62］

上がっていた。それを有沢もまた、確かに現実的なものとして受け入れていたわけだ。これはリベラルな平和主義として受けとめられるものであるし、有沢自身がそう自認していたようだが、われわれとしては、賠償特需などによって成立してきている垂直分業の関係が暗黙の内にその前提として踏まえられていることに注意したいと思う。この植民地主義の上に立って、平和的競争が語られていたわけである。

### 技術主義的な産業合理化としての近代化論

しかも、経済競争に足場を定めるその思想的立場をさらに内在的に検討してみると、それがいかにも日本中心で技術主義的な近代化論に結びついていたことがよくわかる。有沢は、高い経済成長が現実のものになり始めた状況のなかで（一九五七年）、その成長を日本社会の近代化に方向づけるべくつぎのように言っていた。

> 重大な問題は、異常な高水準の成長率がわが国の就業状態の改善にあまり役立たないということである。……わが国の雇用問題が経済構造の問題につながっているとすれば、就業状態の改善をふくんだ雇用問題の解決には、単なる経済規模の拡大でなく、さきにのべた自主的な技術革新を伴った経済規模の拡大のほかに、さらに経済構造の変化＝近代化を必要とすることになり、雇用問題解決の重大さの全貌が現れてくる。……わが国の雇用問題解決への接近の方法として、わたくしは自主的な技術革新と広範に残存する前期的分野の近代化との二つをあげた(29)。

日本の経済構造の特殊性については、一九四六年に外務省特別調査委員会報告として出された「日本経済再建の基本問題」において、すでに「封建的なものと近代的なものが同時にかつ跛行的に存在する不均衡な産業構造」[30]として記述されていた。そして、これを日本経済の「二重構造」と概念化してその後も繰り返し問題にし、近代化のための克服課題として強調し続けたのは実は有沢その人なのであった。それがここであらためて前面にでてくる。有沢にとってこの点の克服が、日本の経済成長の内実を固め、それにより欧米との経済競争に勝利するための前提と考えられたのである。それについて、一九六一年の論文「技術的進歩と経済的進歩」でははっきりつぎのようにも言われる。

高い経済の成長が一部の社会的衝撃を潜在化することはできても、技術革新に基づく競合の結果、新しい産業に圧倒される古い産業、いわゆる斜陽産業の出現はいかんともしがたい。新しい技術に対抗するにはさらに新しい技術をもってするしかない。一方では新しい産業、高い成長という産業的大行進が行われていても、他方古い産業の斜陽化は必然的にこれまた進行する。[31]

技術革新に基づく新しい産業の台頭と古い産業の斜陽化の不可避性、それをそのまま肯定する有沢の紛う事なき近代主義者・合理主義者としての姿がここに現れているが、これはまた有沢が、経済政策

(29)［有沢 1957a：42-43］
(30)［有沢監修 1990a：157］この報告書の記述には、有沢が直接に関与しているとみてよい。
(31)［有沢 1961：58］

責任者として日本という国家の立場から産業合理化に志向しテクノクラート的にものを考えていることを表示している。

しかも、その経済競争が展開している現実の市場は、前節で見たように朝鮮特需から賠償特需、そしてODAに進んで、植民地主義的に確保されているところの「市場」である。「市場」と「資源」とを求める国家の経済的利害と支配的意思は、かつては自国の軍隊の力で植民地・版図の拡張を目指す植民地主義戦争として現出したのだったが、その戦争に敗北して領域支配としての「植民地」を失ったのちに、ここでは反共冷戦体制とアジアの開発独裁に依存して「市場」を確保する別の形の植民地主義に変容しつつ継続している。このようにして確保されている「市場」を前提に、技術革新をもって臨む競争によって「古い産業」は斜陽化し、日本社会の二重構造もその形で克服されて近代化が進むと考えられているわけである。

そして、この「市場競争」はさらに新しい国際分業を生み、それに依拠し拡大する。高度経済成長に進む一九六〇年に、有沢はつぎのように論断している。

そこで労働力不足のもとにおいて、なお高い成長率を維持していくためには、貿易を自由化して、生産性の高いところに労働力を投入し、生産性の低い産業からは労働力を引き上げ、そして生産性の低い産業の製品は輸入し、生産性の高い産業の商品を輸出する。こういう方向に進むのが完全雇用のもとでなおも高い成長率を維持していく道である。(32)

これは直接には貿易の自由化に向かっている状況下のヨーロッパ諸国について語ったものだが、これが同時に「世界の大勢」として日本にも迫っていると付け加えられている。すると、「生産性の低い産業」＝「古い産業」を斜陽産業とみなす有沢の日本認識がここに適合的に重なり、それを抱えた経済の二重構造を克服する方向への展望もここに見いだされていると分かる。

すなわち、有沢がここでポジティヴに押し出そうとしているのは、技術革新により生産性の高い産業圏（工場）として「日本」を鍛え上げ、生産性の低い経済圏（市場）としての「アジア」との間に分業関係を生み出すという展望である。そのように見られるとすれば、これは、経済競争を通じた「平和的」なアプローチと見えていたとしても、やはり帝国－植民地的な国際分業関係の上に立つ経済成長という展望にほかならず、それが実際にアジアに次々と成立してきている開発独裁との連携を前提にして構想されているというのであれば、これもまた明らかな植民地主義であると言わねばなるまい。皮肉なことに、平和的な体制移行まで視野に入れていたはずのリベラルな有沢の経済政策構想が、ここではこのように差別支配的な植民地主義に重なってしまうのである。

ともあれこのように「市場」を問題にしているその時、有沢自身の問題関心の中心を次第に占めるようになっていくのが、もう一つの「（エネルギー）資源」という問題である。

（32）［有沢 1960：286-287］

六　原子力という袋小路――植民地主義に依存する経済成長主義の帰結

有沢は、一九五六年という自身の東大定年退官の年に発足した原子力委員会に当初より委員として参与し、その後、エネルギー政策担当の経済企画庁参与、石炭鉱業審議会委員、電気事業審議会委員、産業構造審議会委員、海外エネルギー事情調査団団長などを歴任して、一九六五年には原子力委員会委員長代理に就任、翌六六年には財団法人日本エネルギー経済研究所を設立して自らその理事長に就いている。すなわち、有沢晩年の関心の中心はエネルギー政策にあり、しかも実際に日本のエネルギー政策立案にも中心的な役割を果たしてもいる。

このエネルギー問題について有沢は、一九六三年に自らの編で出版した岩波新書『日本のエネルギー問題』で総括的に論じ、そこで「今日、文明の進んだ国ではエネルギー消費量もまた大きい」とした上で、日本の場合の問題の焦点をつぎのように指摘している。

（総エネルギー需要と国民総生産との間の）右の比率が一対一で今後もなお数年間経過するとすれば、日本のエネルギー消費量の増大を決定する要因は、国民総生産の伸び率、すなわち年平均の成長率の大きさである。……このエネルギー消費量の増大とともに、エネルギー供給の構成そのものに大きな変化をひきおこすのである。……総エネルギー供給中、輸入エネルギーの比率は三六年度四三・四％、三七年度四六・四％から、四二年度三九・三％、四七年度六九・三％と急速に高まって、エネルギー供給の海外依存度は圧倒的になる。(33)

前節までに見てきたように、有沢の考える経済政策の基本は、技術革新と経済構造の近代化を基礎にして生産力を強化し、それによって経済成長を図り経済競争に打ち勝っていこうというものであるから、この経済成長に伴ってエネルギー消費量が増大するというのであれば、それに十分なエネルギーの供給は必要不可欠であり、至上命題ですらあると認めねばならない。しかもそのエネルギー供給は、自己努力によって成果がある程度は見込みうる技術革新の道と異なって、「資源」の問題であるから自然環境という所与の条件に規定されざるをえないのだ。それにより、有沢が考えるような成長に志向する経済政策は、原理的なデッドロックに突き当たることになる。間違いなく有沢は、いち早くそれに気づき、実際にその対策の案出に乗り出した人々の中心にいた。

その有沢の念頭にあったのは、エネルギー資源の基礎が石炭から石油へと移るとともに、一方でその豊富な供給量をもって「エネルギー革命」とも言われるほど大きなエネルギー消費の分野を開拓しながら、他方では、油田が旧植民地に集中し石油事業が国際資本に支配されているなど、石油そのものがインターナショナルな性格を持つ商品であるゆえに国際的な政情変化の影響に曝されやすいという、とても大きなリスクがつねにそこに随伴しているという事情である。それはまさに、今日現れている世界の現実にほかならない。

そこで有沢は、「総合エネルギー政策」という政策枠組みを提唱し、それが土台とすべき原則として、①エネルギー低廉の原則と②エネルギー供給に対する安全保障の要請との、二つを提起する。問題はあくまで経済的であると同時に政治的であらざるをえないのだ。そうであれば、まず誰しもが思

（33）［有沢編 1963：220］

いつくのが「エネルギー供給先の分散化」と「エネルギー源の多様化」だろう。一つのエネルギー源だけに頼りすぎるのは、あまりにリスクが大きすぎる。それゆえ有沢ももちろん、その分散化と多元化を「長期的に計画しなければならない」と言っている[34]。「代替エネルギー」の開発というのは半世紀以上も前からの課題だったのだ（対応があまりに遅い！）。

そうした認識を前提にして、有沢がそこに最後に持ち出すのが、「原子力」という「新たなエネルギー源」なのであった。有沢の見るところ、原子力発電のコストは「急速に低下」しつつあり、核燃料も長期備蓄が可能だし、それのリサイクルも「理論的には確立している」から、「供給の安全性はほぼ完全である」。だから、「われわれは原子力に、やすいエネルギーとその供給確保との二つの要請をもっともよく満足しうるエネルギーであるとの希望を託すことができる」、と[35]。有沢はこのように自らの希望を語り、残された後半生をその「希望」にかける日々として過ごすことになる。

それから半世紀の時がすぎて、東日本大震災と福島第一原子力発電所の事故を経験し、また他方で日本の核燃料リサイクル政策の破綻も見えてしまった今日の段階では、有沢のこの「希望」について、それの基礎になる見通しがやはりなお甘かったのだと確認せざるをえないだろう。そもそもその見通しにおいては、実際に起こる「事故」のリスクとコストがしっかりとは考慮されていなかったし、リサイクルに実際に期待していたから使用済核燃料の処理負担の深刻さも十分に直視されてはいなかった。のみならず、稼働すれば当然その先に待ち受けている廃炉についてさえ、それにかかる膨大な時間とコストが現実的に計算に入れられていたとは言えない。使い始めてみると、原子力は決して安全ではなかったし、実際に安いエネルギーでもなかったのだ。今にして思えば、経済面では最も周到に原発のメリット・デメリットを考えていたリーダー格の有沢でさえ、「総合エネルギー政策」を言うにしては見通しがあまりに甘く一面的だった。それなのに、あの破局的な原発事故に至るまで、どうしてそんな「甘い願望」にエネルギー政策全体が導かれ突き進んでしまったのか、と本当に思わざるをえない。

もっとも、有沢に即して事柄の推移を考えてきたここでは、そんな慨嘆とは別に、本章の考察からそこにあるこれまでしっかりとは認識されてこなかった問題の構造がもう少し深く見えてきていると理解できる。

福島の原発事故以来、多くの人々が資源エネルギーに関する原発依存の危険性とその背景にある経済成長至上主義の限界を指摘するようになってきている。確かにあの事故は、これまで右肩上がりの経済成長を変わらぬ目標にして前につんのめるように進み、そのための前提として原発が不可欠だなどと言ってきたその議論を反省し、これまでの社会と生活の形そのものまで問い直す、重要な機会になっている。有沢広巳の経済政策思想についても、それは同様である。見てきたようにこの思想は、つねに技術革新に志向し、これを導き手として生産力を高め経済成長を促して、それにより経済競争に打ち勝つ力を強化していこうという、いわば「きわめて合理化された」経済成長主義に立っている。この思想的立場から実際に経済政策の立案に参与した有沢は、再軍備に反対して「平和」を訴え、産業政策により「雇用」の増大を求めるという点で、日本社会党的な「左翼」の政治的立場表明を繰り返しながら、経済政策の実質では保守政権を支えて戦後日本の経済成長路線に重要な「寄与」をなし

---

(34)〔有沢編 1963：234〕
(35)〔有沢編 1963：235〕

てきていたのである。この有沢の「寄与」の内に原子力発電の利用拡大があり、その結果が事故にもつながったということであれば、その事故後の今日、それをリードした経済政策思想がまた問い直されねばならなくなっているのは明らかだ。

その上で、本章の有沢に即して見てきたことをしっかり意識すれば、問題の視野をそのような経済成長主義の経済的合理性の批判だけに止めるわけにはいかないと分かってくる。その上でさらに重要なことは、かつて市場と資源を求めて植民地拡張戦争に乗り出した植民地帝国日本が、その敗戦後に、戦時に作られた「高度化した産業構成」を持続発展させつつあらためてその「市場と資源の問題」の解決を求めて動き出し、緊張を高めアジア各地に熱戦の業火を煽った「冷戦」状況を背景に、まずは「アメリカの援助」により、つぎに「朝鮮特需」により、そしてさらには賠償からＯＤＡの特需を通じて、近隣の戦争と独裁に依存しつつその問題を「解決」してきたという、この時代の歴史的過程のことである。すなわち、ここでしっかり直視すべきなのは、そこに新たに継続した植民地主義が戦後日本の経済成長主義の前提になってきたという歴史的事実なのである。この継続する植民地主義が、ひたすら成長を展望する経済成長主義が将来にわたって持続可能（sustainable）であると幻想させそれを駆動して、そのために「低廉」で供給の「安全」な「資源」をひたすら求める志向性を育てたあげく、原発依存を不可避とする袋小路に日本を追い込んできたと見なければならない。

近年では、地球温暖化など環境問題の危機が目立ってきて現在の経済社会への反省が意識され、そのためマルクスなどの読み直しを通してその基底にある資本主義を問い直し、この仕方で今日の経済成長主義を問題化しようという動きも出てきている。[36] しかし本書の立場から問題だと感じられるのは、その経済成長主義への問い直しがマルクス『資本論』にまで遡及して原理的な批判にまで深められたと見えようとも、現実の歴史過程に関わる実際の認識が不十分で、その経済成長主義がずっと前提にしてきた継続する植民地主義という問題についてしっかりした議論がなされていないという事実である。

経済成長主義に進んだ資本主義と植民地主義との関係は構造的なものだから理論の形で一般的にも語りうるはずだが、とりわけ今日の日本の経済成長主義は、直接の軍事力をもってアジアを制覇しようとした大東亜共栄圏の野望から一転して、アジアへの戦争賠償やODA等に始まり当地の開発独裁などと連携しつつ継続した植民地主義を前提として実践されてきたものであり、それが化石燃料からの脱却をもとめて原発依存に行き着いた歴史を持っている。そうであれば、この経済成長主義を問おうというときには、まず歴史的な事実として、日本についてそれが前提としてきたこの東アジアに継続する植民地主義から問わなければならないだろう。すなわち、それが作り上げてきた新たな形の帝国―植民地的な国際分業関係、すなわち、アメリカと日本とアジア諸国を巻き込んだ政治経済支配の構造全体が、それの歴史的な動態と変容において問われなければならないのである。

本章でわれわれは有沢広巳の経済政策思想を追跡してきて、ここでそのような問題構成の見通しを得ている。これは、「経済成長か自然保護か」などという、経済社会生活上の心構えのレベルだけで語られうる問題ではないし、ネオリベなどの経済政策批判だけでも問題の核心には届かないだろう。歴史的洞察が必要なのだ。すなわちそれは、東アジア全体を見渡して国境を越えた経済社会関係の総体を歴史的に問い直し、それを共同して作り直す、広い視野に立つ歴史・社会構想の問題として考え

（36）［斎藤 2020］

られなければならないのである。すると、そうした観点から振り返ると、本章まで考えてきている「戦後」と言われるこの同時代には、東アジアの歴史と社会への関わりをめぐってどのように問題が意識され、どんな思想が議論されてきたのだろうか。そこにどんな教訓があり、何が問題として残されているのか。思想史の問題として、その経験の重要な意味がいよいよはっきりしてくる。そこでこの思想経験の核のいくつかに立ち入り、国境を越えた関係を「歴史的に問い直し、共同して作り直す」という観点をしっかり意識しながら、継続する植民地主義の思想史をさらに続けて考えていくことにしよう。

# 第四部　戦後革命の挫折／「アジア」への視座の罠

# 第七章　自閉していく戦後革命路線と植民地主義の忘却

## はじめに――日本共産党の「戦後」を総括すること

日本共産党にたいする私の不満をつきつめていくと、それは結局、日本共産党が日本の革命を主題にしていない、ということに行きつくのではないかと思う（1）。

竹内好は、一九五〇年に発表された「日本共産党に与う」という文章をこう書き起こしている。これは、竹内が日本の戦後に思想を編んでいくときの、基点となった思想的動機のひとつとされている。そんな竹内の指摘を待つまでもなく、植民地主義を関心の焦点に据えて日本の戦後思想を考えようとするときには、この「戦後」において体制批判の中心のひとつであった日本共産党という存在のとても大きな政治的・思想的意味を意識しないわけにはいかない。そこで、つぎにこの日本共産党の戦後の意味を考えておきたいのだが、これがなかなかやっかいな課題である。

戦後の日本共産党の思想と行動に立ち入って考えるこの作業は、政治集団としてのそれの歴史的総括を十全にと意識すると、とたんにとてつもなく多くの困難に直面する。とりわけ党の分裂が顕在化した五〇年代の前半には、分派抗争があり武装闘争もあって、非公然活動を強いられた局面も多いから、事実を確定すること自体がなお困難であり、その全体像ということになるといよいよ闇の中に霞んでしまう。想像力を発揮すれば、確かにこの「闇」の奥には、新しい社会を希求したたくさんの人々の希望や献身の痕跡がさまざまに傷つき癒されぬまま隠されていると考えられはする。そうだとしても、同時代の体験者がすでにとびきり高齢となっているに違いないほど時が過ぎて、その生の証言に耳を傾けたいと考えても困難は計り知れない。

とはいえ、植民地主義の継続に関心を寄せながら戦後思想を見つめている本書の立場に立つと、日本共産党がこの時代の日本の進路に一つの「抵抗」の形を提示していたのは間違いないから、やはりこの日本共産党の「戦後」のことを全く無視するというわけにはいかない。とりわけ、本書の観点からどうしても考えておかねばならないのは、日本の植民地主義によって直接に生み出された事態に関わることで、敗戦直後の日本共産党にとって最重要の課題にもなったはずの、ひとつの問題である。すなわちそれは、在日朝鮮人という存在とその人々の運動、そしてそれへの共産党の関わりである。敗戦直後の日本共産党は、まさに日本の植民地主義との対決の質が問われるこの問題にどのように対処していたのか。そしてそれは、「戦後」という時代の思想状況をどのように規定していたのか。そもそも日本共産党は、このときに在日朝鮮人と真に出会えていたのだろうか。

（1）［竹内 1950：⑥ 133］

このように問いを立ててみると、しかしこれがまた大問題で、確定的な認識を得るためには検証を要することがあまりに多いと考えねばならない。とはいえここで、細部の事実認定はさておき、時代状況に広く関わるそれの意味という観点で考察する場合には、問題をつかむ手がかりが全くないわけではない。敗戦直後という時期、とくに五〇年代半ばくらいまでの時期には、日本共産党と在日朝鮮人運動との関係（あるいはその断絶）を思想的に象徴していると言えるはずの二人の人物がいて、彼らに対する日本共産党の関わりがまずは考察の大切な手がかりになると考えられるのである。その二人とは、金斗鎔《キム・ドゥヨン》と韓徳銖《ハン・ドクス》にほかならない。(2)

金斗鎔とは、戦前期に来日して東京帝国大学で新人会に加入しつつプロレタリア芸術運動に携わり、日本が敗北するや、直ちに政治犯釈放運動の中心人物として活動を開始して、再建された日本共産党で中央委員候補と朝鮮人部（部長金天海）の副部長に就任した人物である。彼は、一九四六年二月に発刊された中央機関雑誌『前衛』の第一号に「日本における朝鮮人問題」と題する一文を執筆し、(3)敗戦直後の日本共産党において「朝鮮人問題」に関する思想的リーダーとなっている。

また韓徳銖とは、戦後の在日朝鮮人運動の軸となった在日本朝鮮人連盟（朝連）に最初期から参加し、とりわけ一九四八年以降の状況のなかで、朝連を朝鮮民主主義人民共和国全面支持に導くべく中心になって活動した人物である。(4)彼は、朝連解体後の在日朝鮮統一民主戦線（民戦）でも、日本共産党といろいろ軋轢を起こしながら民戦の路線を「共和国の死守」という方向へ差し向けるべく活動し、一九五五年五月には在日本朝鮮人総連合会（朝鮮総連）結成の中心となって、その議長に選出されている。このような韓徳銖が主導する動きに対して、在日朝鮮人運動を日本の民主戦線の一翼と位置づけてきた日本共産党は、朝鮮戦争期に軍事方針をもって祖国防衛委員会および祖国防衛隊を組織した一時期を経つつ、五五年になると在日朝鮮人運動に対する党の路線をついに転換し、日朝相互の「内政不干渉」を基調としたその後を貫く基本姿勢を固めるに至った。

要するに、金斗鎔と韓徳銖の二人を手がかりに日本共産党と在日朝鮮人運動との関係を考えるということは、一九四五年から五五年にかけて、すなわち日本の敗戦から朝鮮総連の結成に至るまでほぼ十年にわたる時期の両者の関係を、最初の時点と最後の時点に立って思想的に考えてみるということにほかならない。しかも、ここでしっかり確認しておかねばならないが、本書のポジションから考えたいのは、金斗鎔と韓徳銖の思想と行動それ自体というよりは、彼らに応接した日本共産党の思想と路線のことである。このように問いを構えてみると、そこにどんな問題が見えてくるのだろうか。

（2）このような問題の構えの可能性については、鄭栄桓の優れた学部卒業論文「プロレタリア国際主義の屈折——朝鮮人共産主義者金斗鎔の半生」（明治学院大学法学部二〇〇二年度提出 http://members.jcom.home.ne.jp/katoa/03chun.html）に多く教えられている。

（3）［朴慶植編 1991：7-12］

（4）［朴慶植 1989］

# 一　金斗鎔の国際主義と日本共産党の責務

## 金斗鎔の国際主義と日本共産党の国際主義

まず考えたいのは、敗戦直後の日本共産党の路線再建と在日朝鮮人運動との関わりである。それを金斗鎔という人物に焦点を当てながら考えていくと、そこにとても重大な屈折のあることが分かってくる。

日本共産党と在日朝鮮人運動との関係という場合、金斗鎔が党の中央委員候補であり朝鮮人部の副部長でもあった事実は、ことを日本人と朝鮮人という二元的枠組みだけでは割り切れないという意味で、それだけで問題の複雑な性格を明示していると認められる。金斗鎔という人物が、日本の地においては日本共産党に所属して活動し、在日朝鮮人たちに対しては「日本の人民解放闘争に参加する」(5)よう訴えて、さらには「日本の反動勢力にたいする闘争のみが朝鮮の革命と朝鮮の民主主義戦線の勝利とのために真に役立ちうる」(6)とまで主張していたことについては、これまでにすでに一定の裁定がなされてきた。例えば朴慶植は、「このような指導方針が在日朝鮮人運動を日本革命に従属させることによって民族的主体性を喪失させ、朝鮮の民主民族革命を二次的なものにしたものであることは今日ではおよそ明確になってきている」と述べ、金斗鎔を厳しく批判する。(7)そしてもちろんここには、その裏面に、「朝鮮革命を第一とすべき朝鮮人革命家を日本革命のために利用した」という、日本共産党の利用主義への批判がまた含まれている。だが、在日朝鮮人史研究者である鄭栄桓がこだわっているように、(8)金斗鎔が共産主義者としてプロレタリア国際主義という理想を持ち、自ら進んでこの道を歩んだことを思えば、はじめから日本革命と朝鮮革命とを二元的に対立させてしまうのではなく、いったんは日本の地において実現しようとした彼の国際主義の成否にまで立ち入って考えるのでなければ、革命的思想家＝金斗鎔にとってフェアな評価とは言えないだろう。

そこで問われなければならないのは、まずは、金斗鎔自身の国際主義の内実と意味であり、そしてその上に、金斗鎔が指導者としてそこに参画していた日本共産党の国際主義の内実と意味である。とりわけ思想の評価という観点から注目しなければならないのは、この党が、朝鮮人党員である金斗鎔の国際主義の志を受け止めて、党自らの綱領と路線において実際に実のある国際主義を実践しようとしたのかという点であろう。日本共産党員である金斗鎔の国際主義は、まずは日本共産党の路線において実現されていなければならない。社会変革の思想を、個人の観念のままにしておくのではなく、実際に組織するとはそういうことだ。

そのことを考えるために、共産党再建の当初、金斗鎔その人が当時の状況において在日朝鮮人運動に何を求めていたのか、またそこで語られる国際主義とはいかなるものであったかを確認しておこう。それは、彼の戦後の第一論文「日本における朝鮮人問題」（一九四六年二月十五日）に、ひとつのまとまりをもった形で読み取ることができる。この論文は日本共産党が中央機関雑誌として創刊した『前衛』の第一号に掲載されており、その扱いから見てこれは、この出発点での党の中枢が承認した見解

---

（5）［金斗鎔 1946a：11］
（6）［金斗鎔 1947a：14］
（7）［朴慶植 89：90］
（8）前掲鄭栄桓「プロレタリア国際主義の屈折」参照。

であると考えてよいだろう

この論文で金斗鎔はまず、朝鮮において「朝鮮の完全な独立、人民共和国建設」へ向かう政治情勢が、大韓臨時政府を支持する右派勢力との鋭い対立を孕みながらも「全朝鮮人民の八割」の支持を得て大きく前進し、この朝鮮における政治情勢がまた、日本での「民主主義革命運動の急激な進展」と相まって日本における朝鮮人の大衆的闘争を著しく戦闘化させているという、当面する人民解放闘争相互の緊密な連動を強調する。(9) その上で金斗鎔は、そのような情勢にありながら、朝鮮ではなお統一した政府が樹立されず産業も復活していないことから、在日朝鮮人の切実な帰国への願いにもかかわらず、朝鮮に帰っても生活の途が立たず、折角帰ってもまた日本に戻ってくる場合のあることを指摘している。(10) 人民解放闘争が相互に大きく連動し始めている現実と、日本にいる朝鮮人の多くが少なくともしばらくは帰国できないという現実、この二つの現実を前に在日朝鮮人運動の「今後なさるべき方向」とは何か、金斗鎔がまず立てたのはこの問題であった。

### 二つの課題——朝鮮の完全独立と天皇制の打倒

そして、その時に重要なことは、「朝鮮の完全な独立、人民共和国の建設」という課題と「天皇制の打倒」という課題とが、現実的につながっているという認識であろう。金斗鎔は、この第一論文では、これら二つの課題が、単に朝鮮革命と日本革命のそれぞれに単独に関わるだけの個別課題なのではなく、密接に連動していることを確かに見ている。そのことは、同時期に発表された論文「朝鮮人と天皇制打倒の問題」（一九四六年二月五日発表）では、さらに明瞭に語られている。いわく、「朝鮮人の当面してゐる任務は何か？　朝鮮の完全独立、人民共和国建設、誰でもこれを否定しないであらう。……（そして）われわれ自身の祖国の独立が侵害されないために、われわれすべては世界、殊に極東に於て侵略戦争が起らないよう、かかる根源となってゐる一切の要素、殊に当面してゐる日本天皇制に対しては、徹底的に闘争しなければならぬ任務を与へられてゐる」[11]。「日本の天皇制の存廃の問題は、ひとり日本人民の問題ではなく、それは朝鮮民族にとってもまた重大な関係を有する国家的国際的な問題である」[12]と。

このような「朝鮮の完全な独立」と「天皇制の打倒」の連動という認識だが、それは、少し視野を広げた歴史的観点から顧みても、当時の時点で一定の現実的基礎を持った認識態度であったと認められる。ここで日本の敗北がポツダム宣言の受諾として実現したことを想起しよう。その当時、日本は連合国による占領下にあったわけだが、この占領はポツダム宣言を根拠にしていて、それは朝鮮半島や台湾を含む「大日本帝国」の全領域を対象にした占領の一部だったのである。それゆえ、大日本帝国の全領域について、その占領後にどのような領域区分を確定しその政治体制を確立するかは、一体的な問題として密接に連関していた。朝鮮の占領・統治にしても、それは朝鮮半島の南北分断だけに関わる問題ではなかったのだ[13]。だからこの領域で、南朝鮮を占領する米軍政が朝鮮人民共和国の否認に動いていたことと、東京に置かれたＧＨＱが昭和天皇を免責して天皇制を占領政策の遂行に利用し

（9）［金斗鎔 1946：7-8］
（10）［金斗鎔 1946：9］
（11）［金斗鎔 1946b：37］
（12）［金斗鎔 1946b：38］

ようとしていたこととは、アメリカの占領政策として一体のものだった。であればこそ、それに抗する二つの課題の連関もまた現実のことだったと考えなければならない。

要するに、朝鮮と日本という異なった場所で闘われている人民解放闘争はその意味において実際に連関しているのであり、闘う側が戦略的にその連関をしっかり意識してそれぞれの場での課題に立ち向かうならば、密接な連動を起こすはずだと考えるのは決して的外れとは言えなかった。だから、在日朝鮮人に天皇制に関わる闘いへの参加を呼びかける金斗鎔の主張は現実的な闘争の基礎を持っていたと認められ、そこで語られる国際主義も、単なる観念上の理想ではなくひとつの現実的要請でもあったと認められる。そんな意識と声と闘争の連携が実際に必要だったのである。

ところで、このような二つの課題の連動についての認識は、同時期に、日本共産党の中央委員となる金天海《キム・チョネ》にも共有されている。そのことを金天海は、ほかならぬ朝連の結成大会（一九四五年十月十六日）で、「朝鮮の完全独立と統一の達成へ、日本では天皇制を打倒して民主政府の樹立を、そして親日反逆分子は厳重に処断し、われわれの住みよい日本にしよう」と呼びかける形で語っている。[14]しかもここで注意すべきは、金天海がこれを、すでに再建が準備されていた日本共産党の立場から語っているということであり、またそれが朝連に集う在日朝鮮人から熱烈に支持されていることである。すなわち、これにより日本共産党は、朝鮮人党員の口を通してだが、[15]在日朝鮮人を前に二つの課題への取り組みを党として公約したと見られるはずだし、それを党自らの国際主義的責務として引き受けたことになるだろう。少なくとも、その場に居合わせた在日朝鮮人はそれを思い期待したに違いない。

そして、日本共産党が党としてそのような国際主義的責務を実際に引き受けてこそ、その下で、日本にいる朝鮮人も日本人と共にまずはこの地での活動に専心できると考えられる。人民解放闘争の国際的連動を基礎とする金斗鎔の国際主義の成否は、そのような党の国際主義の内実に依存していたと考えねばならない。

　すると日本共産党は、このような期待に応えて公約を守り、二つの課題を実際に自らの課題とすることで、真に国際主義を実践したと言えるのだろうか。

## 二　戦後革命路線の生成と帝国主義・植民地主義との対決回避

### 党文書での位置づけの変容

日本共産党の「公約」について述べたが、金天海の朝連結成大会での発言は、もちろん共産党が再建されていくプロセスでのものである。それ故、この党が国際主義的責務を引き受けるというのは、まずは、党がそのような内実を持つ綱領と路線をもって実際に再建されるということにほかならない。

(13)　朝鮮建国準備委員会は九月六日に朝鮮人民共和国の樹立を宣言しているが、日本において金斗鎔が尽力した政治犯釈放運動が成就する十月十日、徳田球一、金天海らが釈放されたこの同じ日に、ソウルの米軍政長官はその朝鮮人民共和国の否認を声明している。

(14)　［朴慶植 1989：56］

(15)　わたしのポジションから見ると、このことは、朝鮮人党員である金天海によってではなく、むしろ日本人党員によって表明されるべきだったと思う。

しかも、天皇制の打倒と朝鮮の完全な独立ということのように大きな戦略問題なら、党の原則的立場は、この党が公表する綱領や大会決議などを通じて公式に表明されねばならないだろう。そこで、二つの課題について、この時期の党文書がどのように取り扱っているのか、それを検証し考えてみることにしよう。

まず「朝鮮の完全なる独立」という項目であるが、それが課題として明示されているのは、一九四五年十二月一日に第四回党大会で採択された行動綱領の第二項においてである。この項目は、実は、徳田球一、志賀義雄らが獄中で起草し出獄とともに発表した「人民に訴う」（十月十日）という文書にも、第四回党大会の準備プロセスにある第一回全国協議会（一全協　十一月八日）で作られた「行動綱領（草案）」にも、まだ無かったのである。そこから推定できるのは、この「朝鮮の完全なる独立」という課題が、一全協から第四回党大会までの間にあったなんらかの路線上の議論、おそらく金天海や金斗鎔など朝鮮人党員も加わって進んだはずの議論を経て、ようやく行動綱領に書き加えられたのだということである。そして、それにより、この党の行動綱領は、この形で植民地主義との闘争を具体的に明示することになっている。

それにもかかわらず問題なのは、そのような議論と努力があって掲げられたはずの「朝鮮の完全なる独立」という課題が、この第四回党大会行動綱領を顕著な例外として、その後は綱領などの重要文書での位置づけを大きく後退させていくという事実である。まず、第四回党大会から時を隔てず一九四六年二月二十五日に行われた第五回党大会では、行動綱領については直近の第四回党大会で決まったものを基本的に踏襲すると決めたので形式上は残っているものの、この大会で特別に討議・決定された「大会宣言」では、党の「当面の基本目標」として対外的に示された基本諸項目のなかから

「朝鮮の完全なる独立」が除外されてしまう（！）。そして、一九四七年十二月二十二日に開かれた第六回党大会になると、行動綱領においても第四回大会では第二項だったそれが第二七項へとひどく格下げされ、「平和の擁護」と統合されるべき国際的連携の一般的課題である「朝鮮および南方諸国の完全な独立」として記載されることになった。この見逃せない変化は、この時期の党内の議論状況を確かに反映していたはずだと認めなければならない。

すると「天皇制の打倒」はどうだろう。もちろん、日本敗戦後の共産党は、この天皇制の打倒を鮮明に打ち出すことによって出発した。それは、まず共産党の再生を高らかに宣言する「人民に訴う」に示されており、そして戦後初めて開かれた党大会である第四回党大会でまとまった行動綱領に示されたのである。というわけで、第四回党大会のこの行動綱領は、冒頭から「天皇制の打倒」と「朝鮮の完全なる独立」という二つの課題を前面に立て、それを軸に共産党の革命構想を提示することになっていた。そして、この二つの課題を語る言葉遣いの正確な一致からしても、またその執筆時期から考えても、金斗鎔の第一論文「日本における朝鮮人問題」が、この第四回党大会行動綱領を前提にいて書かれていることは明らかである。

それとの対比で見るとき、大きな変化が現れてくるのは、続いて一九四六年二月二五日に開催された第五回党大会での大会宣言である。この大会宣言は、党が実現すべき課題の第一につぎの項目を掲げている。

一　封建的専制的軍事警察政治制度としての天皇制の廃止。皇室の存否に関しては、民主主義人民共和国成立の後、一般人民投票によってこれを決定する。現天皇の戦争責任は、これを追及す

る。さらに、戦争犯罪人・人権じゅうりん犯罪人をわが国の政治・経済・社会上の重要地位から清掃する。(16)

端的に「天皇制の打倒」という文言を冒頭に掲げていた第四回党大会とくらべると、ここには確かに変化があり、それは文言上の扱いは微妙に見えて、基本姿勢においては大きな変化を示すものと見なければならない。ここではまず、天皇制を「打倒」するのではなく「廃止」するというように表現をソフトにし、しかもその天皇制に「封建的専制的軍事警察政治制度としての」と限定を付け、この天皇制と「皇室」とをあえて区別して、後者については、「一般人民投票によって」という形で、民主主義と矛盾しなければ存続させられるという含みを残している。そしてこのように留保をわざわざ付けていくこと自体が、天皇制とは妥協の余地があることを意図的に公表しているものと読めるだろう。(17)

そしてここで、このような天皇制に関わる共産党第五回党大会での立場表明が四六年二月二十五日のことであって、それが同年一月一日に発表された天皇の「年頭詔書」（いわゆる「人間宣言」）の後であり、またＧＨＱ民政局起草の草案をベースとした「憲法改正草案要綱」が発表された同年三月六日の直前だったことにもしっかり留意しておきたい。ＧＨＱ民間情報教育局作成の原案をベースにしたその年頭詔書で、昭和天皇は五箇条の誓文を引用して天皇の存在が民主主義と矛盾しないと力説しており、それが天皇免責の流れを決定的にして象徴天皇制による新憲法の生成の動きにつながっているからである。共産党第五回大会の宣言は実はそれと妥協可能な圏域に足を踏み入れていて、むしろこの流れに意識的に従っているものとも言えるだろう。

このような第五回党大会宣言を皮切りに、共産党にとって天皇制の打倒という課題はこれ以降順次後景に押しやられていくことになった。そのような志向は新憲法施行後である四七年十二月二十一〜二十二日の第六回党大会においてはすでに明瞭に現れており、ここで、天皇制の問題は表現をもっと薄めた「天皇制の廃止を伴う国家機構の完全な民主化」という主張となり、課題としての順位も第一位を「ポツダム宣言の厳正実施」に譲って第四位に引き下げられてしまうのである。すなわち、党の目標の第一位は日本の主権回復と民主主義的な国家機構の整備であって、天皇制のことは付随的な事柄になったということだ。このようにして、日本共産党は戦後憲法体制内の政党になっていく。

### 在日朝鮮人の独自的要求の抑制

天皇制に関して日本共産党が次第に融和的になっていくというこの傾向に、四六年一月の野坂参三の帰国が大きなきっかけを与えたというのは、よく知られているところであろう。確かに、今見てきたような第四回党大会から第五回党大会への大きな変化は、その間に野坂の帰国をおいて考えてみると、「愛される共産党」を標榜し占領下の平和革命を志向する日本共産党の戦後革命路線の生成とし

---

（16）［日本共産党中央委員会編 1962：105］

（17）実際に共産党のこの表明は、天皇の戦争責任を強く問題視しているひとびとの落胆を呼びおこした。例えば少年兵として海軍に従軍した渡辺清は、その日記で、この共産党の天皇に対する態度変更に触れ、「これは明らかに大きな後退である」、「これまで共産党に期待していただけになんだかがっかりした」と書き残している。［渡辺清 2004：185-186］

て、あるいはそれへの転換としてその一面を整合的に把握できる。[18] それに対して、われわれがここで見てきていることは、この同じプロセスがその裏面で金斗鎔の第一論文「日本における朝鮮人問題」（二月十五日発表）を挟んで進んだという事実である。この事実に注目し、「朝鮮人問題」を論ずるその文脈では何が最も重視されていたかにしっかり注意を払って考えてみると、この戦後革命路線のこれまで必ずしも見えていなかったもうひとつの側面、すなわち、この路線が他方で何を切り捨てながら生成してきたのかが、明瞭に見えてくる。

これまで見てきたように、日本共産党の戦後革命路線の生成、つまり第四回党大会から第五回党大会へと変化する路線の歩みは、天皇制の打倒と朝鮮の完全なる独立とを「党の根本目標」[19]とする路線から、「ポツダム宣言の厳正実施」を、それゆえ日本の主権回復と日本人の間での民主主義確立を最重要目標にする路線への転換として、その基本線を理解することができる。日本共産党は、このような路線に進むことにより、日本人の広範な支持を受けるべく、日本人に愛される平和的な日本共産党を自己演出していくのである。

この新しい路線を、金斗鎔の第一論文を踏まえて在日朝鮮人運動の位置から見るとどうなるか。間違いなくそれは、金天海が朝連の結成大会で党を代表して表明したはずのあの公約、すなわち天皇制の打倒と朝鮮の完全なる独立という二つの課題を国際主義的責務として引き受けたあの約束を、日本共産党がここでは回避した、あるいは少なくともその履行を先延ばしにしたと見なされることになるだろう。そしてこの二つの課題が、その内容において、日本の帝国主義と植民地主義に直接対決するものである限りで、それの回避（あるいは遅延）は、革命党としての、しかも日本の帝国主義と植民地主義に内的に責任を持つ日本の党としての、国際主義的な責務の回避（あるいは遅延）にほかならなかったと認めなければならない。すなわち、その大会宣言など公式文書から理解する限りで、日本共産党が第五回党大会で提示した日本の戦後革命路線は、このような帝国主義と植民地主義への対決の回避（あるいは遅延）によって始まっていると考えねばならないのである。

すると、金斗鎔が在日朝鮮人運動に即して構想していた国際主義、とりわけその在日朝鮮人への行動提起は、このような戦後革命路線への共産党の路線転換を前提にすると、いったいどのような意味を持つようになるのだろうか。

日本共産党は、第五回党大会を踏まえて、朝鮮人党員に対する指導方針についても党中央としての基本姿勢を整理してまとめ、それを「八月方針」（一九四六年八月）として党内に提示している。そこに、具体的な指示としてつぎの二項目がある。

（一）各地にある朝鮮人だけの細胞やフラクションは、なるべく日共の地域細胞やフラクションに加入し、日本人党員と一体となって活動する。

（四）朝連は、なるべく下部組織の露骨な民族的偏向を抑制し、日本の人民民主革命をめざす共同闘争の一環として、その民族的な闘争方向を打ち出すことが必要で、その方が朝鮮人自体のためにも有利である。[20]

（18）この点については［荒木義修 1994：120-153］基礎史料を駆使した荒木の書でも、この路線転換と在日朝鮮人運動との関連への言及は皆無である。

（19）［金斗鎔 1946a：11］

このような指示は、共産党内における朝鮮人党員の独自的な活動を否定し、また朝鮮人大衆組織である朝連が明確に民族的な要求を掲げて行う闘争を抑制しようとしている点で、党中央として在日朝鮮人の独自要求と独自活動の抑制を表明していると理解されるだろう。しかもこれを、いったんは第一に掲げた「天皇制の打倒」と「朝鮮の完全独立」という項目を行動綱領の下位に格下げし、この点で植民地主義との闘争を明らかに後景に斥けてしまったこの党、それゆえもっぱら日本人に愛されるよう自己演出した日本共産党が、在日朝鮮人に対して言っているのである。そのような戦後革命路線の下であれば、こうした党中央の指示が、在日朝鮮人にとっては、日本の党と日本人の運動への同化要求になってしまうことは不可避ではないだろうか。日本共産党の国際主義的責務を回避する方向への路線転換は、朝鮮人部副部長＝金斗鎔によって提案されていた在日朝鮮人への行動提起の意味を変質させ、この八月方針においてある種の同化主義にまで一歩足を踏み入れているように見える。

すると、このような方針の下で、金斗鎔その人はどのような態度を取ったのだろうか。金斗鎔は、「八月方針」の出た翌年である一九四七年三月一日発行の『前衛』に、「朝鮮人運動は転換しつつある」と題する論文を発表している。[21] そしてここで金斗鎔は、在日朝鮮人が日本の民主主義革命運動に専心すべきことを強調して、つぎのように言う。

> われわれの運動は、一方においては朝鮮の民主主義民族戦線へ、他方においては日本の民主主義革命運動へと、両方へ足をかけて活動していたような格好だった。……しかし今はすでにこのような考え方を完全に清算しなければならない時期に到達している。[22]

かつて、その第一論文で、金斗鎔自身が朝鮮と日本の人民解放に向けた闘争相互の緊密な連動という基本認識から出発していたことを思えば、議論の問題枠が朝鮮革命か日本革命かというあれかこれかに移行していることは、やはりひとつの変質と見られねばならないだろう。以前も同じように日本の地での活動を強調していると見えても、前提が異なればその意味は全く異なってしまう。祖国の独立と統一を切実に願う在日朝鮮人であれば、このようにあれかこれかの二者択一を前提に日本革命の方に専心せよと求められても、それはどうしても受け入れ難かったに違いない。[23]

もっとも金斗鎔本人としては、これは、日本共産党員として党の戦後革命路線とその下での「八月方針」に従ったまでだと考えたかも知れないし、この時に彼はただ日本共産党員としての義務を果たしているだけなのかも知れない。たとえそうだとしても、まさにそのことが在日朝鮮人運動から見るとひとつの後退になってしまうこと、ここに金斗鎔の国際主義の分裂があり、またそれを条件付けた日本共産党の戦後革命路線の問題性も顕れていると、わたしは思う。

金斗鎔は、この一九四七年という同じ年、日本において朝鮮民族の利益を守るのは「日本のプロレ

(20) ［朴慶植編 1991：109］
(21) 執筆そのものは一九四六年一二月二五日と記されている。［金斗鎔 1947a：15］
(22) ［金斗鎔 1947a：13］
(23) おそらく金斗鎔が朝鮮に帰った後に、さすがにこの点は日本共産党内部でも問題となったらしく、「民族主義か階級主義か祖国革命が第一か日本革命が第一かとカミソリをあてたように物を見るのは誤り」という批判が、日本共産党中央委員会書記局の名前で出されている。［朴慶植編 1991：114］

タリアートの党」である日本共産党のみであるとひたすら訴える論文「朝鮮人運動の正しい発展のために」(24)を書いた後に、突然、朝鮮北部に帰国している。あれほど日本革命への専心を説いた金斗鎔の唐突とも言えるこの帰国が、いったいどのような具体的な意図を持つものであったのか、それについてはなお分からないことが多い。だが、その直接の理由はどうであれ、国際主義を説いてきた原則的な共産主義者＝金斗鎔のこの帰国が、日本という地にはもはや活動の場がないと見極めた上での行動であったのは、まず確かだと見なければなるまい。

このような金斗鎔の思想と行動をつぶさに見るならば、それが朝鮮人革命家であり日本共産党員でもあった彼の悲劇的な主体分裂を示していると、やはり認めざるをえないだろう。ここには確かに、日本共産党が重要なアクターとなった日本の「戦後」思想空間が日本人のみに囲い込まれるという自閉があったのだし、また、日本共産党が「天皇制の打倒」と「朝鮮の完全独立」として行動綱領に明示していた日本の帝国主義と植民地主義との闘いについての重大な後退があったのだった。

## 三　五五年の分かれ

### 朝鮮人の党籍離脱

一九五五年という年は、日本で一般に語られる戦後革命運動史のなかでは、「六全協（日本共産党第六回全国協議会）」のあった年として記憶され記述されてきている。それによりこの年は、ある人にとっては、共産党の「五〇年分裂」といわれる混乱、すなわち所感派と国際派とに分裂して激しく抗争した混乱の時期がとりあえず終息して党に新しい統一した歩みが始まった画期の年として、またある人にとっては、全生活を賭して武装闘争を準備すべく献身した党が手のひらを返しそこに居場所すら奪われてしまった裏切りの年として、戦後革命運動の記憶を区画している。あるいは、さらにほかの人にとっては、日本共産党をもう革命の前衛とは認めず、この党の外にそれとは別の前衛党を建設しようとした努力の痕跡とともに、その原点として繰り返し想起されるのが、この「六全協」としての五五年である。それの評価にはもちろん分裂があるが、ともあれこの年は、そのような意味において戦後革命運動史の最も重要な転換点のひとつであると共通に認識されている。

ところが、このような戦後革命運動史の共通了解にとても重大な取り落としがあり、それにより、戦後革命運動について考えるべき核心的な問題がこれまで一向に主題とされて来なかったという事実を、ここでは考えてみなければならない。その取り落としとは、ここでも日本共産党と在日朝鮮人運動との関係に関わっている。

それは、確かに現在の日本共産党による公式の党史[25]では一切言及されず、またこの党が「五〇年分裂」の「総括の促進」のためとして編纂した『日本共産党五〇年問題資料集 I、II、III』[26]でも、あるいはこの資料集を「宮本顕治一派」が「自分の都合のいいように編集」していると非難する神山茂夫の対抗編著『日本共産党戦後重要資料集全三巻』[27]でも、その関連資料まで跡形もなく消されてし

(24) ［金斗鎔 1947b］発表は『前衛』第一六号（一九四七年五月）だが、執筆は二月二十七日と記されている。
(25) ［日本共産党中央委員会編 2003］
(26) ［日本共産党中央委員会五〇年問題文献資料編集委員会編 1957］

まっていることなのだが、一九五五年という年は、日本共産党にとって、在日朝鮮人運動に関する方針を転換し、所属していた朝鮮人党員の党籍をすべて離脱せしめた年でもあるのだ。この事実そのものが党史とその関係文書から抹消されて一切語られなくなっている。このことはそれだけでも、日本共産党と植民地主義との関係を端的に物語っていると考えることができる。

この在日朝鮮人の党離脱方針は、別の資料によれば、同年六月下旬に開かれた共産党の民対全国会議でつぎのように確認されている。

在日朝鮮人運動の転換に従って、従来の在日朝鮮人運動の中における、前衛勢力の組織形態とその任務も、また、変わらなければならない。従来、日本共産党に属していた朝鮮人党員は、日本共産党から、その籍を離脱し、在日朝鮮人運動の性格と内容に応じて、独自な前衛勢力として組織されなければならない。(28)

本書を導く関心そのものに関わることだが、もし日本の戦後思想に日本の帝国主義と植民地主義を清算するという課題が課されているとするならば、この植民地主義そのものによって生み出されたと言える「在日朝鮮人」という存在との関わりは、日本の戦後革命運動にとって核心的な意義を持つことになるはずだろう。そこまで言わずとも、当時の共産党内で朝鮮人党員はかなりの数を占めていたと言われており、大衆団体次元の活動でも朝鮮人たちは戦後日本社会でとても活発な姿を見せていたのだから、彼らの党籍離脱にまで帰結するこのような組織方針の転換は、やはり容易ならぬ事態であったに違いない。そうだとするならば、日本共産党を語る当の文脈で、いったいどうしてそのことが語られないのか。ひょっとしてそのことは、それと語られないままに、日本の戦後革命運動史に何かの意味を刻印しているのではないだろうか。ここではその点を考えてみたい。

### 朝鮮民主主義人民共和国の対外政策転換

日本共産党と朝鮮人との関係という問題を、日本共産党史の問題としてではなく、在日朝鮮人運動史の問題として見ると、ことがらは簡明で、それによりむしろすっきりと運動の歴史と筋道が語れるようになっているとも見える。というのも、朝鮮人共産主義者は、コミンテルンの「一国一党」という原則に縛られて日本においては日本共産党に所属せざるをえないできたわけだが、一方でコミンテルンの縛りが解体し、他方では一九四八年に朝鮮民主主義人民共和国が創建されて自分たちが保持すべき祖国の形がはっきりしたことにより、ここで独自な前衛組織を持つ可能性と現実的意義が明瞭になったと見えるからである。

実際、在日朝鮮人共産主義者の日本共産党からのこの離脱に直接のきっかけを与えたのは、朝鮮民主主義人民共和国（以下「北朝鮮」と表記）の対外政策の転換であった。スターリンが死去し、中国の主導により「平和五原則」が提唱されるなか、ジュネーブ協定が調印に至り、「第三世界」登場の期待を担うべくアジア・アフリカ会議（バンドン会議）の準備も進んで、時は、「平和共存」への移行がさまざまに語られ始めた時代である。このような国際環境の変容のなかで、すでに朝鮮休戦協定を

（27）［神山茂夫編著 1971：①②③］

（28）［朴慶植編 1991：398］

経た北朝鮮は、もっぱらソ連と中国に頼っていたそれまでの「陣営外交」をあらため、国際的に独立が認知されることをめざしてみずから平和共存外交を始動させる。[29] その一環として、五五年二月二五日には、日本との国交正常化への意志を公式に表明すべく、南日外相による「対日関係に関する朝鮮民主主義人民共和国外務相の声明」（南日声明）が発表されたのである。

この南日声明をうけ、それと連動させるべく在日朝鮮人運動の転換を訴えたのが、同年三月十一日の在日朝鮮統一民主戦線（民戦）第十九回中央委員会における韓徳銖演説であった。その冒頭において韓徳銖はつぎのように述べている。

在日朝鮮人運動はどのように転換されようとしているのか？　一口で言えば、在日朝鮮人運動の方向と闘争方法が、独立した国家公民の立場、すなわち朝鮮民主主義人民共和国公民の立場で直接にみずからの祖国の統一独立と権利を守る方向へ、そして両陣営の平和的共存を闘いとるのに適合した闘争方法へ換えられるということである。[30]

これは、「独立した国家公民の立場」から「直接」に祖国の統一独立を守ると宣言している点で、在日朝鮮人運動の日本の革命運動からの独立を宣言するものであり、また「両陣営の平和共存」という観点を押し出している点で、日本（人）と朝鮮（人）との関係を国家間関係のレベルで捉えようという立場を表明するものだと理解できる。そしてこの観点から、当時の在日朝鮮人運動の組織であった在日朝鮮統一民主戦線（民戦）は解体され、同年五月に在日本朝鮮人総連合会（朝鮮総連）が結成される運びとなった。と見てみると、このような動きは、「平和共存」への志向が全世界共通の関心となり、コミンテルンおよびソ連共産党の「たが」が外れて各国の共産主義運動がエスノナショナリズムの傾向を色濃くしていく時代状況のなかで、ある「必然」[31]性をもって起こっていると理解できよう。

だが、このような日本共産党（日本の革命運動）と在日朝鮮人運動との分かれも、それを在日朝鮮人の位置から顧みてさえ、今になって思えばあらためて考え直すべきことは多いようにみえる。植民地主義が継続する「戦後」の現実のなかで、確かに「民族」という概念がなお重要な意義を持ち続けることは疑いないとしても、しかしそれが直ちに革命運動組織の民族別組織化だけを不可避にするとは限らないだろう。そもそも「在日」という存在が否応なく孕んでいる多様性を考えると、民族という単一の指標で厳格に線引きしようとする組織化は、むしろ多くの人々のアイデンティティを切り裂き、そこに現にあるさまざまな問題を見えなくする可能性も出てくる。そして実際に、五五年のこのときに日本共産党員として献身していた朝鮮人にも、「党を止めるか、それとも朝鮮人であることを止めるか」と迫る上からの突然の離党勧告に、深い挫折感を味わった者は決して少なくないと考えられる。[32]また、在日朝鮮人運動の日本共産党との離別の決定は、五八年に本格的に開始された北朝鮮への帰国運動に一直線につながっている。[33]このような事態についても、在日朝鮮人が朝鮮人とし

（29）［朴正鎮 2005］
（30）［한덕수 1955：610］
（31）［朴慶植 1989：353］
（32）高史明はみずからのそのような体験を語っている。［高史明 2004b：394］

て日本社会で生活する当然で正当な権利を持ち、かつ、そのままこの社会の変革の主体でもあり続けうるという認識が広く共有され、その認識に立つ行動が実際に多様に選択されうることになれば、もっとさまざまな歴史の可能性がまたそこに開かれていたと考えられよう。北朝鮮バッシングが吹き荒れるなかで、民族と国家と社会運動についての固定的な認識と行動の枠組みに囚われないためにも、そうした他なる歴史の可能性に思いをはせることはとても重要であろうと認められる。

そのこととともに、日本の植民地主義の継続を考える本書の文脈であくまでしっかり立ち入って考えておきたいと思うのは、やはり日本共産党のことである。そもそも、日本共産党史の内側から見るとき、在日朝鮮人運動との分かれはいったいどうして生じて、しかもそれがなぜその文脈で語られないのか。果たしてそのことは、それと語られないままに、日本の戦後革命運動史に何かの意味を刻印しているのだろうか。

### 革命路線の方向転換と朝鮮人の分離

日本共産党と在日朝鮮人運動の分かれについて、北朝鮮の外交政策の転換との関わりから考えてきたが、それをもう一度日本共産党の党内議論の文脈に引き戻してみると、それにかなり異なった意味づけが与えられていると分かってくる。日本共産党内の朝鮮人党員の扱いについて、前節では五五年六月下旬に開かれた民対全国会議の報告から引用したが、それに先だって同年三月三日に開かれたより上位の中央民対会議では、同じことがつぎのように確認されている。

新綱領は、日本の革命のためのものであり、われわれは祖国を保持するためでその目的が違ってくるから、党籍を離脱する。[34]

ここで「新綱領」とは、一九五一年八月に提示され同年十月の第五回全国協議会で採択された「日本共産党の当面の要求——新しい綱領」(いわゆる「五一年綱領」)を指している。革命党の組織原則からすればある意味で当然だとも言えるはずだが、ここでは、党籍離脱の理由が、単なる情勢変化や運動方針上の転換にではなく、綱領上の分岐に根拠づけられているのである。しかもこの綱領上の出来事は五五年ではなく五一年に起こり、翌五二年には、「五一年綱領」とは別に「在日朝鮮民族の当面する要求〔綱領〕草案」(いわゆる「民族綱領草案」)が発表されたということがある[35](一党内に二綱領!)。すなわち、五五年三月三日の中央民対会議の認識に立つなら、日本共産党と朝鮮人共産主義者たちとの分かれは、思想・路線的にはすでに五一年に決着がついていたことになる。すると、朝鮮人を含む党として再生した四五年から分岐が生じたこの五一年に至るプロセスで、日本共産党にどのような路線上の変化が起こっていたのか。また、その変化はいかなる思想的意味を含んでいたのだろう。

前段でわたしは、金斗鎔と日本共産党との間に目を凝らして、この両者におけるプロレタリア国際

(33) 高史明の証言によれば、五五年の分かれのこの時に、日本共産党の内部で「近い将来、朝鮮人はみんな、祖国朝鮮に帰ることになるだろう」と語られていた。〔高史明 2004b:396〕
(34) 〔朴慶植編 1991:388〕
(35) 〔朴慶植編 1991:133-134〕

主義の内実を問うた。そしてそこに見たのは、朝鮮人と日本人をともに含む日本敗戦直後の時点での日本共産党が提示した国際主義の、可能性とその萎縮であった。もっとも、その再生の始まり時点での日本共産党では、記憶に生々しい直前の戦争に戦後革命の主題が直接に関係づけられ、そこで語られていた「天皇制の打倒」という課題も、植民地主義と侵略戦争を遂行した自国の帝国主義に対する闘いとして、まずはその意味で「プロレタリア国際主義」の視野をもって立てられていたことはしっかり認識しておくべきであろう。徳田球一や志賀義雄らが出獄とともに発表した「人民に訴ふ」（一九四五年十月）では、その核心をつぎのように述べている。

我々の目標は天皇制を打倒して、人民の総意に基く人民共和国政府の樹立にある。永い間の封建的イデオロギーに基く暴悪な軍事警察的圧制、人民を家畜以下に取り扱ふ残虐な政治、殴打拷問、牢獄、虐殺を伴ふ植民地的搾取こそ軍国主義的侵略、中国、比島其他に於ける侵略に伴う暴虐、そして世界天皇への妄想と内的に緊密に結合せるものであって、これこそ実に天皇制の本質である。(36)

もちろん、このような観点をもって出発した党も、前段で見たように、「愛される共産党」としてその戦後革命路線を定式化しようとするとともに直ちに自閉を始めていて、そこで語られる「国際主義」も、帝国主義本国にある日本人の責任としてよりは、実際にはむしろ朝鮮人に向けられた「普遍主義」の説教になってしまったりしている。よく指摘されるように、確かにこの時期の共産党中央は、朝鮮人党員や在日朝鮮人運動についてその「民族的偏向」(37)を繰り返し警戒し「指導」しようとしているわけだが、他方で、植民地主義をめぐる日本人の民族的な加害責任についてはそれを主題化しようという志向を持つことがなかった。これが、敗戦直後の「世界にもまれなナショナリズム不在現象」[38]と言われた状況下での「普遍主義」の、日本共産党における現実である。とはいえ、たとえそうだとしてもこの戦後最初期の段階では、そこで戦後革命に即して語られている基調があくまで日本の帝国主義と植民地主義に抗する連帯としての国際主義であった限りで、それを闘う日本共産党の内に朝鮮人と日本人が共存することはなお可能であったと見ることができる[39]。

ところが、アメリカを中軸とする連合国の日本占領が長期化し、また冷戦状況の深まりを背景にその占領政策が「逆コース」を辿るようになると、やがて共産党と占領政策との軋轢が激しくなり、そこに生み出される反米の感情とともに「民族」がふたたび強く意識されるようになっていく。それは、一九四六年の食糧メーデーにマッカーサーが「暴民デモ許さず」という非難声明を出し、翌四七年には二・一ストに対して中止命令を発したことを最初の契機にして、まずは占領軍を解放軍とするそれまでの規定への疑いとして始まり、占領政策と軋轢を繰り返すなかで、やがて占領を植民地化された民族の被害と捉える認識に転回するというかたちをとるものである。この認識は、党の綱領・路線の

---

（36）［神山茂夫編著 1971：① 59］

（37）例えば「八月方針」にもそれは顕著だが、それ以外にも頻出する。［朴慶植編 1991：109］

（38）この点については、本書第五章を参照されたい。

（39）実際には、民族対策部のメンバーはほとんど朝鮮人党員であり、それが在日朝鮮人運動へのかなり独立した指導系列を形成していたようで、その事実が繰り返し党中央の危機意識を駆り立てている。

なかでは、まず四七年十二月の共産党第六回大会で「日本の完全な独立」という行動綱領項目の提起として姿を現し、四八年三月には「民主民族戦線」の提唱という形を取り、そしてそれが五十一年の新綱領でいよいよ「民族解放民主革命」の路線として定式化されるに至っている。

このような路線転換が、関係する各個人の意識にどのような意味を持ったかは、それぞれが置かれている位置によって異なっている。もちろん、社会変革を現実に志向する革命党であれば、取り巻く情勢が変化するに応じて、その活動方針を随時変更していくというのはありうることだろう。これまでの日本共産党の正史においては、それが、「あらたな情勢に対応する方針」であり「日本のあたらしい進路をしめす」ものとのみ語られてきた[40]。だがこの把握は、日本人という民族に属し、この路線転換を前後してずっと主流であり続けうるものの位置から見た姿に過ぎないだろう。そこで生じている転換は、結果から見れば、天皇制という形をとった日本の帝国主義と植民地主義に抗する闘いが、日本民族の被占領という「被害」に抗する闘いになることであり、解放軍であったアメリカが、一転して帝国主義の元凶であり主たる打倒対象になるという、大逆転である。ものの数年も経たないうちに起こったこれほどの転回は、周縁にある朝鮮人たちにとっては求めてきた革命の性格そのものの変質であり、関与する自らの立場そのものの喪失ともなってしまう。そして確かに、この流れのなかで、朝鮮人に対する党からの排除は順次確実に進行していたのである。

### 共同戦線の位置づけの変化

そのことの意味を路線転換にともなう日本人と朝鮮人との関係変容に即してみるために、共産党が年を隔てて提案した二つの共同戦線についての提案趣旨を比較してみよう。

〔人民戦線綱領の提示に際して（一九四五年十二月）から〕

我党は天皇制打倒と半封建的土地所有関係の掃蕩こそブルジョア民主主義革命遂行のための基点である事を精力的に宣伝、啓蒙しつつ、これらの未自覚大衆に正しき解放の道を示さなくてはならぬ。(41)

〔民主民族戦線結成提案の趣意書（一九四八年三月）から〕

わが党は、日本の今日の現状を打開し、「光明ある民主日本を建設するために、民主主義の徹底、働く人民の生活の安定と向上、日本の完全独立」の三点において一致するかぎり、国のあらゆる民主的勢力と手をつないで進みたいと思います。すなわち、この基本点で一致するかぎり、すべての民主愛国の士と民主民族戦線を結成することこそ、緊急な任務と信ずるのであります。(42)

前者は、ずいぶん高飛車な物言いだが、それでも「天皇制打倒」という課題が日本（日本人にとっては自国）の帝国主義に対する闘いであると自覚されている限りで、この人民戦線の下には、日本の植民地主義と戦って朝鮮の完全独立を求める朝鮮人も加わることができる。これに対して後者では、

（40）〔日本共産党中央委員会編 2003：93〕
（41）〔神山茂夫編著 1971：① 80〕
（42）〔神山茂夫編著 1971：① 322〕

この共同戦線が向かうべき闘争の対象も参加を呼びかけられている主体の中身も根本的に変化していて、その範囲は「すべての民主愛国の士」である民族の仲間に限られている。この共同戦線が「民主民族戦線」と表現されている限り、基本理念としてそれはまず「民族」を立ち上げていこうとするものであり、ここで朝鮮人の存在は（少なくとも第一義的には）想定されていないと見るほかはあるまい。

もっとも、在日朝鮮人の存在は日本の継続する植民地主義の現在に構造的な関わりを持つ故に、日本共産党のこのような共同戦線の理念上の位置づけ換えにもかかわらず、現実のたたかいはそれを踏み越えて進むことになっている。周知のように、今ここで考えている一九四八年頃からの数年間は、日本共産党にとっても在日朝鮮人運動にとっても、その活動が次第に占領当局との緊張関係を高めて、極めて厳しい試練に立たされていたときであった。朝鮮情勢の緊迫化を背景に、民族教育を守る阪神教育闘争は四八年四月に「非常事態」が宣言される状況にまで発展し、四九年になると、三鷹事件などの謀略的な事件が頻発するなか、朝連そのものが強制解散させられてしまう。また共産党についても、五〇年に入るとＧＨＱの指令により大規模なレッドパージが実行され、指導部の分裂（「五〇年分裂」）と相伴って、組織は大混乱に陥る。そんななかでも、あるいはそんななかだからこそ、祖国朝鮮における戦争が気遣われるこの時期に、組織された民戦や祖国防衛隊の活動などを通して朝鮮人の日本共産党への期待は高まり、朝鮮人党員数もかなり増加したと言われている。多くの証言によれば、この時期に敢行された数多の実力闘争においてその先頭に立ったのは朝鮮人であり、またそれに目をつけられて厳しい弾圧の対象となったのも朝鮮人であった。だからこそこの時期に、こうした在日朝鮮人の闘争の現実をいかに党の路線上に位置づけるかは、日本共産党にとって無視できない大きな理論的課題となっていた。

そこで、それに関わる議論の推移を点検してみると、在日朝鮮人の位置づけは党からの分離にひたすら方向づけられていて、共産党内でつぎのように進んでいると分かる。まず「民主民族戦線」が提起されるプロセスにあった一九四七年一二月、日本共産党第六回大会は、「党は日本民族の独立と世界平和を確立するために全力をつくす」と宣言する党規約前文を採択する一方で、朝鮮問題については、行動綱領の末尾に「朝鮮および南方諸国の完全な独立」という項目を掲げることにより世界平和と民族自決一般の事柄に組み込んだ。[43] そのつぎに、一九五一年二月に開かれた第四回全国協議会においては、在日朝鮮人は中国人とともに日本民族とは異なる「在日少数民族」と位置づけ直され、「不当な圧迫をうけている在日少数民族の利益と権利を守る斗いに積極的な協力と援助を行わなければならぬ」と主張される。[44] これが、同年十月に開かれている第五回全国協議会では、当面の任務に「在日諸民族との提携」を掲げ、ここでは「在日朝、中両人民」は「確固とした独立国家の人民」であるとする位置づけに変わる。[45] そしてそのような議論を経て、五二年になると、五一年綱領に対応させて在日朝鮮人運動を分離し独自に位置づけるべく起草された「民族綱領草案」が提出されるに至るのである。

このようなプロセスをあらためて振り返ると、「在日少数民族」であれ「独立国家の人民」であれ、紆余曲折しながら変更された党の路線上での在日朝鮮人の位置づけについて、そのひとつひとつの内

(43)〔神山茂夫編著 1971：①314〕
(44)〔朴慶植編 1991：130〕
(45)〔朴慶植編 1991：131〕

容的な妥当性いかんをそれ自体としてあれこれ論じてもあまり意味はないと分かる。というのもそれらはいずれも、日本人を民族として立ち上げていこうとするこの時の路線の流れのなかで、民族である日本人たちの共同戦線とその外部という関係に在日朝鮮人を分離して位置づける営みにほかならなかったからである。そして、日本共産党と在日朝鮮人運動との分かれも、この党の路線という視点から見ると、日本人という民族に基盤を求めて次第に深みにはまったこの展開の必然的な帰結であると理解しなければならない。ここには、加害を直視しなければ歴史に立ち向かえない日本人にとっては民族に亀裂をもたらすがそれにより歴史を真っ当にわがものとすることが可能になり、植民地主義に規定され続けた在日朝鮮人にとっては民族の自己主張が抵抗を不可避とするはずの、継続する植民地主義との闘いの共同戦線は開かれていない。

だから問わねばならないのは、この路線転換そのものであり、思想問題として注意深く確認しておかねばならないのは、その路線転換が一体何をもたらしているのかである。

## 四　正当化された「被害」の立場／忘却される植民地主義

### 五一年綱領の意味

ここでは、この路線転換の意味を結果から端的に知るために、その到達点に目を移してみよう。民族を次第に強く前面に押し立てるようになる日本共産党の路線転換が、その末に、全面的に「民族解放」を主題にした革命路線のかたちに明確にまとまったのは、「五一年綱領」のことである。この五一年綱領は冒頭からつぎのように始まっている。

> 現在、日本の国民は、日本の歴史はじまって以来、かつてなかったほどの苦しみにおちいっている。戦争と敗戦は、国民に破滅をもたらした。戦争後、日本はアメリカ帝国主義者の隷属のもとにおかれ、自由と独立を失い、基本的な人権さえ失ってしまった。現在わが全生活——工業、農業、文化等はアメリカ占領軍当局によって管理されている。(46)（傍点は引用者）

今ここで、戦後の在日朝鮮人運動をしっかり意識しながらあらためてこれを読んでみると、なるほど、日共中央民対会議に集まった朝鮮人たちが「新綱領は、日本の革命のためのものであり、われわれは祖国を保持するためでその目的が違ってくる」と言って党と決別したくなる気持ちがよく分かる。自国の植民地主義による侵略戦争が終わってまだ何年も経っていないのに、また共産党自身も、「軍事警察的圧制」とか「植民地的搾取」とか「軍国主義的侵略」とか言って、自国の帝国主義に抗し、またその元凶たる天皇制の打倒を掲げてきて間もないのに、ここではすでにそうした歴史は後景に押しやられ、もっぱらアメリカによる日本占領の「被害」のみが前面に出てしまっている。しかもこの主張は、もちろん革命党のプロパガンダの性格が強いものだとしても、「戦後改革」を経て「復興」が進み始めたと一部では主張されつつあった五一年の日本の状況下で、あまりにも冷静な分析を欠き、民族の「被害」の構図が単純でリアリティがなさすぎる。これでは、継続する植民地主義の被害が本

（46）［神山茂夫編著 1971：①619］

当にはどこにあるのか、かえって見えなくなってしまうのは明らかだ。
　また、この五一年綱領がさらに問題なのは、その植民地主義と侵略戦争に対する認識によってである。この綱領では、アメリカ帝国主義が日本を新しい侵略戦争に引き入れようとしていることを批判して、つぎのように続けている。

　他国の領土を略奪するための侵略戦争の道は、日本にとって、すでに、試験ずみである。だれでもしっているように、前の戦争は、ナチス・ドイツと同盟しておこなわれたが、わが国の敗北と破滅に終わってしまった。当時の中国は弱かったが、いまは強くなっているし、また、ソ同盟は前よりも、さらに、もっと強くなっている。アメリカ帝国主義者との同盟が勝利をもたらすという保証が、どこにあろうか？　アメリカ人は、ドイツ人より、いくらかでもましな兵隊であろうか？(47)

　このような主張をまともに受け取るなら、アメリカの誘う侵略戦争の道は「勝利をもたらすという保証」がないから拒否すべきだということになってしまうだろう。さらにうがって言えば、日本が行った前の侵略戦争にしても、敗北したから悪いというなら、勝てば良かったのか。そしてそんな主張なのであれば、一貫して天皇制と侵略戦争に反対し闘ってきた自負する日本共産党が掲げるものとしては、あまりにも浅薄であるし、だいいち自民族中心主義に過ぎるというのも間違いない。ともあれここには、植民地主義そのものについて深刻な反省を促す志向は認められず、日本の行った植民地主義についてもほとんどまともな顧慮がないのである。

民族の被害という図式と植民地主義の忘却。日本民族の解放を標榜する五一年綱領については、現在ではあまり真剣に読まれなくなっているので議論にもならないが、それがこんな思想内容を含んでいたというのはまずしっかり注意して記憶しておく必要があるだろう。確かにこれは、日本共産党と在日朝鮮人運動の分かれ道にたっている。

するとそもそもどうしてこのような新綱領が、五一年という段階でいったんは日本共産党において支配的なものとなり、前年のコミンフォルムによる批判以降続いていた党内の混乱を収拾する決定打であると歓迎されたり期待されたりしたのか、と疑問が起こるだろう。もちろん、そのことにはいくつもの事情が絡んでいると見なければならないが、そうした諸事情のなかで、ここでは二つの点に注意しておこう。ひとつは、この綱領の「民族解放」という基本コンセプトが、そのままでソ連共産党や中国共産党を含めた当時の国際共産主義運動の主流によって公認されているという点であり、もうひとつは、この基本コンセプトが、「民族」を前面に押し立てるようになっていた当時の日本共産党の基本路線の、極端化されているとはいえやはりひとつの帰結であったという点である。

「五〇年分裂」とも言われる当時の共産党の混乱が、五〇年一月のコミンフォルムによる日本共産党批判（「日本の情勢について」）[48]に端を発していることを思えば、その混乱を収拾して新しい党秩序を形成するためには、その路線が国際共産主義運動によって認知されるという条件はかなり重要であったと考えることができる。日本共産党の正史である『日本共産党の八十年』によれば、この五一

（47）［神山茂夫編著 1971：① 621］
（48）［神山茂夫編著 1971：① 352］

年綱領は、徳田球一や野坂参三らが参加したモスクワでの協議によって作られており、その際にスターリン自身が直接に筆をいれることもあったと伝えられている[49]。そんな直接介入が実際どの範囲にわたったのかは確定できないけれど、この綱領は、確かにスターリンや中国共産党の介在あるいは了解の下で作られていると見てよい。そして、そのような条件下で、日本の革命が「民族解放民主革命」と規定されたというのは、切迫する当時の国際情勢を抜きにしては考えられない。

そもそも発端となったコミンフォルムの日本共産党批判には、冷戦構造の深まりとともに米ソの対立が鋭く顕在化し、とりわけ朝鮮において全面的な戦争が準備されている情勢のなかで、米軍の出撃基地となる日本で、肝心の日本共産党が「占領下の平和革命」を標榜して一向にアメリカ占領軍と闘おうとしていないという苛立ちが背景にあった。「野坂は、アメリカ占領軍が存在する場合でも、平和な方法によって、日本が直接社会主義へ移行することが可能であるというようなブルジョア的な俗物的言をはいている[50]」。このように党の指導者＝野坂を批判するコミンフォルムの立場は、冷戦が熱戦に転化する状況のなかで、日本人の闘いの矛先をなんとしてでもアメリカに差し向けようという強い要求に導かれている。そして、日本についての冷静な情勢分析というよりは対米戦争を国際的に組織しようとするこの強い要求が、まずは、日本の状況をアメリカの植民地的占領による「被害」として描き出し、日本の革命を「民族解放民主革命」と規定することを国際的に正当化したのであった。

### 朝鮮人の排除と国際主義の排除

これに対して日本共産党は、大きな混乱を伴いながらも、むしろそのような要求に応えるかたちで批判の標的になった野坂参三が「私の自己批判」を発表し、そこで「民族独立が戦略的な基本任務であること」を積極的に承認していく。[51] しかも、われわれが前節で見たように、そのことは、実は日本共産党自身がそれ以前からすでに歩み始めていた「民族」を前面に押し立てる路線の徹底化であると理解できる。だから、この限りにおいては党を二分した所感派と国際派を問わず、日本共産党の共通認識となりうるものではあった。[52] それ故にこそ、国際的に認知されて権威を備えた「民族解放民主革命」という規定はまた、この党に新たなまとまりを作り出すための共通基盤に現実になりえたと見てよい。

もっとも、そこに生まれた五一年綱領は、別の意味ではもちろん、実際にそれからさらに数年続く共産党の混乱の「原因」にもなるものであった。というのもそれは、朝鮮戦争の激化という現実を背景に、「占領下の平和革命」を否定して占領軍と実力で対峙する、武装闘争の実施を要求し指示していたからである。一九五一年十月十六日、日本共産党は第五回全国協議会（五全協）を開催し、新綱領を採択するとともに民族解放民主革命方針と軍事方針を決定し、「中核自衛隊の組織と戦術」を打ち出すに至る。またこの方針の下で、党が在日朝鮮人をもって組織していた祖国防衛委員会と祖国防衛隊もまた独自に「祖防隊の組織と戦術」を作成し、この祖防隊と中核自衛隊の共闘体制のもとで、この時期に熾烈な実力闘争が展開されている。そしてこの闘争は、数百万に及ぶ死傷者を出した朝鮮

（49）［日本共産党中央委員会編 2003：111］
（50）［神山茂夫編著 1971：① 353］
（51）［神山茂夫編著 1971：① 387］
（52）これに対する宮本顕治の論文を参照。［神山茂夫編著 1971：① 389ff］

での戦争状況を背景にして、日本共産党の組織をも弾圧下に置き、確かに大きな犠牲を強いるものとなった。

ここまで考えてきてみると、五〇年分裂と称される日本共産党の混乱、またそのなかで五一年綱領にいったんは集約された戦後革命路線の転換について、それを五五年に起こった朝鮮人党員の党籍離脱という事態に即して考えるのではなく、むしろそのことについては沈黙して、同年の六全協に即して了解するという、これまで通例だった戦後日本革命運動史の共通認識の意味がようやく理解できるように思う。

六全協の決議（一九五五年七月二十八日）はつぎのように語り始めている。

新しい綱領が採用されてからのちに起こったいろいろのできごとと、党の経験は、綱領に示されているすべての規定が、完全に正しいことを実際に証明している。[53]

その上でこの決議は、他面でいくつかの誤りを認め、そのなかで「誤りのうちでもっとも大きなものは極左冒険主義である」[54]とするのである。五一年綱領を「正しい」と再確認することと、それを前提に、しかし軍事方針については「極左冒険主義」の「誤り」とすること、六全協の決定とは要するにこの二点に尽きている。

本章でこれまで考えてきたところを勘案すれば、日本共産党の分裂に終止符を打つべくまとめられた六全協のこの決定は、その実質的な意義において、実は二つの排除によって成り立っている。第一の排除は、五一年綱領を「正しい」と決定することで、民族解放民主革命を軸とするこの綱領にまで至った路線上の転換を肯定し、それにより在日朝鮮人運動を日本革命の主体から排除することであり、第二の排除は、軍事方針を「極左冒険主義」と切り捨てることで、日本における闘争の実践を朝鮮における戦争の現実と接続させ、そこで国際主義を具体化しようとしたすべての努力を排除することである。六全協を党の統一を再生させる現実的な第一歩と考える人は、この二つの排除を肯定し、その基礎の上に進むその後の日本共産党を肯定する。これに対して六全協を党の裏切りと考える人は、第二の排除については激しく憤るのだが、しかし第一の排除についてはなお十分に気づいているようには見えない。

これまで五一年綱領をめぐっては、とかくその軍事方針を肯定するか否かのみが問題となり、それゆえこれを語る際にも、どことなくほろ苦い思い出とともに、既に過ぎ去った未熟な時代の物語のように扱われるのが通例であった。しかし、六全協の決定がそうであるように、軍事方針については他人事のように身震い嫌悪してみせる現在の共産党でも、「民族解放」というそこに成立した路線の思想的核を否認することは決してないのである。その延長線上で対米従属論に呪縛されている日本共産党からは、日本に継続する植民地主義を問う声は今に到るまで生まれていない。とはいえ、六全協の決定に反発したそれ以外の人たちだって、日本民族の解放を軸に据える五一年綱領の精神を明示的に清算しないまま戦後日本を語ってきた限りで、大きな違いはないのだ。いずれの立場からも、その綱領に含まれていた民族の被害という認識図式や植民地主義の忘却という心性は、ずっと清算されぬま

(53)［神山茂夫編著 1971：① 687］
(54)［神山茂夫編著 1971：① 689］

ま、戦後日本の革新思想に絡みつき続けてきたと認めねばならない。かくて、ここにも植民地主義の継続を問う声は生まれることがなかった。

# 第八章 「方法としてのアジア」の陥穽／主体を割るという対抗

## はじめに――「アジア」への関心へ

第五章でわれわれは、日本の「戦後思想」を強力にリードしたと認められている丸山眞男が持ち出した「自由なる主体」という理念に立ち入り、それを竹内好が魯迅を援用しつつ展開した「ドレイ」の境地に関わる議論と対照させながら、その意味を探った。そこで確認されたのは、「ヨーロッパの近代と日本の近代」という対比構図によって超国家主義を論じ、そこで近代において主人となるべく「自由なる主体」の可能性を追求した丸山に対して、「中国の近代と日本の近代」という対比構図によって帝国主義と植民地主義の近代を論じ、その近代の「ドレイ」になった日本という視野をひらいた竹内という、対照的な議論の形である。そこでは丸山の思想が、侵略戦争における日本の加害責任を自覚しつつ、しかしそれを「非合理的な戦争」を遂行してしまったという悔恨で受けとめ、それに「合理的な進歩」を担う「自由な主体」を対置する姿勢を維持して、近代化をめざす発展方向に日本を欧米とともに置きつづけることにより、継続する植民地主義に本質的には対抗できない思想に留まっていたと理解した。

その確認を踏まえて本章では、視野を転換して今度は竹内好の方に立ち入り、そこで展開されている「アジア」への関心の行方とその可能性について検討しようと思う。竹内の議論は、「方法として」まさに意識的に「アジア」に志向し、それを通じて自覚的に植民地主義に対抗する道を探ろうとしていたことは間違いない。そうだとすれば、それはどのような可能性を開き、どこまでその抵抗の歩みを進められていたのだろうか？ そこにはどのような問題や限界があったのだろうか？ ここではそれを考えてみることにしたい。

## 一 「戦後」をいかに引き受けるか

### 「仕方のない正しさ」

前章でわれわれは日本共産党の「戦後」ということを考えたが、この党とその五一年綱領に密接に関係した戦後日本の思想的事件として、一九五〇年代前半における「国民的歴史学運動」と「国民文学論争」とを挙げることができる。歴史学と文学において生起したこれらの事件は、一方は党の路線の下で意識的に指導され進められた科学者運動であり、他方は党外で起こった議論に党員知識人が介入して広がった論争であるが、いずれの論争でもその時の人々に広く意識されていた「国民」と「戦後」ということがやはり問題となっていて、共産党やその周辺だけでない当時の人々の意識状況がよく分かる議論になっていると認められる。そのなかでとくにここで注目しようと思うのは、後者の国民文学論争における竹内好と野間宏の差異についてである。ここには、日本共産党とその周辺の知識人たちを意識しつつそれに対応しながらこの時代に自らの思想的立場を定めていく竹内の、その議論の形がよく示されていると考えるからである。

竹内好の論争相手としてここで取り上げる野間宏とは、当時刊行されていた共産党主流派系の雑誌『人民文学』の同人として、党員の立場からこの国民文学論争に介入して積極的な発言を重ねた作家である。竹内の問題提起をきっかけに始まった「国民文学」という議論は、主にこの野間の介入に竹内が反応することで文字通り「論争」にまで発展しているから、二人の差異を見つめて読み進めれば、この国民文学論争に示された可能性も、そこになお刻印されている問題性も、あまり的を外さずに理解できるだろうと考えられる。しかも、ここでわたしがもうひとつ留意しておきたいと思うのは、戦後のこの頃までの野間宏に着目することが、それ自体としても、日本の戦後思想を考える上で特別な意味を持っていると理解できることである。ここでは、まずはその点から確認していくことにしよう。

野間宏という作家が、荒涼たる風景のなかに醜く奇妙な人間たちが点在するブリューゲルの絵の描写に始まる「すぐれて散文詩的な小説」[1]=『暗い絵』をひっさげて日本の思想空間に登場したのは、間違いなくなお敗戦直後である一九四六年四月のことであった。[2]この『暗い絵』における粘液質とも言える存在感のある情景描写、またそれに続く『崩壊感覚』などの作品にみられる聴覚や嗅覚にまで

（1）［紅野 1987：423］
（2）これは、例えば丸山眞男「超国家主義の論理と心理」より時期において先行している。

立ち入った繊細な心理描写、野間宏は、まずはこのような叙述スタイルによって時代の変化、その苦悩に表現を与えて、人々にまさに戦後を実感させ、「戦後派文学」と呼ばれるようになる一群の作家たちの先頭に立ったのである。しかも野間の初期作品は、その主題においても「戦後派文学」と言われるのにふさわしい実質を持っていた。戦時期の京大左翼運動の崩壊を描いた『暗い絵』（四六年）や、戦場体験を経て戦後に自分を取り戻せなくなっている悩みを描いた『顔の中の赤い月』（四七年）に始まり、天皇制軍隊の非人間的で暴力的な実相を描いた長編大作『真空地帯』（五二年）に至る頃まで、それらの作品はいずれも、戦争の時代をどのように理解して戦後を生きるか、あるいは戦後の悩みをどう受け止めるかという、敗戦直後の人々の生への問いそのものに応ずるように書かれている。この意味でも野間宏の初期作品は間違いなく戦後文学のひとつの核をなしたのであり、それとして戦後思想の文脈に刻印されている。

するとこのような野間宏の初期作品は、いったいどのような思想内容を持っていたのか。またそれは、いかなる道筋を通じて国民文学論争に交差することになるのだろう。

そのことを考えようとするとき、国民文学論争における野間宏の位置取りをめぐる一見奇妙な証言が、実は重要な手がかりを与えているとわたしには思われる。それは、『近代文学』の同人として戦後のいくつかの文学論争に自らも関わりを持った本多秋五の論評なのだが、この本多の目に「不可解」と映ることこそが、逆説的にも事柄の意味を正確に語っていると理解できるからである。本多は、国民文学論争における野間についてつぎのように言う、

とくに私に不可解なのは、新日本文学会の主流から「近代主義的」と批判されていたはずの野間

宏が、新日本文学会を小ブル・インテリ的と批判していた「人民文学」に結びついたことである[3]。

通常の文学史的理解によれば、戦前のプロレタリア文学の系譜を引いてマルクス主義の立場に立つ『新日本文学』と、近代的個人の主体性を重視する立場に立った『近代文学』とは明確な対立関係にあり、事実、敗戦直後には「主体性」をめぐって両者の間に激しい論争が繰り広げられている。その経緯を考えれば、遅れて『近代文学』の同人となってここで連載も続けている野間宏は「近代主義」の疑いを免れえず、共産党に入党したのちもその廉で批判されたりしている。この野間が、共産党の五〇年分裂とともに生じた新日本文学会の内紛では、共産党主流派（所感派）を支持して会を割って出た『人民文学』に与し、民族の解放を積極的に課題として負う「国民文学」を顕揚する立場に立った。このことが本多には「不可解」に映ったというわけである。

しかし野間にしてみると、このような位置取りは、「不可解」どころか戦後日本の状況において野間の思想が描きうる正直な軌跡であって、それがまさに野間の「戦後」そのものを象徴しているのだとも理解できる。そのことを確かめるために、野間の戦後第一作である『暗い絵』という作品に立ち入ってそこから考えてみよう。

長編『真空地帯』に至る野間宏の初期作品が、戦時期の日本社会とりわけ天皇制軍隊の前近代性、その非人間的で不合理な実態を執拗に描写し告発し続けていることからすれば、その思想を近代主義の文脈で理解するというのは、それほど筋違いなことではない。その第一作『暗い絵』においても、

（3）［本多 1992：182］

日本社会の前近代性に由来するものと見るその暴力への視線は、主題そのものに関連させてかなり明瞭な形で示されていると理解することができる。

この『暗い絵』は、日中戦争の開始を背景にして進行する総力戦状況の下、厳しい弾圧にあって壊滅状態となっていた日本の共産主義運動のなかで、わずかになお一定の組織力を保っていた一九三七年ころの「京大ケルン」という学生共産主義者グループをモデルにした小説と言われている。この物語のなかに、主人公の深見進介と学生グループの中心メンバーである永杉英作、木山省吾、羽山純一の三名が、ブリューゲルの画集を広げて、そのなかの「盲人に道案内してもらっている絵」を見ながら語り合う場面がある。その絵はフランドル地方にある「盲人が他の盲人の道しるべをすれば二人とも溝に落ちるという諺」を書いたものだと語る永杉英作の説明を受けながら、そこで会話はつぎのように進んでいく。


「盲人が盲人の道案内をする。ふん、すると、この後で手をつないでいる奴、こいつらもみんな盲人か。くぼんだ眼をしていやがるねえ。」羽山純一が大きな頭を絵画集の上に突き出しながら言った。

「盲人に道案内さ。ちょうど俺達と同じさ。」永杉英作が少し嘲りを含んだ調子で言った。

「ふん、俺達だというわけだね。」木山省吾が永杉英作のその嘲りの調子を引き取るかのように同じ調子で言った。

「日本だね。」深見進介が同じ調子で言った。

「日本だね。」羽山純一も同じ調子で言った。(4)

ここで盲人に対するレイシスト的蔑視とともに見つめられているのは、確かに、次第に戦時体制の泥沼に導かれて行きつつある日本の前近代性である。しかもこれは「暗い絵」という主題そのものに関わる会話なのであって、それを考えれば、啓蒙の光を求めるまなざしの近代主義がこの短編でもひとつの基調をなしているというのは間違いなかろう。

もっとも、野間のこの近代主義を、おそらく本多秋五がそう理解しているように、『近代文学』の主流をなすような近代的個人の自我に志向する類のものであるとか、あるいはややもすると観念的なマルクス主義の単線的歴史発展段階論を単純に当て嵌めて理解可能になるものと見るならば、それは正しくない。そもそもこの『暗い絵』の主人公は深見進介であって、「京大ケルン」をモデルとする学生グループなのではない。そしてこの深見進介の位置取りが、やはり野間自身の位置取りと戦後に背負った課題をも示唆していると見なければならないのである。

物語を最後まで読み進めていくと、主人公の深見進介は、次第に状況に追いつめられていく永杉ら学生グループとは結局別の道を歩むことになると分かる。永杉と羽山は、状況の不利にもかかわらずあくまで戦争への抵抗を貫き、それぞれ逮捕されて非転向のまま獄死する。木山はその永杉らの「弔い合戦」を決意し、日米戦争の勃発後ビラまきを決行して検挙され、同様に獄死する。これに対して深見は、彼もまた検挙されたのだが転向して出獄し、三年あまりの兵隊生活ののち帰還している。その時、「彼には彼等の行動が間違いであるとは考えられなかった。しかしまた彼は、彼等の行動に深

(4)［野間 1946：① 62］

い底から、心と体をゆすられるように感じながら彼自身が間違っていたとも考えられなかった。そして、彼は永杉英作、羽山純一の死を知った時泣いた。そして、木山省吾の死を知ったときには、すべてを失ったように慟哭したのである。(5)」すると、深見はここで何をつかみ、いかに戦後を生きようとするのか。

物語の主人公である深見は、あくまで抵抗を貫く永杉らの立場を深い底から「正しい」と見ていた。そして、その行動に心から揺さぶられていた。しかし彼自身がその「正しさ」を結局のところ受容できなかったのは、その「正しさ」がそのようにするより仕方のない正しさだったからである。ほかに正しい行き方がないところまで追い込まれてしまって、その挙げ句に選ばなければならなくなった「仕方のない正しさ」だったからである。であればこそ、その死を目の当たりにして深見は慟哭するより仕方がない。その末の末まで行って、彼は自分自身の底を破ることでようやくふたたび歩み始めることになる。「やはり、仕方のない正しさではない。仕方のない正しさをもう一度真直ぐに、しゃんと直さなければならない。それが俺の役割だ。(6)」

野間宏にとって戦後は、この「仕方のない正しさ」を「しゃんと直す」という志において始まっている。すると、どうしたら「しゃんと直す」ことができるのか。そこにはさまざまな課題があるだろうが、永杉らの孤立した獄死を見た立場からすれば、少なくともまず、再開されるべき戦いが広く深く人々の心に届く新しい表現形式を持つこと、そしてそれにより、単なる個人的な抵抗の志を曲げることなくただ持続することだけに終わらせないということが不可欠であろう。そのように考えたはずの野間にとって、新しく始められる文学もまた、そもそも文壇的なものではなく広範な社会的基盤に響いていくものでなければならなかった。

そう考えてみると、敗戦直後に始まる野間の戦後派文学は、日本の前近代性とその暴力を問いつめながら、まずはその表現において人々の心に分け入る新しい形式を求め、それにより抵抗する精神の力を深奥から喚起しようとしたものであると解釈できる。また、その後に出会う国民文学というコンセプトは、野間自身にあった社会的基盤への志向が五一年になって共産党の新綱領という条件と結びつき、そこに発見されたのだと見てよいだろう。この意味で、一見「不可解」にも見える野間の立場は彼のなかで一貫しているのである。

すると、これに対して竹内好の側からはどのように国民文学が問題となり、この野間といかなる論争の場がそこに生まれるのか。

### 血ぬられた民族主義の記憶

国民文学論争の嚆矢をなすとされる「亡国の歌」（『世界』五一年六月号）、「ナショナリズムと社会革命」（『人間』五一年七月号）、「近代主義と民族の問題」（『文学』五一年九月号）といった竹内好の一連の論考が、一方で朝鮮戦争の戦況が苛烈となり他方で日本国内では「講和」をめぐる議論が沸騰した一九五一年に書かれたというのは、この頃に起こった「戦後」という時代の転換とそのなかにおけるこの論争の意味を理解する上で重要な事実であると考えられる。ここで竹内は、「民族の問題がふたたび人びとの意識にのぼるようになった」[7]という時期の状況を踏まえ、敗戦直後に一般に支配

（5）［野間 1946：① 74］
（6）［野間 1946：① 84］

的だったとされる近代主義に抗する形で問題を提出している。

竹内は言う、

近代主義は、日本文学において、支配的な傾向だというのが私の判断である。近代主義とは、いいかえれば、民族を思考の通路に含まぬ、あるいは排除する、ということだ。(8)

人間を抽象的自由人なり階級人なりと規定することは、それ自体は段階的に必要な操作であるが、それが具体的な完き人間像との関連を絶たれて、あたかもそれだけで完全な人間であるかのように自己主張をやり出す性急さから、日本の近代文学のあらゆる流派とともにプロレタリア文学も免れていなかった。一切をすくい取らねばならぬ文学の本来の役割を忘れて、部分をもって全体を掩おうとした。見捨てられた暗い片隅から、全き人間性の回復を求める苦痛の叫び声が起こるのは当然といわなければならない。民族は、この暗い片隅に根ざしている。(9)

このように、人間を「抽象的自由人」とか「階級人」とか規定して断片化するのではなく、その「具体的な完き人間像」を捉えるべく「民族」を中心軸に据えて近代主義を批判的に捉えること、これが竹内のこのときの認識の基本である。そしてこの認識の前提には、日本の戦中から戦後にかけた思想状況に対する竹内自身の痛みを伴う反省と批判が据えられている。

竹内の見るところでは、文学において「日本ロマン派」にまで行き着く戦中のナショナリズムのウルトラ化は、それ以前に支配的であった近代主義により「民族が不当に卑められ、抑圧されてしまった」その結果にほかならない[10]。すなわち、日本における近代文学の確立と目された『白樺』にしても、プロレタリア文学にしても、抽象的自由人から出発して民族を抑圧したために、「抑圧されたものが反撥の機会をねらう」仕方でやがて立ち上がり、このときに素朴な民族の心情はウルトラナショナリズムにまで高められて、それが権力支配に徹底して利用されるに至った、と竹内は見ているわけである。「無理な姿勢は逆の方向に崩れる。極端な民族主義者が転向者の間から出たのは不思議でない[11]」。

しかもさらに問題なのは、それなのに、ウルトラナショナリズムに動員された侵略戦争と植民地主義が敗北すると、それとともにまた「民族主義は悪であるという観念が支配的に[12]」なり、ここであらためて近代主義が息を吹き返したことであるという。すでに本書の前段でも触れてきたが、丸山眞男が「世界にもまれなナショナリズム不在現象」と呼ぶ敗戦直後に見られた事態がそれである。このときに、「マルクス主義者を含めての近代主義者たちは、血ぬられた民族主義をよけて通った。自分を被害者と規定し、ナショナリズムのウルトラ化を自己の責任外の出来事とした[13]」。竹内は、そのような思想態度を評してつぎのように言う。

(7)〔竹内 1951：⑦ 28〕この点については、本書の第五章、第七章も参照。
(8)〔竹内 1951：⑦ 32〕
(9)〔竹内 1951：⑦ 33-34〕
(10)〔竹内 1951：⑦ 33〕
(11)〔竹内 1951：⑦ 33〕
(12)〔竹内 1951：⑦ 28〕
(13)〔竹内 1951：⑦ 31〕

ナショナリズムとの対決をよける心理には、戦争責任の自覚の不足があらわれているともいえる。いいかえれば、良心の不足だ。そして良心の不足は、勇気の不足にもとづく。自分を傷つけるのがこわいために、血にまみれた民族を忘れようとする。わたしは日本人だ、と叫ぶことをためらう。しかし、忘れることによって血は清められない[14]。

竹内の見るところこのような意味で、敗戦直後の日本において、ナショナリズム回避の近代主義と戦争責任の自覚の欠落は一体であった。この「戦後」に抗して、竹内の国民文学への志向が始まっているのである。

そう理解してみると、この竹内と野間が国民文学論争という同じ思想シーンで交差するというのは、戦後日本の思想状況が一九五〇年を前後するこの時期にかなり重大な地殻変動を起こしている事実と、そこに開かれていたはずの別の思想的可能性の存在を象徴的に示すものであると分かってくる。確かに、野間は、天皇制軍隊の内側からそこにある非人間的な暴力の実態を日本社会の前近代性と結びつけて告発した人物であり、これに対して竹内は、中国を意識して帝国日本の侵略と植民地主義の被害を受けた外側を知る立場から血ぬられた民族主義の記憶と戦争責任の清算を訴えた人物なのである。とすれば、この両者が同じ論争場面で出会うということは、可能性としては、日本の帝国主義と植民地主義に対する内側からと外側からの彼等の批判が接合して、そこからより高次な広がりを持つ批判的歴史認識と責任態度が生成しうる可能性がまた生まれていたということになる。そこまで行かなくとも、この二人が正面から向き合って、真摯に内在的に問題をぶつけ合うということがあれば、帝国主義と植民地主義をめぐる事実認識についても責任についても、いろいろと踏み込んだ論点が出てくると期待できたはずだ。その意味でこの論争はまさに、日本の戦後思想の曲がり角ともいうべきこの時期に、その帰趨を占うような意味すら持っていたことになる。

しかも、この文脈での竹内の第二論文が「ナショナリズムと社会革命」と題されているように、国民文学というこのコンセプトがまずは竹内の側から社会革命に関わる問題として提起され、それに野間が党員知識人として共産党の新綱領の立場に立って応ずるという形で議論が展開している点も、この時期の本論争の意味を考えようとするとき重要である。すでに触れてきたように、論争の始まる前年である一九五〇年はコミンフォルムからの批判をきっかけに日本共産党に激震が走った年であり、この同じ年に、共産党の混乱を見据えながら竹内自身が敢えて日本共産党批判を始めているのである。しかもその冒頭で竹内は、「日本共産党にたいする私の不満をつきつめていくと、それは結局、日本共産党が日本の革命を主題にしていない、ということに行きつくのではないかと思う」[15]と口火を切って、議論を真っ直ぐ日本の革命という方向に向けようとしているわけだ。それを踏まえてみると、この竹内と党員知識人＝野間との論争は、「国民文学」という名が負っている以上に重い課題を背負って始まっていると分かる。すると、実際には、論争はそれをどのように引き受けただろうか。

---

(14) [竹内 1951：⑦ 36]

(15) [竹内 1950：⑥ 133]。

この国民文学論争を竹内と野間の二人に焦点を合わせて観察してみると、その中心にまずは「文学の自律性」という論争点が浮かんでくる。確かに、論争がここで述べてきたような文脈の広がりに関わり、しかもそれを「文学」に託して議論しようというのだから、そこでは政治と文学との関係如何という主題がただちに問題にならざるをえないのは明らかだ。すると、そもそもなぜ文学なのか、ここで文学の自律性に何が求められていたのか。

中国の日本思想研究者である孫歌は著書『竹内好という問い』[16]で、竹内における機能主義的見方の重要性について周到な考察をおこなっている。孫歌の言うように、確かに竹内は文学の自律性を説くに当たって「政治と文学は機能的に区別しなければならない[17]」という点を強調しており、竹内自身のこの観点からしても、文学の機能的自律という見方が論争における竹内側の中心的な論点と認められる。

では、竹内の考える文学の機能とは何か。ここで問いをまずそう立ててみると、竹内の機能主義的見方では実は、そもそもこの「文学の機能とは？」という問いがすでにややミスリーディングなのだと分かってくる。というのもこの問いでは、どこかに「文学」なる実体があって、それの社会的な機能が問われているように聞こえてしまうからである。これに対して竹内の考えはこうだ。

文学は政治を代行しえず、政治は文学を代行しえない。目的は全人間の解放であり……、その目的にたいして政治と文学は、それぞれの側面から責任を持たねばならぬのである。小説を書くことも、一方では政治行為であり、綱領の文章表現は文学的行為である。それぞれの機能を責任をもって果たすことによって、目的のために有機的に結ばれたものが、真の自律性である。[18]

すなわち、小説を書くことも政党の綱領を書くことも、それぞれ一面では政治行為でもありうるし、また文章表現という点では文学的行為でもあるのであって、そこには「文学」なる実体があるのではなく、政治や文学という機能がそれぞれあるという主張である。

例えば、民主的な政治制度を実現しようと呼びかける政治プログラムが、指導者意識[19]に貫かれた啓蒙的権威主義の文章表現で語られるということがあるだろう。この場合にその言説は、政治行為としては民主主義プログラムの主張なのであるが、文章表現で伝えている思想内容は権威主義だと見なければならない。また、革命を志向するマルクス主義の政治プログラムでさえ、あるいは近代主義的に、あるいは権威的な家父長主義の語り口で語られることがあるだろう。するとここでも、マルクス主義的な政治プログラムとその近代主義的あるいは家父長主義的な言語表現とをしっかり区別する必要がでてくる。すなわちここでは、政治行為として提出されているプログラムをその論理的な構成に即して問うだけでは認識されにくいが、しかし思想としてはより立ち入った批判と反省が必要な言語表現のレベルが問題になってくるのである。この言語表現のレベルは、場合によっては、表層の政治的な

(16)［孫歌 2005］
(17)［竹内 1952b：⑦ 64］
(18)［竹内 1952b：⑦ 64］
(19)［竹内 1948a：⑥ 106］

主張内容よりむしろもっと深く人々の内面の精神に響いて、それを受け取った者の感性や思想の基層に重要な意味を刻印するような作用の場であると考えねばならない。表層−基層という空間的比喩で生じかねない誤解を恐れずに言えば、竹内はこの基層レベルで進められなければならない戦いをはっきりと対象化し、それに対応する機能から「文学」を捉えていると見てよい。

と考えてみると、指導者的特権意識にまみれた啓蒙主義的「民主主義」にしても、近代主義や擬似天皇制的な家父長主義に浸潤された「マルクス主義」にしても、これらは実際に戦後日本が抱え込んでいた思想的病弊の形であり、まさに「戦後」の思想そのものであったと気づかされる。とすれば、このような「戦後」に対しては、それを表層の政治的主張内容からではなく、もっと基層にある思想あるいは精神から問い返そうという思想のリアクションはやはり起こらなければならなかっただろう。そして、竹内の機能主義的な文学理解は、まさにこの「戦後」に深部から抗する道具立てとなっていたと分かる。[20]しかも、この「戦後」にナショナリズム回避の近代主義と戦争責任の自覚の欠落を見ていた竹内にしてみれば、文学の機能をこのレベルで捉えることは、かつての「血ぬられた民族主義」を正面から克服していく（竹内はこれを「日本民族全体の魂を解放する」[21]と表現する）ための文学を構想する上でも欠くことのできない構えだったに違いない。そうであればこそ、この国民文学論争においても、文学の機能的自律という竹内の主張は強く根深いものとなっていた。

ところが、孫歌も指摘するように、竹内にとって肝心要のこの点を野間宏は理解しなかった。[22]もちろん、文学者としての自覚を持つ野間も、竹内に応えて、「私たちもまた文学をただちに政治と同じ場所であつかったり、政治の手段にしたりすることを許すことはできない」と言う。[23]しかしそこで野間が擁護しているのは、あくまで小説作品などを産出する実体的な領域である「文学」の自律であり、その限りで文学者の文学者としての政治に対する独立である。そうした理解の上で、野間は、「政治、経済、文化の全領域を貫いてひろげられる国民的な日本改造運動」を語り、「民族の独立」に向けて文学（者）が果たすべき応分の「責任」を語るのである。[24] こうして竹内と野間との間における国民文学論争は、そもそも何についての論争なのかという点で、争われる土俵そのものの認識に始めからズレを抱えていた。

このズレは、竹内と野間がそれぞれあるべき国民文学はいったい何と戦わねばならないかを語り出すとき、はっきりした志向の違いとなって現れ、ここで両者の論争は一気にヒートアップすることになる。竹内は、民族のための文学を語る野間ら共産党系の議論に対して、そこになお文学の自律に対する侵害を疑い、そのような志向についてつぎのように断定する。

「独立」が、文学外の強制として、作為的に、文学に働きかけることには、私も反対である。そのための国民文学、手段としての国民文学なら、反対だ。なぜなら、そのような文学は、「自我の確立の文学」を含みえず、封建制との戦いを回避しているからだ。（「国民文学の問題点」、『改

（20）実際に竹内は、この観点から日本共産党への批判を敢行している。［竹内 1950：133ff］
（21）［竹内 1952b：⑦64］
（22）［孫歌 2005：103］
（23）［野間 1952b：⑫257］
（24）［野間 1952b：⑫260］

造』一九五二年八月号)[25]この竹内の論断に、野間は強く反撥し、ただちにつぎのように反論している。

私たちの文学が民族解放の綱領を文学の面で具体化し、それを文学の面でかちとることをめざしていることについては、すでにのべたが、そのような文学が、どうして封建制との戦いを回避していることになるだろうか。植民地従属国における革命方式と、帝国主義国における革命方式のちがいを明らかにし、それによって植民地日本の革命を民族解放革命と規定し、その上で日本民族を解放するためにしなければならないことを示した綱領が、もっとも中心にすえているのは農村の土地改良であり、さらにまた帝国主義の支柱となる天皇・官僚封建制打倒である。私たちの文学が封建制との戦いを回避するなどということは考えられない。(「国民文学について」、『人民文学』一九五二年九月号)[26]

かくて両者の対立は火花を散らすまでに至ったわけだが、しかし論争は、まさにこの極点において、その内実からすればとても大きなすれ違いを終始伴っていたと見なければならない。

一方の竹内の議論は、もちろん、これまで検討してきた竹内の文学についての機能的把握を前提にしなければ理解できないものである。竹内がここで文学に即して「封建制との戦い」を語るとき、それは、何かの政治プログラムそれ自体を語ろうとしているのではなく、自ら言うように「自我の確立の文学」を求めているのであり、それは言語表現に定位して思想あるいは精神における変革を志向するものであることは間違いない。竹内の側からすれば、この意味で「日本民族全体の魂を解放する」ことこそが問題の核心にある。(27)

ところが他方の野間は、この竹内に対して、ここでは共産党の五一年綱領という政治プログラムをもって対抗し、抗弁しているのである。しかも、そのように政治プログラムが前面に出るとき、それと対応しつつ、かつての野間の文学表現へのこだわりは明らかに後景に退けられている。既に触れたように野間は、あの『暗い絵』から『真空地帯』に至る戦後初期の作品群において、広く深く人々の心に届く新しい表現形式を求め、いち早く戦後文学の先頭に立って活動を開始していたのだった。それなのにこの論争局面での野間は、党の政治プログラムを擁護する立場に立ってあまりに紋切り型であり、そのために、新しい表現形式を求めたかつてのみずみずしい文学的努力をすっかり犠牲に捧げてしまったとさえ見える。そのように見る竹内は、文学論争において文学的努力を犠牲に曝す野間のこの矛盾を「党員芸術家の悲劇を見る」(28)とまで言って厳しく批判する。かくて論争は、何かの論点で実質的に切り結ぶ局面を経ることなく、両者の志向の大きなすれ違いに帰着することになっている。

前段で見たこの論争が背負わねばならなかったはずの課題からすれば、このようなすれ違いは、日本の戦後思想にとってはあまりにも残念なひとつのチャンスの取り逃がしを意味していたと言わねば

(25)〔竹内 1952a：⑦50〕
(26)〔野間 1952b：⑫263〕
(27)〔竹内 1952b：⑦64〕
(28)〔竹内 1952b：⑦65〕

ならない。すなわち、日本の戦後思想がこの局面でようやく逢着していたひとつの可能性、日本の帝国主義と植民地主義に対する内側からと外側からの批判が接合するという希有な可能性は、論争における野間と竹内とのすれ違いによって、十分な展開を見ることなくここでいったん閉塞しているのである。そして、論争における志向のすれ違いというこの残念な帰結を考えれば、その原因あるいは責任はやはり両者にあったと言うべきであろう。

野間の側の、竹内が提起する文学の機能的把握をめぐる無理解については述べた通りだが、それに加えてここで問題だったのは、やはり共産党の五一年綱領の役割だろう。論争での野間の発言、とりわけその議論における綱領の援用の仕方は、この綱領が当時の共産党に関係する人々にとって実際にはどのようなものとして受け止められていたかを如実に示している。それが、野間の示した「植民地従属国における革命方式と、帝国主義国における革命方式のちがいを明らかにし、それによって植民地日本の革命を民族解放革命と規定し、その上で日本民族を解放するためにしなければならないことを示した綱領」という理解である。野間の対応はこれに規定されていたわけだが、ひとつにはやはりそのことが、野間と竹内との出会いを阻んだと見なければならないのである。既に触れたように竹内の見るところ、敗戦直後のマルクス主義者や近代主義者たちは、「血ぬられた民族主義」をよけて通り、自分を被害者と規定して戦争責任の自覚をすり抜けている。それが事実であれば、五一年綱領は、この「被害者」としての自己規定をまさに綱領から追認し正当化するものとなっただろう。当面する日本革命の課題そのものがこの五一年綱領にそって「民族解放革命」と理解されてしまえば、日本は帝国主義の側にではなく植民地の側にあるというわけだから、戦争責任の問題はさらに後景に退き、日本の植民地主義についての問題意識もいよいよ切実さを失ってしまうのは免れがたいはずだ。そしてわが野間も、新綱領に立脚しようとするかぎりそうした隘路から自由ではありえなかった。かくて、野間と竹内はここですれ違い、日本の帝国主義と植民地主義に対する彼等の内側からと外側からの批判は出会うことができないまま、議論そのものも閉塞してしまったと見なければならないのである。

もっとも、野間をしてそのような対応に追い込んだことについては、竹内の側にも一端の責任があると認めなければならない。それは、竹内が野間の国民文学論を「封建制との戦いを回避している」という廉で批判し、そのことが野間を強く反撥させて、議論を筋違いの政治プログラムに強く導いたという事実である。

竹内好が、この国民文学論争の文脈で「封建制」の問題を持ちだしたこと自体については、ここでもそれを文学についての機能主義的見方と結びつけて理解しなければならない。すなわち、この文脈では、「封建制」という表現にも竹内に独特なニュアンスがこめられているのである。文学の機能に関わらせて論ずるとき、竹内は、例えば日本社会を規制する天皇制についても、「天皇制は物ではない。固体ではなくて気体であり、自他を包む場のようなものである」という捉え方をし、それを、コミュニケーションの交わされる場を規制する空気のように主体を取り巻いて自我の確立を妨げるものと認識している[29]。そしてここでも、野間との論争上の意図としては、竹内は、社会制度についてではなく、天皇制などに支えられた日本社会の精神状況を「封建制」と表現し、この「自他を包む場」そのものとの戦いを言語表現に定位する文学に託そうと考えていたはずである。だから、このニュアンスを理解せず、野間のようにそれにただちに政治プログラムをもって対応しようとすれば、竹内に対

（29）［竹内 1958：⑦］

する応答としてはずいぶん筋違いの議論になってしまうわけだ。

とはいえ、それなら逆に考えて、竹内が問題化したかった日本社会の精神状況が果たして「封建制」という概念で十全に表現できたのかと考えると、それははなはだ疑問であると言うべきだろう。というのも、竹内による日本社会の精神状況診断には、既に見てきたように、近代主義の問題、血ぬられた民族主義の問題、そしてもちろん植民地主義の問題などがともに含まれていたのであって、それらすべてを「封建制」として概括するのはやはり無理があると言わなければならないからである。それゆえ竹内がここで戦いの対象を端的に「封建制」と名づけてしまうと、それだけで問題は意図せざる方向で理解されかねないはずだし、事実、この封建制に「自我の確立の文学」を対置する竹内のここでの議論の構成は、それだけを見ればむしろすっぽり近代主義の枠組みに嵌まりすぎていると見える。だから、そもそも近代主義の志向を持っていた野間が、それを自分の枠に引き寄せて理解し、自らの政治プログラムをもって反論しようとしたのもなるほど無理はないと言わなければならないのである。

そのように考えてみると、野間と竹内のそれぞれの社会革命への志向は、この国民文学論争ですれ違ったまま具体的な論点で切り結ぶことがなかったことで、それぞれがそれぞれの問題点を修正できぬままその後を歩み続けることになっていると分かる。とりわけ、竹内好についてここで確認できるのは、近代主義を批判しながら近代主義の枠組みに実は嵌まってしまう彼の社会認識に持続する奇妙な曖昧さである。このことは、おそらく竹内の思想そのものに潜む何かの問題性につながっていると考えねばならない。

## 二　アジア主義という陥穽

### 日本人の加害責任と自己解放

民族の自由を守れ
決起せよ祖国の労働者
栄えある革命の伝統を守れ

これは、五〇年代の日本の労働運動や反戦反基地闘争の現場で、感激をもって愛唱された「民族独立行動隊の歌」の冒頭部分である(30)。当時、『人民文学』に拠って創作活動を展開した野間宏たちの背後には、同時代にこの歌を魂の底で共有しながら、地域や職場でサークルを組織して抵抗詩や反戦詩を作り続けた多くの労働者や活動家たちがいた(31)。野間が「国民文学」を言うとき、その念頭には文壇に属さないこうした人々の存在とその活動の広がりが想起されており、ここには今ではほとんど語られなくなってしまった戦後日本の民衆の精神的活力が息づいている。そしてもちろん、この「民族の自由」への希求が民族自決を正義とする時代の理念に支えられ、彼らの歌声が同時代に独立を求める

（30）当時この歌が持った意味の一端を知らせるものとして［上野 1977］。またそれに触れたものとして［道場 2006］
（31）これの渦中にいた野間宏は、そこから生まれた作品群を［野間 1952c］にまとめている。

世界の被抑圧諸民族の叫びと広く交響するとの希望につながっていた限りで、このような民衆レベルでの「民族」の称揚は、それだけで「単なる民族主義に過ぎない」と無碍に斥けるというわけにはいかないはずのものである。連帯の希望は確かに広がっていたのだ。

とはいえ、「民族解放民主革命」という日本共産党の当時の革命路線の影響下にあってそれを支えてもいたこの意識は、日本の植民地主義とそれに参与した自らの加害の戦争責任を問うという関心から見るときには、やはりそこにかなりの距離があったと言わなければならない。在日朝鮮人運動とは別れて進むようになる日本の戦後革命運動、民衆運動は、この時点でも、依然としてそうした問題の自覚を内側から育てることができないでいた。

このような意識状況の労働者や活動家たちが時代を共有する五〇年代の日本の思想空間のなかで、それと意識的に対峙しようとした竹内好は、やがて、日本の近代を問う自らの立場を「方法としてのアジア」と明確に規定するようになり、一九六〇年を前後してこの観点から近代日本におけるアジア主義の再評価に乗り出している。そして竹内の思想的営みは、この展開により、朝鮮史研究に拠点を置いて日本の植民地主義を問う梶村秀樹の厳しい批判に直面することになる。竹内の方が明示的にはそれに応答せず論争にまで至らなかったので概して注目されることは少ないが、かくして出来した中国文学者＝竹内好と朝鮮史家＝梶村秀樹の対立は、この時に、戦後日本で植民地主義と加害の戦争責任を問う志向の内側に生じた重大な分岐の存在を示している。そこでここでは、国民文学論争を経た竹内好の思想の行く末を見定め、この分岐の意味を考えるために、しばし竹内と梶村の間に定位して考察を進めていくことにしよう。

これは鶴見俊輔がかなり早い段階で指摘したことだが、戦後日本における戦争責任をめぐる言説状況は、一九五五年あたりを境にして大きく様相を変化させたと言うことができる。鶴見の言い方を借りれば、戦後も五五年頃までは「戦争責任意識の制度的形成の時代」であって[32]、それまでは、戦争責任についての意識形成を促すいくつかの発言はありながら、それらは同時代の日本の言説世界に主体的に受け止められることがなく、むしろ占領軍によって課せられる形で、すなわち東京裁判や公職追放の形でもっぱら制度の事柄として問題化されていたのである。それが、五五年以降になると、「戦争責任意識を自力でつくり出す動き」が現れてくる[33]。言い換えると、この時期あたりから、戦争責任がようやく思想内在的に問われるようになっているのである。

しかも、そこでとくに顕著であるのは、それが、日本共産党関係者など戦後民主主義の中心的な担い手まで含んだ知識人たちの思想と行動に即して、問われるようになったことである。その口火を切ったとされる吉本隆明が「高村光太郎ノート――戦争期について」を『現代詩』誌上に、また「前世代の詩人たち――壺井・岡本の評価について」を『詩学』に発表したのは、彼がまだ三〇歳の若さにあった一九五五年のことである。それに続いて、鶴見俊輔が「知識人の戦争責任」を『中央公論』に、そして丸山眞男が「戦争責任論の盲点」を『思想』誌上に発表したのは、翌五六年の一月と三月であった。

もっとも、このような戦争責任論の「再台頭[34]」とも言える言説上の展開については、それの背景に

（32）〔鶴見 1959：⑤37〕
（33）〔鶴見 1959：⑤37〕
（34）〔久野ほか 1966：238〕

あるこの時期の日本人の一般的な意識状況の変化にも注意しておかなければならない。戦争の記憶が生々しい敗戦直後において、丸山眞男の言う「世界にもまれなナショナリズム不在現象」が起って民族がいったん後景に退き、この「普遍主義」の陰に隠れながら日本人の「民族」としての加害責任がすり抜けられていった経緯については既に触れてきた。(35)鶴見俊輔の言う「戦争責任意識の制度的形成の時代」とは、実は、戦争の記憶が生々しく残り戦争責任の問題がいまだ切実に感じられる時期に、そのようにそれを直視したくないと首をすくめている日本人たち一般の意識状況に対応している。これに対して、「民族の問題がふたたび人々の意識にのぼる」ようになった五〇年代、それも敗戦から一〇年が過ぎようとする五五年あたりになってくると、講和条約の発効を機会にして進んだ追放解除もあらかた済んで、日本人の間に戦争体験とその責任をもう過去のものにしよう(したい)という意識が次第に広がっていく。「神武景気」と言われた経済の好況が始まるのもこの年である。それゆえ、鶴見がこの時期に見いだした「戦争責任意識を自力でつくり出す動き」というのは、一面では確かに戦争責任問題の思想的な進展あるいは深化であったのだが、他面では、ここに蔓延しつつある「戦争過去説」に抗して戦争責任問題を何とか風化させまいとする対抗努力でもあった。この意味で、戦後日本の戦争責任をめぐる思想状況の推移には、言説レベルと人々の意識レベルの間にひとつのねじれがあったと見ておかなければならない。

竹内好その人も、この状況のねじれを背景にしてその戦争責任論の立場を一歩進めている。既に見たように五〇年代序盤の国民文学論争において竹内は、「血にまみれた民族」の戦争責任をあらためて想起させ「日本民族全体の魂を解放する」ために、それを果たす担い手として、まずは人々の内面の精神に広く響く文学の機能に期待を寄せていた。(36)これに対して、五〇年代を通過した竹内は、戦争体験の継承そのものが次第に困難になってゆく時代状況のなかで、「加害意識の連続」[37]をいよいよ切実に考えるようになり、その可能性を「民族感情」とその「責任感の伝統」に求めるようになっていく。この点について竹内は、六〇年の論考「戦争責任について」でこう語っている。

罪は客観的に存在するが、責任は「責任意識」に主体化されなければ存在を証明できない。少なくとも説得はできない。ところが戦争責任は「免れて恥じない」ものである。この救済のためには、民族感情に自然な責任感の伝統をよりどころとするしかない。そのような伝統としては、アジア、とくに中国に対する侵略の痛みしかない。[38]

敗戦から五〇年代のプロセスを経て、今や「免れて恥じない」ままやり過ごされようとしている日本の戦争責任を問い続けるために、竹内があらためて重視したのは、人々の自己了解の基礎にあるはずの民族感情に責任意識を根付かせることである。ここで竹内は、「知識人の戦争責任」に即して言説レベルでは再台頭していると見える戦争責任の問題を、人々が「伝統」として持つ感情に訴えることで、確かな基盤に据えようと考えている。

(35) 本書第五章参照。
(36) 本章前段参照。
(37) [竹内 1960a:⑧212]
(38) [竹内 1960a:⑧217]

このときの竹内の念頭に、ナショナリズムが沸き上がる五〇年代の時代状況があったのは明らかだろう。とりわけ日本においてその加害責任を問わないままふたたび民族が称揚されるなかで、竹内は、あらためてアジアと日本が歩んだナショナルな近代化の道を想起し問い返しているのである。「アジアのナショナリズム」と題する論考で竹内は、アジアのナショナリズムと日本のナショナリズムとを原理的に対照させてつぎのように言っていた。

> アジアの上に重くのしかかっている帝国主義の力を除くためには、みずから帝国主義を採用するか、それとも世界から帝国主義を根絶するか、この二つの道しかない。アジアの諸国の中で、日本は前者をえらび、中国をふくめて他の多くの国は、後者の方向をえらんだ。排他的ナショナリズムに代えるに弱者の連帯のナショナリズムをもってしたのである。これと同様のことを、人間観において示したのが、近代文学の建設者である魯迅であった。……ドレイが自由人になるためには、みずからドレイ所有者に変わるだけでは不完全であって、支配被支配関係そのものを排除しなくてはならない、というのである。[39]

日本帝国主義による加害の植民地主義と戦争責任、日本人がこのことをしっかり認識し引き受けなければならないのは、単にその加害についての負債を清算することが政治的、倫理的な責務であるという理由からだけではない。加えて重要なのは、日本が選んで辿った近代そのものが、そのナショナリズムの形が、「中国をふくめて他の多くの国」のそれと原理的に異なっていて、それが日本人の主体のあり方を根本から規定していると見なければならないことである。すなわち、日本帝国主義の加害性は、日本人の主体に刻印されたドレイ性（魯迅的な意味で）と深く相関していて、前者が清算されない限り後者のくびきは維持し続けられる、と竹内は見るのである。だから、加害責任を避けずに引き受けるとは、日本人のそのような主体のあり方を根本から変えていくことであって、この意味で日本人自身の自己変革と自己解放の核心に関わっている。そう考えてみると、確かに竹内好は、高揚するナショナリズムの雰囲気のなかで、それをあらためて日本人の加害責任への自覚と結びつけ、その思想的エネルギーを日本人の根本的な自己解放への道に差し向けようとしていたと分かる。

もっとも、このときに竹内が進もうとしていた道は、しかし同時に、とても大きなリスクを孕んだ道でもあったと考えなければならない。というのも、ここで竹内は、そうした思想的エネルギーを生み出す源泉として、日本人の民族感情に根ざす「伝統」と、日本の近代とは対照的に捉えられるアジア近代の「原理」に期待を寄せ、既存のそれに賭けているからである。もちろん、竹内とて、そうした「伝統」や「原理」が実体として現存するなどとナイーヴに信じていたわけではない。そうではなく眼目は、自分に独自なものとして思想的エネルギーを生み出す「伝統」や「原理」を、普遍的な価値を求める道筋のステップとして構成的に創出しつつそれに依拠しようということである。ここに、竹内の「方法としてのアジア」という立場が生まれる。

> 文化的な巻き返し、あるいは価値の上の巻き返しによって普遍性をつくり出す。東洋の力が西洋の生み出した普遍的な価値をより高めるために西洋を変革する。これが東対西の今の問題点に

（39）［竹内 1955：⑤ 7］

なっている。……その巻き返す時に、自分の中に独自なものがなければならない。それは何かというと、おそらくそういうものが実体としてあるとは思わない。しかし方法としては、つまり主体形成の過程としては、ありうるのではないかと思ったので、「方法としてのアジア」という題をつけた[40]（傍点は引用者）。

とすれば、このように「伝統」として保持される自分のなかの「独自なもの」を、主体形成のために構成的に創出しようという〈方法〉は、いったい何をもたらしたのだろうか？

### アジア主義の隘路

「方法としてのアジア」というこの立場を、日本の「伝統」とアジアの「原理」とに可能性を求める投企として考えて見ると、竹内はそれを、彼自身としては二つの方向での議論をもって展開していると理解することができる。すなわち、ひとつは、近代日本においてアジアとの連帯を求めた伝統を形成する思想潮流としてあったはずの「アジア主義」の再評価であり、もうひとつは、毛沢東思想の評価を焦点にした独自な中国論である。もっともここでは、後者、すなわち「マルクス主義とアジアのナショナリズムの見事な結合」であり「植民地を根絶させる原理」であるとさえ言う竹内の毛沢東思想についての一連の高い評価[41]については立ち入らないでおこう。この評価の形も、実在の毛沢東に関する「客観的」な研究というよりは、アジアの「原理」を構成的に創出しようとする竹内の〈方法〉の所産にほかならないし、それを毛沢東思想に内在する可能性をより意識的に押し広げて見せてくれたものと考えれば、それはそれでひとつの「読み」ではあろう。とはいえそれは、植民地主義を問うている本書の文脈からはだいぶ離れた議論になるし、それにしては思想論として受け入れがたい疑問点が多すぎる。しかし前者、すなわち竹内のアジア主義再評価は、日本の植民地主義の加害責任を問おうとする立場内部に深刻な亀裂を生むもので、ここでどうしても考えねばならない問題点を含んでいる。

朝鮮史研究者である梶村秀樹は、竹内のアジア主義再評価についてどうしても避けがたい疑問を、竹内を批判する一文の冒頭でつぎのように端的に指摘している。

なぜ、今日、少なくとも「見方によっては徹頭徹尾侵略的な」玄洋社＝黒龍会をあのように評価しなければならないのか？(42)

竹内は実際に、日本に現れたアジア主義の意義を積極的に論ずるべく、その中核に玄洋社＝黒龍会をおいて議論を始めている。しかもその日本のアジア主義、なかでもその中核におかれた玄洋社＝黒龍会について、「見方によっては徹頭徹尾、侵略的」と認めるのは確かに竹内自身なのであった。(43) それなのに竹内は、「玄洋社＝黒龍会イデオロギイが最初から侵略的であったかというと、そうではな

(40)〔竹内 1960b：⑤ 115〕
(41)〔竹内 1955：⑤ 8〕
(42)〔梶村 1964a：① 97〕
(43)〔竹内 1963：⑧ 107〕

い」と繰り返し主張する。[44] 梶村にとっては、これがまったく不可解である。梶村の見るところ、少なくとも「皇室を敬戴し」「本国を愛重し」「民権を伸張すべし」との綱領を標榜する玄洋社に最初から国権論→侵略主義の要素は潜在していたのだ。それが客観的条件によって一定の時期に開花したまでだという論理を完全に否定することはできないはずだ。[45]

それを承知しているからこそ、竹内も、玄洋社について「見方によっては徹頭徹尾、侵略的」と認めるのだろう。それなのに、日本の侵略主義の加害性を問うているはずの竹内その人が、この明白な侵略主義的イデオロギーを持つ玄洋社を救い出そうとしている。いったいその意図はどこにあるのか。この点は確かに、竹内独自の「方法としてのアジア」という立場にしっかり立ちきらないと理解できないものだ。竹内はもちろん、玄洋社＝黒龍会に侵略主義があることを否定してはいない。それにもかかわらず竹内がこの玄洋社＝黒龍会を再評価しようとするのは、黒を白と言いくるめようというのではない。そうではなくむしろ、たとえわずかでもそこにあるはずのアジアの「原理」に結びつこうとする思想を、その方向に人々を動かすエネルギーを持った思想を、意識的にそこから引き出したいためである。すなわちここで竹内は玄洋社＝黒龍会について、その侵略主義イデオロギーからアジアの原理を志向する「思想」を分離抽出し、ここから近代日本においてアジアの原理を志向する「伝統」を構成的に創出しようと企図しているのである。竹内は言う、

思想からイデオロギイを剥離すること、あるいはイデオロギイから思想を抽出することは、じつ

に困難であり、ほとんど不可能に近いかもしれない。しかし、思想の次元の体制からの相対的独立を認め、事実としての思想を困難をおかして腑分けするのでないと、埋もれている思想からエネルギイを引き出すことはできない。つまり伝統形成はできないことになる。(46)

竹内は意図して火中に栗を拾おうとしているわけだ。だからこそ、竹内の「方法としてのアジア」という試みは、大きなリスクを孕んだひとつのチャレンジなのである。

すると気になってくるのは、このチャレンジが何を賭金にしておこなわれているのかであろう。もちろん、どんな思想にも何かのポジティヴな可能性があるはずだから、たとえ敵対的な思想についてであっても、その可能性を最大限に見ようとすること自体は悪いことではない。まして、それが人を動かすほどの力を持った思想であるなら、しかもそこにある可能性がほかでは得られない独自なものであるなら、そこに分け入る勇気は時としてとても大切である。だが、そのときにそれと引き替えに、もっと大切にすべき元々の思想の根幹を譲ってしまうなら、すなわち「ミイラ取りがミイラになる」ようなことがあるなら、それはやはり重大な陥穽に落ち込んだものと見なさざるをえないであろう。竹内が日本のアジア主義を再評価するときに、果たしてそのようなことはなかったのだろうか。

と思ってみると、そのことは、焦点となっている玄洋社＝黒龍会を竹内がいかに扱いどこで防衛線

---

(44)［竹内 1963：⑧ 111］
(45)［梶村 1964a：① 99］
(46)［竹内 1959：⑧ 12］

を引いているかという、その微妙なニュアンスにおいて、しかしよく読めばかなりはっきり分かる形で表されている。例えば、玄洋社＝黒龍会を「侵略主義の権化」として批判したE・H・ノーマンの主張に対して釘を刺す竹内の、つぎの言い分を見よう。

日本の対外膨張を、すべて玄洋社の功（または罪）に帰するのは、行きすぎである。初期ナショナリズムと膨張主義の結びつきは不可避なので、もしそれを否定すれば、そもそも日本の近代化はありえなかった。問題は、それが人民の自由とどう関係するかということだ。(47)

なるほど、玄洋社＝黒龍会がいかに侵略主義的であったとしても、彼らの存在だけで日本の対外膨張の責任をすべて語ることはできないのだから、その責任範囲を限定しようとする竹内のこの反論は、まずはまっとうである。しかし、それに続けて竹内が、初期ナショナリズムと膨張主義の結びつきを「不可避」と是認し、しかもそれを「日本の近代化」ゆえに肯定してしまうのは、いったいどうしてだろう。先に見てきたように竹内は、「みずから帝国主義を採用するか、それとも世界から帝国主義を根絶するか」というアジアの近代化における二つの道を指摘し、前者の道を辿った日本を後者の道へと転轍させるべく「方法としてのアジア」を出発させたのだった。しかしここでは、玄洋社＝黒龍会の存在を是認するために、まずは膨張主義そのものを「不可避」であると認めてしまっているのである。

しかもこれは、つぎのように続けられる。

玄洋社（および黒竜会）が、当初から一貫して侵略主義であったという規定は、絶対平和主義によらないかぎり、歴史学としては無理がある。……中国革命への干渉と、満蒙占領の時期だけを固定すれば、日本の国策はあきらかに侵略的だが、この責任を玄洋社＝黒竜会だけに負わせるのは、やはり無理があるだろう。(48)

ここでもなるほど、日本の侵略主義の責任を一貫して玄洋社＝黒龍会だけに負わせることが「無理」と指摘する竹内の主張は、それ自体としては誤りではない。とはいえ、それを主張するために竹内は、日本の国策が侵略的であった時期を「中国革命への干渉と、満蒙占領の時期だけ」に固定するという、視野の限定をあえて行っている。これなどは、日本の侵略をその植民地主義から考えようとしてみると、まったくそれに逆行する論法と言わざるをえない。これだと、そうは表だって言われてなくても読者が事実として理解するところでは、それ以外の時期に侵略的でなかった膨張主義の国策があり、また侵略的でなかった玄洋社＝黒龍会が存在することになってしまうだろう。実際に、玄洋社が朝鮮に送り込んだ天佑侠という秘密組織と朝鮮の東学党との関係を語る竹内の記述は、「事情を知らない読者」が読めば「天佑侠が東学党を助けた」事実があったかのように理解を導くもので、かえって「誤ったイメージ」を抱かせるものとなっている（朝鮮史家としての梶村に言わせれば「実際そういう事実はなかった」のである）。(49)その上で、竹内は、日本の国策が「あきらかに侵略的」と見られる時期と

（47）［竹内 1963：⑧ 153］
（48）［竹内 1963：⑧ 111］

場所を引用のようにあえて限定するのである。

これは問題だ。このように議論を進めていくなら、侵略性を問う議論の内から、朝鮮の植民地化の問題がやがてすっかりこぼれ落ちてしまうではないか。竹内の議論における朝鮮の欠落はよく指摘されることだが、それが問題であるのは、竹内が実際にどれほど朝鮮にも言及しているかではなく、彼の議論の構造に朝鮮の植民地化への視野が欠落しているのではという疑問につながる場合のことであろう。そう思ってこの箇所を読むと、その疑問がまさに当たってしまうのである。「中国革命への干渉と、満蒙占領の時期だけ」に視野を固定しなくても、朝鮮の植民地化が実際に進められているのは明らかだ。その点への視野の欠落が、日本のアジア主義を評価することとバーターでなされているとすれば、それはあまりにも失うものが大きいと言わねばならない。

竹内は、アジア主義再評価をめざす自らの議論を最後にまとめてつぎのように言う。

おくれて出発した日本の資本主義が、内部欠陥を対外進出によってカヴァする型をくり返すことによって、一九四五年まで来たことは事実である。これは根本は人民の弱さに基づくが、この型を成立させない契機を歴史上に発見できるか、というところに今日におけるアジア主義の最大の問題がかかっているだろう。(50)

だが、このように「この型を成立させない契機を歴史上に発見」しようとして、現実のアジア主義者をなんとか救出したくなり、それを果たすために、初期ナショナリズムと膨張主義との結びつきを「不可避」と是認するようになってしまうというのは、いかにも胸の痛くなる倒錯だ。しかも、朝鮮の植民地化という文脈では、「誤ったイメージ」を作ってそこに出て行った侵略主義的なアジア主義者たちを現実に救済してしまっていると見える。それにより竹内好は、「方法としてのアジア」というリスキーな賭けに躓き、その陥穽に落ち込んでいると言わねばならないだろう。それに対して見ると、梶村秀樹のつぎのような言明には、そこから抜け出して進もうとするひとつの決断が示されている。

私はそういう契機を歴史上に発見できなくてもやむをえないし、それでがっかりすることもないと思う。それでがっかりするということはまさに主体性と事実をみくびっている証拠ではないだろうか。アジア主義のような手あかにまみれたことばを何回も洗い直して利用しようとするより、それを否定のバネにすることを「民衆」によびかけた方がましではないかと思う。(51)

## 民族感情に依るのではなく

すると、竹内の誤りはどこにあるのか。孫歌は、竹内の中国論に関連して、それを論ずる仕方について注意をうながしている。

ある意味では、その中国論は、中国研究として書かれてはいない。それは、日本社会の表面的な

(49) [梶村 1964a:① 98]
(50) [竹内 1963:⑧ 153-154]
(51) [梶村 1964a:① 103]

近代認識を正すために、対象をひっくり返して構想自体を作って見せたものになっている。今日において、竹内の中国分析から結論を引き出し、当否を議論するのは無意味なことだ(52)。

たしかに、このことは竹内のアジア主義再評価についても同様にあてはまると言えよう。それは、現実のアジア主義者たちの実像を描いたものなのではなく、やはり「対象をひっくり返して」いるのである。だから、ここでも竹内の事実認識の当否をそれだけで議論するのは無意味なことである。

とすれば、問題はもっと根本から、すなわち竹内を「方法としてのアジア」に駆り立てているモチーフそのものから考えなければなるまい。すでに見たようにそれは、日本帝国主義の加害責任への自覚を日本人の根本的な自己解放への道へと差し向けるために、そうした思想的エネルギーを生み出す源泉として、日本人の民族感情に根ざす「伝統」と日本の近代とは対照的に捉えられるアジア近代の「原理」に期待を寄せ、それに賭けようということであった。竹内が日本近代のアジア主義を再評価したくなったのも、そこにアジアに志向する思想的エネルギーを認め、そこから民族感情に根ざす「伝統」が創出されると考えたからにほかならない。しかし、そうだとしても、そのように思想的エネルギーの結集のために民族感情を動員しようというのは、果たして妥当だろうか。梶村はそのような竹内の発想を、ナショナリズムをシンボルとして操作しながら巧妙に「民衆」のエネルギーを結集し続けてきた近代日本の体制側のやり方と同型と見て、それを批判している。

悪しき伝統ではあれ、エネルギーの結集という一点のみでそれを利用する以外にないというのであれば、それは勝てば官軍という論理である(53)。

そもそも、このような発想が出てくる根元には、民族意識こそがわれわれのアイデンティティの根底をなしていて、このナショナルなシンボルによってこそ主体は成立するし、その主体の動員も可能になるのだという、「国民的主体」の固定観念が頑固に生き続けているとみなければならない。そうであればこそ、戦争責任を問おうとしても、まずはその前に民族感情を基盤にナショナルな責任主体を立ち上げようという発想が出てくる。この固定観念から竹内も自由ではないのである。これに対して梶村は、つぎのように抗弁している。

国家権力が及ぶ限界に規定されて、当面、思想が機能する範囲はまず国境の枠内であるとしても、それは、ナショナルなシンボルによってしか主体の論理は成立しないということと同じではない。(54)

思えば、一九九〇年代になっていわゆる「歴史主体論争」という論争が起こり、そこでも類似した問題構図で責任主体が争われたものだったが、梶村はすでに一九六四年の段階でこうした考えを日本人の加害責任を負おうとする立場から主張していたのだった。

そうなのだ。竹内の誤りは九〇年代の加藤典洋の誤りと重なっている。日本帝国の植民地主義につ

(52)［孫歌 2006：118］。
(53)［梶村 1964a：① 101］
(54)［梶村 1964a：① 101］

いて、日本人が日本の加害責任を負おうとすることが、日本人がその民族感情に依拠しながらあらためて民族的主体あるいは国民的主体を強固に打ち立てることを前提要件にするわけではない。というよりむしろ、竹内の蹉跌は、この両者が実は逆立しているということをすでに示唆している。わたし自身は、かつてこのことをつぎのように表現した。

ちょっと逆説的に聞こえるが、「日本人」として加害への連累が自覚され責任が果たされうるのは、「日本人」であることが確立するときなのではなく、むしろ「日本人」であることが分裂するときのことなのである。(55)

「方法としてのアジア」の挫折を見ることで、わたしはあらためてこれを確認している。

もっとも、前著でのわたしのこの言い方は、もちろんまだ抽象的に過ぎる。すると、竹内のように民族感情に依るのではなく、しかも日本人の加害性の自覚をその主体におけるドレイ性の清算につなげていく道は、この意味で日本人であることを分裂させていく道は、具体的にはいかにしたら開けるのだろうか。

## 三　主体を割るという対抗

### 加害の流出論《エマナティスムス》

前節で検討した竹内好のアジア主義再評価に照らしてみると、朝鮮史研究者である梶村秀樹が進めた作業はいかなる意味を持つのか考えてみよう。そこから考えるに当たって、ここではまず、竹内の方の「加害の流出論《エマナティスムス》」とも言うべき問題把握の構図について考えておかねばならない。

竹内好が日本の侵略主義を考える際に、その対象を「中国革命への干渉と、満蒙占領の時期だけ」にあえて限定し、朝鮮の植民地化の問題には立ち入ろうとしないまま議論を進めている点については既に触れた。日本の侵略主義を見る視野のこのような限定は、冷戦後の今日の感覚から見るときにあるいは意外に感ずることなのかも知れないが、実は竹内に限らず、彼と同時期に日本の加害責任を考えていた人々にとってかなり一般的なことであった。例えばその先駆として、丸山眞男の「超国家主義の論理と心理」（一九四六年）における、あまりにも有名になったつぎの記述を見よう。

われわれは、今次の戦争に於ける、中国や比律賓での日本軍の暴虐な振舞いについても、その責任の所在はともかく、直接の下手人は一般兵隊であったという痛ましい事実から目を蔽ってはならぬ。国内では「卑しい」人民であり、営内では二等兵でも、一たび外地に赴けば、皇軍として究極的価値と連なる事によって限りなき優越的地位に立つ。市民生活に於て、また軍隊生活に

（55）［中野 2001：297-298］

於て、圧迫を委譲すべき場所を持たない大衆が、一たび優越的地位に立つとき、己にのしかかっていた全重圧から一挙に解放されんとする爆発的な衝動に駆り立てられたのは怪しむに足りない。(56)（傍点は引用者）

もちろん、一九四六年という敗戦直後の時期に、それゆえ戦場での暴虐が人々になお生々しい記憶として現存するはずのその時期に、日本の加害の劇的な例示として「中国や比律賓での日本軍の暴虐な振る舞い」がとくに指摘されるということはありうるだろう。しかし、日本軍の残虐を指示することのような記述の仕方は、この時期だけのことではなく、その後ずっと、日本の加害を語る語り《ナラティヴ》の範型になっている。例えば、知識人の戦争責任論で重要な役割を果たした吉本隆明は、丸山を批判する一九六二年の論考（「丸山真男論」）で、その批判の核心をつぎのように語り、これを吉本に独自な大衆論の出発点としている。

中国や比律賓での日本軍の残虐行為は、「一般兵隊」が、真善美の体現者である天皇の軍隊であるから、究極的価値を保証されていると考えたがゆえに、おこったのではありえない。むしろ「一般兵隊」の残虐の様式そのものが、天皇制の存在様式そのものを決定する民俗的な流れとしてつながっていたというべきである。……大衆の存在様式が、支配の様式を決定するという面が決定的に重要である。(57)（傍点は引用者）

確かに、出した解答は異なるが、戦時の加害を見つめる吉本の問いの起点は丸山と重なっている。

そして、この丸山や吉本に加えて、日本人の民族感情にも自然に責任感をかき立てるのは「アジア、とくに中国に対する侵略の痛みしかない」とする竹内の認識(「戦争責任について」一九六〇年)まで考え合わせるなら、戦後の早い時期に、これらの人々がいかなる歴史的事実に加害責任を認めていたのかよく理解できよう。彼らをまず捉えているのは、日本軍による戦場での非日常的な残虐行為なのであった。

そこで問題として考えてみたいのは、戦時の加害をめぐる初発のそのような関心が、彼らのどのような問題把握の構図と関連しているかである。

上の引用に見るように丸山は、日本軍の暴虐な振る舞いについて、「直接の下手人は一般兵隊であったという痛ましい事実から目を蔽ってはならぬ」と主張し、まずそこに問題の核心を認めた。そして丸山は、一般兵隊が「外地」に赴けば「皇軍として究極的価値と連なる事によって限りなき優越的地位に立つ」と思い込み、己れにのしかかる全重圧を他者に差し向けて暴力を振るうという、日本社会に内在する「抑圧委譲」の構造を指摘することで、この加害責任の問題に応答しようとした。これに対して吉本は、同じ問題の起点に立ちながら、皇軍の理念から残虐を語る丸山のあまりに知的な解釈に反発し、むしろ日本の大衆の「存在様式」そのものからそれを理解しなければならないと主張する。吉本の見るところ、この日本的な大衆の存在様式が日本の大衆の残虐行為を生むのであって、それゆえ「『残虐』に日本的な様式があり、『蛮行』に日本的な様式があり、励起された情況でそれが

(56)〔丸山 1946:③ 33-34〕
(57)〔吉本 1962:⑫ 29-30〕

触発されるということが問題なのだ」[58]というわけである。

さて、そのように読解してみると、表層の対立にもかかわらず、丸山と吉本の問いと答えの構図にはある一定の共通性があると理解できる。いったいどうして一般の日本人はこのような非日常的な残虐行為をしてしまったのか、なしえたのか、と問いを立てること。そして、この問いに対する答えを、日本社会の構造に、日本大衆の原像に、日本人の伝統に、要するに日本人の本質的要素に、求めるということ。彼らにおいては、戦場の非日常的残虐がこのように日本のなかの原因に関係づけられている。丸山から吉本まで、そして竹内を含めて、戦後も早い時期の加害責任論は、いずれもこの構図を共有しているのである。

このような応答の形が、その志しにおいては、いずれも責任を直視しようとして「誠実」なものであったことは疑いえない。戦後の日本においては、このような加害責任への向き合い方、この限りでの「誠実」さすら、きわめて稀有なことであったのだ。そうだとしても、彼らに共通する議論のこの構図には、何か問題はなかっただろうか。

哲学的思考の伝統のなかでは、プラトンのイデア論やヘーゲルの精神の現象学のように、何かの事象をその基にある形而上学的実体から「流れ出る」ようなものとして説明する論述形式を「流出論(Emanatismus)」と呼んでいる。[59] それを踏まえて考えると、以上のような丸山や吉本の議論は、まずそれぞれひとつの流出論の構成なのだと理解できる。「抑圧委譲」であれ「大衆の存在様式」であれ、根っこに「日本的」な何かが存在し、そこからあらゆる残虐行為が流れ出すという考え方、これは「加害の流出論」と言える議論の形なのである。丸山や吉本そして竹内が戦争責任を負う仕方は、思想的には、このような日本に固有の本質的な何か、その意味での加害の流出源を突き止める営みに帰着している。

このように彼らの戦争責任論を「加害の流出論」と捉えてみると、直ちにいくつもの疑問点がそこに認められるようになろう。例えばすぐ気づくのは、それらが、いずれも日本に固有な何かを追い求めている点で、本質主義の思考に棹さしているということである。日本なるものを実体視しているのだ。もっともここでは、そうした思考方法に関する抽象的な議論に止めるのではなく、われわれの視線を梶村秀樹に向けていくステップとして、そのうちのひとつの問題点に注目しよう。それは、流出論が一般に持つモノローグという性格である。

戦争の加害についてその責任を問おうとしているときに、ましてや、その根底に植民地主義の問題を見いだしてそこから問いを発しようとしているときに、その問いと応答のなかに被害者たちの存在がまったく反映されていないと指摘されれば、それはどこかおかしいと気づくのではないだろうか。あるいは、戦場の極限状況において非日常的な空間が現出し、そこでまさに非日常的な残虐行為が実行されたということについて考える場合でも、その残虐行為が人と人との間で成立したのであれば、その省察に加害者だけがアクターとして登場するなら、そこにも何かの欠落があると認めねばならない。「加害の戦争責任論」と言うにしても、「植民地支配責任論」と言うにしても、そこには加害者と被害者が現存するのであり、その加害と被害との関係が問われているというのは明らかだ。

そのことを考えると、ここで見てきた加害の流出論という構図は、問題の根元を日本に固有の本質

(58)［吉本 1962：⑫ 25］
(59)「流出論」については［中野 1983：32ff］。

的な何か（のみ）に求める点で、やはりモノローグであり、責任論として何かの欠落があるはずだと気づかされよう。加害の主体が日本人であるのと同じように、それを反省するときにも、それを問う主体は日本人（のみ）であると考えること。それは、丸山でも、吉本でも、竹内でも、みんなそうだった。戦後日本の戦争責任論議においては、このような反省主体の初発の設定そのものから、繰り返し排除という防衛機制が働いてきたと認めざるをえない。

するとこのようなモノローグに陥らない道は、いかに開かれていくのか。

## からめとられたなかで

梶村秀樹は、アジア主義の原点（心情的出発点）を顕揚しようとする竹内好の企図を厳しく批判した。この梶村の竹内批判は、実は、直ちに梶村自身に跳ね返り、彼に歴史への問いの意味をあらためて考え直させることになっている。そこから見ていこう。

そもそも梶村は、竹内を批判する際にもその素志を全否定するのではなく、戦争における加害責任を認めた上でしかも「日本人の主体において未来を切り開いていく」という、竹内の提起した「もっとも根底的な問題設定」[60]に対しては、それに積極的に応答したいと考えていた。だから梶村は、竹内と同様に、というより歴史家としてもっと積極的に、アジア歴史のなかで植民地主義に抗して奮闘した日本人の思想と行動の実例を探し出したいと志向していたのだった。梶村の方こそまさに切実に、侵略に抵抗して民衆の連帯を求める日本人の主体的姿を求めていたのである。それにもかかわらず梶村は、事実を見つめる朝鮮史家として、結局つぎのことを認めねばならなかった。

朝鮮近代史の史料に具体的に登場する日本人をいかに底辺までたずね入っても、仮説的な前向きの思想と生きざまが発見しがたいのである。植民地社会の日本民衆の中に、上から与えられた侵略と支配の思想に敢然と逆らって朝鮮人との連帯を志向したといえる層は、どうしても見つからないように思われる(61)。

するとこの問題に関する限り、歴史からは何も学ぶことができないのか？　その意味で歴史への問いは「無駄」であるのか？　ここに歴史家＝梶村自身のジレンマが現れてくる。

このジレンマに直面した梶村は、そこから脱する方途を求めて、歴史上の現実に生起したことからではなく、むしろ生起しなかったことに学ぶという方向に歩みだす。すなわち、場合によっては抵抗に向かったかもしれぬ民衆の「未発の契機」に着目し、それが潰されて植民地主義に「からめとられる」場面から学ぶということである。歴史においては、正しい意図を持つものがそれを実現するとは限らないのである。おそらく歴史のなかには、そしてそこに生きる民衆のなかには、さまざまな形で専制権力に抵抗し、その侵略的な政策にも抗して、「民衆の連帯」を求めるいくつもの志向がありえたに違いない。そうだとすれば、それが見えなくなっている歴史においては、そうした志向がどのようにして結果としては潰され、実際にはその民衆自身がどのように侵略の思想に「からめとられ」て、いかに積極的に加担するようになってしまったかを、まっすぐ考えるのでなければなるまい。

(60)［梶村 1980：① 142］。
(61)［梶村 1980：① 143］

いかに断片的なものであれ、あえて上から与えられる侵略的近代に逆らうものを探し出すには、まず、からめとられながらも悩み、不満をいだいている姿をまるごとかかえこむしかないのではないか？　からめとられて生きながら、どのように充たされない気持ちをいだいていたのか？　不満をもっていながら、単なる物理的圧迫だけでない自分の主体的理由によって、どうして不満をぶちまけることができなかったのか？　ここまでつめていかないと、未発の契機論も、朝鮮問題の領域では、単なる過去の詠嘆的説明にしかならないように思われる。[62]

竹内好はアジア主義の心情的出発点を再評価しようとしたのだったが、ここで梶村は、侵略と植民地主義に出会い、それに不満を持ち悩みながら、しかし実際にはからめとられていった民衆の経験を、そこで感じられていたはずの痛みを、あるいは、自分の都合（主体的理由）により他者の痛みには無慈悲に振る舞ってしまったことについて想起されるべき痛みを、大切なものとして捉えようとしているのである。

　このように「からめとられた」民衆を見る梶村の眼差しは、朝鮮史家として植民地朝鮮における在朝日本人の姿を捉えるときに、とりわけ厳しく切実なものになっている。

> 実際、歴史に登場する朝鮮植民者の生きざまは、ギョッとするほどすさまじく、弁護の余地なく邪悪である。庶民にいたるまで、ときには庶民が官憲以上に、強烈な国家主義者であった。かれらは朝鮮人に対して、国家の論理で完全武装した冷酷なエゴイストであり、あけすけな偏見の持

ち主、差別・加害の実行者であった。朝鮮人のことならすみからすみまで知っていると自負しているくせに、実は本当のことは何一つ知らないのだった。(63)

これは、戦場での非日常的な事態なのではなく、植民地の日常的な現実である。このような在朝日本人を描く歴史は、それまで「研究者がまったく避けて通ってきた領域(64)」であった。しかし、梶村の見るところ、ここにこそ問われるべき問題が凝縮している。

日本敗戦の一九四五年の時点で、植民地朝鮮に居住していた日本人は九〇万人を超えると言われている。梶村はここから、なんらかの形で植民地朝鮮に滞在したり足を記したりした日本人の数を推し量り、またさらにほかのアジア諸国に渡っていった膨大な数の日本人植民者たちにまで思いをはせて、「身近に植民地体験者をまったく持たない日本人は、おそらく一人もいない(65)」と推定する。実際に、軍人・軍属を含めると敗戦時に海外にいた日本人は六六〇万人を超えると言われており、二〇一五年の厚生労働省集計によれば、敗戦からその時点までの「引揚者」は、朝鮮からだけで九一万九九〇四人、総計で六二九万七二四六人にのぼっている。(66)それにアジア太平洋戦争において外地で死亡した日

(62) ［梶村 1980：① 146-147］
(63) ［梶村 1974：① 194］
(64) ［梶村 1974：① 193］
(65) ［梶村 1974：① 194］
(66) ［日立デジタル平凡社 1998］、「引揚げ」項目

本人は二五〇万人を超えるはずだから、外地経験者は総計で九〇〇万人にもおよび、それらの人々の家族や親戚、知人たちまで含めて考えれば、確かに、戦後に生き延びた大部分の日本人にとって、「ギョッとするほどすさまじく、弁護の余地なく邪悪」な植民地体験というのは文字通り他人事ではないということになる。

しかも重要なことは、この普遍的な植民地体験が、戦後の日本人の利己的な国家意識を形成する基盤にもなったと見なければならないことである。靖国参拝問題で繰り返し見せつけられてきた遺族会などの政治的力量を想起しよう。戦後に多くの日本人は、かの戦争を引き起こしたことについて、「国策の誤り」と言い、それを軍人や軍国主義者たちのせいにして済ませてきた。しかしその陰で、広範な人々に体験された植民地主義の意識は反省されないまま継続し、現在を作っていると考えなければならないのである。梶村は言う、

それほど普遍的な植民地体験が、「邪悪なる国家権力と善良なる庶民」という体裁のよい図式だけで割り切ることを許さない屈折・錯雑した深層意識を形づくらせたことが、いっそう重要である。なにかに傷ついた心がそれだけ強烈に希求する権威への帰属意識、そこから出てくる利己的・独善的な国家意識とアジア認識。このパターンが、確かに今でも生き続け、受け継がれていることを感じる。(67)

もしも、かの侵略戦争が軍国主義者に「だまされて」行ってしまった戦争であり、上からの教育や宣伝に乗せられて犯した「錯誤」にすぎないのなら、ことはむしろ簡単である。錯誤から「目覚め」

ればいいのだからである。日本の戦後啓蒙はそのように主張し、覚醒を求める言説で戦後の論壇に地歩を得た。だが実のところ、この「体裁のよい図式」は、植民地体験に発するその「屈折・錯雑した深層意識」を捉えることができず、むしろそれを隠蔽し、その温存に寄与してしまったのではなかったか。

ここで梶村が注目し問題視しているのは、植民地の現実に暴力が認められても、容易にはそれへの批判を受け入れられなくなっている植民者たちの「屈折・錯雑した深層意識」のことである。「ギョッとするほどすさまじく、弁護の余地なく邪悪」な現実があったのに、ほかの者とりわけ「内地の者」が人道論の立場からそれを批判すると、かえって「朝鮮植民者やその後裔たちの内側には、必ず反発の感情が波打ち、ときには居直った心情への固執が表明される(68)」という、その屈折した心理メカニズムである。

この前提には、朝鮮との関係においては日本国家の侵略の先頭に立っている朝鮮植民者たちが、日本社会の権力関係のヒエラルキーにおいてはむしろ底辺の被害者であると自分自身を認識し、そのために「損な役まわり」を引き受けているという気持ちを持っていたことがあった。しかもこれは、あながち彼ら自身の身勝手な自己認識であったのではなく、実際にも、日本社会の底辺から植民者は多く生まれていたのである。「とくに朝鮮植民者のばあい、もともと専制権力下の日本社会からはじき出され、あるいは自らドロップアウトした人々であることが確かに少なくない。しかも強引に朝鮮社

(67)〔梶村 1974：①194〕
(68)〔梶村 1974：①195〕

会に侵入するかれらが、当然に朝鮮人の敵意に取り囲まれるとき、かれらはおのれの地歩を保つために、なりふりかまわず国家にたより、手をよごさざるをえなかった(69)」のであった。

このような植民者の生活条件は、植民者たちに、本当は自分たちこそ「お国のために」苦労しているのだという自負を生み、「『大日本帝国』の安全な本国で自分たちのおかげでぬくぬくと暮らしている連中」に「文句をいう資格はない」、「この苦労が分かるわけがない」という意識を生み出した(70)。そしてこのことが、そうした植民地帝国の構造に安住してきた「内地の者」たちの批判の口を封じてしまったのだし、仮に「きれいごと」の批判があっても、そんなものには耳をかさない、かす必要がないという植民者の態度に帰結していたのである。ここで植民者たちが気づいているのは、丸山眞男の指摘した抑圧委譲の構造であると言ってもいいだろう。植民者たちは、植民地支配の当時にそのことを既によく知っていたばかりでなく、むしろこの構造を逆手にとり盾にして、自分たちの植民地主義を正当化してきていたのである。

そうであればこそ植民者たちは、戦後になると、その構造をよりいっそう強固な防塁にして自らの植民地主義を正当化しようとしたし、ここへ向けられた批判には強く反発し、それをむしろ利己的な国家意識への強力なバネにした。「抑圧移譲」という言説が、そのような自己正当化に役立っていたのである。またそれを、遺族会などの政治勢力に組織し、巨額の恩給などで育成しながら、歴代の保守政権が利用し続けてきたのである。確かに、日本人の戦争体験が語られるときにいつも真っ先に持ち出されるのが「引揚げ」の苦労話であり「シベリア抑留」の苦難であったのは、決して偶然ではないのだ。そこには、戦後にむしろ明確な形をとって継続している植民地主義批判封じの、巧妙な言説戦略がはっきりした構図をもって示されている。

植民地帝国としての日本の植民地主義が、日本人たちをむしろその底辺からからめとって侵略戦争と植民地経営に動員していった仕方は、そのままこの植民地主義への批判を封じる仕組みと連動している。そしてそれは、日本人たちだけをアクターと想定する言説空間を前提にする限りでとても有効に機能するはずのものであったし、また現に戦後日本においても有効に機能し続けてきた。梶村秀樹の思想的営為は、この構造を見据えつつ、それを内側から突き抜けようとしたものだった。

## 「チョーセン」というトポス――植民地主義への反省と抵抗の原基

梶村は、在朝日本人の植民地体験とその後を語る同じ文脈で、被害者意識のみに満ちた戦後の日本人の引揚げ体験談の氾濫に触れつつ、一九七四年頃の時期になると、それらに混じって次第に植民地時代の朝鮮の苦しみにまで触れた手記類がぽつぽつ出版されるようになる事実に注意を促している。しかも、そのような手記類には「不思議な共通性」があって、そこでは、「多くのばあい著者の肉親である本の中の主人公にかぎって、朝鮮人に差別感をもたないやさしい日本人であるという物語」が展開されていると指摘する。(71)

なるほど、梶村が鋭敏に気づいているように、植民地時代の経験にも触れたこのような手記類は、確かに日本人による日本人のための植民地体験記の完成版となるものだろう。それらにより、植民地

(69) [梶村 1974:① 196]
(70) [梶村 1974:① 196]
(71) [梶村 1974:① 196]

時代の朝鮮における日本人の体験は、ようやく全期間を通して見渡されることになっているからである。そこではおそらく、引揚げにまつわる日本人たちの苦労話ばかりでなく、植民地支配下の朝鮮のさまざまな矛盾や苦しみ、朝鮮人が被った数多の苦難も事実としては触れられているに違いない。だから、それらは一見、正直で公正な証言に見えるのだ。でもそのなかで、少なくとも肝心の主人公にかぎっては、つねに変わらず「朝鮮人に差別感をもたないやさしい日本人」であったという物語。これにより読者は、植民地支配には様々な問題があったとしてもそれは時代が悪かったのであって、「結局一人一人をとってみれば、日本人はみな善良でやさしかったのだ」(72)という虚像を事実と受け取る。かくて日本人たちは、植民地問題の心理的負債にけりをつけた上で、最後に癒されるのである。これに対して、梶村は端的にこう言う。

そんなことは断じて嘘だ。本当にひどい奴がいっぱいいたのだということを朝鮮人は忘れない。これでは「日本人」とはなんて嘘つきなんだと思われてもしようがないことに、多くの筆者は気がついていないように思われる。(73)

これは、梶村の論述のなかに露頭のようにはっきり姿を現してくる朝鮮人の声である。この声により、ひたすら自己慰撫に志向する日本人たちの植民地体験記は、冷水を浴びせられ、一発で粉砕される。そして、それに続く歴史家＝梶村による在朝日本人についての記述が、この朝鮮人の声を裏付け、十分に得心せざるえないものにまで高めるのである。

と、そこまで読んでみると、ここでひとつ、梶村の仕事に特有な構造がはっきり理解できるようになってくる。それは、梶村が、以上のように在朝日本人について語っているときだけでなく、およそ日本の近代史や日本人を考えているときにも、つねに朝鮮人の眼差しをそこに置いているということである。「そんなことは断じて嘘だ」、これはまさに、ずっと基底に置かれていた朝鮮人の眼差しの噴出、この意味での「露頭」にほかならない。

するとさらにもうひとつその裏面も見えてこよう。すなわち、梶村が逆に朝鮮史を語るときには、日本人がそれにどう関わったかをしっかり踏まえながら、しかもそこでも貫かれる朝鮮人の主体性を見極めようとしているということである。朝鮮史家としての梶村は自らの朝鮮史への視角を「内在的発展論」と表現するわけだが、それも、単純で一国主義的な近代化可能論というわけではなく、むしろ、朝鮮の停滞論や外からの侵略に翻弄されるだけの「悲惨な歴史」という見方に抗する形で、それゆえまた植民地支配下での近代化論にも抗する形で、この近代のプロセスにおける朝鮮人の主体性のありかを確認しようとするものと言える。言い換えると梶村の仕事は、日本と朝鮮のいずれを焦点化した場合でも、すべて歴史の他方の主体である朝鮮人との対話（ダイアローグ）をもって構成されていると言っていい。この対話のなかでしか東アジアの歴史は語れないという態度である。

このような梶村の方法態度は、やはりそれを竹内好のそれと比較するときに、はっきりその特性が際だってくるものと考えられる。本書ではこの竹内を「加害の流出論」の潮流のなかに位置づけ、その方法的特性をモノローグとした。そのような竹内の思考方法の一端は、アジア主義を再評価しよう

（72）［梶村 1974：① 197］
（73）［梶村 1974：① 197］

とするに当たって何よりもまずその原点を顕揚しようと努める竹内の態度に表れていたわけだが、その中国論においても問題は同様であろう。例えば「中国の近代」を「日本の近代」と対比するという問題設定に見られるように、竹内は、あくまで日本との類型的比較という関心から「中国」や「中国の近代」の全体像および特性を描いて見せる。それゆえその中国像は、竹内の目的のために竹内によって解釈され構成された一つの「中国像」なのだと言わねばならない。ここでも竹内研究者＝孫歌の説明を借りれば、「その中国論は、中国研究として書かれてはいない。それは、日本社会の表面的な近代認識を正すために、対象をひっくり返して構想自体を作って見せたものになっている」[74]。言い換えるとそれは、日本の近代を自己反省的に捉えるために投射された対照項であり、あくまで自己との対話（モノローグだ！）のための補助手段にほかならない。

このような竹内の「中国」と対比すれば、梶村における「朝鮮」がそれとは基本的に異なった意味を持つことがさらにはっきりと理解されてこよう。上述では両者の視点や接近方法の相違について触れたが、そもそも考察対象の設定からして、そこにはずいぶん大きな隔たりがある。竹内のように魯迅や毛沢東などに学びながら考えること、それはそれでもちろんとても大切なものを教えてくれるはずである。しかしそのことは、例えば在朝日本人の振る舞いや在日朝鮮人の生活の姿を目の当たりにすることで考えさせられることとは、自ずと次元を異にすると言うべきである。そしてこの差異は、植民地主義の加害責任を考えようとするときには、とても重要な意味を持つことになるのではないだろうか。

そこで、この点をさらに考えてみると、竹内と梶村という二人の思索者の問題意識や思考方法もさることながら、むしろ彼らがそれぞれ対象にした「中国」と「朝鮮」という場に、日本の帝国主義と植民地主義の問題を考える上での位置価の違いがあるのではないかとも思えてくる。言い換えると、日本の植民地主義にとっての朝鮮というトポスが、日本の植民地主義への問いを直ちにその深部にまで導く質と構造を備えているのではないかということである。あるいは、この場の問題を抜きにしては、この植民地主義の加害責任の問題は、その核心を取り逃がしてしまうだろうということである。

もっとも、この場の問題とは、おそらく単なる地理的な場所（としての朝鮮）をただ意味するわけではなかろう。それは一面ではむしろ、本章の議論で触れることになった「戦場での軍人たちによる非日常的な残虐」と「植民地での平凡な植民者の日常的な邪悪」との問題位相の差異に関係するところのものだ。と言ってももちろん、この二つの問題位相の差異に注目するとは、どちらの加害－被害の程度が重大かということでも、どちらの方に問題の核心があるかということでもないはずである。そだから実は、「中国か、朝鮮か」ということも、事柄にとっては付随的であるにすぎないだろう。そうではなく、これまでとかく問われずに済んできた植民地主義の日常にもっと光を当て、加害責任についての問いをモノローグから解き放って、そこから植民地主義の本当の深部に批判を届かせなければならないということである。(75)

と、そこまで考えると、実は「朝鮮というトポス」という言い方がそもそもミスリーディングであるとさらに気づかされる。というのも、根底でもっと問題にしなければならないのは、場としての

(74) 〔孫歌 2006：118〕
(75) この植民地主義の日常という主題については、近年、韓国でも重要な研究が生まれてきている。〔공제욱、정근식편 2006〕

「朝鮮」ではなく、差別的な関係行為としての「チョーセン」なのだからである。それは、差別語である「チョーセン」をもってこそ胸が鋭く痛みつつ想起される、その問題圏のことである。

歴史の具体例を参照しながら考えてみよう。関東大震災から一〇〇年を経た近年では、その際に引き起こされた大殺戮によっておそらく六〇〇〇を超える朝鮮人や中国人らが残虐に命を奪われたということ、この事実についてはようやく少しずつ語られ知られるようになってきている。しかしそのことが、大震災という自然災害を背景に不安と恐怖に襲われた民衆が、たまたま発生した「流言飛語」に煽り立てられて引き起こしてしまった「偶発的事件」などではないという点については、なお認識が十分に浸透しているとは言えない。この事件の発生に関しては、災害時の不安感にデマ（流言飛語）が作用したなどという一般的な群集心理による説明が広く流通しているわけだが、それだけを意識すると見落としてしまう歴史的根拠があったことが重要である。その歴史的根拠というのは、この大虐殺が、日本がそのとき朝鮮民衆に仕掛けていた一連の植民地主義戦争の一環としてあり、この事件の基底では、植民地主義戦争に加担していた日本民衆の敵意、とりわけ朝鮮民衆を「不逞鮮人」・「チョーセン」として差別し敵対視する意識が働いていたという事実である。

一八九四年の日清戦争の同時期には甲午農民戦争があり、一九〇四年の日露戦争の同時期には抗日義兵闘争があって、身の回りの旧式武器を手に立ち上がったこれら朝鮮民衆の闘いに近代装備の正規軍をもって対応した日本は、それによりそれぞれ二〜三万名とか、一万六千数百名とか言われる朝鮮農民軍戦士を殺害している。また、韓国併合後の一九一九年には三一独立運動があり、二〇〇万を超える参加者があったとされるこの運動を弾圧するにあたって、朝鮮総督府は死者七五〇〇余名、逮捕者四万六千数百余名に及ぶ犠牲を朝鮮民衆に強いている。そして、一九二〇年の南満洲における間島事件では、これに出兵した日本軍は数千から三万にも及ぶとされる朝鮮農民を殺害している。このごく短い期間の一連の過程を確認するならば、一九二三年の関東大震災大虐殺がその流れのなかで生起したことは間違いなく、これらすべてが日本の植民地主義戦争だったのである。そして重要なことは、そのすべてに日本の民衆が積極的に加担しているという事実であり、とくに関東大震災大虐殺で自警団の中核となった在郷軍人たちの多くは歴戦の経験者だった。しかもこの一連の朝鮮民衆に対する植民地主義戦争のなかで掻き立てられ次第に深まっているのが、大虐殺を内面から強く駆動することになった「不逞鮮人」、「チョーセン」に対する植民地主義的差別意識なのである。

そして、この植民地主義戦争とともに深まった「チョーセン」という差別的態度が、その後長く朝鮮の植民地支配を規定し、また日本に在住する朝鮮人に対する意識をも継続して規定しているわけだ。序章でも触れたことだが、日本の敗戦とともにありえた「植民地解放」の機会にも、日本政府は植民地支配をしてきた「植民地臣民」の「国籍再定義」について、植民地支配の歴史的経緯をなんら顧慮することなく(「帝国の忘却」)、また当事者の意向をまったく無視して、一方的に「日本国籍」の剥奪を決定した。その扱いがその後の日本で何の疑いもないままに当然のこととして受け入れられてきているのも、日本人たちにある「チョーセン」という植民地主義的差別を背景に考えなければ理解することができない。その結果として生じている人権と生活条件への配慮が著しく欠如した在日朝鮮人の生存の形こそ(教育の無償化からの排除にもその一端は示されている)、現在に継続する植民地主義の具体的姿そのものであり、繰り返し噴出するヘイトスピーチの現実は、一向に改められない植民地主義のその現在を雄弁に物語るものだと言える。

このような「チョーセン」への態度は差別意識を含むことであるから、近年よく語られるようにその意識を「レイシズム」と名指すことも間違いではない。とはいえここで差別意識は、差別が働く当の関係に歴史的に関わる具体的な政治的経済的利害状況と権力的な支配とに構造的に結びついている。それは単なる観念だけの問題ではないのだ。そしてこの点の理解は、本書で植民地主義の継続をとらえる基本認識に関わっている。すなわち本書ではこれまで、開発援助と開発独裁が連携して継続させている植民地主義を考える際にも、「小さな民」の視点に立って、そこにある差別意識と差別的な利害状況と暴力的な関係行為とを構造的に捉えてその全体を植民地主義と認定してきている。このときレイシズムは植民地主義の一契機として構造的に位置づけられているのである。すなわち、本書で問題の焦点を継続する植民地主義に定めて論じているのは、そこにレイシズムという差別する心性を捉えるだけではなく、歴史的に構成されてきている利害状況の格差とその格差という社会的事実に基礎をおく日常の差別的な関係行為まで構造的に視野に入れた議論がなされなければならないと考えるからである。

継続する植民地主義を問うというのは、こうした意味で、ナショナルな単位で語られるような植民地支配の諸制度や諸政策だけを問題にするのではなく、その根底においてそれをずっと支えてきた人々の精神態度と関係行為にまで及ぶ問いでなければならない。しかもそれを日常の相互関係を基礎において、問うのでなければならない。そうした問いこそが、継続する植民地主義を根底から批判し、それに抵抗する原基を築くに違いない。そこで、その方向にもう一歩進んで問いを深めるためにも、次章では植民地主義をめぐる「沖縄」の思想経験に学びつつ考えていくことにしよう。

# 第五部　植民地主義を超克する道への模索

# 第九章　植民地主義を超克する民衆の出逢いを求めて

## はじめに――「反復帰」という思想経験に学ぶ

二〇〇六年刊行の雑誌『前夜』秋号に掲載されたインタヴューで、現代沖縄の思想状況を長くリードしてきた思想家である新川明はつぎのように語っている。

植民地主義という言葉自体を知ったのは、だいぶあとになってからです。ここ数年ですか、この言葉でいろいろ言われはじめたのは。そこでは日本の植民地主義を批判的に問いなおすみたいなことが主流だと思うんだけど、もうひとつ自分自身のなかの植民地主義をいかにえぐり出すかのほうが大事ですよね。(1)

沖縄について何かを考えようとするとき、そこには、琉球処分や沖縄戦や米軍占領という過去があり、基地問題という現在があって、そんな今にいたる苦難の歴史を想起して語る場合でも、また現状を何か変えなくてはならないと考える場合でも、今日では、「植民地主義を問う観点」がどうしても避けて通れないと広く感じられそう受けとめられるようになってきている。そのなかで、長く沖縄の思想界のリーダーであり続けた新川がまた、「自分自身のなかの」と限定を加えつつ、ずっと意識してきたのがやはりこの植民地主義という問題であったと認めているのである。

もっとも、この証言は同時に、それにもかかわらず当の問題を植民地主義という言葉で表現することについては、ずいぶん遅れて「ここ数年」(世紀転換の頃から)のことだと言っている。問題の所在は連関しているに違いないのだが、しかし沖縄ではそれをずっと植民地主義という言葉で表現してはこなかったということである。ここには、沖縄における植民地主義をめぐる認識の複雑な遍歴と曲折が示唆されていると考えなければならない。

もちろん、植民地主義という言葉を、従来そう使われてきたように一定地域の主権簒奪という限定された意味での「植民地支配」として理解するなら、沖縄についてそれを語ることになにがしか疑問を持つという人は多いに違いない。その意味での「植民地支配」という言葉であれば、沖縄の問題を「帝国―植民地」という二項の構図だけでシンプルに理解できるのかという疑問が残るし、将来にについても、独立国家の形成という意味での政治的要求など、何か特定の政治的プランが直ちにそれと結びつくと見えるから、それがもうひとつの権力志向になりはしないかとか、それにより沖縄の将来に向けた思考と行動があまりに狭く限定されてしまうのではという疑問が生じたりもする。沖縄の歴史

(1)[新川 2006:69]

と現在に、この地に生を営む人々の意思と生活を持続的に侵害する深刻な問題の存在を認め、それの変革が不可欠だと主張する場合でも、将来に実現されるべき政治体制のプランについてはあらかじめ内容を限定せず、さまざまな創意が可能になるようオープンにしておきたいと考える人はなお多いだろう。

とはいえ、今述べた「この地に生を営む人々の意思と生活を持続的に侵害する」という意味での「植民地状況」であれば、沖縄についてそれがまさに当てはまるのは明らかであろうから、この事態についてそれをその通り名指して抗議し抵抗する必要性と意義はますます高まっていると認められる。それに対して本書では、植民地を求めて争い、植民地状況を利用して支配する精神態度のことを、公式に「植民地」を区画して支配する「植民地支配」そのものとは区別して、ひろく「植民地主義」と名づけて用語として使用することにしている。このように「植民地主義」という言葉を自覚的に使えば、沖縄における「植民地状況」の複雑な経験にも特別に配慮した考察が可能になるはずだから、まさにその現実に対処するに際してもとても有効であると考えたい。沖縄のことはその端的な一例なのであり、であればこそ、それをまさに植民地主義として捉え、批判的に論じ変革を求め続けなければならないと思うのである。

しかもそう考えてみると、沖縄についてはさらに、これも新川が指摘しているように植民地主義についての認識がやや遅れて広がったというある意味で意外な事実があって、そこには植民地主義をめぐる曲折した体験がさまざまに折り重なっているはずだと考えることができる。だから、その沖縄の体験に学ぶということは、現在に継続する植民地主義がもたらす複雑な体験の諸相に立ち入ってその歴史に深く学ぶことであり、だからこそそのなかには、今日の植民地主義に抗しそれを超えて行く道への重要なヒントもきっと含まれているに違いないと考えられるのである。沖縄では植民地主義の被害地としてひたすら惨憺たる歴史が続いたからというのではなく、また、沖縄が植民地主義に抵抗するもっとも強力な拠点であり続けてきたからというのでもなく、ここは今日の植民地主義の諸問題が幾重にも複雑に折り重なって路頭した現場だからこそ、ここで生まれた思想の営みが大切な考察の焦点にもなるはずだということである。

そこで本論の最終章となる本章では、沖縄をめぐって生まれた「植民地主義を超克する民衆の出逢い」に関心を寄せつつ、植民地主義に巻き込まれながらそれに抵抗してきた沖縄の思想の経験を検討し、そこから植民地主義に抗する際のヒントを得たいと思う。

## 一 「反復帰」という対決の形

沖縄をめぐって植民地主義を歴史的に考えようとすると、それが、主導する諸帝国権力の覇権抗争によって大きく揺れ動かされてきたことに直ちに気づかされる。ここで歴史を俯瞰するために、まずは日本の植民地主義という観点から考え始めても、琉球処分を行った明治政府については別の意味で暴力的な薩摩支配の時期がそれに先行し、基地押しつけを続ける戦後日本については米軍占領の時期がそこに含まれるということが、その経験を複合的なものにしているのは間違いない。両時期には共に日本による継続した植民地主義の支配が認められるとしても、その支配がただちに日本からの解放や独立を求める広範なリアクションにつながってはいないという事実が、その経験の複雑で特別な意味を垣間見せている。それは、長く日本による植民地主義の支配とは見なされてこなかった。

そこでつぎに、沖縄戦へと続く日本の戦争体制構築の時期に焦点を絞って考えてみるなら、その時の沖縄の戦争動員はこの地の人々を日本民族に従属的に包摂する同化主義に基づいていて、それはもう日本の支配として植民地主義の性格を持っていたことは間違いないと見える。いわゆる日琉同祖論が戦争体制に参与を求める国民統合のイデオロギーとして利用されたことも確かで、日本人の起源を沖縄に関係づける柳田民俗学なども、同様に戦争加担の責任ある「南島イデオロギー」であるとの批判をうけねばならない。

とはいえ、そこから少し視野を広げて、基点となった琉球処分の時期を精細に見るなら、時の明治政府自体から琉球の民族的出自が支配正当化の論理として持ち出されたという事実は確認することができず、その関心はむしろ清から日本への冊封体制の組みかえに注がれていたという。[2] それに対し日琉同祖論という出自の議論は、日本の植民地主義がいよいよ韓国併合にまで進む時期になって、むしろ伊波普猷や東恩納寛惇など沖縄出身の知識人たちの方から積極的に案出されている。そんな伊波らの思いの底には、学問的真理性の追及というよりは、「日本人と同化するのが幸福を得るの道である」という沖縄民衆を思う判断が先行してあったという。しかも、そもそも多様であった琉球弧の人々をあえて「琉球民族」と括って単一に表象したというのも、現地知識人からすれば、帝国に自分たちの存在をきちんと位置づけるよう求めていく「帝国との交渉技術」だったと理解されている。[3] とはいえ、考え抜かれたはずのその対応こそが、彼らをして帝国への同化志向に強く導き、その戦争にも積極的に参与する道を歩まざるをえなくしたと考えられている。

そして日本の敗戦後に、しかもその終局には沖縄戦での大きな犠牲を経験した後なのに、戦時動員に利用された日琉同祖論を批判するのではなく、むしろそれを積極的に評価して伊波普猷らの「沖縄学」研究について熱心に議論を続けたのは、沖縄の研究者たちであった。それは、米軍占領下で「銃剣とブルドーザー」により土地を奪われるだけでなく、性暴力被害を含むさまざまな脅威にさらされ深刻な人権抑圧の下にあった沖縄の人々が、そこからの脱出を求めて選択した日本復帰への希望を背景にしており、これがまた異民族支配への抵抗として意識されていたのである。とはいえ、まさにそこにあった日本への同化志向ゆえに、その抵抗は日米両政府の合意による「七二年返還」に取り込まれることにもなり、その結果として基地問題も残ってしまったと言わねばならない。

　このように理解できるなら、沖縄において日本の植民地主義を直視し、それと対決しなければならないと考えるときには、日琉同祖論の帰趨に象徴される琉球と日本との関係についての言説の歴史、また異民族支配の苦難のなかで日本復帰に希望を託した祖国復帰運動の心情の記憶、そこに根深く染みついていた沖縄内部の同化志向とそれが裏切られた経験を決して忘れることができないし、忘れてはならないだろう。植民地主義を問うにしても、それへの沖縄側の対応の歴史、日本への同化を志向したその痛苦な失敗の経験から反省するのでなければ、それへの真なる対決には進めないということだ。このことを新川は、痛切な胸の痛みを感じつつ「自分自身のなかの植民地主義をえぐり出す」と言っていたのである。沖縄において特別な「植民地主義をめぐる思考の曲折」とは、まずはそうした歴史と記憶への反省を通して、ようやく植民地主義を正視して問題化しうるようになった沖縄の思想

（2）［波平 2014］

（3）［與那覇 2006：45］

の軌跡であるに違いない。

一九七〇年に向かう頃にその新川明らを中心に登場した「反復帰」という議論は、まさにそうした歴史と記憶への反省と対峙を通した植民地主義への対決の形を真っ先に表現するものであった。確かに、沖縄問題の解決について「日本復帰」でもなく「琉球独立」でもなく「アメリカ統治の維持」でもなく「反復帰」だというのは、それを領土問題と見る限りでまずはとても奇妙な解決提案であると感じられるものだった。しかし、この反復帰の思想については、同時代にますます日本への同化志向に巻き込まれていく「祖国復帰運動」への強い批判から出発しつつ、しかもそれを乗り越えて、植民地主義の根幹に関わる国家主権という思考枠組みそのものへの批判と対決にまで進んでいることがとても重要である。新川は一九七〇年の論考「『非国民』の思想と論理」で、その反復帰の思想が「退行的な独立論発想の琉球ナショナリズムと無縁であることはいうまでもない」としつつ、むしろ「日本との決定的な異質性＝異族性をつき出していくことによって同化思想で培養される国家幻想を打ちすえる」と、極めて強い言葉でそれを語っている(4)。

このような反復帰の思想の核になっているのは、植民地主義と対決するのに「植民地としての従属か、主権国家としての独立か」という二者択一をもって当たろうとする思考そのものを拒否するということである。そのいずれもが同化思想によって主権国家を立てるという思考を根底に持っており、それにより培養される国家幻想こそが植民地主義を再生産する当のものであると認めたからである。この国家幻想を打ちすえるという思想こそ、日本への同化を志向して裏切られ続けてきた沖縄の思想が行き着いた究極の反植民地主義の立場にほかならず、ここに沖縄における反復帰を語る思想の根幹がある。

われわれ琉球共和社会人民は、歴史的反省と悲願のうえにたって、人類発生史以来の権力集中機能による一切の悪業の根拠を止揚し、ここに国家を廃絶することを高らかに宣言する。(5)

新川と共に反復帰論を代表した川満信一もまた、やや後に「琉球共和社会憲法C私（試）案」を提案し、その第一条でこのように宣言する。沖縄における植民地主義との闘いの経験は、その基底に確かにこのような国家幻想への批判の志しを強固に根付かせていた。

## 二　共生の可能性を求めて――「集団自決」の経験から

### 「ヤポネシア」という陥穽

それでは、国家幻想を打ちすえて日本を相対化し国家をも相対化するというのは、実際にはどのようにすることとなのだろうか。沖縄の思想はその点も独自に深めている。

反復帰を提起した新川自身が、その立場から日本を相対化する手懸かりとしてまず注目したのは、文学者である島尾敏雄が案出した「ヤポネシア」という空間概念であった。周知の通りヤポネシアと

（4）［新川 1970：68］
（5）［川満 2014：10］

は、日本列島を南北に延長して西北太平洋に弧状をなして連なる島々全体を一体に捉えようという島尾の造語であるが、この言葉にはそれ自体において日本をその一部に過ぎないものと相対化して考えようという意図が含まれていた。とりわけ、奄美大島から沖縄、宮古、八重山の各群島に至る島嶼群を指して言われる「琉球弧」という地理学上の名称は、島尾により思想的な意味をもって語られ、この地域が日本の中心とは異なる領域としてその独自な存在が主張されるのである。

　島尾により作られたこのヤポネシア概念を、新川はつぎのように評価する。「ヤポネシアとしての『日本』把握（認識）は、多系列で異質不均等の歴史空間として日本列島国家社会をとらえかえすことで、単系列で同質均等の時間として組み立てられ、存在せしめられてきた『日本』を相対化する足場を、わたしたちに提供する」[6]（強調は新川）。すなわち新川は、ヤポネシア概念により日本を捉えることによって、日本列島国家それ自体を異質不均等な「種族＝文化の複合」として相対化して捉える可能性を開き、そこで異族としての沖縄人が「国家としての日本」を撃つことができるように、沖縄を同化主義から解き放ち、「反ヤマトゥ＝反国家の強固な堡塁」にしようと考えていたのである。そのような議論であれば、これは、その表題が示す通り確かにラジカルな「非国民の思想」への志向をはっきり感じ取ることができよう。

　もっともこのような日本批判の議論は、それが「ヤポネシア」という枠組みで語られている限りで、批判的ではあってももう一つの日本文化論になってしまう危険性をかかえてもいたと言わねばならない。というのも、そもそもこの概念を提案した島尾の議論自体が実はそれなのであった。島尾はヤポネシア概念を提出するに当たり、「南海に点綴する琉球弧の島々」を指して「ここがなければ日本の歴史も文化も成り立たなかった場所」と言い、そこは「われわれ」の忘れてしまった「やさしさ」を

「今の世の中になおかくさずに現わしつづけている」と語る。[7] 島尾にとってヤポネシアにある琉球弧とは、日本のなかにあって、今日の日本を、そして現在の自分をやさしく反省させてくれる癒やしの場にほかならないのである。ここに日本文化の「原基」があるという主張だ。そうであれば、これは同化から解き放つというより、あらためて強く同化へと取り込むもうひとつの力でもありうると考えねばならない。

　そして確かに、このような「日本文化論」としての琉球弧の理解は、琉球・沖縄を「南島」と語る吉本隆明のような議論にさらに強い形で引き継がれることになった。吉本において「琉球・沖縄の存在理由」（!）は縄文以前の日本文化の「古層」を保存しているところにあり、この観点から吉本は「大和王権を中心とした本土の歴史を、琉球・沖縄の存在の重みによって相対化する」とまで言う。[8] ここでは沖縄の言語・文化に関わる歴史的系譜論のその内容面での検証にまでは立ち入れないが、そこに現に生きている人々の存在理由を数千年も遡るとされる「起源」（＝原日本）に根拠づけようという吉本の企図については、それのあまりの倒錯を指摘せねばなるまい。南島論を原理主義的に押し進めて、家族や国家などの起源をすべて「南島」に帰着させるかのようなこの吉本の議論は、それを日本の南島として語り続ける点で確かにもう一つの日本文化論（これもひとつの同化論なのだ!）にほかならず、またそれを特権化する点で確かに「南島イデオロギー」とも言われねばならないものであ

（6）〔新川 1970：43〕
（7）〔島尾 1966：50〕
（8）〔吉本 1969：138〕

る。そしてそれ故に、そこでは「古層」の存在のみがひたすら重く主張され、今を生きる者たちが被る現在の植民地主義の脅威や痛みなどは、表層の問題に過ぎないということかすっかり後景に退けられている。ヤポネシアを持ち出してそんな議論に道を開いた島尾敏雄とは、やはりひとつの陥穽であったのだと言わねばならない。

## 共死から共生へ、転轍して活かす道

日本から奄美に移り住んで琉球弧の「やさしさ」を語った島尾の語りは、その意味でだいぶ危ういファンタジーだったわけだが、それに対して「わたしにとって『沖縄』とは、脱出すべき不毛な地域であった」と自らのかつての印象を語り、そこに生まれ育った立場から島尾の話しに釘を刺したのは沖縄文学を語る岡本恵徳であった[9]。島尾にそう抗弁する岡本の核となる思いは、琉球弧の可能性を単に否定することにではなく、むしろそれが実のところ何であり、どうしたら真にその可能性が開かれるのかという点にあった。

岡本の議論は、岡本自身が一時はそのように「不毛な地域」としか見なかった沖縄について、それを近代主義的な先入観から沖縄自体の停滞と後進性であると決めつけて、そこにある固有な異族的特質を圧殺することにより本土と同化することを要求した、かつての帝国の同化主義支配の記憶から始められている。それについて岡本はまず、「こういう支配の仕方は、おそらく植民地支配や分割支配の一般的な型であって、沖縄に対する場合に限られるわけではないが、そういう支配をスムースに受け入れたところに沖縄の問題がひそんでいる[10]」と言う。ここには、沖縄の問題を「南島」のことと特別視して語る島尾や吉本などとはまったく異なって、植民地主義とそれへの対応という視角から一般的に考えようとする志向がすでに（一九七〇年の論説だ！）示されている。

するとその一般的な観点から見て、帝国のそうした同化主義の支配を「スムースに受け入れ」ることにつながった沖縄側の問題とは何か。それを岡本は「共同体的意識（生理）」の支配と捉えている。すなわち、「沖縄においては、そういう『共同体的生理』がかなり強固に生き続け、共同体に帰属する成員を、内面から強固に規制して」いて、帝国日本の支配が極端化した沖縄戦などの非常時には、そんな生理を基盤にして帝国に取り込まれ「民衆の行為の規範となるところの〝秩序感覚〟に支えられた〝共同体的意志〟として天皇が機能しえた」と考えるのである。[11] ここで岡本の念頭にある歴史的事実は、ひとつは悲惨な事態を招いた沖縄戦下の「渡嘉敷島の集団自決事件」であり、もうひとつは日本敗戦後の「復帰運動」である。確かに帝国日本の秩序に自発的に同化して強烈に挺身したとも見えるこれらの事態がどうして生じえたかを思うとき、沖縄側にあったその共同体的意識の問題、それが植民地主義の支配に積極的に呼応した事実を考えざるをえないと認めるのである。

言い換えると、島尾によって「やさしさ」として持ち上げられた琉球弧の心情とは、実はこの共同体的意識のことであって、これは、戦争や異民族支配という状況下では帝国日本とひたすら心情的に同化し、「集団自決」という共死にさえ突き進む強力な駆動要因にもなりえたということである。とすれば、未来を開くべくそれに対するには、島尾のように「やさしさ」などとそれをそのまま賛美し

（9）〔岡本 1970：133〕
（10）〔岡本 1970：153〕
（11）〔岡本 1970：190-1〕

てしまうのではなく、共同体を共死から共生の方向にしっかり転轍して活かす道をそこに示すのでなければなるまい。そこで岡本は「水平軸の発想」と名づけられた一九七〇年発表のこの論考を、『『共同的生理』に沿って機能する権力の支配とそれをそのまま受容しようとする『秩序感覚』をどのように否定し、『ともに生きよう』とする意志を、どのように具体性において生かしうるか」[12]、という問いにまとめて考察を結んでいる。

岡本によって提起されたこの課題は、植民地主義の自覚にいたる沖縄の思想の営みの中で熟成され、しばらく時間をおいてあらためて表面に現れることになる。後年になってそれを引き受けさらに展開したのは、やはり沖縄の歴史家である屋嘉比収であった。

## 「他者の声」を聴く

屋嘉比収は二〇〇八年に発表した論考「戦後世代が沖縄戦の当事者となる試み」で、戦後沖縄における沖縄戦の語りの変遷をたどりながら、「集団自決」の記憶を戦後世代がどのように分有し、いかに当事者としてそれを受けとめ継承していくのかについて考察している。ここで屋嘉比がとりわけ関心を寄せているのは、岡本が捉えたような共同体的意識の存在と作用を認めつつ、しかしそれに亀裂を入れて共同体への合一的な融合を「脱臼し問い質す」特異存在、その意味で現れる「他者」のことである。沖縄戦下の慶良間諸島においては、たしかに日本軍と住民との間に上意下達のタテ構造の権力関係が成立していて、その中で日本軍が通達した「軍官民一体化の共生共死」の思想が住民たちの共同体的意識に深く浸透してこれを支配し、それにより軍と住民共同体と個々の住民とが一体化していた状況があった。惨劇は、その強制力の下でこそ起こりえたとまずは認められる。そんな共同体の生理を認めた上で屋嘉比が特別に関心を寄せるのは、その合一性に亀裂を入れる特異な個の存在である。

例えば、住民が避難した壕の中で「集団自決」が始まったとき、ある家族が自分たちも「集団自決」をと覚悟するが、一人の子どもが「絶対に死なない」と泣き出したため父親がそれを聞き入れ壕を出て、その結果米軍の捕虜となり生き残る。また「集団自決」の状況下で、叔父が、母親が、姉が、あるいは、息子が、誰か家族・親戚の一人が、「逃げなさい」、「死なない」、「オカー、死ぬなよ」と、共同体の合一を破るぎりぎりの声を上げ、その一言でふと我にかえり死ぬのを思いとどまって生き残る。そのような共死から共生へと転轍される決定的場面の証言が数多く残されているのを指摘して、屋嘉比はつぎのように言う。

（大切なのは……引用者）「集団自決」において、「共同体的構造」と個人との関係の補完性や合一性だけを見るのではなく、共同体的構造のなかで「他者の声」を聴いて個別な行動を起こした人びとの証言に対する注視である。……「集団自決」の多くの証言に接してみると、家族や親戚内で力をもっている人が、その「他者の声」を聞き取っていかに行動するかが、決定的な分岐点になっていることがわかる。(13)

---

（12）〔岡本 1970：191〕
（13）〔屋嘉比 2009：44-45〕

確かにここで屋嘉比は、前段に見たような一九七〇年に岡本が設定した問いに応答している。すなわち、共死から共生へと共同体的意識を転轍させた実際の経験として、それゆえ戦後世代が当事者として沖縄戦から学ぶというときもっとも注目すべき経験として、そのときに現れた「他者の声」のことを屋嘉比は指摘しているのである。同化が強く求められた植民地主義の支配下にあった沖縄が、しかも「集団自決」に導かれるというもっとも厳しい危機状況で現に経験したことだからこそ、それは植民地主義に抗する上で普遍的に学ばれるべき最重要の教訓だということである。

するとこのような「他者の声」は、いかにしたら生まれうるのか。この点についても、屋嘉比は一定の答えを示している。

屋嘉比がそこで指摘するのは、チビチリガマとシムクガマという二つのガマ（自然洞窟）において見られた、二つの対照的な住民の戦争体験のことである。よく知られているように、チビチリガマでは「強制的集団自殺」が発生し、このガマに避難した地域住民の六〇％に当たる八三名の人々が肉親を自ら手にかける「集団自決」によって亡くなった。これに対してシムクガマでは、そこに避難した一〇〇〇人あまりの村民が「集団自決」に追い込まれることなく捕虜となって生き残っている。この差異を生んだものは何かと考えると、それぞれのガマに避難した人々の戦争体験の違いが挙げられる。

チビチリガマに避難した人々の中には中国に出兵経験がある在郷軍人と中国戦線に同行した従軍看護婦の経験者が含まれていて、この二人が話す日本軍による中国での残虐行為の様子が、住民に米軍の捕虜になったときの惨状を想像させ、それが「集団自決」に追い込む脅迫力として働いたとされる。これに対してシムクガマへの避難民には、農業移民としてハワイに渡った二人が含まれていて、彼らが「アメリカ兵は手向かいしなければ殺さない」と人々を説得し、またその英語力により米軍との交渉にも当たったため、一人の犠牲者も出さずに生還できたということである。

このような経験をしっかり受け止めるなら、たとえ共同体的意識で強く結びつき合っていても、それに異を唱え打ち破る「他者の声」があればそちらにも耳を傾ける姿勢を日頃から維持し、しかもそのような「他者の声」を培養するさまざまな他者との交流を実際に重ねておくことが、本当に大切であると理解できよう。沖縄での植民地主義に抗する経験は、生と死とを分かつもっとも厳しい場面において、帝国の同化主義に抗するだけでなく同族の同化主義にもしっかり抵抗できるという、開かれた視野と姿勢、および、それを培養する他者との日常的な出逢いという経験の必要を教えている。

## 三　植民地主義の記憶の分断に抗して――「重層する戦場と占領と復興」への視野

以上のように見てくると、沖縄における植民地主義の経験は、それへの対決・抵抗にやはり特別な形を提示して普遍的意味を持つものだと理解できるだろう。二〇世紀の植民地解放―ナショナリズムの時代は、植民地主義への抵抗の基本形として、「植民地解放＝国家としての独立」をめざす運動を各地に生んできた。それがさまざまな形の独立戦争などに発展して、その結果、多くの新興独立国がアジア・アフリカに生まれている。沖縄にも、同じような「独立」を意識した主張を唱える人々はいる。しかし他方でこの沖縄では、反復帰をかかげて「国家幻想を打ちすえる」と主張する人々を現に生み出し、帝国の同化主義にだけでなく同族の同化主義にも抵抗すべく「他者の声」を聴くことが脱植民地主義への道にとって最も大切な教訓であるという、そんな思想が現に語られているわけだ。

これは沖縄戦における「集団自決」の経験を教訓化して継承すべく生まれた思想なのだが、世界の植民地解放――ナショナリズムの時代に生まれた新興独立国の多くが次第に同化主義に固まり、やがてナショナリズムの専制――独裁国家に変質していった経緯を踏まえると、それがいかに重要な経験継承の語りであるか深く理解できよう。アジア・アフリカに続く内戦と独裁は現在まで継続する植民地主義がもたらす中心的な問題の一つであり、沖縄の思想は、まさにそれを超克する方向に重要な示唆を与えていると考えられるわけだ。すなわち、反復帰論を起点とするこの思想の歩みこそ、沖縄に生まれた独自な精神の形であり、植民地主義に抗して沖縄が世界に語ることのできるまさに世界史的な経験なのだと言うことができる。確かにここには、継続する植民地主義の時代を真っ当に乗り越えていくために、あるべき抵抗に不可欠な一構成要素が示されている。

そして、そう理解してみると、それを語る屋嘉比が他方で本書序章でも触れたように「重層する戦場と占領と復興」という事態に注意を呼びかけていることが、とても重要であるとさらに分かってくる。

屋嘉比の問題提起は、まずは沖縄戦の意味づけの変更に関わっていた。これまでの歴史の語りにおいて沖縄戦は、基本的に「帝国日本の十五年戦争／アジア太平洋戦争末期の地上戦」であると位置づけられ扱われてきた。だが、東アジア全体に視野を広げてその後の状況まで考えてみると、一九四五年の沖縄戦は、四七年の台湾二・二七事件、四八年の済州島四・三事件、五〇年から五三年の朝鮮戦争、五〇年代の台湾白色テロルへとつながっていると見通せる。それを考慮すると沖縄戦は、「戦後東アジア冷戦体制下における熱戦の起点」として捉えることもできる、と屋嘉比は言うのである。しかも、五〇年からの朝鮮戦争のときには、朝鮮半島が文字通り「戦場」だったのに対して、沖縄は沖縄戦後のアメリカ軍の「占領」地として兵士を戦場に送る前線基地になり、日本は兵站基地となってその特需により「復興」を遂げていく。このような関係を広く見渡すなら、沖縄が沖縄戦において文字通り戦場となり、その戦後にアメリカの占領地となっていく事態も、単純に日本vs沖縄、あるいはアメリカvs沖縄という二項関係で理解されるべきではなく、まさに「重層する戦場と占領と復興」という関係の動態から見なければならないということになる。そしてここでは、沖縄と日本とアメリカだけでなく、朝鮮や台湾そして東アジア全域が連関してつながっている、と屋嘉比は指摘している。

このように「重層する戦場と占領と復興」を捉える認識転換を行ってみると、植民地主義ということについても、日本vs沖縄、あるいはアメリカvs沖縄という二項関係ではなく、緊密な連関をもって構造化されたその実像が視野に入ってくるだろう。そして、そのような構造化された植民地主義を直視すれば、これまで認識が分断されて見えなかったさまざまな運命の分岐の意味もよく分かってくる。

それは例えば沖縄と済州島に関わっている。ここまで沖縄戦に触れて考えてきたが、済州島は、その沖縄のつぎに米軍の日本本土への侵攻を食い止める拠点として日本軍が要塞化を進めていた島であった。それにより沖縄と近似した運命をたどる可能性のあったこの島が、それは免れながら、しかし日本敗戦後にそれとは別の過酷な運命に導かれたことはよく知られている。一九四八年の「済州島四・三事件」と呼ばれている事件がそれで、朝鮮南部単独選挙に反対し植民地時代に引き続く親日勢力の横暴に抗議する民衆蜂起がここで起こり、その後の米軍を後ろ盾にした韓国軍・警察そして右翼団体の過酷な弾圧と虐殺により三万名におよぶ人々が犠牲となった。沖縄戦と済州四・三、それぞれ別々に語られるこれら二つの事件はいずれも多くの民衆が犠牲になった戦争と暴力の抗争事件だったのだが、そのいずれもが日本帝国主義の植民地支配に連続して起こっていた事実はしっかり銘記されなければならない。

とりわけ済州四・三については、この事件などが大きなターニングポイントとなって、日本の植民地支配下で育成されていた親日派勢力が息を吹き返し、それが新しく成立した大韓民国の軍・警察の中などに温存される一方で、そうやって残った親日派の暴力に対する民衆の抵抗が米軍の介入の下で「アカ（共産勢力）」の策動という烙印を押され、「反共 vs 容共」の抗争という構図がそこに仮構されてしまうことになった。すなわち、朝鮮における反植民地主義の闘争が東西冷戦の枠組みにすっぽり絡め取られ、「共産主義の脅威」が強調されることによって虐殺さえ正当化されて、それがやがて朝鮮戦争と南北分断の固定化へと進んでいったのである。それにより日本の植民地支配の問題は隠蔽されて後景に退き、植民地時代に朝鮮総督府や軍・警察で働いた多くの日帝協力者が米軍の後ろ盾をえて復権することになった。「李承晩と朴正熙が起用した最高位官僚たちもやはり過去に日帝に忠誠を誓った人びとである」[14]。こうまで言われるように、問題は大韓民国という国家成立の根幹にも関わっている。この事実が、沖縄戦から連続して生起しているということだ。

そこで想像してみよう。それぞれ異なった運命をたどっていると見える沖縄と済州島の人々が出逢って、それぞれを近接した「他者の声」と認識し、それぞれを親密に聞き取る用意を備えて、しかも実際に聞き取る経験を持っていたなら、と。そういう出逢いが事実としてあったのなら、沖縄は「強制的集団自殺」に追い込まれる以前に同族の同化主義が相対化されて共死を迫るその問題性にも早く気づくことができたと考えられるし、済州島は「過去に日帝に忠誠を誓った人びと」が支配する反共国家の呪縛からもう少し早く抜け出すことができたと考えられないだろうか。

これは想像なのではあるが、共死を求める植民地主義の支配の下で、しかも実際に生死を分かつようなぎりぎりの場面で「他者の声」の意味の大きさを知ったというのが沖縄の経験なのだった。だから、日本の植民地主義の支配下でも、実際に民衆同士が親密な出逢いを重ねた経験をしっかり持っていたならば、その「他者の声」が共生に向かう梃子として実際に力になるというのも客観的に可能な想像であると認められよう。屋嘉比が気づかせてくれたように、客観的な事実として沖縄と済州島とは重層する戦場と占領として連関していたのであり、その事実の中に当事者として存在するなら、たとえハードルは高くともそれを自分のことと気づく客観的可能性は間違いなくあったと言うことができよう。

そして主観的な意識においても、「他者の声」として相互に出逢うという可能性はかすかにはあったと認めることができる。その点については西表島出身の作家である崎山多美が、死の病の床にあった実母が突如記憶の底から蘇らせた言葉を想起しつつ語っている。(15)

戦時には沖縄の宮古島にも朝鮮女性を囲って性奴隷としていた軍慰安所があり、子どものころこの島にいた崎山の母も、子どもながらそれを外から眺めては胸を痛めていたと考えられる。そんな母があるとき、ひとりの朝鮮人「慰安婦」が自分たちを蔑んで「チョセンぴー」と呼ぶ島の人たちに向かって投げ返す言葉を聞いてしまう。

チョセンぴー、チョセンぴー、ぱかに、しぃーるなっ、りゅちゅードぉージン、もぉほーっと、

(14)［金東椿 2020：212］
(15)［崎山 2020］

きぃーたないっ。（朝鮮ピー、朝鮮ピー、ばかにするんじゃないよ、琉球土人はもっと汚いじゃないかよ）(16)

この言葉がまさに死の間際の母に突然蘇って、その口からあふれ出たというのである。

この言葉のやり取りは、それ自体としては島の人と朝鮮人「慰安婦」との罵り合いとも言える出来事だ。とはいえ、これが若き崎山の母の胸にも深く焼き付けられ、死の淵に立ったときに突如蘇るほどの手痛い傷になるとき、それは互いの境遇に深く心を痛め共感を感じ始める基点ともなるはずの経験であったと認められよう。その意味で、言葉はひどく痛ましく惨憺たる表現なのだけれど、ここには他者とのかすかな出逢いの可能性が確かに内包されていたと見ることができる。この朝鮮人「慰安婦」と崎山の母の二人が遭遇したのは、植民地主義がまさにその暴力をもって用意した宮古島の「慰安所」においてである。それにもかかわらず、いやそうだからこそ（?）、その傷ましい遭遇はかすかな出逢いの可能性につながっていたのだった。極限の経験の意味はつねに逆転する可能性を胎んでいる。

さて、そう思いながら植民地主義をめぐり沖縄でなされてきた思考の経験をさらに見つめてゆくと、そこには確かに「他者の声」に触れることを求めて実現したとても大切な実体験が、その歴史の中にもっともっと蓄積されていることが分かる。そしてそうした沖縄の経験の歴史には、植民地主義の支配の下にありながら、それを越えていく可能性を開く他者との出逢いの形が確かにいくつも示されていると分かる。そのことを教えてくれるのが、やはり七〇年を前後する反復帰論の議論の中にあって、あまり目立たないがとても含蓄が深いと感じられるひとつの考察である。

## 四　民衆における異集団との接触の経験

### 民衆の次元での出逢いの思想

「反復帰」の立場を〈思想〉として考えようとするとき、その主要な言説が「論集」という形でまとまりをもって収録されている叢書『わが沖縄』（木耳社、全六巻、別巻二巻）、とりわけその第六巻『沖縄の思想』（一九七〇年十一月刊）を見落とすことはできない。この巻には、冒頭から新川明、川満信一、岡本恵徳という論者が並んでいて、一般に「反復帰論者」と名指される主要な人々の中心的な論考がここに揃っていると認められる。叢書全体が民俗学者・谷川健一の編集で、いわゆる「南島論」という色合いも滲んでいるけれど、その中心となったはずの吉本隆明「南島論」が別巻に分離独立させられたため（これは未刊）、こちらはむしろ「反復帰論」集という様相が強まったと見える（編者による「解説」参照）。

そんなこの論集のうちで、ここでは森崎和江の論考「民衆における異集団との接触の思想」に立ち入ってそこから考えたい。この論考で森崎は、「沖縄・日本・朝鮮の出逢い」に即しながら、「沖縄および本土の民衆は、民衆の次元における独自の出逢いの思想を確立したのか」と問うている。[17] この森崎の問題意識の底には、「アジアへの膨張政策によって朝鮮や中国と接しながら民衆はその伝統的な共同体感覚（同族の同化主義だ！――引用者）によって相手側を侵してしまった」という、日本の民衆

（16）［崎山 2020：145］
（17）［森崎 1970：228］

を直視した痛切な反省と悔恨がある。[18] それが、自らも巻き込まれた同化志向を自己批判して「反復帰」の主張に至る沖縄の論者たちの思いと共振している。

### 支配体制の自己膨張を真似た民衆の出逢い

すると、沖縄と朝鮮と本土の民衆の出逢いには、どのような問題があったというのか。森崎は、自ら入り込んで聞き取った九州の炭鉱での経験の証言を想起しながら、それを語っている。森崎が注目しているのは、その出逢いが「支配体制の自己膨張政策のなか」で「支配の論理」で組織されていて、民衆本来の「労働を共にしその所産を共にすることで同胞を得る」しかたにならなかった点である。その結果として、民衆の出逢いは支配権力の「その方法論を真似ることしかできていない」、というわけだ。[19]

森崎の見るところ、日本の民衆は「明治維新によって誕生した体制」に対して「どこか一筋つながりどこか一筋切れているような不安定感」で接している。それが「坑内労働をした老婆」のつぎのような証言に典型的に表現されていると言う。

山田に来たのは日露のあがりじゃ。戦争のときは大分県におったけど、そりゃやおい（生易しい）骨折りじゃなかったばい。……夜も昼も寝らん。日の丸の小旗を背にさしてみんな並んでお宮参りしたばい。ようよう旅順が落ちた。二百三高地が落ちた。ドンガラガッタ、ドンガラガッタ、そりゃにぎあいがあった。それがこんどの戦争で取られた。こげん馬鹿らしいことがあろうか。……明治天皇さんは苦労したが、明治天皇さんの子供はいかん。十五年くらいしかつとめとらん。ここが悪うしてね。そしてその子がいま五十九になっとる。うちはその間ずっと山田で働いたとじゃけね。なんやかやいわせんばい。[20]

ここで「日本人」である証言者は、労働の場でずっと頑張り通してきたと自らの人生を語っている。こうした生き方をもってこの「日本人」は、一方で天皇にさえ「なんやかやいわせん」というだけの労働への自負を持ちつつ、他方では「支配体制の自己膨張政策」にすっかり飲み込まれ組織されてきている。そこでは、沖縄と朝鮮と本土の民衆の出逢いも、彼らをいずれも資本主義の労働力、膨張政策の戦力とだけ見る支配権力が用意し媒介する形でのみ実現している。それゆえ労働の現場で民衆が目の当たりにするのは、つぎのようなことだ。

ぶったたきよったばい。人繰り（人夫頭）が。日本人も叩く。けどそれより朝鮮をひどくなぐるばい。むげないごたった（可哀想だった）。ステッキで叩きよった。血が噴きでるばい。水で冷しよった。食うもんもろくろくなかとに、ひょろひょろ歩きよると、こら！ というて叩くとじゃけ。生胡瓜をそんなり二本くらい食べよった。それだけ。骨ばかりになっての、むげなかったばい。[21]（強調は森崎）

（18）〔森崎 1970：229〕
（19）〔森崎 1970：232〕
（20）〔森崎 1970：230-231〕

これに民衆はどう応じていたか。森崎は、民衆の出逢いを考える枠組みとして人々が結合する際の「血縁の原理」と「共働の原理」とを区別し、「血縁の原理は幻想の同質性を保たせてそれぞれの固有な歴史性を維持する役を荷い、共働の原理は自立してそれでもって生活の具体をことごとく律せんとしてきている」と指摘する（傍点は引用者）。日本人も叩くが朝鮮人をよりひどくなぐるのは、前者の血縁の原理が労働の現場でも実際に強く作動しているということだ。このときそれは、確かにレイシズムにまでなっている。それに対して、なぐられる朝鮮人を見て「むげない」と感じているのは、労働の場を共にする共働の原理がそれでもそこに作動してはいたと理解できる。この関係をもって、その出逢いは分裂している。

このとき、「支配の原理に近い心情をもつ者ほど、血縁の原理に執着した。血縁の原理は新しい生活集団内の生きた原理として集団を律することはもはやできなくなったが、個々の観念世界を支配した」(22)。この血縁の原理のレイシズムを利用して植民地主義は発動され、それが支配権力と資本が組織する労働の現場を実際に支配していたわけだ。その現場にあって、民衆もそれと無縁ではなかったと認めねばならない。

しかも、このレイシズムとなった血縁の原理は、九州の炭鉱労働の現場で民衆をセグメント化し「混血拒否群」としてそれぞれを再生産してもいた。なかでも三池炭鉱においては、与論島出身者が混血拒否群として特別に作られた「与論村」に隔離され、地元の労働者とは隔絶された低賃金と低劣な生活状況に緊縛されていた。もっともこれには、天草の近くの小島に「琉球人の子孫」とされる人々がそれ以前から集住していて、この人々が数代にわたり外部との通婚を断って「血族結婚」を続けていたという先行の事実があり、それが「積極的に異質集団との対応法をもちえない段階」では「民衆相互の自衛手段」として働いてもいたと認められる。すなわち、初めは「民衆次元での接触の思想の未熟さ」が実はあって、それが双方を隔離していたのだが、その弱点を三井の「近代的労務管理の合理性が利用」した。すなわち、三池炭鉱においては「与論村」が労務管理の方策として導入され、それが差別的な低賃金と劣悪な労働条件の強制を可能にしたのである。[23] 資本主義と植民地主義というのは、自己利益のためにそれをも利用するものなのだ。

そこで、「民衆における異集団との接触の思想」を標題とする森崎のこの論考の、主題そのものがあらためて浮かび上がってくる。異集団が接触する民衆の出逢いにおいて、まずは相互排他的とならざるをえない「血縁の原理」を越えていく、民衆の次元での「出逢いの思想」はいかにしたら可能になるのか、これである。もしそれがいつまでも不可能というなら、そんな「民衆集団間の無能さを統轄する上部共同体」(資本？ 国家？ 帝国？)がつねに優位に受け容れられることになるだろう。この時(一九七〇年だ！)に当面していた沖縄の「復帰」は、それをまた繰り返すものと森崎には見える。そうであるなら「その精神構造によって構築されている日本帝国主義の日本的特性を越えることはできない」[24]、と森崎は考える。だからこそ「反復帰」を志向せねばならないわけだ。すると、それを越

(21)〔森崎 1970：235〕
(22)〔森崎 1970：236〕
(23)〔森崎 1970：236-7〕
(24)〔森崎 1970：239〕

える民衆の出逢いの別の形を、いったいどこに見出せばいいのだろう。

## 支配権力に媒介されない民衆の移動と出逢い

森崎自身はその探索を「倭寇」という歴史的事例から始めている。「倭寇」と言えば、高麗末から朝鮮王朝の時代に主として朝鮮を侵攻して米豆や奴婢などを奪い人々に手ひどい被害をもたらした「倭人」らのことで、それは明らかに暴力的でありしかもその「火つけのもとは日本」にあると見られている。そうであれば、朝鮮と沖縄と日本とを見渡して民衆の出逢いの可能性を探り出そうというときに、その例ははなはだ不適切と思われるかもしれない。しかし森崎はそうとだけは考えない。そこにヒントがあると見るからだ。

ここで森崎の注視しているポイントは「民衆の直接性」である。[25] すなわち民衆の出逢いが、支配権力の政治的意図によって媒介されるのではなく、民衆たち自身のイニシアチブで実現しているそんな事例をここに見出すのである。「倭寇」は、たしかに「各地での暴挙ははなはだしくて朝鮮民衆の被害は手ひどいものであった」のだけれど、その「発生」は、「南北朝の対立による争乱と、その社会不安を背景にした武力的商人や瀬戸内水軍等にみられる海上組織の威力と、辺地の農政の貧困さなどが相互に関連し」てのことだ。そして、「それが長期にわたったのは、日本の支配体制の不安定さや高麗の内政の乱脈さの故であり、また南海における琉球の興隆も、間接的に倭寇の行為を支える結果になっている」。[26] すなわちそれは、支配権力の弱体化や変動を背景に生じた民衆の直接行動なのであり、しかも実際には「日本」という枠を超え、「長年月の間にしだいに中国の乱民や蛋家賊と称された蛋民集団らと結束し、朝鮮人の偽倭をふくめて民族混合した貧民乱民の集団となって」いて、彼らは「降倭として朝鮮にとどまったり、琉球、日本、朝鮮を結ぶ商倭となったり」もしている。[27] このような倭寇の流動的で多面的な性格にしっかり留意するならば、ここには、支配権力から独立して動く民衆たち自身の直接行動と、異集団が直接に接触するさまざまな出逢いの形を認めることができる、と森崎は考える。

すると、倭寇の歴史から、どのような出逢いが見えてくるというのか。「倭寇」と言えば、そもそも歴史的には周縁の出来事で記録に残り難くその全容を解明するのは不可能なはずのものだし、実際に森崎の考察も推定や留保を多く強いられているのだけれど、それでもぜひ取り出したい問題の要点はおよそのところ見えている。ここでは、議論を進めるため、やや単純化にはなるだろうが少し整理してそのポイントを押さえておくことにしよう。

倭寇の行動で森崎が注目している第一のことは、それが略奪や乱暴狼藉として支配権力や民衆にとっての脅威になっていただけではなく、とりわけ朝鮮と琉球の間では、物産品や労働力（掠奪された「奴婢」の形だが）の流通を媒介する通路にもなっていた事実である。掠奪された「奴婢」と琉球から入る「南海産物資」は博多あたりで交換されていて、日本や朝鮮の上層階級の需要を満たし、琉球の硫黄採出や大農法には下人労働力をもたらした。また、「被虜人」をめぐる情報交換は朝鮮と琉球との関係を緊密なものとして、「両国の国交は友好的で、琉球は被虜の送還に協力的であった」、と

（25）〔森崎 1970：240〕
（26）〔森崎 1970：240-1〕
（27）〔森崎 1970：243〕

見られている。[28]

また倭寇の存在について森崎が注目する第二のことは、琉球の全島統一にとって倭寇が「かくれた力」としてかなり大きな影響を及ぼしたと考えられることである。「倭寇が朝鮮から明へとその主たる侵寇地を移行させつつあるとき」は、琉球では中山王がその通交範囲を拡大して「南方貿易が中山国の一手に掌握される過程」であった。この連関を森崎は、「中山支配層がその公的制限貿易の背面で倭寇と関連を持った結果が南方貿易の開発を進め琉球、朝鮮間の緊密さをうながした」と推定している。[29] そしてこの展開の上に、中山王察度による明との国交の実現と中央集権的な琉球王国の統一が可能になったと考えるのである。

さらに、倭寇に注目する森崎の第三の論点は、朝鮮王朝と倭寇との関係に関わっている。倭寇のため疲弊し倒れた高麗に代わった朝鮮王朝は、それに備えて当初より武備に力を注いだがそれでも倭寇を禁圧してしまうことはできず、やがてむしろ積極的な懐柔策に転換している。この政策転換が倭寇の態度にも重要な変化をもたらした。まず日本と朝鮮との間に平和的な民間ルートができて、朝鮮に帰化する日本人は「向化倭」と呼ばれた。また対馬の倭寇に対する懐柔策として李朝の太祖は投降した倭寇に多くの賜物と職位を与え、それによりこの「降倭」らは倭寇討伐にも加わって戦果をあげたし、対馬にも自由な往来が許されて帰島し貿易商となったものも出た。そこで重要なことは、帰化した「向化倭」の集落が日本の上部共同体とは分離していたので、彼らは日本の延長でも飛石でもなくかなりの速さで「風土化」（土着化）し、日本人統括者を持ちつづけた「南方の日本人町」などとは対照的なものとなった点である。「この風土化を李朝の支配者は権力をもって圧迫することで行うのではなく、生活条件をよりよく整えてやることで行なっ」ていて、この政策が朝鮮民衆に「悪魔とは仲良くしなければ」という心情を定着させたとも考えられる。[30]

そして、倭寇に注目する森崎の第四の論点は、その形の民衆の出逢いが「類としての存在」の意識を生んでいると見られることである。「降倭も向化倭も、その辺地で伝承した彼らの形而上性を同民族のそれと交換しつつ生きる前に、衣食住を充足させ子孫を生み育てる具体的空間を朝鮮に求めた」[31]。つまり、生きる道を求めて故地を離れた者たちが新天地に出逢って、自民族が「血縁の原理」の中に共有してきたと想像する共同体神話＝形而上性などにではなく、同じように働き・食い・産み・生をつないでいく「類」としての存在の共通性、つまり「共働の原理」に生活を託したということである。それは、自省的な思弁によって想像される抽象的な「ヒューマニズム」（実は西欧中心主義）の立場ではなく、他者との出逢いにおいて相互に確認される類としての具体的な〈人間性〉であると見ることができる。森崎は、この点に倭寇の歴史的経験を通して学ぶべき「民衆の出逢い」の可能性の中心を見て、「その共働の時間性の思想化が、国家の支配権力によってははばまれていたし、また地域化されてもいた」のだと指摘し考察をまとめている。[32]

民衆の移動と出逢いを当事者の意識に即して考えるという問題を立てると、通常の場合、多くの研

（28）［森崎 1970：242］
（29）［森崎 1970：245］
（30）［森崎 1970：251-2］
（31）［森崎 1970：252］
（32）［森崎 1970：253］

究者は当事者の「アイデンティティ」に関心を寄せ、マジョリティ側の「支配者的意識」とかマイノリティ側のアイデンティティの「不安」や「危機」を解析するというのを考察課題にしたりするだろう。それに対して森崎の着眼はまったく異なっている。すなわち、支配権力に媒介されない民衆の移動に着目しつつ、そこで血縁の原理につながる「アイデンティティ」を追跡するのではなく、むしろマイノリティの側がそれを越えて実際にどんな出逢いを産み、それが支配権力やその関係をいかに変容させるかと、関心をそちらの可能性に照準させているのである。これは権力への同化主義を峻拒する「反復帰論」と連動する思想態度であると見てよいと思う。すると、この観点は沖縄の経験とどのように触れていくだろうか。

## 五　沖縄の移動と出逢いの経験に別の可能性を見る

反復帰論者である新川明は、「復帰」の翌年、『現代の眼』（一九七三年三月号）に論考「土着と流亡——沖縄流民考」を寄稿し、そのエピグラフでつぎのように書いている。

亡国の流民としてなお「土着」の志を喪わぬしたたかさの中にこそ沖縄人の攻撃性はある(33)

これは、すでに「本土」に「復帰」したという現実を見定めつつ、なお「亡国の流民」としての沖縄の位置に「土着」し続けようという、新川の強い意志を示していると考えられる。(34)近代の沖縄は日本で有数の「移民県」であると言われている。確かに沖縄はとても多くの「流民」を生み出してきたのだ。新川の意志は、そんな沖縄の歴史を背景に語られている。

もっとも、そうした沖縄の移民史は、明治初年に「元年者」をハワイに送り出した近代日本の移民史からはやや遅れて出発していて、沖縄が最初に送り出した海外移民の二六名がハワイのオアフ島に上陸したのは一九〇〇年一月のことであった。ここに始まるハワイや南洋群島への沖縄からの移民は、初期は徴兵忌避などの諸要因が重なっていたと見られるが、やがて折りからの甘蔗不況に巻き込まれ「ソテツ地獄」とまで言われるようになった沖縄の経済的困難が大きなプッシュ要因となり、他方では後発の「帝国主義」として覇権拡張の野望を秘めつつ海外に植民・移民を供給し始めた日本帝国の意向にも添って進んでいて、その基本性格は支配権力の関与抜きにありえないかたちをとった。すると、そんな移動において、沖縄の民衆はどのような経験をしてきているのだろうか。

まず、この歴史において、沖縄の民衆が向かった移動先の一つは南洋群島であった。ヴェルサイユ条約により国際連盟から委任統治を認められた日本は、その南洋群島パラオのコロール島に一九二二年に「南洋庁」を設置し、「外南洋」であるフィリピンやインドネシアを意識しつつそちらの方向への侵出拠点としてここの植民地整備を強力に進めている。この日本帝国の膨張政策に乗りつつ、沖縄からの南洋群島への移民も「侵出」の性格を強め、その数も急速に拡大して一九三五年に総数二万八九七二人、一九三九年には四万五七〇一人に達している。[35] この一九三九年には南洋群島の総人

（33）［新川 1973：104］
（34）［冨山 2013］

口は一二万九一〇三（内 日本人七万七二五四人、現地住民五万一七二五人）ということだから、それがどれほどの規模であったか知ることができる。[36] 島は沖縄出身者が過半を占める「日本人」の島になっていたのである。

南洋に向かったそんな沖縄移民の多くには、「未開の地で一旗揚げようという野望」があったとされる。確かに、その移動は植民地経営の一端に関与する機会を開くことがあって、学歴を持たない人々にとって「成功」への道でもあった。しかしその道は、「成功への思いと、『日本人』意識とが重なり」あって成立していて、戦争末期に軍事的に追い詰められると、投降拒否から「玉砕」へという袋小路に導かれていったのである。[37] この植民地には、植民者＝指導者である「日本人」と指導される客体である「島民」という厳然たる人種的秩序があって、沖縄人もまたその生活様式が「文化の発達遅れ」と見なされ、島民からさえ「ジャパンカナカ」と呼ばれるという日本的オリエンタリズムの客体となっていた。しかもこれは指導者「日本人」を頂点とする植民地経営の差別的労務管理の秩序に重なっていて、「ジャパンカナカ」から転じて本当の「日本人」と認められようとする志向はこの差別的労務管理秩序からの脱出への希求でもあった。それゆえ、自営業化によってそこから離脱しようとするものも現れたが、全体としてはこの秩序を崩すに至らず「玉砕」への道にまっしぐらに進んでしまった。[38] これはひとつの支配権力により緊密に組織された移動の帰結であり、その極致であって、玉砕の場となったサイパンの「Banzai Cliff」はそんな歴史の悲しい記念碑であると見なければならない。

さて、沖縄の民衆が向かったもう一つの主要な移動先はハワイであった。そして、こちらの移動の様相は、南洋の場合とはかなり異なっていた。それには、日本とアメリカという二つの支配権力が交錯して関与していたことが深く関わっていると考えられる。

戦前のハワイでは、沖縄人は二重の差別を受けていたと言われている。そもそもこの地の発展の基礎にあった砂糖プランテーションは、プランターである白人起業家が原住民のみならず多様な民族集団を労働力として導入して組織した企業体であり、プランターはそれを組織する際に、三井資本が三池炭鉱でそうしたようにレイシズムを利用して諸民族を位階秩序に序列化し、それにより差別的な低賃金と劣悪な労働条件の強制を可能にした。この秩序をもって「日本人」は集合的に差別・酷使されていたのである。(39)

その「日本人」のグループに後から沖縄人が加わる。すると、内地出身者から見ると、言語が理解できず風俗習慣も異なると感じられた沖縄人は「異族」であると認識され、同一民族・同一ランクであると認めるのを拒否する意識が生まれた。ここに二重の差別が成立する。沖縄人たちはこの差別に対抗するべく、(40)一方で伊波普猷の「日琉同祖論」などを援用して日本人として「同祖」であると自己主張しつつ、他方では出身地域や居住地区ごとに同郷集団を作って団結を強めた。これは「日本人であって沖縄人」という自己認識である。

---

(35)〔沖縄県史 2011：⑤ 343〕
(36)〔後藤 2015：137〕
(37)〔冨山 1993：55〕
(38)〔冨山 1993：62-3〕
(39)〔タカキ 1986：43,112〕
(40)〔岡野 2010〕

この状況が「真珠湾侵攻」をもって大きく変容する。そこから本格的な日米戦争となって、「日本人であること」が「敵性」であると認定され、日本人移民たちは「日本人かアメリカ人か」という厳しい二者択一の前に立たされた。そこで内地出身者の間では、「日本人性」を強く意識する一世と「アメリカ人性」を志向する二世との間で世代間葛藤が激しくなったと言われている。そして、そんな状況に強いられての後に引けない戦争参加ゆえに、戦場での経験も過酷なものとなり強いられた犠牲も大きかった。それと対比するなら、沖縄出身者は「日本人であって沖縄人」としてナショナルアイデンティティが不断に相対化される意識構造にあったがゆえに、かえって「沖縄人であってアメリカ人」であるという形でアメリカへの同化志向も受け入れやすかったと見られており[41]、米軍に従軍する場合でもその立場にはむしろ能動性と柔軟性が含まれていたと考えられる。であればこそそこには、支配権力の意図を超えた民衆同士の出逢いの可能性がわずかではあれ確かに開かれている。

　米軍の通訳兵として沖縄戦に従軍し、ウチナーグチを駆使しつつガマにこもる住民を説得して命を救った比嘉トーマス太郎のことは、そんなハワイの沖縄人の行動の一例である。他方で、ハワイから沖縄に戻って沖縄住民として沖縄戦に遭遇し、村民と共にシムクガマに避難した際にはそのハワイ体験を基礎に米軍と交渉し村民には投降を説得もして、その命を守った二人の村人のことは[42]、ハワイ帰りの者の視野と意識の広がりを示す例である。これらの例に対比させてみると、チビチリガマに多くの村民と共にこもり、率先して「自決」を持ち出すことで人々を「集団自決」に導くきっかけを作ってしまったサイパン帰りの村人のケース（読谷村史ウェブ版：それぞれの体験）は、その意識と行動に際立った差異があって明確に対照的であると理解できる。この対照性は、双方の移動の性格における対照性、すなわち移動と支配権力との関係構造の違いに由来すると考えるのが妥当だろう。

半世紀前の「復帰」の前後に生まれていた反復帰の思想は、何かの支配権力に帰属することによって問題を解決するという志向、それゆえ権力への「のめり込み」を拒否し、新川明が言うようにむしろ「亡国の流民」としてなお「土着」の志を失わぬという自負を堅持しようとしていた。森崎和江が支配権力に媒介されない民衆の移動と出逢いを探索したのも、その同じ志操に立ってのことだ。かつて沖縄民衆の移動の歴史は、事実としては支配権力に媒介されない民衆主導的な形にまではならなかった。それ故にこそ、その一つの極にはサイパンでも沖縄戦でも「玉砕」や「集団自決」という悲惨が待ち受けていた。「反復帰」というのは、そんな沖縄自身が経てきた歴史に対しての反復帰宣言でもあると理解しなければならない。

しかも、もう一つのハワイ移民の経験では、二つの支配権力に挟まれてそれらとの関係や距離の取り方を学んでいる。この流れの中で、現在のハワイでは沖縄とハワイの文化を混成させる「ハワイアン・フュージョン」が多様に生まれているという[43]。そうした動きなどもひとつの表れであるはずだが、「流民」であって「土着」の志を喪わぬ沖縄人、この意識が「復帰」の現実の中にありながらなおそれに抗しつつ広がり深まるなら、沖縄とつながる交信や交流や移動は、既存の「国家」など支配権力の設定する枠組み、およびその基礎を支えてきた「血縁の原理」を超えて、もっと豊かな出逢いと共生の形をさらに多岐に生み出すのではないだろうか。

---

(41)〔中嶋 1993：174〕
(42)〔屋嘉比 2009：71-2〕
(43)〔城田 2010：97〕

植民地主義の継続があって、すべての人が「国民か、あるいは難民か」と二元的に分類され、非―国民には激しいヘイトスピーチが向けられて真っ当な生存さえ脅かされる現代世界において、このような出逢いと共生の可能性の広がりは、共働の原理に基づいた別なる豊かな共生世界に道を開くとても大切な希望の源泉のひとつであるに違いない。反復帰の精神を受けつぐ沖縄の経験は、このような方向にわれわれの視野を開いて、現在に継続する植民地主義を超えて行く道程に確かな導きの糸をひと筋与えている。

# 結章

本書の為に準備されている思想史研究の成果はここまでである。そこで最後に、これまで各章ごとに立ち入って考えてきた論点のいくつかについて、ここであらためてそれらを一貫させて整理し、そこから出てくる問題の意味を確認して、全体の結びとしたい。

## 一　合理性と主体性という罠

継続する植民地主義を関心の中心に置く本書では、その継続の第一の結節点として、まずは一九三〇年新設の「臨時産業合理局」で第二部長を務めた吉野信次が産業革命に続く「第二の革命」と規定した第一次世界大戦とそれに続く産業合理化の動きに注目し、そこから植民地主義の「合理化」という見通しをもってその担い手たちの意識を追跡した。産業革命と並行して始動した近代植民地主義は、この「第二の革命」に際してどのように変容しつつ継続したのか。この観点から日本の植民地主義の継続を考えるとき、そのひとつの典型を「満洲」支配に見ることができると、ここでは考えてきている。

この植民地としての満洲を支配していた日本人官僚たち（岸、椎名、……）の経済・社会的な政策実務についてみると、それは、「満洲産業開発五ヵ年計画」に象徴されるような大規模な計画の策定とその実施として、それの基本的な作動を捉えることができる。そして、植民地主義の担い手としてこれを担当する彼らの傲慢な自負を支えていたのは、その政策実務の計画性と合理性という自己確信であり、それがまた日本人が指導的民族であるとのレイシスト的な自他認識と結合して作動していたと見なければならない。であればこそその計画の実施は、残虐な非人道的軍事行動と並行して、あるいはそれを前提に強行しえたのであった。すなわち、その合理性という志向と結びついてこそ植民地主義はいっそう暴力的に継続していて、植民政策学の矢内原忠雄が現地に出向いて確認したように、「五族協和」などの一見美しいスローガンが語られるここでもその支配と収奪は「帝国主義時代を示す過程が法則通りに進行して」いたと認められるのである（第一章一）。

そして椎名悦三郎が回顧するように、この満洲は「日本産業の大実験場」となった。すなわち、そこに継続した植民地主義は、総力戦体制の形成のひとつの核ともなったのである。満洲において植民地主義の実務経験を積んだ官僚たちは、「革新官僚」となって、確かに総力戦体制の行政の中核的担い手となっている（第一章二）。

すると、継続する植民地主義という観点から見てひとつ重要な鍵になったと認められるのは、あるいはその担い手たちにとって実際に躓きの石にもなったと見なければならないのは、まずは、その担い手たちが抱いた自らの実務行為の計画性と合理性についての確信、付随する暴力をすら正当化するにまで導いている彼らの支配の合理主義への志向だということになるだろう。日本帝国の植民地主義侵略戦争については、ついに米英と正面から敵対するに至って国力を度外視した無謀な戦争となったということが言われ、その「おろか」な政策態度が批判的に論じられることが多い。そして、一九四五年の「敗戦」という結果から見ればそれはそのとおりなのだけれど、しかしそのような帝国間の覇権争奪とその力量比較のみに準拠した事後の「批判」では、そのとき当事者たちが実際に意識していた戦争に向かう動機、その植民地主義にしっかり届いた批判にはならないだろう。本書で私が「継続する植民地主義」として主題を構えて、そこで批判的議論を進めてきているのも、ひとつにはそれにより当事者の動機理解に踏み込んで内在的な批判を組織しなければならないという問題認識によっている。

そしてそれは、反省の深みにもつながる。少し想像してみよう。例えば、高村光太郎がそうしたように自らの戦争加担について「暗愚」だったなどと放りだしてしまうのではなく（第三章）、それが少しでも「合理的」と考えた所以をしっかり問題化し、その根拠について考え抜いたならば、問いは植民地主義のことにまで行き着いたかもしれない。また、「戦時」の大内兵衛は、「重商主義」として語られた植民地主義について「多くの他民族と他国民の血と膏とを絞ったことにおいて非人道的」とはっきり認定しながら、とはいえそれは帝国の膨張発展にとって「目的に叶つてゐた」とその合理性を認めていたのだった（第一章三）。そうであれば、その事実を「戦後」になって隠蔽してしまうのではなく問題として正面から問うていたなら、植民地主義への内在的な批判がそこから始められることもありえただろう。この「戦後」には、そんな批判に向かう思想的可能性がなかったわけではないのだ。それが実現しなかったわけだが。

ところで、継続する植民地主義について、それを「合理的」なものとして追求した当事者たちの動機に内在してその意識を辿っていくと、その考察は、当の行為の担い手たちにあった「主体性」という志向に本質的に胎まれる問題に気づくきっかけにもなっただろう。三木清に焦点を当てながら考えたように、植民地主義というのは、帝国の主体性を高く顕揚して他者の主体性をレイシスト的暴力によって否認し簒奪してしまう行為でもある。とりわけ産業合理化が求められる時代状況にあっては、日本をアジアの盟主とするその主体の序列化が、帝国と植民地のみならず大東亜共栄圏全体の繁栄を導く合理的な道であると主張されそれが強く志向されたのだった。ここではその形で植民地主義は継続している。そうであればこそ、それへの抵抗がまた主体性の名をもって組織され、民族主体としての「国家独立」が抵抗の最終目標としてめざされることにもなったのであった（第二章）。

植民地帝国の総力戦体制は、その帝国臣民の主体性を育成し総動員しようとする権力であった。このとき帝国臣民は、献身的な帝国の「臣民（subject）」であることによって植民地主義の「主体（subject）」となり、他者の主体性を否認して配下に組み込みつつ自らが帝国の主体でありアジアの盟主であると自認するようになった。それゆえに、あるいはそれなのに、その植民地主義侵略戦争に敗北すると、その戦後に「戦後啓蒙」の思想は人々に今度は「国民」として「主体（subject）」であることを求め、それにより「臣民（subject）」である「ドレイ性」を克服しようと呼びかけた。それは近代の「主体」となれば「ドレイ」から「主人」になりうるとの教えだったが、しかしそれは実は、植民地主義を継続させる新たな道につながっていたと言わなければならない。竹内好によれば、ドレイは自らドレイの主人となったときにむしろ十全にドレイ性を発揮し、しかも自分がドレイであるという自覚すら失うことになる、と魯迅は教えていたのだという（第五章）。

そして事実として、ここでもまたその自覚もないままに植民地主義は継続したと認めなければならない。確かに「戦後」の日本は、やがて深く経済成長主義のドレイとなって、それによりアジアにあらためて植民地主義を継続・実行しながらそのことの認識がもてず、自らそのドレイになっているという自覚などまったく育てることができなかった（第六章）。そして、そのままにバブルがはじけて世紀が改まり、大震災があって破局的な原発事故にも見舞われ、やがて環境問題にも強く警鐘が鳴らされるようになって、高度成長の夢に幻惑された「戦後」はいよいよ閉塞し、人々に不安が広がってきているのは確かなのだけれど、現状に代わりうるオルタナティヴな未来はなお見えず、そこからの脱出に今も踏み迷っている。植民地主義の継続の歴史を問うというのは、この軌跡をずっと長期の見通しをもって顧み見つめ直すことにつながっている。

## 二　植民地主義の様態変化と資本主義・社会主義の行方

継続する植民地主義を関心の中心に置く本書では、他方で、その様態を変化させつつ継続した植民地主義とともに、あるいはその背景として、同時に進行した資本主義そのものの変容と持続を確認している。本書が考察の起点とした「産業合理化」というのは、世界史上初めての大規模な総力戦となった第一次世界大戦を経て、各植民地帝国それぞれに戦争の影響によりさまざまに歪んでしまった産業構成を立て直し、その戦後の時代状況に経済活動を維持し広げていこうとする営みの全体を指していた。世界戦争はもちろん資本主義にとっての危機でもあったわけだが、それに対処すべきこの「産業合理化」が植民地主義の継続と接合したというのは、ここで資本主義経済そのものにとって植民地主義が不可欠な要素としてあらためて深く組み込まれたということを意味した。

このような産業合理化の線に沿った資本主義経済の変容と延命は、まずは吉野信次がイギリスについて「英本国と殖民地とを包含する所の一大経済領域の自給自足の主義」を観察したように帝国ごとの経済圏の分立傾向を生み、それが帝国間の軋轢を強めるとともに、各帝国単位で見ると植民地経済への依存をいよいよ深めるステップとなった。このとき資本主義は、基本的に「自由」な労働力を前提にした経済として作動するのではなく、むしろ緊密にレイシズムと結びついてそれを要件として利用し、その植民地主義の暴力に支えられつつ生産と流通の計画と支配を遂行するようになるのであり、またそのため植民地支配の勢力圏を争って国際関係をつねに緊張させ戦争の原因を不断に生むようにもなっていく。ここで植民地主義が継続するというのは、すなわち資本主義のそのような植民地主義への依存が継続・深刻化することにほかならないのであって、そうした資本主義の新展開の歴史的な経緯をしっかり直視するならば、継続して作動する植民地主義の歴史的批判に触れないような資本主義批判など、もはや無効になると理解できるだろう。持続する発展（ＳＤＧｓ？）を求めて資本主義の矛盾を克服したいと願っても、資本主義の原理的批判に戻るだけではもう足りないのであって、そこはマルクスその人に求めることのかなわない領域なのだと言わねばならない。

ところで、このように「産業合理化」の時代を第一次世界大戦後の資本主義の危機とそれへの対処の時代と考えると、実は一九一七年に起こったロシア革命がそれに先駆けて進んだもうひとつの資本主義の危機への対処であったと理解され、その同時代性があらためて確認できるだろう。実際に、満洲での産業政策を主導した「満洲産業開発五ヵ年計画」は、ソ連が一九二八年に開始した第一次五ヵ年計画から強く刺激を受けつつ策定されており、両者は同時代への並行した対応なのだった。ロシア革命を経てソ連として成立していく社会主義体制と、第一次世界大戦後の産業合理化を経て諸帝国に成立していく総力戦体制、これらはイデオロギーの観点からまったく異質なものとして捉えられがちではあるが、この両者がともに、国家統制という仕方で経済社会に介入して産業構成を再編し、来るべき戦争にも備えて人々を総動員する仕方で社会を再統合して、そのことで既存の資本主義社会に重要な変化をもたらしたものと考えると、問題の構造から見ても両者が同次元にあることは間違いないと認められよう。ベルリンの壁の崩壊があって東西冷戦の構図が消え、それとともに社会主義という選択肢そのものまで完全消滅したかに感じられているが、その後に新自由主義の猛威に曝されてその危険を見た今日であれば、経済システムとしての資本主義の危機と、その危機に対処するべく作動した二つの社会体制の実際の経験として、これらを並列させて今一度想起することは、オルタナティヴな社会構想の可能性と想像力を大きく広げるという観点から見てもあらためて重要であると考えられる。

そして、この二つの社会体制の歴史的な経験を見なおそうとするならば、やはり継続する植民地主義の問題が、しっかり見極めねばならないそれの試金石となるに違いない。

産業合理化の時代を経た資本主義について、それが継続する植民地主義をより明確に前提としそれに依存して作動するようになったという事態を考えてきたが、新しく生まれた社会主義政権にとっても、その問題状況はまったく無関係というわけにはいかない。序章で、一九一七年革命の直後にレーニンの領導の下で発表された「平和に対する布告」について触れたが、即時講和を求めるこの布告に

「無賠償」・「無併合」と並んで「民族自決」が含まれていることは、諸帝国主義による植民地争奪という性格を備えていたこの世界戦争にあたって、この新政権自体にとってもまた民族のことが切実な問題であったことを示している。そして、継続する植民地主義を関心の中心に据えている本書の立場から是非とも意識を向けておきたいのは、民族問題に関わる社会主義のこの歴史のことである。

ソ連邦という形で多くの民族集団を抱合して強大化し広がったこの社会主義権力は、ナチスドイツやアメリカ帝国主義などと長期にわたり激烈な熱戦・冷戦が繰り広げて（日本の「シベリア出兵」もあった）、その過程で膨大な犠牲を強いられている。それはまずは侵略に対抗する対外戦争での自国の犠牲者であったわけだが、しかしまた同時に、その戦争体制は「スターリン体制」とも言われるもうひとつの総力戦体制となっていて、その内側には粛清と抑圧と収奪があり、これによっても多くの民族集団にわたって多数の犠牲者を生んでいたと分かっている。そしてそこでは、ロシア民族を中心とする植民地主義がやはり働いていて、それによりこの社会主義がまたもうひとつの帝国主義になっていたと認めなければならないのだった。本書ではそのことの内容に立ち入った考察をまったくなしえないため、ここでは示唆するだけに止めざるをえないのだが、ともあれ植民地主義の継続を問う問題の射程内のこととして、事がそこにまで及ぶことをぜひとも押さえておきたい。

現在（二〇二四年九月）は時あたかもウクライナ戦争がなお継続し、それは「ハンガリー動乱」から「プラハの春」といった第二次世界大戦後のソ連圏に起こった大規模な民衆反乱とそれに対する武力弾圧を想起させつつ、しかもここではもっと大規模な武力行使が現実化して、ソ連からロシアに受け継がれていると考えねばならないこの帝国主義の帰趨に関心が喚起されている。こちら側でも、植民地主義の継続という問題が、深刻で決して見逃すことのできない現実の問題にずっとなってきていると考えてよかろう。

本書では、それとは反対側にある資本主義の中心から、そのアメリカの存在とそれが主導した「アメリカの暴力の世紀」の実相から問題を捉えて序章での議論を始め、それ以降の本論では主要には植民地帝国日本の軌跡に沿いながら、この暴力の世紀を顧み、その基底に植民地主義の継続と暴力を見定めて、それを継続させる思想の歴史を追跡してきた。そしてここで社会主義にまで視野を広げて、資本主義と社会主義の両体制が現に陥ってきている問題としても、植民地主義とその継続を直視すべきだと考えるところにまで到っている。確かにそれは、資本主義と社会主義という両体制の可能性と限界をあらためて問う上での試金石であり、さらには両体制を超えて、オルタナティヴな社会構想を展望するときにも不可欠な試金石なのである。

本書でこれまで見てきたように日本の同時代の思想史には、この植民地主義に対して、それの合理的な主体となるべく積極的に入れ込み、あるいはそこにある問題に気づき応対に悩みながらも主体としての志向に躓いて、結局はそれに取り込まれていった実務官僚や学者・思想家や詩人たちのさまざまな軌跡が残されている。それはもちろん決して輝かしいものではありえないし、それが招いた結果にはしっかり責任をとらねばならないのだが、しかしされればこそそこには、あるべき社会構想を考える際にも留意したいとても大切な経験と教訓があると認められよう。ここまでは分かってきた。

## 三　植民地主義の「継続」を問う意味。「小さな民」の視点

さて、本書では植民地主義の継続とその現在についてずっと考えてきたが、この語りが対象にしている時節のとりわけ後半部については、近年では「ポストコロニアリズム」の問題圏として語られることが普通になっている。するとこの時期の植民地主義についてまで、「ポスト」ではなくあえて「継続」として語ることに、いかなる積極的な意味があったのだろうか。最後にそのことをあらためて確認して、本書を閉じることにしよう。

第二次世界大戦後の、それもかつて帝国主義列強の植民地だった地域に「第三世界」の形が現れて以降の時期について、植民地主義の継続を語るということを多くの人々が躊躇うのは、もちろんそこに植民地支配からの「独立」という闘争のプロセスがあり、しかも国際法上で認められた「独立国」がつぎつぎと成立しているからにほかなるまい。それゆえ、「独立」は成し遂げた、だから「植民地」の問題はそれで終了した、あとのことはその「ポスト」の問題だ、と順番に考えていくのは確かにそれほど不自然なことではないとも見える。そして、そのような「ポスト」という認識から、「植民地」時代の経験が「独立後」の社会状況や文化状況にどのように影響を与えているのかを丁寧に精査することは、それはそれで大切な作業であるとも言いうるだろう。

とはいえ、その旧植民地の「独立後」の実際の事態は、多くの国々、地域で、「ポスト」と言うことでは了解されえないような、あまりにも深刻で重大な状況として続いていることが指摘されねばならない。それに関してはつぎのようなことがある。

その第一に確認されなければならないのは、旧植民地「独立後」のそこに現出したのが決して平和

な秩序なのではなく、多くの場合むしろ内戦であり、軍事独裁だったということであって、それが成立した「独立」の政治権力とその社会そのものを引き続き大きく揺るがし続けたのであった。そしてそこには引き続き膨大な犠牲者が生まれ続け、それは植民地期や独立戦争の時期にも劣らないような、あるいはそれをも上回る規模の深刻な事態を招来させていた。ここであらためて、序章で見た第二次世界大戦以降の長い戦後に生起した政治暴力事件の激烈な実態を想起しよう。しかもそんな犠牲を生む内戦や独裁の実際は、植民地時代の無慈悲で残虐な支配方式からその仕方を学び、あるいはそれをそのまま踏襲するなどして進められており、ところによっては植民地時代にその支配の協力者（コラボレーター。日本の植民地では「親日派」とも言われた。）として働いたものがそのまま権力を行使する立場に居続け、まさに「独立後」にもその支配行為を継続させるということさえあったのだ。そうだとすれば、それを「ポスト」として軽く通り過ぎるのではなく、まずはそんな形で進んだ内戦や独裁を通して続く植民地主義の支配関係の継続が、注意深く見極められなければならないだろう（序章）。

そのうえで第二に確認されるべきは、そのように継続した内戦や独裁にアメリカやソ連・中国が介入して、それをさらに極度に深刻なものにしたということである。しかもそこでは、「代理戦争」とさえ言われるほどに「冷戦」状況下にあった米ソの軍事・政治的な介入が進んで、そこに確かに軍事・政治的な権力支配構造というべき縦の関係が形成され、実質的にも植民地支配の形が深く再現されていった、と認めなければならない。そして、このように作られている構造の下で、本書第六章で立ち入って見てきたような日本の「賠償特需」からODAへと進む経済的な介入がまたなされたということである。賠償に端を発しつつ「無償」などの形で進められた経済協力や経済援助は、それだけを取り出してしまうと無償をもって先方の「民生安定」や「福祉向上」に寄与しているかに見えるから（そのように日本政府は宣伝しているから）、ともするとその裏にある意味を見失ってしまうものだ。であればこそ、継続する植民地主義として実在するその関係の進行にしっかり目を凝らさなければならないのである（第六章）。

そして第三に、私の考えではこれが意識して熟慮すべき一番大切な点なのであるが、植民地支配の終焉と一般には理解される「独立国家の成立」が、実際にはそこに生活する人々にとって最終的な〈解放〉を意味しなかったということがある。旧植民地の「独立後」の内戦や独裁について触れてきたが、そもそもそのように内戦や独裁が続いたというのであれば、その事実を見るだけでも、植民地主義に関わる事態がなお終息していないことは明らかであろう。そして、そこで特別に注意しなければならないのは、旧植民地に「独立国家」が成立してそれにより植民地問題が解決されたと見えようとも、そこにはなお差別的に排除されたり選択的に抑圧されたりする仕方でその生活圏が侵害されているという実質の意味で、植民地主義の被害者が現に存在し続けているということである。

要するに、「国民国家」としての独立は、実は植民地解放のゴールではなかったということだ。そして、そのように「国民国家」としての独立が植民地解放のゴールではないと認められるなら、そこになお存在する植民地主義のこの被害者たちにあらためてしっかりとした光が当てられるだろう。本書第六章で見たように村井吉敬は、日本の開発援助が開発独裁と連携して進めた植民地主義において、その被害を被っている人々を「小さな民」と名づけてその存在を浮かび上がらせている。この「小さな民」は、開発援助と開発独裁が連携して進める「開発」の事業から取り残されたというのではなく（そんな事業への参与などそもそも望んでいなかったのだ！）、むしろ、その「開発」によって彼ら自身の生活圏が破壊され簒奪されているという形で深刻な生活破壊を被っている人々なのであって、それがまたもうひとつの侵略と植民地主義の被害であると認められるのである。そして、問題にそのような眼差しを向けるとき、その被害者を村井吉敬が「小さな民」と名指していることが、その現場を実際に歩いて見た立場からとてもよく問題を捉えていて、極めて含蓄深いと感じられる。それはつぎのような理由からである。

植民地から「独立」後の「国民国家」において、何かの人々が新たに植民地主義的な差別や抑圧を受けていると認められる場合、その人々について語ろうとすると、大抵はそれを何か特定のエスニックグループや宗教的マイノリティや政治集団など実体的な集団と認めて、そんな集団への帰属ゆえに抑圧的支配を受けていると説明しがちだった。そしてそのような語りが力を持ち協働することにより、またそこに「民族」や「教徒」が立ち上げられ、植民地主義からの解放の闘いが「民族対立」や「宗教対立」に単純に還元されることにもなって、それが激しい暴力による抗争につながっていくというのがこれまでの歴史の常だった。そして、そのようにして成立した「民族間抗争」や「宗教間抗争」は、現在なお全世界で深刻な問題となり続けている。

それに対して植民地主義の継続への問いは、あるいは、植民地主義が継続するその歴史への反省は、そんな「民族対立」や「宗教対立」への問題の単純化と還元を決して認めないような、それゆえ「植民地支配」ということ自体の視野を決定的に広げるような問いの射程をもって、植民地主義からの解放への道をさらに先まで導き示すことになるだろうと期待できる。そのことは、例えば総力戦体制の下で戦時動員の一つの極にあった「日本軍『慰安婦』」制度の問題を考えるときに、よく理解できるはずのものである。この点を考えるに当たっても、本書で繰り返し確認し強調してきたように、日本の総力戦体制が植民地主義の継続とともに、あるいはそれの継続そのものとして生成している点の理解が決定的に重要である。

まず、この日本軍「慰安婦」制度が、やがて大東亜共栄圏と表現されることになる大規模な植民地および占領地の拡大を志向する植民地侵略戦争のなかで、それのため日本政府と日本軍により公式の軍管理政策として実施されたひとつの性奴隷制だったことを確認しよう。これは陸軍大臣の軍命によるもので、「野戦酒保規定」という運用規則も正式に作られた。その上でこの制度では、女性たちは軍に附属する施設で逃亡できない形に管理され性的な奉仕をさせられている。このため、植民地、占領地の女性たちは、支配下の民族であり、女性であり、多くは貧困ゆえに、性搾取可能な対象と目されて集められた。即ちここには、「民族」と「性（ジェンダー）」と「階級」に即したレイシスト的差別の眼差しと、その上に立った暴力を伴う実際の性搾取があって、この制度は、そのような差別と暴力を可能と見なしそれを利用して女性の性を占領したという意味で、これもまたひとつの植民地主義による支配であったと認めなければならないだろう。日本の総力戦体制は、このような制度を必要とした限りで植民地主義を不可欠な要素として内に含み、またこの植民地主義は、「民族」ばかりでなく「性」や「階級」の差異をも利用する支配なのであった。そしてここにもまた、もうひとつの「小さな民」のつくられかたがある。

日本軍「慰安婦」制度を植民地主義の観点からこのように考えられるとすれば、この植民地主義の観点、あるいはその植民地主義の継続を問う観点は、間違いなくそれを生んだ日本の総力戦体制の核心に突き刺さるものであり、しかもそれを越えるさらに広い射程をもって、ダワーによって「暴力の世紀」とされたこの時代そのものを鋭い批判の光にさらすものと考えられよう。ここにも植民地主義の継続はあり、これは決して見落とすことができないはずのものである。

この意味でも、「暴力の世紀」である二〇世紀は、確かに植民地主義が継続した世紀であった。この時代には世紀前半の二つの世界大戦と世紀後半の東西冷戦が大きく歴史の前面に出て、欧米諸国にとってはこの戦乱がもたらした傷があまりに大きかったために、植民地主義のことはあるいはその陰にあって歴史の語りとしては比較的目立たなかったのかもしれない。それがダワーを激しく苛立たせたのであったが、本書で試みたようにここでこの「暴力の世紀」を「植民地主義の継続の世紀」として辿ってきてみると、東アジア・東南アジアなどの植民地だった地域では、植民地主義がもたらした傷はやはり大きく、とりわけそれが残している病根は今日に続いてなお堅固であり根深いと認めなければならない。

しかも、ここでとくに注意しておきたいのは、前段でも触れたようにこの世紀の世界戦争が、植民地帝国諸列強の覇権抗争であったのみならず、それらが共通基盤としていた資本主義という経済社会システムの危機をもたらし、この危機に対処すべく進められた産業合理化のなかから、総力戦体制と社会主義体制という二つの社会体制の実験が生まれているということである。そしてその行方を辿ると、この二つの社会体制がさらに、結局は植民地主義に深く依存するように進んでいったのだった。かくして二〇世紀は、二つの社会体制の実験があり、しかもその両者が失敗を経験した時代として、歴史にその名を残すことになっている。そして植民地主義こそ、両者にとっての試金石になったのであった。

そうであれば、このような二つの社会体制をもっての社会実験を顧みつつ、そこからさらにあるべき社会の形を展望して未来構想に思いをめぐらせるとき、ここでもまたこの世紀における植民地主義の継続の実相を問うことがとても重要な手がかりを与えていると考えられる。例えば、日本のアジアへの植民地主義的関わりをめぐって竹内好と論争した梶村秀樹は、植民地の日常における植民者と被植民者との関係に繊細な観察を行って、今日の日本における在日朝鮮人に対する関係行為において継続する植民地主義にまで視野を届かせてくれている(第八章)。また、沖縄における「反復帰」という植民地主義に抵抗する思想の経験は、強制的「集団自決」というギリギリの局面での「他者の声」の重要な意味や、支配権力に媒介されない民衆の移動と出逢いの可能性などについて、われわれにしっかり気づかせてくれている(第九章)。

そうだとすれば、植民地主義の継続を問うということは、一面では、植民地主義がもたらした傷について、その歴史への責任を受けとめ、その被害者たちともきちんと正対して法的・政治的・道義的責任をしっかり果たしつつ、その上で残された植民地主義の病根と闘う道を求めることにつながるだろうし、また他面では、二〇世紀に試行された二つの社会体制の実験について、その失敗を植民地主義に即して点検し、それを基礎にして、あるべき可能な社会構想の探索に道を開いていくことにもつながるだろう。それは、過去の歴史についての加害・加担への責任を引き受けて応答するだけでなく、未来の歴史に対する想像・創造への責任を引き受けて洞察から行動へと向かう、そんな一個二重の営みへとわれわれを導いていくステップになるということだ。そう考えてみると、植民地主義の継続を問うというこの営みには、考えるべきこと、なされるべきこと、そしてそれに関連する資源がまだまだたくさん詰まっていると認められるだろう。本書はそれへと向かうささやかな一歩であるにすぎない。

# あとがき

一つの引用から始めたい。

簡単に整理すると、日本政府は在日朝鮮人に対して、国内においては植民地支配を続けたということである。ただし、上部からの規定力は変化した。アメリカ政府とGHQの占領政策は、日本国の「民主化・非軍事化」から「反共の砦としての再建」へほぼ一八〇度変わった。それに抑えられて、日本の戦後革命が敗北した。この上部権力の転換に助けられ、革命を抑え付けて、日本政府は、国内植民地支配を再編して継続した。この敗北と国内植民地支配の継続は、同じ過程の両面であった。［片田 2007：21］

これは片田幹雄著『在日朝鮮人／日本人　その過去、現在、未来』（スペース伽耶、二〇〇七年）からの引用で、原論文「戦後在日朝鮮人への迫害と学校閉鎖攻撃　ビデオ『朝鮮の子』から見えるもの」は二〇〇四年七月発行の『社会評論』（一三八号）に発表されている。わたしは二〇〇五年に共編著として『継続する植民地主義　ジェンダー／民族／人種／階級』（青弓社）を出しているから一部はそこでこれに続いているわけだが、本書は、その後さらに二〇年ほど掛かって視界を大きく広げ、片田が残した宿題にようやくわたしの仕方で応答したということになっている。片田はこの著書を刊行した二〇〇七年に残念ながら心臓を病み急死している。

この本の著者である片田幹雄とわたしは、一九七〇年四月に同時に京都大学理学部に入学し、その同じ年に「京大C戦線」という名の活動家集団を形成して、ともに活動している。全共闘運動解体後の大学に飛び込んで、いかに運動の火を灯し続けるかという点に問題意識が重なり、とりわけ現代科学文明に対する内在的批判への志向で大いに共鳴しあって、二人は特別に親密に語り合うようになっていったと思う。片田は、社会意識が傑出していただけでなくそれを裏付ける哲学的素養も豊かで、わたしより一つ年少だが若くして知的にスゴイ奴だった。

その当時の運動は「六〇年安保」と対比されて「七〇年安保」と表現されることがあるが、それも七〇年代初頭になると運動当事者たちには「入管・沖縄・三里塚・狭山」と認識されていて、これら四つのことが戦後日本の矛盾を集中して示しとくに問題化すべき焦点であると考えられていた。ここで「入管」というのは、日本の出入国管理体制の法的再編に関わることで、実質的にはそれにより厳しく管理され差別的地位に置かれ続けていた在日朝鮮人の処遇を問題としたし、「沖縄」というのは、長く米軍占領の下に置かれ「七二年施政権返還」を目前に控えた沖縄の人々の処遇を問題としていた。そして、「三里塚」というのは成田の三里塚に建設が進められていた新空港に絡む問題で、ここには戦後開拓に動員されさらにその再開発をもって押し潰される人々のことがあり、また「狭山」というのは被差別部落出身の石川一雄さんが巻き込まれた冤罪事件のことで、それを通してあらためて顕在化したのは差別され続ける部落出身者の姿であった。いずれについても、その基底にははっきりしたレイシズム（差別）があり、そこには日本に生きる「小さな民」の姿が確かに見えていたのである。わたしたちは、この四つのことが日本社会全体の変革にとって重要なポイントになると考えて特別に問題化していた。

当時の片田は、このなかでもとりわけ「入管」に重点を置いて考えを進めていたと思う。それは『在日朝鮮人／日本人　その過去、現在、未来』というタイトルのこの著作まで続いている。そして、これらのことを考える経験が初発の契機となって、それがやがて日本の戦後にも植民地主義が継続すると捉える共通認識を育てているのである。戦後日本について見るだけでも、その「底辺」から、この「小さな民」たちからの発想をしっかり持続させるなら、それは確かに継続する植民地主義の認識につながっていく。本書では戦後日本において一般的だった「帝国の忘却」、「植民地主義認識の欠落」についてずっと問いを発してきたが、そうした忘却や欠落に抗する思想の営みも七〇年代の初めから現在へこんな形で事実として連続しており、その経験はとても大切だったとわたしは今感じている。

片田とわたしは、そんな七〇年代上半期の状況においてしばらく活動を共にした後、やがて別々の道を歩むことになる。わたしは少し曲折を経ながら別の大学に入り直して学問という形で問題を考える道に進むことにしたのだったが、片田は大学をやめて大阪で労働運動の現場に踏みとどまり、労働組合の活動に参画するなどして、釜ヶ崎など下層の労働者たちの生活と労働の実情にしっかり寄り添い、その「小さな民」たちの状況を実際に改善するべく努力をずっと重ねながら、彼らと共に在るこの社会の現在と未来を考える思想活動についても怠りなく続けてきた。その道半ばで悔しいことに片田は亡くなってしまったのだけれど、わたしとしては、本書で「継続する植民地主義」を主題とすることにより、片田が生涯にわたり遂行した活動-思想プロジェクトのその一端にはつながることができたかなと感じている。

そこで、労働運動の現場につねに身を置きながら、その場で片田が何を考え学び活動していたのか、もう少しだけ話しを聞いておくことにしたい。それは、七〇年代から本書にもつながる思想活動の意味をあらためて考えることに寄与すると思うからである。

*

ここでは、片田の活動-思想プロジェクトの意味を知る手がかりとして、かつては「資本家階級 vs 労働者階級」といった階級論の堅固な図式があってとかく公式的に語られがちだった労働現場の実相を語る、片田のその語り口に注目しよう。

私は現在、建設・ビルメン・清掃の労働者が団結する労働組合で働いている。ここでは、重層下請構造が労働者と親方・資本家の境界と依存=対立関係を極めて錯綜したものにしている。元請ゼネコンの職員は給与生活者で労働者であるわけだが、彼らの賃金・生活諸条件や職業意識と現場日雇労働者のそれとの間には、極めて大きな距離がある。私の所属する労働組合には、両者が、その距離を超えて団結している。そして、末端の下請業者の親方は経営者で資本家であるが、彼らの中には収入・生活諸条件や職業意識や権力関係の中での位置としては、この二者の間にはまりこむ者も多くいるのが現実である。［片田 2007：11］

これは、片田自身が所属していた労働組合をとりまく現実についてただ淡々と記述しているようであり、事柄自体は多くの人がその日常において知りうることだから、これだけではさして重要な問題提起であるとは気づかれないかもしれない。しかし、この記述がつぎのように続いていくことを確認すると、片田がここでとても視野が広くかつ柔軟な観察眼をもって繊細に事柄を見極めていると分かってくる。

ここで私たちが突き当たる現実のもう一面を紹介しておこう。関西の建設業界では、大阪釜ヶ崎に現場日雇労働者を調達する労働市場があり、ここに求人にくる下請会社は建設業の看板を掲げてはいるが実態は派遣会社であり「人夫出し」と呼ばれている。そして、少なくない割合で、オヤジ・経営者は在日コリアンなのである。その多くが、植民地時代の移民の子たちであり、戦中に土木・建設の現場で酷使された経験をもち、戦後日本での就職からの徹底した排除を経験している。その過酷な環境の中で世代を継いで這い上がり、のし上がってきた強者たちである。

彼らに末端で支配され搾取の現場に送り出される日雇労働者がいだく「チョーセン飯場」への恨みと、韓国からの若い出稼労働者という競争相手の出現がもたらす被害者感情は、労働者の団結にとっての鋭いトゲである。しかし、下積み生活と現場労働の共有感情がかろうじてナショナルな爆発を押しとどめている。

建設産業と建設労働が伝統としてきた偽装請負と労働者派遣、重層下請は、製造業をはじめ、基幹産業の全分野に拡散しつつある。そこでの労働者の人権と生存と希望のための団結にとっては、ナショナルな、人種主義的な、障害者排除と能力主義の、男性中心の、など様々な企業内外の秩序と意識が、所属企業の位階的分断とともに、高く厚い障壁として張り巡らされている。

そして、労働者の人権と生存と希望のための団結、労働者の国境と国籍と「人種・民族」を超えた団結を抜きに、「もう一つの世界」は実現できないのである。［片田 2007：11-12］

これは二〇〇七年に発表されている文章であるから、取り巻く状況の具体的な姿は今日では多少変わっているかもしれない。しかし不変の重要なポイントは、労働の現場から見るとき、「資本家と労働者」にしても、「日本人とコリアン」にしても、「男性と女性」にしても、それぞれのカテゴリーは独立してそれだけで存在しているわけではないという認識である。すなわち、そのようなカテゴリーは事実として構造的に入り組んだ形で存在し、相互に結びついて複雑に労働の現場を構成しているというわけだ。であればこそ、「労働者の人権と生存と希望のための団結」をめざそうとするならば、「ナショナルな、人種主義的な、障害者排除と能力主義の、男性中心の」カテゴリーによる分断を、その障壁を、しっかり超えなければならないと理解されているのである。

すると、ここで片田がこのような認識をわざわざ「紹介しておこう」と言って述べているのは、まずはもちろん、この事実が日本の労働組合運動の現場においても必ずしも十分に理解され共有されてはいないと考えるからだろう。あるいは、その事実は知られているとしても、労働運動の実際の現場でそれがしっかり問題として意識され、活動に十分に活かされてはいないということなのかもしれない。ともあれそれは、現場にいる立場からきちんと言葉に出して広く「紹介」しなければならない現実だと考えられているのである。

しかもこの事実をここであらためて実際に「紹介」しているのは、やはりそこに取り組むべき重大で困難な課題があるという認識からであろう。それは、教室で「多文化共生」の教材にされるような「箱庭」のなかでの「現実」なのではない。人々はすでに歴史と利害を背負いつつからみ合って生きているのである。例えば日本人に対する朝鮮人の関係を考えると、人々は、植民地支配の歴史を背負いつつ差別と酷使と排除の事実を自ら経験しているし、知っているし、それを知っている眼差しのなかに生きている。しかもその上で、その同じ人々が、さらにねじれ、一部は上下逆転もした経済的・社会的な利害関係、階級対立の関係にすでに置かれているということだ。それが、カテゴリーが構造的に入り組んでいるということの意味である。そしてそのような関係は、資本家と労働者の場合においても、男性と女性の場合においても、健常者と障害者の場合などにおいても、多かれ少なかれ同様に現存しているというわけである。そうであれば、その分断を乗り超えようとするときには、「差別をなくそう」などと「多文化共生」を啓蒙風に呼びかける以前に解決しなければならない課題が数多あると認めなければならない。

もっとも他方で、カテゴリーが構造的に入り組んでいるというそのことは、単に社会的現実をそのように説明することができるというだけのことではなく、実際に生きている諸個人においてそのカテゴリーが現に交差しているという事実を示すことにも留意しなければなるまい。すなわち、元請ゼネコンの職員は「給与生活者で労働者」なのだがその意識と生活については「現場日雇労働者」とは極めて大きな距離があり、他方で、日雇労働者を手配する派遣会社の「オヤジ」は「経営者」なのであるが「在日コリアン」も多く、彼らは差別と酷使と排除をその身に受けた苦難の経験を持っている。この意味において階級や民族のカテゴリーは当の個人において交差し、その個人のアイデンティティそのものが複合的なのである。ここから、その諸個人のそれぞれの人生の経験について、他者の経験は直ちに自分の経験と交差し、逆もまた真でありうるということが見えてくるだろう。

これは事実としては、戦後の在日朝鮮人において植民地主義が継続した状況に伴って生成している事態であって、一方ではここに矛盾が集積し、「チョーセン飯場」への恨みや韓国から来る若い出稼労働者に対し抱く被害者感情は労働者の団結にとって鋭いトゲにもなるわけだが、しかし他方ではそれは、諸個人の実際の経験を交差させて、そこに他者への理解可能性が生まれさらに共感可能性にもつながると見ることもできる。そうだとすれば、その諸個人には、そこに生まれるはずの理解や共感を基盤として、それぞれにおいて分断と障壁を乗り越える可能性が実は存在していると理解することも可能である。厳しい現場の姿を丁寧に紹介する片田の報告からは、ここには希望もまたある、と学ぶことができる。

七〇年代以来ずっと労働運動の現場に立ち続けた位置からその現場について「紹介」する片田の言葉を受けとめてこのように考えてくると、ここには確かに、植民地主義の継続を主題として論ずる本書の視点から見ても学ぶべきところがさまざまにあると理解できよう。もっとも、この短いあとがきではそれを十全に探索しつくすことは望めないから、労働現場についての片田の「紹介」から見えてくる問題圏とつながって、わたしから見てとくに重要と感じられる二つの点についてのみ最後に確認しておきたい。

見てきたように片田の「紹介」の重要なポイントは、労働の現場から見るとき、民族の問題にしても、階級の問題にしても、ジェンダーの問題にしても、それぞれのカテゴリーは独立し単独で存在するのではなく、事実として構造的に入り組んだ形で存在するということだった。継続する植民地主義を問うという観点から見てこの「紹介」が重要であるのは、まずは、それが本書の議論のなかでずっと触れてきた「小さな民」の日本での現実の姿を語っているということである。そして、その現実の姿が植民地主義の継続と共に捉えられるのなら、それは決して日本においてだけ特別なことなのではなく、むしろつねに植民地主義と共に在る現実の、しかしそれぞれの地域でそれぞれ固有な歴史的条件に規定されて具体的には作られる構造の、その一つの形であるに違いないということだろう。

そうだとすればこのことは、この現代世界になお継続していると認めなければならない植民地主義との闘いに際して、そして、とりわけ植民地支配から「独立」したはずの国々において、あるいはその国々をめぐって、生起している内戦や独裁に対する際にも、そこで実際に被害を受けている「小さな民」を見定める準拠点になるはずである。結章でも書いたように、植民地主義からの解放の闘いがこれまでとかく「民族対立」や「宗教対立」に一面化されて、そこに「民族」や「教徒」が一元的に立ち上げられ、それが激しい暴力による抗争につながっているということであれば、それに対しては、複合的なアイデンティティーを持つその「小さな民」の存在をしっかり意識し、そこから発想するという態度がこの上なく重要だと理解できよう。片田の「紹介」は、まずはこの点をしっかり意識させてくれるものである。

＊

さて、片田の「紹介」に触発されてわたしがもう一つ感じていることは、わたし自身の七〇年代の政治活動に関する反省とつながっている。それは片田とわたしの別れに関わることなのだが、始めてから三年目くらいの時期に、片田が大阪での労働運動に入っていくのとはちょうど逆向きの形で、わたしは京都での学生運動から抜けて活動拠点を東京に移し、「マルクス主義青年同盟」と称する政治集団の結成に参加している。そしてそれは、当時の新左翼運動の「暴力」への参入を意味していた。

日本の「新左翼」という政治潮流は、六〇年安保を前後して社会党や共産党とは異なる左派の政治勢力として形をなし、六〇年代後半にはベトナム反戦と学園闘争という世界的に高まった運動の波に結びつきながら影響力を広げて、社会変革を志向する運動の一つの核を形成していた。京都大学で始めたわたしたちの運動も「入管・沖縄・三里塚・狭山」といった運動課題を担いつつその一翼に参入していたのだったが、街頭での「実力行動」をもって政治的なアピールとするその運動は、七〇年代に入ってその「暴力」が次第に内側に向かうようになり激しい「内ゲバ」の時代を迎えている。東京に活動拠点を移したわたしたちのグループも、それと無縁であることはできなかった。

その具体的経緯については立ち入るまでもないが、ここで思想的反省の視点からひとつ考え直しておきたいのは、その時に「暴力」を正当化していたその論理についてである。それは、一口で言えば、「階級支配」という論理であった。現代社会は、さまざまな状況の変化を含みながら、しかし資本主義を経済的基礎とするその権力構造を見るならば資本家階級による一元的な階級支配の基本原理が貫かれており、この階級支配が軍や警察機構（暴力装置）までコントロールしているのだから、この社会の根本的変革を図ろうとするならば、この権力構造の打破による階級支配の転換（プロレタリアートの独裁）のプロセスが不可欠である。これがマルクス主義の基本認識であると信じられ、そのための「暴力」は当然必要なものと認められていた。それがさまざまに犠牲を生むとしても、この原理的認識が「正義のため」として行使される「暴力」を根底で正当化しており、若き日のわたし自身もそれを否定しきることができなかった。

もちろん、七〇年代に大きな社会現象となってしまったそのような新左翼の暴力（それは「内ゲバ」だけでなく、連合赤軍の「リンチ事件」や東アジア反日武装戦線の「連続企業爆破事件」まで生んでいる）の全体を、それを正当化していたこのような階級支配という観念だけで説明しきることはおそらくできないだろう。また、階級支配というその議論の成り立ちそのものもかなり単純で観念的であり、それをあらためて真剣に扱うなどというのは無意味とも感じられるかもしれない。しかし、一時代に支配的だった観念の威力が当事者にとっては抗しがたい力を持ったのも事実で、わたし自身も当時はそれを正面から反駁することができず、その暴力に対して身を守るためには、その運動と組織から単独で逃げ出して、とある地方都市の夜の街に名前を変えてしばらく身を潜めるしか仕方がなかったのである（そこから抜けるのに三年ほどかかっている）。であればこそ、まずはそんな正当化の議論についても、あらかじめしっかり克服しておくことがとても大切と思ってきている。わたし自身があらためて〈学問〉という道で考え始めたとき、その手始めにドイツの社会学者、マックス・ヴェーバーを対象としてそのもっとも基礎的な学問方法論から取り組んだというのも、ひとつにはそこは半端なくやっておこうという思いが関係していたと言える。そのようなわたしの〈学問〉の出発については、一九八三年に最初に公刊した著作『マックス・ウェーバーと現代』（増補版、二〇一三年）の「あとがき」も参照されたい。

七〇年代を中心に続いたこの新左翼の暴力は、それ自体が直接に多くの人々を傷つけただけでなく、現前の政治と社会を批判し改革を訴える言論や運動への信頼を著しく失墜させ、とりわけ批判的な意識をもって改革に立ち上がるはずだった多くの青年たちを尻込みさせて、この社会にまともに育つべき批判の文化、抵抗の文化の芽を摘み取るのに強く関与したのは間違いない。その責任はとても重いし、しかもそれの悪しき影響は今なお続いていると認めなければならない。

そんな状況のなかでもずっと組合運動を続けていた片田は、その日常活動のなかから、七〇年代の新左翼に共有されていた「階級支配」という理解とはまったく異なる社会認識の形を示して、七〇年代に「入管・沖縄・三里塚・狭山」という課題への取り組みに始まった日本に生きる「小さな民」への注目の継続を語っていたのである。そして、植民地主義の継続を考えてきた本書の立場からしっかり受けとめておきたいのは、そこで片田が語る複合的なアイデンティティーを持つ小さな民の形が、植民地主義を乗り越えようとする今日の闘いにも重要な示唆を与えるはずだという点である。

これを受けとめて、継続する植民地主義への批判という観点をしっかり据えるなら、七〇年代には始まっていたはずなのに、そこにあった暴力ゆえにかき消されてしまっていた小さな民への注目の形に、あらためて光が当てられるかもしれない。本書は、そのための手がかりでもありたいと願っている。この意味で、本書は片田の遺志を受け継いでいる。

＊　＊　＊

本書は、「継続する植民地主義」をテーマにここ二〇年ほどの間に執筆してきた思想史関連の論考を基礎とし、それらにかなり手を加えつつ主題に多角的な光が当たるよう編集し直して、さらにそれに論述構成の欠落部分を埋める書き下ろしの章をいくつか加え、思想史の語りとして一貫した見通しが得られるように一書にまとめた思想史研究である。

それぞれの章について、その基礎となった論考の初出はつぎの通りである。

序　章　書き下ろし
第一章　書き下ろし
第二章　「総力戦体制と知識人　三木清と帝国の主体形成」（小森陽一・酒井直樹ほか編『岩波講座・近代日本の文化史7　総力戦下の知と制度』岩波書店、二〇〇二年）
第三章　「『暗愚な戦争』という記憶の意味　高村光太郎の場合」（酒井直樹・ブレット・ド・バリー・伊豫谷登士翁編『ナショナリティの脱構築（パルマケイア叢書5）』柏書房、一九九六年）
第四章　「総力戦以後に詩を書くことは暴力ではなかったか？　戦後サークル詩運動へと続く戦時のコンテクスト」（『情況　第三期』第九巻一〇号「特集 尹健次『思想体験の交錯』を読む」二〇〇八年）
第五章　「連続する戦時体制の遺産／封印される戦争責任　『日本の戦後思想』を読み直す　2」（『季刊 前夜』第二号、二〇〇五年）、「戦後責任を受け止める主体位置『日本の戦後思想』を読み直す　3」（『季刊 前夜』第三号、二〇〇五年）
第六章　「戦後日本の経済政策思想と植民地主義　有沢広巳の軌跡を手がかりに」（『九州国際大学社会文化研究所紀要』第七七号、二〇一六年）

第七章　「自閉してゆく戦後革命路線と在日朝鮮人運動　金斗鎔と日本共産党との間　『日本の戦後思想』を読み直す　4」（『季刊 前夜』第四号、二〇〇五年）、「ナショナリズムの解禁と植民地主義の忘却　『日本の戦後思想』を読み直す　5」（『季刊 前夜』第五号、二〇〇五年）
第八章　「『民族解放革命』と『民族の魂の革命』『日本の戦後思想』を読み直す　6」（『季刊 前夜』第六号、二〇〇六年）、「『方法としてのアジア』という陥穽　『日本の戦後思想』を読み直す　7」（『季刊 前夜』第八号、二〇〇六年）、「植民地主義批判と朝鮮というトポス　『日本の戦後思想』を読み直す　8」（『季刊 前夜』第九号、二〇〇六年）
第九章　「植民地主義をめぐる沖縄の思考の経験」（『越境広場』第九号「特集 沖縄から世界を問う」、二〇二一年）、「民衆の移動と出逢いを問う　もうひとつの『反復帰論』の射程」（『越境広場』第一〇号「総特集『復帰』50年　未完の問いを開く」、二〇二二年）
結　章　書き下ろし
あとがき　書き下ろし

以上で分かるように、本書はかなり長い期間にわたる思考の経過とともに成り立っており、そのプロセスでは、とてもたくさんの方々とともに実施した共同研究や、その過程で交わされたさまざまな議論、そして頻繁におこなわれたメールのやり取りからごく打ち解けた会話にいたるまで、きわめて多くの方々との学問的な交流があった。それ故、その方々の協力と支援なしに、本書の成立は考えられない。ここでその方々のお名前をお一人お一人挙げることは控えるが、そのすべての方々に厚くお礼を申し上げたい。

もっとも、長く共同研究を共にしてきて、近年では社会思想史学会のセッションを毎年共催し、またネット上での遠隔会議によって戦後論壇の始動について共同討議を進めてきた、三島憲一、初見基、川本隆史の諸氏には特別の感謝を申し上げなければならない。この三氏に大貫敦子氏が加わって、原稿段階の本書に立ち入った検討を加え、議論して下さった。本書は、このみなさんの格別な協力を得て生まれている。ありがとうございました。

最後になるが、本書の編集を担当して下さった青土社の村上瑠梨子さんに感謝の言葉を差し上げます。本書の企画は、そもそもはかつて青土社書籍編集部に所属した加藤峻さんが発案してくださって始まったものなのだが、わたしの仕事が遅いのでその間に加藤さんは会社を移られ、その仕事を村上さんが快く受け継いでくださったので、ようやく企画が継続したのである。それ故、村上さんはご苦労されたと思うが、にもかかわらず度量の広い覚悟と的確な対応があって本書は立派に育つことができた。村上さんのプロのお仕事に本当に感謝しています。

二〇二四年九月
もう彼岸だというのに酷暑の続く「秋」の日に

中野敏男

# 索引

＊註はイタリックで示してある。

## さ行

## た行

## な行



## は行

## ま行



## や行

### ら行



### わ行



### アルファベット

# 文献目録

大蔵省財政史室編 1984『昭和財政史　終戦から講和まで　第 1 巻』東洋経済新報社
大田区史編さん委員会編 1996『大田区史　下巻』大田区
大原社会問題研究所編 1949『日本労働年鑑　第二集／戦後特集』
大原社会問題研究所編 1971『大原社会問題研究所五十年史』
沖縄県文化振興会史料編集室 2011『沖縄県史』各論編第五巻
蒲田警察署編 1973『蒲田警察署五十年誌』
貴志俊彦・松重充浩・松村史紀編 2012『二〇世紀満洲歴史事典』吉川弘文館
経済団体連合会 1969『経団連の二十年』経済団体連合会
国鉄労働組合編 1996『国鉄労働組合 50 年史』労働旬報社
品川区編 1974『品川区史通史編　下巻』品川区
通商産業省編 1958『経済協力の現状と問題点』通商産業調査会
通商産業省編 1960『経済協力の現状と問題点』通商産業調査会
通商産業省編 1961『商工政策史　第九巻　産業合理化』商工政策史刊行会
日本統計研究所編 1958『日本経済統計集』大内兵衛監修、日本評論社
日立デジタル平凡社 1998『世界大百科事典 CD-ROM 版』日立デジタル平凡社
一橋大学経済研究所編 1961『解説 日本経済統計　経済研究叢書別冊』岩波書店
溝口敏行・梅村又次編 1988『旧日本植民地経済統計 推計と分析』東洋経済新報社
山澤逸平・山本有造編 1987『貿易と国際収支　長期経済統計 14』東洋経済新報社
外務省編『わが外交の近況』1966 年版
国会会議録検索システム
帝国議会会議録検索システム
国連難民高等弁務官事務所（UNHCR）HP
the Political Instability Task Force (PITF)2020, *Major Episodes of Political Violence1946-2019.*

赤澤史朗・粟屋憲太郎・豊下楢彦・森武麿・吉田裕編 1999『年報・日本現代史第 5 号　講和問題とアジア』、現代史料出版
アキノ、ベリンダ・A 1992『略奪の政治　マルコス体制下のフィリピン』伊藤美名

子訳、同文館出版
アドルノ、テオドール・W 1996『プリズメン』渡辺祐邦・三原弟平訳、ちくま学芸文庫
浅野健一 1994『日本は世界の敵になる ODA の犯罪』三一書房
安達宏昭 2022『大東亜共栄圏　帝国日本のアジア支配構想』中公新書
新川明 1970「『非国民』の思想と論理　沖縄における思想の自立について」谷川健一編『叢書　わが沖縄 第六巻　沖縄の思想』木耳社
新川明 1973「土着と流亡　沖縄流民考」『現代の眼』第一四巻三号
新川明 2006「インタヴュー　反復帰論と同化批判　植民地化の精神革命として」『季刊 前夜』九号
荒木光弥 2020『国際協力の戦後史』末廣昭・宮城大蔵・千野境子・高木祐輔編、東洋経済新報社
荒木義修 1994『占領期における共産主義運動』芦書房
新崎盛暉 1967「沖縄返還論の現実と運動の原理」『世界』一一月号、岩波書店
有沢広巳・小倉金之助・森数樹 1930a『経済学全集 35　統計学（上）』改造社
有沢広巳・阿部勇 1930b『経済学全集 43　産業合理化』改造社
有沢広巳 1931a『経済学全集 47　カルテル・トラスト・コンツェルン　上』改造社
有沢広巳・阿部勇 1931b『経済学全集別巻 世界恐慌と国際政治の危機』改造社
有沢広巳・高橋正雄 1931c『経済学全集 34 上 世界経済統計図表』改造社
有沢広巳 1931d「帝国主義論」『中央公論』一月号
有沢広巳 1931e「軍需工業論　特に化学工業について」『中央公論』六月号
有沢広巳・阿部勇 1932a『世界危機の分析』東京書房
有沢広巳 1932b『経済学全集 34 中・下　日本経済統計図表』改造社
有沢広巳 1934『日本統制経済全集 6　産業動員計画』改造社
有沢広巳 1935a「世界経済の現段階」『日本経済四季年報 第一輯』改造社
有沢広巳 1935b「戦争と経済」『改造』三月号
有沢広巳 1935c「戦時に於ける重工業の役割」『中央公論』五月号
有沢広巳 1936「国防経済化について」『日本経済四季年報 第二輯』改造社
有沢広巳 1937a『日本工業統制論』有斐閣（三月十五日初版、九月五日再版）
有沢広巳 1937b『経済統制下の日本』改造社（六月四日初版）
有沢広巳 1937c『戦争と経済』日本評論社（八月二十八日初版、九月一日再版、九月二十五日三版）
有沢広巳 1937d「経済的制裁論」『改造』第一九巻第一三号、臨時増刊号
有沢広巳 1946「不可避なもの　日本経済現段階の展望」『世界』一九四六年三月号

有沢広巳ほか座談会 1948「世界経済と日本の自立」『中央公論』一九四八年七月号
有沢広巳ほか座談会 1949「九原則を繞る経済再建の諸問題」『中央公論』一九四九年三月号
有沢広巳 1950a「日本資本主義の運命」『評論』一九五〇年二月号
有沢広巳 1950b「戦後恐慌と日本資本主義」『世界』一九五〇年三月号
有沢広巳ほか 1950c「座談会 岐路に立つ日本経済」『世界』一九五〇年十一月号
有沢広巳 1951a「日本資本主義と再軍備」『世界』一九五一年三月号
有沢広巳ほか 1951b「座談会 アメリカの経済動員　日本への影響」『中央公論』一九五一年五月号
有沢広巳 1951c「講和を控えた日本経済の再検討」『中央公論』一九五一年九月号
有沢広巳ほか 1951d「座談会 単独講和と日本経済」『世界』一九五一年十月号
有沢広巳 1951e「国土総合開発とは何か」『世界』一九五一年十一月号
有沢広巳ほか 1951f「座談会 東南アジアと日本経済」『世界』一九五一年十二月号
有沢広巳 1952a「日本経済を自立せしめよ」『世界』一九五二年一月号
有沢広巳 1952b「再軍備の経済学」『世界』一九五二年六月号
有沢広巳 1953a「兵器生産と日本経済」『中央公論』一九五三年一月号
有沢広巳 1953b「日本における平和政策の経済的基礎」『世界』一九五三年六月号
有沢広巳 1953c『再軍備の経済学』東京大学出版会
有沢広巳 1954a「日本経済はいまいかなる段階にあるか」『世界』一九五四年四月号
有沢広巳 1954b「解決はどう求むべきか」『世界』一九五四年十月号
有沢広巳 1956「日本資本主義と雇傭」『世界』一九五六年一月号
有沢広巳 1957a「経済拡大は雇用問題を解決しうるか」『世界』一九五七年三月号
有沢広巳 1957b『学問と思想と人間と　忘れ得ぬ人々の思い出』毎日新聞社
有沢広巳ほか 1958「座談会 最近三年間の白書に見る日本経済の現状と将来」『中央公論』一九五八年十月号
有沢広巳 1960「貿易自由化と日本経済」憲法問題研究会編『憲法を生かすもの』岩波新書
有沢広巳 1961「技術的進歩と経済的進歩」『世界』一九六一年一月号
有沢広巳編 1963『日本のエネルギー問題』岩波新書
有沢広巳 1966「原子力の平和利用と憲法　憲法記念講演会から」『世界』一九六六年七月号
有沢広巳 1989『有澤広巳　戦後経済を語る 昭和史への証言』東京大学出版会
有沢広巳監修、中村隆英編集 1990a『資料・戦後日本の経済政策構想 第一巻　日本

経済再建の基本問題』東京大学出版会
有沢広巳監修、中村隆英編集 1990b『資料・戦後日本の経済政策構想 第二巻　傾斜生産方式と石炭小委員会』東京大学出版会
有沢広巳監修、中村隆英編集 1990c『資料・戦後日本の経済政策構想 第三巻　経済復興計画』東京大学出版会
石川博友 1981『穀物メジャー　食糧戦略の「陰の支配者」』岩波新書
石田雄 1995『社会科学再考　敗戦から半世紀の同時代史』東京大学出版会
石母田正 1952「歴史学における民族の問題」『歴史と民族の発見』東京大学出版会
石母田正 1953「歴史と人間についての往復書簡」『続 歴史と民族の発見』東京大学出版会
井之川巨 2005『詩があった！ 五〇年代の戦後文化運動から不戦六十年の夜まで』一葉社
入江公康 2007「詩を撒く」『現代思想』一二月臨時増刊、青土社
岩倉博 2022『吉野源三郎の生涯 平和の意志編集の力』花伝社
岩崎稔 2005「戦後詩と戦後歴史学」岩崎稔・大川正彦・中野敏男・李孝徳編著『継続する植民地主義　ジェンダー／民族／人種／階級』青弓社
上野英信 1977『出ニッポン記』現代教養文庫（＝現代教養文庫版、1995）
内海愛子・田辺寿夫編著 1983『教科書に書かれなかった戦争 Part2 アジアから見た「大東亜共栄圏」』梨の木舎
内海愛子・田辺寿夫編著 1991『語られなかったアジアの戦後　日本の敗戦　アジアの独立−賠償』梨の木舎
大江志乃夫ほか編 1993『岩波講座 近代日本と植民地 8 アジアの冷戦と脱植民地化』岩波書店
大内兵衛 1944「古典の探求と重商主義についての新解釈」高野岩三郎・権田保之助・大内兵衛・森戸辰男共著『決戦下の社会諸科学』、栗田書店　（＝『大内兵衛著作集』第九巻、岩波書店、1975）
大内兵衛 1954「平和の新しき課題　平和問題談話会経済部会報告」『世界』十月号、岩波書店
大内兵衛 1959『経済学五十年　上・下』東京大学出版会
大内兵衛 1967「吉田さんとの縁」『世界』一二月号、岩波書店
大内兵衛 1975「高野岩三郎」『大内兵衛著作集』第十一巻、岩波書店（初出「オールドリベラリストの形成」〔『中央公論』、1949〕、「統計学者高野岩三郎」〔『中山伊知郎還暦記念論文集』東洋経済新報社、1958〕、「社会政策学会と高野先生」〔鈴木鴻一郎編『高野岩三郎遺稿集　かっぱの屁』法政大学出版局、1961〕、「経

済学の国家学からの独立」〔『法政』、1957〕)
大来佐武郎 1972「占領下の経済政策」安藤良雄編著『昭和政治経済史への証言 下』毎日新聞社
大河内一男 1940『戦時社会政策論』時潮社
大島清著、大内兵衛・森戸辰男・久留間鮫造監修 1968『高野岩三郎伝』岩波書店
大塚久雄 1940「西洋近世経済史」『新経済学全集』第十巻、日本評論社
大塚久雄 1943-46「マックス・ヴェーバーにおける資本主義の精神」(一)(二)(三)、東京帝国大学経済学部『経済学論集』第一三巻一二、第一四巻四、第一五巻一(『大塚久雄著作集』第八巻、岩波書店、1969)
大塚久雄 1944a「経済倫理の問題的視点」『帝国大学新聞』五月一日(『大塚久雄著作集』第八巻、岩波書店、1969)
大塚久雄 1944b「最高度“自発性”の発揚」『大学新聞』七月十一日(『大塚久雄著作集』第八巻、岩波書店、1969)
大塚久雄 1945「決戦生産力増強の基底」『大学新聞』四月二一日
大塚久雄 1948『近代化の人間的基礎』白日書院(『大塚久雄著作集』第八巻、岩波書店、1969)
大塚久雄 1952「重商主義成立の社会的基礎　比較史的な視角からの検討」『舞出教授還暦記念論文集(I)　古典学派の生成と展開』有斐閣(『大塚久雄著作集』第六巻、岩波書店、1969)
大塚久雄 1965『国民経済　その歴史的考察』弘文堂(『大塚久雄著作集』第六巻、岩波書店、1969)
大塚久雄 1966「三木清が読みかえされねばならぬ時代」『三木清全集』(推薦文)、岩波書店(『大塚久雄著作集』第十巻、岩波書店、1970)
大塚久雄 1969-70『大塚久雄著作集』第一〜十巻、岩波書店
大村泉 2005「高野岩三郎とD・リャザーノフとの往復書簡(1928年〜1930年)」『大原社会問題研究所雑誌』第五五九号
大村泉 2010「2つの日本語版『マルクス＝エンゲルス全集』の企画(1928年)」『大原社会問題研究所雑誌』第六一七号
岡亮太郎 1954「国鉄の詩運動について」国鉄労働組合文教部・国鉄詩人連盟・国鉄文学会編『鉄路のうたごえ　1954年国鉄詩集』三一書房
岡倉古志郎・蠟山芳郎編著 1964『新植民地主義』岩波書店
岡野宣勝 2007「占領者と被占領者のはざまを生きる移民　アメリカの沖縄統治政策とハワイのオキナワ人」『移民研究年報』第一三号
岡野宣勝 2010「戦前のハワイ日系社会における『ナイチ人／オキナワ人』関係に

ついて　『日琉同祖論』と『日琉異祖論』の対峙」『成城大学民俗学研究所紀要』第三四集
岡部牧夫 1978『満州国』三省堂選書
岡部牧夫・荻野富士夫・吉田裕編 2010『中国侵略の証言者たち　「認罪」の記録を読む』、岩波新書
岡本恵徳 1970「水平軸の発想　沖縄の共同体意識について」『叢書 わが沖縄 第六巻　沖縄の思想』木耳社
小熊英二　2002『〈民主〉と〈愛国〉　戦後日本のナショナリズムと公共性』新曜社
奥村喜和男 1935『逓信論叢』交通研究社
奥村喜和男 1938『日本政治の革新　革新日本青年全集　第1巻』育生社
奥村喜和男 1939「電力問題と馬場鍈一先生」（故馬場鍈一氏記念会編『馬場鍈一伝附追想集』故馬場鍈一氏記念会、1945）
奥村喜和男 1940『変革期日本の政治経済』さゝき書房
小関智弘 1981『大森界隈職人往来』朝日新聞社
小山田紀子・吉澤文寿・ブリュイエール＝オステル、ウォルター編 2023『植民地化・脱植民地化の比較史　フランス‐アルジェリアと日本－朝鮮関係を中心に』藤原書店
外務省特別調査委員会報告 1946「日本経済再建の基本問題」（有沢広巳監修、中村隆英編『資料・戦後日本の経済政策構想　第一巻　日本経済再建の基本問題』、東京大学出版会、1990）
河西晃祐 2012『帝国日本の拡張と崩壊　「大東亜共栄圏」への歴史的展開』法政大学出版局
梶村秀樹 1964a「竹内好氏の『アジア主義の展望』の一解釈」中国近代思想研究会『中国近代思想研究会会報』三七号（『梶村秀樹著作集』第一巻、明石書店、1992）
梶村秀樹 1964b「『日本人の朝鮮観』の成立根拠について　『アジア主義』再評価論批判」中国現代史研究会『中国現代史研究会会報』十二、十三合併号（『梶村秀樹著作集』第一巻、明石書店、1992）
梶村秀樹 1965「現在の『日本ナショナリズム』論について」『歴史学研究』三〇三号、歴史学研究会（『梶村秀樹著作集』第一巻、明石書店、1992）
梶村秀樹 1974「植民地と日本人」『日本生活文化史　第八巻　生活のなかの国家』河出書房新社（『梶村秀樹著作集』第一巻、明石書店、1992）
梶村秀樹 1976「八・一五以後の朝鮮人民」『破防法研究』二五号、二六号、二七号（『梶村秀樹著作集』第五巻、明石書店、1993）

梶村秀樹 1978「植民地朝鮮での日本人」『地方文化の日本史　第九巻　地方デモクラシーと戦争』総合出版（『梶村秀樹著作集』第一巻、明石書店、1992）
梶村秀樹 1980「朝鮮から見た明治維新」『差別とたたかう文化』八号（『梶村秀樹著作集』第一巻、明石書店、1992）
梶村秀樹 1981「植民地支配者の朝鮮観」『季刊三千里』二五号（『梶村秀樹著作集』第一巻、明石書店、1992）
片田幹雄 2007『在日朝鮮人／日本人　その過去、現在、未来』スペース伽耶
神山茂夫編著 1971『日本共産党戦後重要資料集』1・2・3、三一書房
川上允、日本共産党品川地区委員会「品川の記録」編集委員会監修 2008『品川の記録　戦前・戦中・戦後』本の泉社
川口学 1999「『革新官僚』の思想に関する一考察　毛里英於菟の思想を中心に」『一橋論叢』第一二一巻第六号、一橋大学一橋学会編、日本評論社
川田洋 1970「日本帝国主義と沖縄」『現代の眼』一〇月号
川満信一・仲里効編 2014『琉球共和社会憲法の潜勢力　群島・アジア・越境の思想』未來社
菅孝行 1976『竹内好論』三一書房
岸信介 1932a「欧州に於ける産業合理化の実際について」日本商工会議所『産業合理化』第 4 輯、日本商工会議所
岸信介 1932b「重要産業統制法解説」工業経済研究会編『工業経済研究』第一冊、森山書店
岸信介 1932c「産業合理化運動に現はれたる経験交換」工業経済研究会編『工業経済研究』第二冊、森山書店
岸信介 1934「産業合理化より統制経済へ」日本商工会議所『産業合理化』第 12 輯、日本商工会議所
岸信介・矢次一夫・伊藤隆 1981『岸信介の回想』文藝春秋
金斗鎔 1946a「日本における朝鮮人問題」『前衛』第一号、一九四六年二月（朴慶植編『朝鮮問題資料叢書　第十五巻　日本共産党と朝鮮問題』アジア問題研究所、1991）
金斗鎔 1946b「朝鮮人と天皇制打倒の問題」『社会評論』第三巻第一号
金斗鎔 1947a「朝鮮人運動は転換しつつある」『前衛』第一四号、一九四七年三月（朴慶植編『朝鮮問題資料叢書　第十五巻　日本共産党と朝鮮問題』アジア問題研究所、1991）
金斗鎔 1947b「朝鮮人運動の正しい発展のために」『前衛』第一六号、一九四七年五月（朴慶植編『朝鮮問題資料叢書　第十五巻　日本共産党と朝鮮問題』アジ

ア問題研究所、1991）
金東椿 2020『韓国現代史の深層　「反日種族主義」という虚構を衝く』佐相洋子訳、梨の木舎
草野厚 2010『ODA の現場で考えたこと　日本外交の現在と未来』、NHK ブックス
久野収 1948「足跡」『回想の三木清』三一書房
久野収・鶴見俊輔・藤田省三編 1966『戦後日本の思想』勁草書房
倉沢愛子 2020『インドネシア大虐殺』中公新書
高史明 1986『生きることの意味　　ある少年のおいたち』ちくま文庫
高史明 2004a『闇を喰む　Ⅰ海の墓』角川文庫
高史明 2004b『闇を喰む　Ⅱ焦土』角川文庫
紅野謙介 1987「野間宏作品集 1　解説」『野間宏作品集 1』岩波書店
香山光郎（李光洙）1941『内鮮一体随想録』中央協和会
国鉄労働組合文教部編 1954『鉄路のうたごえ』三一書房
国鉄詩人連盟編 1984『詩の革命をめざして　国鉄詩人論争史』飯塚書店
小関智弘 1981『大森界隈職人往来』朝日新聞社
小林英夫 2004『帝国日本と総力戦体制　戦前・戦後の連続とアジア』有志舎
後藤乾一 2015『近代日本の「南進」と沖縄』岩波現代全書
今日出海 1950「三木清における人間の研究」『新潮』第四七巻二号
権田保之助 1944「『国民文化』理念の昂揚と文化問題の展進」高野岩三郎・権田保之助・大内兵衛・森戸辰男『決戦下の社会諸科学』栗田書店
近藤東 1939「詩人の反時代性と適応性」『文芸汎論』二月号
近藤東 1940「詩と詩人との距離」『文芸汎論』七月号
近藤東 1942「愛国の立場」『文芸汎論』四月号
近藤東 1943「昭和十八年の回顧」『文芸汎論』十二月号
近藤東 1944a「勤労詩の問題」『文芸汎論』二月号
近藤東 1944b「詩集『百万の祖国の兵』後記」（四四年八月七日刊、引用は中野嘉一・山田野理夫編『近藤東全集』宝文館出版、1987）
近藤東 1946『作品と鑑賞　鉄道詩集』鉄道教科書株式会社
近藤東 1952「わが職業を語る」『詩学』（引用は中野嘉一・山田野理夫編『近藤東全集』宝文館出版、1987）
近藤東著、中野嘉一・山田野理夫編 1987『近藤東全集』、宝文館出版
斎藤幸平 2020『人新世の「資本論」』集英社新書
酒井三郎 1992『昭和研究会　ある知識人集団の軌跡』中公文庫
酒井直樹・ブレット・ド・バリー・伊豫谷登士翁編 1996『ナショナリティの脱構

築（パルマケイア叢書 5）』柏書房
崎山多美 2020「〈ベー〉を反芻する」李静和『新編 つぶやきの政治思想』岩波現代文庫
佐藤卓己 2004『言論統制　情報官・鈴木庫三と教育の国防国家』中公新書
佐藤秀雄 1997『ODA の世界　国際社会の中の日本を考える』日本図書刊行会
椎名悦三郎 1976「インタヴュー　日本産業の大実験場・満洲」『文藝春秋』二月号
重光葵 1954「終戦の経緯と新憲法制定についての所懐を述ぶ」『日本国憲法制定の経緯とその実情』改進党憲法調査会
思想の科学研究会編 1959『共同研究　転向』上巻、平凡社
塩田潮 1996『岸信介』講談社
島尾敏雄 1966『島にて』冬樹社
下斗米伸夫 2004『アジア冷戦史』中公新書
昭和研究会事務局編 1940「日本経済再編成試案」昭和研究会
昭和研究会 1941「新日本の思想原理」（『三木清全集』第十七巻、岩波書店、1968）
城田愛 2010「踊りと音楽に見る移民と先住民たちの文化交渉の動き」石原昌英・喜納育江・山城新編『沖縄・ハワイ　コンタクトゾーンとしての島嶼』彩流社
諏訪勝 1996『破壊　ニッポン ODA40 年のツメ跡』青木書店
芹沢俊介 1982『高村光太郎』筑摩書房
孫歌 2005『竹内好という問い』岩波書店
孫歌 2006「なぜ『ポスト〈東アジア〉』なのか？」孫歌・白永瑞・陳光興編『ポスト〈東アジア〉』作品社
タカキ、ロナルド 1986『パウ・ハナ　ハワイ移民の社会史』富田虎男・白井洋子訳、刀水書房
高橋公明 1987「中世東アジア海域における海民と交流　済州島を中心として」『名古屋大学文学部研究論集 XC Ⅷ　史学 33』名古屋大学文学部
高崎宗司・朴正鎮編著 2005『帰国運動とは何だったのか　封印された日朝関係史』平凡社
高橋彦博 2001『戦間期日本の社会研究センター　大原社研と協調会』柏書房
高野岩三郎・権田保之助・大内兵衛・森戸辰男 1944『決戦下の社会諸科学』栗田書店
高野保夫 2011「国語教科書にみる高村光太郎　高校必修科目掲載の詩教材とその変遷を通して」『言文』第五八号、福島大学国語教育文化学会
高村光太郎 1910a「珈琲店より」『趣味』（『高村光太郎全集』第九巻、筑摩書房、1957）

高村光太郎 1910b「出さずにしまった手紙の一束」『スバル』（『高村光太郎全集』第九巻、筑摩書房、1957）
高村光太郎 1947「パリ」『暗愚小伝』（『高村光太郎全集』第三巻、筑摩書房、1958）
高村光太郎 1954「父との関係」『新潮』（『高村光太郎全集』第十巻、筑摩書房、1958）
高村光太郎、北川太一編 1982『定本 高村光太郎　全詩集』筑摩書房
竹内好 1948a「指導者意識について」『綜合文化』第二巻第十号、真善美社（『竹内好全集』第六巻、筑摩書房、1980）
竹内好 1948b「中国の近代と日本の近代　魯迅を手がかりとして」東京大学東洋文化研究所編『東洋文化講座』第三巻「東洋的社会倫理の性格」（全集では「近代とは何か（日本と中国の場合）」と改題して収録。『竹内好全集』第四巻、筑摩書房、1980）
竹内好 1950「日本共産党論」（その 1）『展望』一九五〇年四月号（『竹内好全集』第六巻、筑摩書房、1980）
竹内好 1951「近代主義と民族の問題」『文学』一九五一年九月号、岩波書店（『竹内好全集』第七巻、筑摩書房、1981）
竹内好 1952a「国民文学の問題点」『改造』一九五二年八月号（『竹内好全集』第七巻、筑摩書房、1981）
竹内好 1952b「文学の自律性など」『群像』一九五二年十一月号（『竹内好全集』第七巻、筑摩書房、1981）
竹内好 1955「アジアのナショナリズム」『朝日新聞』一九五五年八月二十五日（『竹内好全集』第五巻、筑摩書房、1981）
竹内好 1957「アジアにおける進歩と反動」『岩波講座 現代思想』第五巻（『竹内好全集』第五巻、筑摩書房、1981）
竹内好 1958「権力と芸術」『講座 現代芸術　第五巻　権力と芸術』（『竹内好全集』第七巻、筑摩書房、1981）
竹内好 1959「近代の超克」『近代日本思想史講座』第七巻、筑摩書房（『竹内好全集』第八巻、筑摩書房、1980）
竹内好 1960a「戦争責任について」『現代の発見』第三巻、春秋社（『竹内好全集』第八巻、筑摩書房、1980）
竹内好 1960b「方法としてのアジア」国際基督教大学アジア文化研究委員会主催『思想史方法論講座』講演「対象としてのアジアと方法としてのアジア」記録（『竹内好全集』第五巻、筑摩書房、1981）
竹内好 1963「日本のアジア主義」『現代日本思想体系』第九巻、筑摩書房（『竹内好全集』第八巻、筑摩書房、1980）

竹内好 1964「日本人のアジア観」共同通信社配信『信濃毎日新聞』など（『竹内好全集』第五巻、筑摩書房、1981）
竹内好 1993『日本とアジア』ちくま学芸文庫
竹内好 1994『魯迅』講談社学芸文庫
竹前栄治 2002『占領戦後史』岩波現代文庫
田尻育三 1979『昭和の妖怪 岸信介』学陽書房
田中耕太郎 1984「私の履歴書」『私の履歴書　文化人 15』日本経済新聞社
田村洋幸 1962「鮮初倭寇の系譜について」『朝鮮学報』第二三輯
鄭栄桓 2013『朝鮮独立への隘路　在日朝鮮人の解放五年史』法政大学出版局
鄭栄桓 2022『歴史のなかの朝鮮籍』以文社
塚瀬進 1998『満洲国 「民族協和」の実像』吉川弘文館
津田左右吉 1946「日本歴史の研究に於ける科学的態度」『世界』三月号、岩波書店
津田左右吉 1946「建国の事情と万世一系の思想」『世界』四月号、岩波書店
つださうきち 1948「現下の世相とニホン人の態度」『中央公論』七月号、中央公論社
津田守・横山正樹編著 1999『開発援助の実像　フィリピンから見た賠償と ODA』亜紀書房
坪井秀人 1997『声の祝祭』名古屋大学出版会
鶴見俊輔 1946「言葉のお守り的使用法について」『思想の科学』一九四六年五月号（『鶴見俊輔著作集 3　思想 2』筑摩書房、1975）
鶴見俊輔 1959「戦争責任の問題」『思想の科学』一九五九年一月号（『鶴見俊輔著作集 5　時論・エッセイ』筑摩書房、1976）
鶴見俊輔 1975『鶴見俊輔著作集 3　思想 2』筑摩書房
ドウス、ピーター・小林英夫編著 1998『帝国という幻想 「大東亜共栄圏」の思想と現実』青木書店
戸ノ下達也 2008『音楽を動員せよ 統制と娯楽の十五年戦争』青弓社
外村大 2004『在日朝鮮人社会の歴史学的研究　形成・構造・変容』緑蔭書房
冨山一郎 1993「ミクロネシアの『日本人』 沖縄からの南洋移民をめぐって」『歴史評論』五一三号
冨山一郎 2013『流着の思想 「沖縄問題」の系譜学』インパクト出版社
中嶋弓子 1993『ハワイ・さまよえる楽園　民族と国家の衝突』東京書籍
中野聡 2012『東南アジア占領と日本人　帝国・日本の解体』岩波書店
中野敏男 1983『マックス・ウェーバーと現代』三一書房
中野敏男 1996「『暗愚な戦争』という記憶の意味―高村光太郎の場合」酒井直樹・

ブレット・ド・バリー・伊豫谷登士翁編『ナショナリティの脱構築』柏書房
中野敏男 2001a「〈戦後〉を問うということ　『責任』への問い、『主体』への問い」『現代思想』七月臨時増刊号
中野敏男 2001b『大塚久雄と丸山眞男　動員、主体、戦争責任』青土社
中野敏男 2002「総力戦体制と知識人　三木清と帝国の主体形成」小森陽一・酒井直樹・島薗進・成田龍一・千野香織・吉見俊哉編『岩波講座 近代日本の文化史 7　総力戦下の知と制度』岩波書店
中野敏男 2004「どこから出発したのか？　『日本の戦後思想』を読み直す　1」『季刊 前夜』創刊号
中野敏男 2005a「連続する戦時体制の遺産／封印される戦争責任　『日本の戦後思想』を読み直す　2」『季刊 前夜』二号
中野敏男・岩崎稔・大川正彦・李孝徳編著　2005b『継続する植民地主義　ジェンダー／民族／人種／階級』青弓社
中野敏男 2005c「戦後責任を受け止める主体位置　『日本の戦後思想』を読み直す　3」、『季刊 前夜』三号
中野敏男 2005d「戦後思想における丸山眞男」『Marxism & Radicalism Review』二五号
中野敏男 2005e「自閉してゆく戦後革命路線と在日朝鮮人運動　金斗鎔と日本共産党との間　『日本の戦後思想』を読み直す　4」『季刊 前夜』四号
中野敏男 2005f「ナショナリズムの解禁と植民地主義の忘却　『日本の戦後思想』を読み直す　5」『季刊 前夜』五号
中野敏男 2006a「『民族解放革命』と『民族の魂の革命』『日本の戦後思想』を読み直す　6」『季刊 前夜』六号
中野敏男 2006b「『方法としてのアジア』という陥穽　『日本の戦後思想』を読み直す　7」『季刊 前夜』八号
中野敏男 2006c「植民地主義批判と朝鮮というトポス　『日本の戦後思想』を読み直す　8」『季刊 前夜』九号
中野敏男・波平恒男・屋嘉比収・李孝徳編著 2006d『沖縄の占領と日本の復興　植民地主義はいかに継続したか』青弓社
中野敏男 2008「総力戦以後に詩を書くことは暴力ではなかったか？　戦後サークル詩運動へと続く戦時のコンテクスト」『情況 第三期』九巻第一〇号、情況出版
中野敏男 2012『詩歌と戦争　白秋と民衆、総力戦への「道」』NHK ブックス
中野敏男 2014『大塚久雄と丸山眞男　動員、主体、戦争責任』新装版、青土社
中野敏男 2016「戦後日本の経済政策思想と植民地主義　有沢広巳の軌跡を手がか

りに」『九州国際大学社会文化研究所紀要』第七七号
中野敏男 2017「『戦後日本』に抗する戦後思想　その生成と挫折」権赫泰・車承棋編、中野宣子訳『〈戦後〉の誕生　戦後日本と「朝鮮」の境界』新泉社
中野敏男 2020『ヴェーバー入門　理解社会学の射程』ちくま新書
中野敏男 2021「植民地主義をめぐる沖縄の思考の経験」『越境広場』第九号
中野敏男 2022「民衆の移動と出逢いを問う　もうひとつの『反復帰論』の射程」『越境広場』第一〇号
永野慎一郎・近藤正臣編 1999『日本の戦後賠償　アジア経済協力の出発』勁草書房
永原陽子編 2009『「植民地責任」論　脱植民地化の比較史』東京外国語大学アジア・アフリカ言語文化研究所
仲程昌徳 2020『南洋群島の沖縄人たち』ボーダーインク
中村一成 2017『ルポ 思想としての朝鮮籍』岩波書店
中村政則 1989『象徴天皇制への道　米国大使グルーとその周辺』岩波新書
波平恒男 2014『近代東アジア史のなかの琉球併合　中華世界秩序から植民地帝国日本へ』岩波書店
成田龍一 2007『大正デモクラシー』岩波新書
南原繁 1946「新日本文化の創造」(『南原繁著作集』第七巻、岩波書店、1973)
日本共産党中央委員会五〇年問題文献資料編集委員会編 1957『日本共産党五〇年問題資料集』Ⅰ・Ⅱ・Ⅲ、新日本出版社
日本共産党中央委員会編　1962『日本共産党綱領集』日本共産党中央委員会出版局
日本共産党中央委員会編 2003『日本共産党の八十年　1922-2002』日本共産党中央委員会出版局
野口悠紀雄 2010『1940 年体制　さらば戦時経済』増補版(kindle 版)、東洋経済新報社
野間宏 1946「暗い絵」『野間宏作品集 1』岩波書店、1987
野間宏 1952a『真空地帯』河出書房
野間宏 1952b「国民文学について」『野間宏作品集 12』岩波書店、1988
野間宏編 1952c『日本抵抗詩集』三一書房
賠償問題研究会編 1959『日本の賠償　その現状と問題点』外交時報社
朴慶植 1989『解放後在日朝鮮人運動史』三一書房
朴慶植編 1991『朝鮮問題資料叢書　第十五巻　日本共産党と朝鮮問題』アジア問題研究所

朴正鎮 2005「帰国運動の歴史的背景　戦後日朝関係の開始」高崎宗司・朴正鎮編著『帰国運動とは何だったのか　封印された日朝関係史』平凡社
橋川文三 1965「革新官僚」神島二郎編『現代日本思想体系 10　権力の思想』筑摩書房
（「新官僚の政治思想」（改題）、『増補版　橋川文三著作集』第五巻、筑摩書房、2001）
林尚男 1953「サークル詩の諸問題」『文学』第二一巻一／六号
原朗 1972「一九三〇年代の満州経済統制政策」満州史研究会編『日本帝国主義下の満州』御茶の水書房
原彬久 1995『岸信介　権勢の政治家』岩波新書
原田泰・和田みき子 2021『石橋湛山の経済政策思想　経済分析の帰結としての自由主義、民主主義、平和主義』日本評論社
日高六郎 1980『戦後思想を考える』岩波新書
平川均 2006「賠償と経済進出」『岩波講座 アジア・太平洋戦争 7　支配と暴力』岩波書店
福本和夫 1971-72『福本和夫初期著作集』全四巻、こぶし書房
藤田省三 1987『天皇制国家の支配原理　第二版』未來社（『藤田省三著作集』第一巻、みすず書房、1998）
船山信一 1967「三木さんについて想うこと」『三木清全集』第四巻月報、岩波書店
古川隆久 1990「革新官僚の思想と行動」『史学雑誌』第九九編第四号、史学会
文芸汎論編輯部 1942「編輯部より」『文芸汎論』三月号
本多秋五 1992『物語戦後文学史』中、岩波書店
毎日新聞社会部 ODA 取材班 1993『国際援助ビジネス　ODA はどう使われているか』亜紀書房
牧達夫 1979『牧達夫氏談話速記録』日本近代史料研究会・木戸日記研究会
牧野邦昭 2010『戦時下の経済学者』中公叢書
牧野邦昭 2018『経済学者たちの日米開戦　秋丸機関「幻の報告書」の謎を解く』新潮選書
丸山眞男 1943「福沢に於ける秩序と人間」『三田新聞』（十一月二十五日号）（『丸山眞男集』第二巻、岩波書店、1996）
丸山眞男 1946「超国家主義の論理と心理」『世界』一九四六年五月号、岩波書店（『丸山眞男集』第三巻、岩波書店、1995）
丸山眞男・梅本克己・佐藤昇 1966『現代日本の革新思想』（『丸山眞男座談 6』岩波書店、1998）

丸山眞男 1982『後衛の位置から 『現代政治の思想と行動』追補』未来社
丸山眞男 1992『忠誠と反逆 転形期日本の精神史的位相』筑摩書房
丸山眞男 1995-7『丸山眞男集』全十六巻、別巻一、岩波書店
丸山眞男 1989a「昭和天皇をめぐるきれぎれの回想」『'60』第十四号（『丸山眞男集』第十五巻、岩波書店、1996）
丸山眞男 1989b「戦後民主主義の『原点』」『読本憲法の百年 第三巻 憲法の再生』（『丸山眞男集』第十五巻、岩波書店、1996）
丸山眞男、松沢弘陽・植手通有編 2006『丸山眞男回顧談』上・下、岩波書店
満州史研究会編 1972『日本帝国主義下の満州 「満州国」成立前後の経済研究』御茶の水書房
三木清 1927a「人間学のマルクス的形態」『思想』一九二七年六月号（『三木清全集』第三巻、岩波書店、1966）
三木清 1927b「マルクス主義と唯物論」『思想』一九二七年八月号（『三木清全集』第三巻、岩波書店、1966）
三木清 1928a「現代思潮」岩波講座『世界思潮』一九二八年四月～十二月（『三木清全集』第四巻、岩波書店、1967）
三木清 1928b「有機体説と弁証法」『新興科学の旗のもとに』第一巻第三号（『三木清全集』第三巻、岩波書店、1966）
三木清 1929「危機における理論的意識」『改造』一九二九年一月号（『三木清全集』第二巻、岩波書店、1966）
三木清 1932『歴史哲学』岩波書店（『三木清全集』第六巻、岩波書店、1967）
三木清 1933「不安の思想とその超克」『改造』一九三三年六月号（『三木清全集』第十巻、岩波書店、1967）
三木清 1935a「行動的人間について」『改造』一九三五年三月号（『三木清全集』第十一巻、岩波書店、1967）
三木清 1935b「人間再生と文化の課題」『中央公論』一九三五年十月号（『三木清全集』第十三巻、岩波書店、1967）
三木清 1935c「全体主義批判」『六甲台』一九三五年十月二五日（『三木清全集』第十九巻、岩波書店、1968）
三木清 1936「ヒューマニズムの現代的意義」『中外商業新報』一九三六年十月二～四日（『三木清全集』第十三巻、岩波書店、1967）
三木清 1937「日本の現実」『中央公論』一九三七年十一月号（『三木清全集』第十三巻、岩波書店、1967）
三木清 1938a「世界文化の現実」、『日本評論』一九三八年一月号（『三木清全集』第

十四巻、岩波書店、1967）
三木清 1938b「現代日本に於ける世界史の意義」『改造』一九三八年六月号（『三木清全集』第十四巻、岩波書店、1967）
三木清 1938c「知性の改造」『日本評論』一九三八年十一～十二月号（『三木清全集』第十四巻、岩波書店、1967）
三木清 1938d「東亜思想の根拠」『改造』一九三八年十二月号（『三木清全集』第十五巻、岩波書店、1967）
三木清 1939a「全体と個人」『文藝春秋』一九三九年六月号（『三木清全集』第十四巻、岩波書店、1967）
三木清 1939b「時務の論理」『知性』一九三九年十月号（『三木清全集』第十四巻、岩波書店、1967）
三木清 1942「戦時認識の基調」『中央公論』一九四二年一月号（『三木清全集』第十五巻、岩波書店、1967）
三木清 1943「比島人の東洋的性格」『改造』一九四三年二月号（『三木清全集』第十五巻、岩波書店、1967）
三谷太一郎 1995『新版　大正デモクラシー論　吉野作造の時代』、東京大学出版会
道場親信　2006「倉庫の精神史 3」『未来』三月号
美濃部洋次・毛里英於菟・柏原兵太郎・迫水久常 1941「座談会・革新官僚新体制を語る」大日本実業学会編『実業之日本』第四四巻一号
美濃部洋次 1954『洋々乎　美濃部洋次追悼録』日本評論新社
ミムラ、ジャニス 2021『帝国の計画とファシズム　革新官僚、満洲国と戦時下の日本国家』安達まみ・高橋実紗子訳、人文書院
宮城晴美 2008『〈新版〉母の遺したもの　沖縄・座間味島「集団自決」の新しい事実』高文研
宮沢俊義 1946「八月革命と国民主権主義」『世界文化』第一巻四号、世界文化社
宮本百合子 1948「一九四七・八年の文壇」（『宮本百合子全集』第一七巻、新日本出版社、2002）
民族解放東京南部文学戦線 1952『石ツブテ』七号
村井吉敬編著　1997『検証 ニッポンの ODA』コモンズ
村井吉敬編著 2006『徹底検証 日本の ODA』コモンズ
村井吉敬 2023『小さな民からの発想　顔のない豊かさを問う』めこん
百瀬孝 1990『事典昭和戦前期の日本　制度と実態』吉川弘文館
百瀬孝 1995『事典昭和戦後期の日本　占領と改革』吉川弘文館
モーリス－スズキ、テッサ 2006「帝国の忘却　脱植民地化・紛争・戦後世界にお

ける植民地主義の遺産」倉沢愛子ほか編『岩波講座 アジア太平洋戦争7　支配と暴力』岩波書店
森崎和江 1970「民衆における異集団との接触の思想　沖縄・日本・朝鮮の出逢い」谷川健一編『叢書　わが沖縄　第六巻　沖縄の思想』木耳社
森崎和江 1971a「沖縄・朝鮮・筑豊　〈沖縄〉の怨嗟と〈私〉」『現代の眼』八月号
森崎和江 1971b『異族の原基』大和書房
森戸辰男 1920「クロポトキンの社会思想の研究」『経済学研究』第一巻第一号、東京帝国大学経済学部経済学研究会
森戸辰男 1925『思想と闘争』改造社
森戸辰男 1934「社会主義思想の進展」『中央公論』一九三四年三月号
森戸辰男 1939「科学研究所論」『大原社会問題研究所社会問題研究資料』第二輯、大原社会問題研究所編輯、栗田書店
森戸辰男 1941『独逸労働戦線と産業報国運動　その本質及任務に關する考察』改造社
森戸辰男 1944「社会的建設をめぐる思惟」高野岩三郎・権田保之助・大内兵衛・森戸辰男『決戦下の社会諸科学』栗田書店
森戸辰男 1947「新憲法と社会主義　私有財産及労働権」憲法普及会編『新憲法講話』政界通信社
森戸辰男 1972『思想の遍歴 上　クロポトキン事件前後』春秋社
森戸辰男 1975『思想の遍歴 下　社会科学者の使命と運命』春秋社
屋嘉比収 2006「重層する戦場と占領と復興」中野敏男・波平恒男・屋嘉比収・李孝徳編著『沖縄の占領と日本の復興 植民地主義はいかに継続したか』青弓社
屋嘉比収 2009『沖縄戦、米軍占領史を学びなおす　記憶をいかに継承するか』世織書房
矢内原忠雄 1932「満洲見聞談」『改造』一一月号
矢内原忠雄 1950「自由と平和について」『新潮』四七巻二号
山之内靖・J・ヴィクター・コシュマン・成田龍一編 1995『総力戦と現代化』柏書房
山之内靖・酒井直樹編 2003『総力戦体制からグローバリゼーションへ』平凡社
山之内靖著、伊豫谷登士翁・成田龍一・岩崎稔編 2015『総力戦体制』ちくま学芸文庫
山室信一 2004『キメラ　満洲国の肖像 増補版』中公新書
山室信一 2005『日露戦争の世紀　連鎖視点から見る日本と世界』岩波新書
ヤング、ルイーズ　2001『総動員帝国　満洲と戦時帝国主義の文化』加藤陽子・川

島真・高光佳絵・千葉功・古市大輔訳、岩波書店
吉田裕 1992『昭和天皇の終戦史』岩波新書
吉野源三郎 1989『職業としての編集者』岩波新書
吉野信次 1930「我国工業の合理化」（通商産業省編『商工政策史　第九巻　産業合理化』商工政策史刊行会、1961）
吉野信次 1962『おもかじ とりかじ』通商産業研究社
吉野信次追悼録刊行会編著 1974『吉野信次』吉野信次追悼録刊行会
吉本隆明 1957a「戦後文学は何処へ行ったか」『群像』一九五七年八月号（『吉本隆明全著作集 4　文学論 I』勁草書房、1969）
吉本隆明 1957b「高村光太郎」『高村光太郎』飯塚書店（『吉本隆明全著作集 8　作家論 II』勁草書房、1973）
吉本隆明 1958「転向論」『現代批評』第一巻第一号（『吉本隆明全著作集 13　政治思想評論集』勁草書房、1969）
吉本隆明 1960a「戦後世代の政治思想」『中央公論』一九六〇年一月号（『吉本隆明全著作集 13　政治思想評論集』勁草書房、1969）
吉本隆明 1960b「擬制の終焉」『民主主義の神話』現代思潮社（『吉本隆明全著作集 13　政治思想評論集』勁草書房、1969）
吉本隆明 1962「丸山真男論」『一橋新聞』一九六二年一月十五日～一九六三年二月十五日（全十回）（『吉本隆明全著作集 12　思想家論』勁草書房、1969）
吉本隆明 1963a『芸術的抵抗と挫折』未来社
吉本隆明 1963b『擬制の終焉』現代思潮社
吉本隆明 1965「自立の思想的拠点」『展望』一九六五年三月号（『吉本隆明全著作集 13　政治思想評論集』勁草書房、1969）
吉本隆明 1969「異族の論理」『文藝』一九六九年十二月号（『全南島論』作品社、2016）
吉本隆明 1970『高村光太郎〈増補決定版〉』春秋社
與那覇潤 2006「戦前期琉球弧における『民族』概念の展開　その『起源』を語る学知を中心に」『沖縄文化研究』第三二巻、法政大学沖縄文化研究所
米谷匡史 1997「丸山眞男と戦後日本　戦後民主主義の〈始まり〉をめぐって」『情況』一・二月合併号
米谷匡史 2006『アジア／日本』岩波書店
笠信太郎 1939『日本経済の再編成』中央公論社（『笠信太郎全集　第二巻』、朝日新聞社、1969）
鷲見一夫 1989『ODA 援助の現実』岩波新書

渡辺清 2004『砕かれた神　ある復員兵の手記』岩波現代文庫

Dower, John W. 1979, *Empire and Aftermath : Yoshida Shigeru and the Japanese Experience, 1878-1954*, Harvard University Press.（＝ダワー、ジョン・W 1981『吉田茂とその時代』上・下、大窪愿二訳、TBS ブリタニカ）

Dower, John W. 2000, *Embracing Defeat : Japan in the Aftermath of World War II,* Penguin.（＝ダワー、ジョン・W 2001『敗北を抱きしめて』上・下、三浦陽一・高杉忠明訳、岩波書店）

Dower, John W. 2017, *The Violent American Century: War and Terror Since World War II*, Haymarket Books.（＝ダワー、ジョン・W 2017『アメリカ暴力の世紀 第二次大戦以降の戦争とテロ』田中利幸訳、岩波書店）

Hein, Laura 2004, *Reasonable Men Powerful Words: Political Culture and Expertise in Twentieth Century Japan,* University of California Press.（＝ハイン、ローラ 2007『理性ある人びと 力ある言葉　大内兵衛グループの思想と行動』大島かおり訳、岩波書店）

Johnson, Chalmers A. 1982, *MITI and The Japanese Miracle: The Growth of Industrial Policy, 1925-1975*, Stanford University Press（＝ジョンソン、チャルマーズ 2018『通産省と日本の奇跡　産業政策の発展 1925-1975』佐々田博教訳、勁草書房）

Kennedy, Dane 2016, *Decolonization: A Very Short Introduction*, Oxford University Press.（＝ケネディ、デイン 2023『脱植民地化　帝国・暴力・国民国家の世界史』長田紀之訳、白水社）

한덕수 1955, 재일 조선인 운동의 전환에 대하여.（＝朴慶植編『朝鮮問題資料叢書 第九巻　解放後の在日朝鮮人運動 I』三一書房、1983）

공제욱, 정근식편 2006,「식민지의 일상 – 지배와 균열」문화과학사.

中野敏男（なかの・としお）
1950年、東京都生まれ。東京大学大学院修了。茨城大学助教授、東京外国語大学教授などを経て、現在、東京外国語大学名誉教授。博士（文学）。専門は、社会理論・社会思想。おもな単著に、『近代法システムと批判』（弘文堂、1993年）、『大塚久雄と丸山眞男』（青土社、2001年）、『詩歌と戦争』（NHKブックス、2012年、日本詩人クラブ詩界賞受賞）、『マックス・ウェーバーと現代・増補版』（青弓社、2013年）、『ヴェーバー入門』（ちくま新書、2020年）などがある。また、主な共編著に『継続する植民地主義』（青弓社、2005年）、『沖縄の占領と日本の復興』（青弓社、2006年）、『歴史と責任』（青弓社、2008年）がある。

# 継続する植民地主義の思想史

2024年11月20日　第1刷印刷
2024年12月1日　第1刷発行

著者　中野敏男

発行者　清水一人
発行所　青土社
東京都千代田区神田神保町1-29　市瀬ビル　〒101-0051
電話　03-3291-9831（編集）　03-3294-7829（営業）
振替　00190-7-192955

組版　フレックスアート
印刷・製本所　双文社印刷

装幀　重実生哉

Printed in Japan
ISBN 978-4-7917-7685-6